語言學論叢

(第三十五辑)

北京大学汉语语言学研究中心

《语言学论丛》编委会编

商务印书馆
2007年·北京

《语言学论丛》编委会

主　编：陆俭明

编　委（按姓氏音序排列）：
　　　　贝罗贝　　丁邦新　　郭锡良　　何九盈　　何莫邪
　　　　江蓝生　　蒋绍愚　　鲁国尧　　梅祖麟　　平山久雄
　　　　裘锡圭　　唐作藩　　王福堂　　王洪君　　王士元
　　　　余霭芹　　郑锦全　　朱庆之　　邹嘉彦

编辑部成员（按姓氏音序排列）：
　　　　陈保亚　耿振生　郭　锐　李小凡　宋绍年
　　　　王洪君（主任）　詹卫东　朱庆之（副主任）

本辑执行编辑：詹卫东
执行编辑助理：杜　轶

目 录

林焘先生学术成就简述……………………………王韫佳 (1)
熔古今中外于一炉
　　——在王力先生逝世二十周年纪念会上的发言…孙玉文 (9)

普通话语音标准中声韵调音值的几个问题…………王福堂 (18)
论无指成分……………………………………………王红旗 (28)
现代汉语作格动词的判定标准………………………曾立英 (46)
试论与状位形容词相关的意义关系和句式变换………田赟宗 (69)
基于抽象语义参数的词典类型与释义模式相关度分析
　　……………………………………于屏方、杜家利 (92)
分段式语篇表示理论
　　——基于语篇结构的自然语言语义学……毛翊、周北海 (114)

吴县老东山话里的"阿VP?"疑问句 …………………陆俭明 (142)
汉语方言的分组和官话方言的界定……………………项梦冰 (155)
香港地名中的闽语和客语成分 ……………郭必之、张洪年 (200)
北方方言和粤语中名词的可数标记
　　………………………………司马翎(Rint Sybesma) (234)
动词重叠三种特殊语法格式的地理分布及相关问题研究
　　…………………………………………………王　健 (246)
山东栖霞方言的体貌助词"儿"及相关问题…………刘翠香 (260)

西方的历史比较语言学与汉藏语的比较研究…………龚煌城 (280)

"美"字能归入微部吗？
——与梅祖麟商榷……………………………… 郭锡良（296）
从语言角度论一卷本《般舟三昧经》非支谶所译……… 汪维辉（303）
《老乞大》几种版本中"和"类词的使用情况
——兼及《老乞大新释》的语言性质……………… 赵川兵（323）
《马氏文通》研究在新世纪的新成果
——宋绍年《〈马氏文通〉研究》研究……………… 孙良明（330）

ABSTRACTS(英文提要)………………………………（348）

CONTENTS

A Brief Introduction to the Scholarship
　of Professor Lin Tao .... Wang Yunjia　(1)
To Bring Together Diachrony and Synchrony,
　Chinese and the Foreign —A Speech
　at the Twentieth Anniversary of the
　Death of Professor Wang Li .... Sun Yuwen　(9)

Some Issues on the Phonetic Value of Initial, Final and
　Tone in the Phonetic Standard of Putonghua
　............ Wang Futang　(18)
On Nonreferential Expressions .... Wang Hongqi　(28)
The Diagnostics of Ergative Verb in Mandarin
　Chinese .... Zeng Liying　(46)
On Adverbial-Like Adjectives in Modern Chinese and
　Some Relevant Meaning Relations and Sentence
　Pattern Transformation .... Tian Yunzong　(69)
Analyzing the Correlation between Dictionary
　Types and Their Definition Patterns Based on
　Abstract Meaning Parameters ... Yu Pingfang, Du Jiali　(92)
Segmented Discourse Representation Theory
　—A Discourse Structure Based Semantics of
　Natural Languages .... Mao Yi, Zhou Beihai　(114)

A Survey of "[A]+VP" Interrogative Sentence
　　in the Dongshan Dialect ·················· Lu Jianming　(142)
The Classification of Chinese Dialects and the
　　Definition of Mandarin ·················· Xiang Mengbing　(155)
The Min and the Hakka Elements in
　　the Place Names of Hong Kong
　　　············· Bit-Chee Kwok, Samuel H-N. Cheung　(200)
Markers of Countability in the Nominal Domain
　　in Mandarin and Cantonese ················ Rint Sybesma　(234)
A Study on Geographic Distribution of Three
　　Special Verb Reduplication Constructions
　　and Some relevant issues ·················· Wang Jian　(246)
The Aspect Auxiliary *er* in the Qixia
　　Dialect and Relevant Issues ··············· Liu Cuixiang　(260)

Comparative Indo-European Linguistics and Comparative
　　Studies of Sino-Tibetan Languages
　　　·· Hwang-cherng Gong　(280)

Is It Appropriate to Put *Mei*(美)
　　in the *Wei*(微) Group? ················· Guo Xiliang　(296)
Discussing the Translator of the *Pratyutpanna-*
　　Buddha-Sammukhavasthita-Samadhi-Sūtra
　　(One-Volume Version) from a Linguistic
　　Perspective ································ Wang Weihui　(303)
The Usage of "*He*(和)-type" Words in Different
　　Versions of *Lao Qi Da*(《老乞大》)—On the Linguistic
　　Features of *The New Explanations of Lao Qi Da*

(《老乞大新释》) ·················· Zhao Chuanbing (323)

New Findings of *The Study of Mashi Wentong*
(《马氏文通》)in the New Century—Review of
Mashi Wentong Yanjiu(《〈马氏文通〉研究》)
By Song Shaonian ·············· Sun Liangming (330)

ABSTRACTS ···································· (348)

林焘先生学术成就简述

王韫佳

林焘先生,字左田,1921年生于北京,福建省长乐县人,中国民主同盟盟员。1939年毕业于北京崇德中学,同年考入燕京大学国文系,1944年毕业后入燕大研究生院学习,师从李方桂先生。1946年起在燕京大学任助教、讲师。1952年燕京大学并入北京大学,林焘先生开始在北京大学中文系任教,1955年起任副教授,1981年起任教授,1988年起任博士生导师。1984年至1995年任北京大学对外汉语教学中心(今对外汉语教育学院)主任。

林焘先生曾任中国语言学会理事、世界汉语教学学会理事会顾问,自中国语言学会语音学分会成立起一直担任该分会主任;自1979年起担任北京大学中文系《语言学论丛》主编,1989年至1993年任《世界汉语教学》代理主编;曾任北京语言大学和华侨大学兼职教授。

林焘先生的研究范围涉及汉语音韵学、现代语音学、汉语方言学、对外汉语教学等领域。他的学术生涯大致可以可分为三个阶段。

第一个阶段是在燕京大学求学和工作时期,林焘先生的主要研究方向是汉语史。1950年发表的《〈经典释文〉异文之分析》(与陆志韦先生合作)是这一时期的代表性成果。这篇文章分析了异文产生的原因及其研究价值,将异文分为普通异文和特殊异文两类,并按照性质将7950条异文分为7类进行研究。文章为古代方言和汉语语音史的研究提供了丰富的资料和例证,也为考证古代各家经注的异同及正确与否提供了证据。这个阶段虽然时间短暂,著述不多,但这一时期的汉语史学习和研究工作为他后来的学术发展打下了良好的基础。

第二个阶段是 20 世纪 50 至 60 年代。燕京大学并入北京大学之后，林焘先生在北大中文系一直从事现代汉语的教学工作，因此研究方向也由古代汉语转向现代汉语，在这段时间内，他的研究重点是现代汉语语音，研究工作兼及文字、词汇和语法。50 年代，国家大力开展普通话推广和汉语规范化的工作，他积极参与其中，并撰写了《关于汉语规范问题》等(1955,1959)学术论文，还与高名凯先生合作编写了普通话教材《福州人怎样学习普通话》(1956)。他在北京大学汉语教研室集体编写的《现代汉语》(1958)中负责撰写绪论和语音部分。该书是全国高校中文系设立现代汉语课程以后的第一部教材，编写时恰逢《汉语拼音方案》诞生，教材的语音部分是围绕着《汉语拼音方案》与普通话的关系这个中心来写的，这个写作思路对后来各种现代汉语教材语音部分的编写产生了很大的影响。

在这段时间内，他的两篇有关轻音与语法和语义关系的论文引起了学术界的重视。《现代汉语补语轻音现象反映的语法和语义问题》(1957)全面考察了趋向、可能、程度和结果补语中的轻音现象，指出补语中某些成分的轻读与否与这些成分的词性和意义相关，强调不能把语音与语法和语义割裂开来进行研究。《现代汉语轻音和句法结构的关系》(1962)研究了不同层次的语音结构与句法结构之间对应或不对应的相互关系，提出了语流中有两种不同性质的轻音：其一为语调轻音，可以出现在语句的任何位置，属于语调范围，一般有语调重音与之对立，与语音结构的层次没有关系；其二为结构轻音，只能出现在非轻音之后，大部分没有与之对立的重音，少数结构轻音如果变为重，则会对句子的句法结构或词义有主要影响。将语音现象与句法和语义现象结合起来进行研究，并注意到语音研究与句法和语义研究之间的密切关系，这在 40 多年前是相当具有前瞻性的。在这个阶段，林焘先生开始对北京话的社会变体问题产生兴趣。发表于 60 年代的《北京话的连读音变》(1963)一文，把连读音变分为不自由和自由的两大类，并对这两大类分别列举了 6 个和 12 个小类进行详细的分析。这项研究可以看作他后来带领学生对北京话进行全面系统的社会语言学调查的一个预备性的工作。

　　林焘先生学术生涯的第三个阶段始于20世纪70年代末期,这时他已年近花甲,但他的学术研究却进入了一个全新的时期,他在实验语音学、方言学、音韵学和对外汉语教学领域都取得了重要的成就。因此,这也是林焘先生学术生涯中最为重要的一个阶段。

　　20世纪20年代,刘复(半农)先生创建了北京大学语音乐律实验室,由于种种原因,北大的实验语音学研究一度中断。1978年,北大中文系重建了语音实验室,林焘先生主持了重建工作,并开始培养实验语音学方向的研究生。他本人第一篇实验语音学方面的研究论文是《探讨北京话轻音性质的初步实验》(1983)。北京话轻音音节有着区别于正常重音音节的若干语音特征,其中的哪一种是音位性的特征,是一个长期以来悬而未决的问题。林焘先生采用心理—声学的实验方法,考察了音长、音强和音高三种物理要素在北京话轻音音节听辨中的作用,实验结果否定了长期以来存在的音强与北京话轻音相关的看法。林焘先生提出,音长是听辨北京话轻音最重要的参数,在音长的制约下,音高与轻音的听辨有一定的关系。这篇文章甫一发表,就在语音学界引起了广泛的关注,它在今天已经成为汉语轻音问题研究中的经典文献。林焘先生后来又与王士元先生合作撰写了《声调感知问题》(1984),他们的声学—心理实验结果证明,两音节词的声调感知是以彼此之间的音高对比关系为条件的,在这个结果的基础上,他们提出,声调的历史演变可能就是由于多音节词中声调的听错觉造成的。

　　在中文系语音实验室恢复建立之初,林焘先生邀请了国内外相关专业的著名学者,如著名美籍华裔语言学家王士元先生等,到中文系讲学,前来听讲的除了北大中文系的师生,还有其他高校和科研单位的语言学工作者,林焘先生主持的这些学术演讲有力地推动了中国语音学的发展。刘复先生在上个世纪20—30年代所领导的北大语音乐律实验室是以研究汉语的声调见长的,林焘先生从轻音和声调的研究入手恢复了北大的实验语音学研究,并把超音段特征的研究确立为当时北大中文系语音实验室的主攻方向。在林先生的领导下,该实验室在轻重音、语调和时长等问题的研究上都取得了重要研究成果,因之成为国内实验语音学界颇有特色和最为重要的实验室,该室在20世纪80年代中期的研究论文集《北京语音实验录》(林焘、王理嘉1985)迄今为止仍然是汉语实验语音学领域的重要参考文献。

20世纪80年代初期,林焘先生带领北大中文系汉语专业的部分师生进行过较大规模的北京话调查。在调查过程中,他们采用社会语言学的研究方法,精心设计了调查用的语言量表,对北京城区和近郊以及少数远郊区县的口语进行了系统的文本记录和录音。林焘先生就这些录音资料中的一些语音现象进行了社会语言学角度的研究,发表了《北京话儿化韵个人读音差异问题》(1982)、《北京话去声连读变调新探(1985)》、《北京东郊阴阳平调值的转化》(1991)和《北京话儿化韵的语音分歧》(与沈炯合作)(1995)等文章,这些文章在材料、方法和理论阐释上都很有新意。与此同时,林焘先生在中文系开设了《北京话研究》的选修课,这门课程受到语言学专业学生的普遍欢迎。80年代中后期,由于城市建设的发展,北京城区和郊县的人口发生了急剧的流动,北京话原来的地区变体格局被打破,今天,林焘先生与中文系师生们的这些调查资料已经成为弥足珍贵的北京话的历史材料。

在对北京语音进行共时的实验研究和社会变体研究的同时,林焘先生对北京话的历史来源和北京官话区的划分等方言学的问题也进行了深入的思考,发表了《北京官话溯源》(1987a)和《北京官话区的划分》(1987b)两篇重要的学术论文。他在这两篇文章中所提出的"北京官话区"是指从东北地区经过河北省东北部的围场、承德一带直到北京市区的这一片相当广大的区域,因为在这片区域内,各方言的声韵系统十分接近,调类完全相同,调值极其相似。此前,其他学者所提出的"北京官话区"并不包括东北方言。《北京官话溯源》以大量翔实的史料,从民族的长期杂居和人口的不断流动两个方面分析了北京话和东北方言自唐代以来的历史渊源以及现代北京官话区的形成过程。《北京官话区的划分》则站在共时的角度论证了北京官话区内各方言点音韵系统上的一致性,并提出了北京官话和北京城区话的具体分布范围。

林焘先生自50年代以后教学和科研的方向已由古代转向现代,但他对汉语音韵学始终未能忘怀,因此退休之后又撰写了《"入派三声"补释》(1992)和《日母音值考》(1995)两篇音韵学方面的文章,并与耿振生教授合作撰写了《声韵学》(1998)一书。《日母音值考》是一篇将传统音韵学与现代语音学有机结合的精彩华章。关于现代北京话中日母的音值,学术界一直有不同的看法。林焘先生从实验语音学家的数据中发现,现代北京话中日母的声学特征与通音相近而与擦音相去较远,这一发现为确定日母在音系上属于通音一类而不属于擦音一类提供了有力的证明。文章根据现存的音韵史料、日汉对音资料、方言资料和传统戏曲语言等材料推测,从中古至今,日母在北方通语地区一直以浊擦音或通音为主,在以吴语为中心的东南地区则一直以鼻音为主。文章还根据谐声字的情况推测,至少在《诗经》时代日母的音值就存在方言上的分歧,当时鼻音是雅言的读法,擦音则只是少数方言的读法。

在相当长的一段时期内,国内高校中文系的语音学教学一直是语言学课程中一个薄弱环节,能够在本科生中开设专门的语音学课程的高校为数极少,北大中文系在改革开放初期为本科生开设了"语音学",林焘先生是这门课程最早的任课教师。为了将现代语音学的最新研究成果介绍给学生,他与王理嘉教授在20世纪80年代开始合作编写适合本科生学习的教材《语音学教程》(1992)。这部教材将传统语音学与现代语音学、普通语音学与汉语的语音材料有机地融合在一起,自20世纪90年代初期出版以来,它一直是中文系高年级学生和研究生语音学课程最重要的教材之一,同时也是理工科和其他文科专业相关领域学生的重要参考书。《语音学教程》先后在大陆和台湾出版,后来又被译为韩文在韩国出版。

林焘先生一生中唯一的行政工作是担任北京大学对外汉语教学中心主任,他在这个工作岗位上辛勤耕耘了11年。20世纪80年代,北京大学在全国高校中率先成立了专门的对外汉语教学机构——对外汉语教学中心(今对外汉语教育学院),林焘先生是该中心的首任主任,他也是改革开放以来中国对外汉语教学事业的奠基人和开拓者之一[①]。在繁忙的行政工作之余,林焘先生亲自撰写对外汉语教学,尤其是语音教学方面的论文(1979,1989a,1989b,1996),促进这门新兴的学科向着科学和健康的道路发展。林焘先生一直强调要将汉语语音学的理论应用到语音教学的实践中去(1979),他曾经一针见血地指出长期以来在语音教学中存在的毛病:用眼多,用耳少,即,教师只看到单字音和《汉语拼音方案》这个符号系统,不注意对有声语言进行深入的观察。例如,普通话上声单字调的调值是[214],但普通话上声的音系特征是低,在实际的言语交际中,[214]的出现机会也是比较少的。而对于外国学生来说,上声是最难学习的一个声调,他们最容易犯的错误是忽略了上声的低音特征而过于强调其升尾。因此,林焘先生主张在上声的教学中不要先教单字调[214],而要先教[21]或者[211]。这个主张无疑是很有创见的,遗憾的是,近30年来它并没有在对外汉语的语音教学中得到普遍的重视和接受。

　　林焘先生一生的学术著述数量不算很多,他的学术成果以高质而不是高产闻名于语言学界。他所撰写的学术论文中的大部分都成为相关领域的研究者必读的参考文献。林焘先生将自己的毕生精力奉献给了中国的语言学事业,逝世前一个星期还作为主席主持召开了第七届中国语音学学术会议。他严谨求实的治学风格、淡泊名利的人生态度、宽厚待人的道德风范,永远值得我们怀念和景仰。

附　注

　　①此处蒙北京大学对外汉语教育学院李晓琪教授向笔者惠赐资料并提出宝贵意见,谨致谢忱。

参考文献

林焘、陆志韦(1950)经典释文异文之分析,《燕京学报》第 38 期,北京,1—102 页。
林　焘(1955)关于汉语规范化问题,《中国语文》第 8 期,北京,4—9 页。
高名凯、林焘(1956)福州人怎样学习普通话,北京,文化教育出版社。
林　焘(1957)现代汉语补语轻音现象反映的语法和语义问题,《北京大学学报》第 3 期,北京,61—74 页。
北京大学汉语教研室(编)(1958)《现代汉语》,高等教育出版社,北京。
林　焘(1959)现代汉语词汇规范问题,《语言学论丛》第 3 辑,上海教育出版社,上海,48—72 页。
—— (1962)现代汉语轻音和句法结构的关系,《中国语文》第 7 期,北京,301—311 页。
—— (1963)北京话的连读音变,《北京大学学报》第 6 期,北京,19—28 页。
—— (1979)语音教学和字音教学,《语言教学与研究》第 4 集,北京,1—6 页。
—— (1982)北京话儿化韵个人读音差异问题,《语文研究》第 2 期,太原,9—14 页。
—— (1983)探讨北京话轻音性质的初步实验,《语言学论丛》第 10 辑,商务印书馆,北京,16—37 页。
林焘、王士元(1984)声调感知问题,《中国语言学报》第 2 期,商务印书馆,北京,59—69 页。
林　焘(1985)北京话去声连读变调新探,《中国语文》第 2 期,北京,99—104 页。
林焘、王理嘉(主编)(1985)《北京语音实验录》,北京,北京大学出版社。
林　焘(1987a)北京官话溯源,《中国语文》第 3 期,北京,161—169 页。
—— (1987b)北京官话区的划分,《方言》1987 年第 3 期,北京,166—172 页。
—— (1989a)汉语韵律特征和语音教学,世界华文教学研讨会(新加坡)会议论文。
—— (1989b)语音在语文教学中的地位,香港语文学会第五届国际研讨会会议论文。
—— (1991)北京东郊阴阳平调值的转化,《中国语文》第 1 期,北京,21—26 页。
—— (1992)"入派三声"补释,《语言学论丛》第 17 辑,商务印书馆,北京,3—18 页。
林焘、王理嘉(1992)《语音学教程》,北京大学出版社,北京;(1995)台湾五南图书出版公司,台北。
林焘、沈炯(1995)北京话儿化韵的语音分歧,《中国语文》第 3 期,北京,170—

179页。

林焘(1995)日母音值考,《燕京学报》新1期,北京,403—420页。

——(1996)语音研究和对外汉语教学,《世界汉语教学》第3期,北京,18—21页。

林焘、耿振生(1998)《声韵学》,台湾三民书局,台北。

(以上以时间先后为序)

(100871 北京,北京大学中文系 北京大学汉语语言学研究中心
E-mail:wangyunjia@pku.edu.cn)

熔古今中外于一炉[*]
——在王力先生逝世二十周年纪念会上的发言

孙 玉 文

王力先生离开我们已经二十年了。在今天的纪念会上,我发言的主题是想从《中国音韵学》(新版改为《汉语音韵学》,以下采用今名)来看王力先生治学坚持吸收"古今中外"学术精华的主张。

王力先生的语言研究,始终坚持充分吸收古今中外学术精华,他反对把"古"和"今"、"中"和"外"机械地对立起来。他在《中国语言学的继承和发展》中指出:"有一些新派语言学家们对中国传统语言学采取虚无主义的态度,以为旧学没有什么可取的东西,自己在狭窄的范围内钻牛角尖,外国的东西学得不深不透,中国原有的东西知道得更少。有一些旧派语言学家又故步自封,满足于中国原有的成就,即使有所述作,也是陈陈相因,不脱前人的窠臼。这样就不能新旧交流,取人之长,补己之短。"这里非常明显地表明了王力先生充分吸收古今中外学术精华的追求目标。这种学术追求,在他的第一本语言学著作《汉语音韵学》中就全面地体现了出来。

《汉语音韵学》是王力先生 1932 年从法国回国以后在清华大学讲授中国音韵学概要的讲义,1936 年出版。共分四编,编下分章,章下分节。其正文部分,第一编是"前论",下分三章,依次讲解语音学常识、汉语音韵学的名词、等韵学的情况。该编吸收了国内外语音学包括实验语音学的一些重要的研究成果,强调了汉语音韵学研究中

---

[*] 本文于 2006 年 10 月 20 日宣读,这次发表时根据多位先生的意见又作了补充。在此谨向给本文提出宝贵意见的各位先生表达我的谢意。

"审音"的重要性,并据此梳理了汉语音韵学的一些重要的名词术语,"对等韵学加以说明或矫正",体现了用现代语音学改造传统音韵学的革新精神;同时对"前人的等韵学作概略的叙述"。第二编是"本论上(广韵研究)",讲解《广韵》音系及相关研究。对于《广韵》音系,开始讨论《广韵》的历史,然后分别讨论声韵母的情况,都是先讨论音类的研究,再讨论音值的构拟,循序渐进,有主有次。这里采纳了古今中外汉语音韵学家的见解,把《广韵》作为"上溯古音,下推今音"的桥梁,因而在讲解上古音和近现代音之前先谈《广韵》音系;《广韵》各韵的排序及同用独用情况,采用戴震说;音类的划分采用陈澧、张煊、白涤洲、高本汉等人的考证。第三编是"本论中(由广韵上推古音)",讲解上古音系及其研究。先讨论上古音类的研究,同样做到循序渐进,有主有次;梳理清代以前古音学的研究情况,重点分析顾炎武、江永、段玉裁、戴震、钱大昕、孔广森、王念孙、章炳麟、黄侃等人所取得的成绩及其存在的缺陷,正如李方桂先生在《序》中所说,"这差不多是代表一部清代古音学史"。这一部分可以看成是《清代古音学》的雏形。第四编是"本论下(由广韵下推今音)",依次讨论了《广韵》之后的韵书,现代官话音系、吴音系、闽音系、粤音系、客家话。这里兼顾了语音在时空上的演变,既继承了传统,又吸收了西方的语言学理论。讨论音值的构拟,无论是中古音还是上古音部分,王力先生都比较详细地介绍了高本汉的构拟体系及其他人的一些构拟成果。关于高本汉的构拟,中古音部分介绍《中国音韵学研究》的构拟。高本汉的这本书用法文写成,1915至1926年分四次出版。王力先生留学法国,学了法文,当然能够较早地吸收高书的研究成果。高书1940年出版了赵元任、罗常培、李方桂三位先生的合译本。上古音部分介绍《诗经研究》《汉语词族》等论著的构拟。高本汉的这两篇论著都是用英文写的,分别发表于1932年和1934年,前者周祖谟先生有译本,未出版;后者1937年出版了张世禄先生的译本,名为《汉语词类》。

《汉语音韵学》几乎每一章的每一节后面都列有参考资料。参考资料部分,有些参考论著在书后所附的"'汉语音韵学'参考书"中没有列入。这些参考资料,非常明确地贯彻了王力先生所坚持的"古今中外"的治学主张。例如第一编第一章"语音学常识"各节,先后列有柔迪(Roudet)、房德里耶斯(Vendryes)、赵元任、王力等的相关论述;第二章各节,先后列有《文心雕龙》、《玉篇》、孙愐《唐韵序》、章太炎《国故论衡》、《南史》、高本汉《中国音韵学研究》、钱大昕《十驾斋养新录》、胡以鲁《国语学草创》、《广韵》、黄侃《音略》、江永《音学辨微》、罗常培《中国音韵沿革》讲义、柔迪《普通语音学基础》、李光地《榕村韵书》、刘复《守温三十六字母排列法之研究》、吴敬恒《国音沿革序》、钱玄同《文字学音篇》、潘耒《类音》、顾炎武《音论》、陈澧《切韵考》、陈寅恪《四声三问》、《元和韵谱》、真空《玉钥匙歌诀》、张成孙《说文韵补》、段玉裁《与江有诰书》、王鸣盛《十七史商榷》、劳乃宣《等韵一得》、《切韵指掌图》、李汝珍《音鉴》、张麟之《韵镜序》、孙觌《切韵类例序》、莫友芝《韵学源流》、罗常培《耶稣会士在音韵学上的贡献》、胡朴安《文字学研究法》等相关论述。外文参考资料都翻译成中文。

书后所附的"'汉语音韵学'参考书",也体现了王力先生充分吸收古今中外学术精华的学术追求,参考书目所列有古有今,有中有外,外文参考书既有法文,也有英文和德文。参考论著大约235种,其中中国古今论著170种,外文论著65种。外文参考书中,列有丹尼尔·琼斯、帕默尔、斯威特、叶斯泊森、格拉蒙、梅耶等人的论著,光高本汉的论著就列了12种之多。

但是,王力先生对于古今中外的研究成果并没有盲从,而是站在时代的前沿,吸收其科学、有用的部分。不盲从,进行独立的科学探索,这是古今中外一切优秀学者必备的素质。在《汉语音韵学·自序》中说:"迩年忝在清华大学音韵讲席,首以玄虚之谈为戒……此篇所述,什九为古今诸贤之说;一得之愚,则存乎取舍之间。"在《例言》中说:"本书正文中之主张力求一贯;虽多采自他人,然既经著者剪裁,亦即代表著者本人之意见。"所谓"取舍""剪裁",是指对古今中外的相关成果进行取舍、剪裁,标准是是否科学、有用,而不是按国别来定优劣。《汉语音韵学》中,无论是宏观方面,还是微观方面;是中国的成果,还是外国的成果;是古代的成果,还是现代的成果,王力先生都是取精用弘,常常在肯定既有的成绩的同时,指出其不足。书中介绍了高本汉的上古音和中古音构拟体系,表明王力先生赞同古音构拟,吸收了历史比较语言学的成果。但是他同时指出:高本汉的中古声母构拟是"一个比较可信的假定",对于高本汉的韵母构拟是"暂用";关于上古音构拟,高本汉"所定的音值,则有待于修正者甚多……上古音值的研究只由汪荣宝高本汉诸人开端,后人的成绩当更超乎他们之上,这是可断言的"。王力先生还常常在正文部分的注释中点名自己的看法,在参考资料中加上自己的按语表明取舍。

王力先生有着深厚的古典文献和中国传统语言学的功底。在青少年时代,他就参加家乡的赛诗会,开始写旧体诗,一辈子乐此不疲;曾经阅读过十四箱古书。进入清华研究院以后,梁启超、王国维、陈寅恪等言传身教,使得他国学功底更为深厚。王力先生是在五四运动时期成长起来的语言学家,他在清华研究院的老师赵元任先生是美国结构主义语言学的代表人物之一,因此王力先生自觉地接受了欧美语言学的熏陶。1927年,在清华研究院研究生毕业以后,又自费赴法国留学,攻读博士学位,学习语言学理论。当时的法国是继德国之后语言学的中心,以索绪尔、房德里耶斯、梅耶等为代表的法兰西学派当时处于世界语言学的领先地位,那时我国许多语言学家,例如刘复、方光焘、岑麒祥、高名凯等先生,都曾到法国留学。因此王力先生在当时接受的是最先进的西方语言学理论的教育。因为有这样的学术经历,又有了科学的治学态度,所以王力先生看到了中西学术各有所长各有所短,中国古代的学术有很多可取之处,因而《汉语音韵学》既不受制于"古"和"中",也不受制于"今"和"外",而是上下求索,左右采获,"剗其瑕砾,搴其萧稂"。

王力先生生于清末,成长于五四运动时期。那时候,我国的学术界有"新派"和"旧派"之分。新派和旧派各有一些学者各执一端,互相排斥,把我国传统的学问和西方的新学简单地对立起来,影响了学术的发展。以王力先生为代表的新一代学者则开一代学术新风,创一代学术新潮,既不以"新派"来自我标榜,也不以弃绝西学,原汁原味地承袭中学而自居。《汉语音韵学》成为实践这种学术潮流转移的标志性著作之一。

五四运动至今快九十年了。五四以后,中国的学术研究的潮流是中西结合,迄今已经形成为一种优良传统:人们评价五四时期出现的学术巨星,常常用到"中西合璧""融会中西"这些词儿;当今的中国语言学界,再也没有人排斥西方的学术了。吸收西方语言学的精华已经成为中国学术界的共识了。但是贬低甚至排斥中国古代文献的偏差不容忽视。有人主张,现今中国的语言学,不应在古代文献的阅读上花太多的精力,它太难懂了,只要一般能用就行。持这种观点的人往往把活的语言研究和文献语言研究简单对立起来,有意或无意间忽略了一个至为明显的道理:汉语大量从不间断的文献,本身就是汉语的记录;有些文献,记录了中国古人语言研究的成果。反映历代口语的文献本来就见证了汉语的历史变迁。由于语言的变化,今人不花大力气,就不能弄懂它;没有弄懂它,怎么能有效地加以利用呢?贬低甚至排斥古代文献在语言研究中的重要作用,那是没有任何科学依据的。是的,古代文献材料有其局限性,文献考据的方法有其局限性。但是在科学研究上,任何材料都不能包罗万象,任何方法都不能包打天下;我们决不能因噎废食。研究汉语,特别是研究汉语的历史,我们必须重视古代的文献材料,必须把文献考据的方法吸收到语言科学中来;历史文献的不足,我们可以采取其他的办法加以弥补。

把汉藏诸语言的比较研究跟文献的利用和对中国语言学的传统的继承简单地对立起来也是一种偏差。这二者绝不是对立的,中国古代的文献和中国的语言学的研究成果,既可以从一个方面用来印证、检验汉藏诸语言的比较研究,又可以用来弥补汉藏诸语言研究的某些不足;汉藏诸语言的比较研究,必须跟中国古代文献的科学利用结合起来,必须把历史比较法的科学运用跟对中国语言学传统的批判继承结合起来。然而,在汉藏诸语言的比较研究中,有的学者对汉语同源词(同族词)、古今词汇的变迁、词义的引申发展等借助中国文献可以加以解决,因而中国古今学者已有相关研究的诸多方面都没有足够的重视。白保罗的汉藏同源词研究正典型地存在着这些毛病。例如白保罗《再论汉-藏语系》说马鞍的"鞍"跟卢舍依语的 kɔn ("浅谷,山脊")同源。古代文献告诉我们,汉族人骑马是很晚的事,马鞍的出现更是骑马以后的事,"鞍"这个词不可能来自原始汉藏语。汉语更早的文献,没有发现"鞍"字,其异体字"鞌"最早见于《左传》,那是作地名讲。"鞍"作"马鞍"讲最早见于《管子》。杨树达先生《积微居小学述林》卷五《文字孳乳之一斑》中说:"安,竫也,从女在宀下。(乌寒切)孳乳为案,几属,从木,安声。(乌旰切)又孳乳为鞌,马鞁具也,从革,安声。(乌寒切)树达按居室者隐几为安,乘马者据鞌为安也。"这里说得很明白:马鞍的"鞍"来自安定的"安"。"鞍"是汉语内部从"安"滋生出来的一个词。再如该文说"汤"作"肉汤"讲,跟"羹"和"臛"是同源词。古文献表明,"汤"本是"沸水,热水"的意思,隋唐以后才词义转移,指带汁水的菜肴。白保罗、包拟古等人的汉藏比较,他们所列的参考论著中,几乎见不到中国的古书,中国境内现代学者用汉语发布的相关研究成果也列得很有限,这可能是受客观条件的限制。但是有人看到王念孙的"一声之转"不合乎他确定汉藏诸语言同源词的研究,就讽刺王氏的研究为"神话",看到王力先生结合传统文献和现代语言学理论所作的汉语同源词探索跟自己心目中认定的汉藏诸语言的同源词对不上榫,就把王力先生的语言研究划入语文学的范围,这就不能不说是把汉藏诸语言的比较研究跟文献的利用和对中国语言学传统的继承简单地对立起来了。

有些词本来是上古汉语以后产生的词,有些词义本来是上古汉语以后发展出来的,这从汉语的文献,从汉语同源词、古今词汇的变迁、词义的引申发展等诸多方面看得很清楚。但是有人不顾及这些,而把这些后产生的词、后发展出的词义看作是汉藏诸语言的同源词。他们的理由是,文献滞后于口语,因此文献中某词或某词义出现时代晚,并不说明它在原始汉藏语到汉语文献记录该词或该词义之前的口语中不存在。郭锡良先生《汉语历代书面语和口语的关系》一文从文献资料和语言发展等多方面论证，汉语"书面语同口语自殷周到西汉都是一致的"。所谓书面语同口语一致，可以从两个层次来认识：一是书面语反映当时口语的密切程度，即书面语是否反映了当时的口语，是否有滞后与或游离于当时口语的语言现象。二是书面语如果跟当时的口语一致，它是否基本上反映了当时的整个口语的面貌，也就是说，一个时代保留下来的书面语，是否最大限度地把当时的语音、词汇、语法面貌尽可能地表现了出来。从商周到西汉，留下了大量的文献材料，有传世的文献，有地下的出土文献；反映的社会生活面也是很广泛的。应该说，这些文献资料基本上最大限度地反映了当时的整个语言全貌。正因为如此，所以历代仿古的文言文，除了使用反映后代生活变化而产生的新的语言成分（主要是词汇）以及谬误的仿古之外，使用先秦到西汉的词汇和语法系统，基本上能比较好地表达其思想内容。当然，先秦到西汉的文献材料毕竟有限，当时语言中的词汇量可以很大，所以不可能把那时语言中的全部词汇（主要是一般词汇）都记录下来。但是，如同郭先生在文章中所分析的，"常用词汇、基本词汇远比一般词汇小得多"。根据语言学理论，一般词汇往往是在常用词汇、基本词汇的基础上产生的，所以当时文献基本上反映了那时的常用词汇、基本词汇。因此，除非有过硬的证据，否则我们不能轻易地说，某一个见于后代文献的词，特别是属于基本词汇、常用词汇中的词，本来在前代的口语中已经出现，只是当时的文献没有记录下来。是的，书面语往往滞后于口语，但是那往往是对新生的语言现象的反映快慢问题，即使是滞后，滞后几千年的可能性又有多大呢？例如"硬"最早见于东汉的文献，有人认为这个词是汉藏语同源词。我们可以想一想：如果"硬"已见于"原始汉藏语"，那么它从汉藏分化到今天，一直是常用词、基本词，不是在先秦汉语的基础上新生的词。可是先秦到西汉的传世文献却丝毫没有反映，东汉开始，用例骤然出现，东汉以后的文献，"硬"又代代有用例，并且逐步增多。这不是很奇怪吗？说某词原始汉藏语就有，要拿出证据来，不是凭推测。推测的结果在两种可能中只任取一种，那是鬼魅；有文献证据,就是犬马。

有人说,白保罗、包拟古等人找出的汉藏语系同源词,尽管人们从文献的角度否定了一些(请注意,这里又承认文献的作用了),但是还有一些没有被人否定,那些还没有被否定的材料必定证明了汉藏语系的假说。这种说法在逻辑上站不住:那些还没有被否定的材料,有可能证明汉藏同源的假说,也有可能证明不了这一假说。怎么能够据此断定那部分"同源词"就一定证明了汉藏同源呢?在《李方桂先生口述史》中,李方桂先生批评白保罗时指出:白保罗的汉藏同源研究"那不能称之为方法论,根本不能称其为方法论","他的方法论让人误入歧途";"当我从语言学和方法论的角度去看那本书(引者按:指白保罗的《汉藏语言概论》)时,我认为它不属于学生们应该模仿的著作";白保罗的做法是钻研词典,把一些词汇抽出来排列在一起,然后根据这些词的相似形式构拟出其原始形式,"我认为所有此类构拟纯属胡闹"。李先生从正面强调确定语言的同源关系、构拟原始形式,在下结论之前必须做好两项基础工作:"如果你想构拟某种东西……你得做更加仔细的方法论方面的研究,还得对不同的语言作方法上的描写,这是在你作出结论之前必须做到的。"这实际上也是具体指出了白保罗汉藏比较的两大失误:对历史比较法的运用粗疏,对用来比较的不同语言没有作科学的描写研究。《李方桂先生口述史》是美国伯克莱加州大学 Bancroft 图书馆的区域口述史办公室在李方桂先生的家人向该机构提出记录李方桂先生自述史的想法后,由区域口述史办公室组织进行的,尽管是"口述史",但是它必然反映了李方桂先生晚年的真实意见。我们看到,就是白保罗等人这样的一些误说和构拟,却被少数人当作了"圣经"。这时候,重温王力先生《汉语音韵学》等著作,深感王力先生充分吸取古今中外学术精华的学术追求今天仍然有着浓烈的现实意义。

学术潮流具有可变性,当原来的潮流基本上为人们所接受时,它也就变成了传统。五四时期的学术潮流是向西方学习;到了王力先生开展学术活动的时代,学术潮流实现了向吸取古今中外学术精华的转移。当今,随着全球一体化和文化多元化进程的加速,随着我国综合国力的全面提升以及语言科学研究水平的提高,王力先生为代表的一代学者开创的吸取古今中外学术精华的学术潮流已经得到了越来越多有识之士的认同,取得了丰硕成果,因而成为一种优良传统。今天的学术新潮,就是要继承这种优良传统,走中国语言学的自主创新之路。我们应该学习古今中外优秀学者不迷信成说,追求真理,结合自身的条件,勇于探索的科学精神;我们更应该自主创新。不自主就不能创新,唯有自主,我们才能为中国乃至世界的语言学贡献出更多的原始创新、集成创新、移植创新的成果。这是历史和时代赋予我们的光荣使命。自主创新的学术新潮正在涌来,愿我们做一个弄潮儿!

参考文献

郭锡良(1992/2005)汉语历代书面语和口语的关系,郭锡良著,《汉语史论集》(增补本),商务印书馆,北京,606—618 页。

李方桂(2003)《李方桂先生口述史》,王启龙、邓小咏译,清华大学出版社,北京。

鲁国尧(2003)论"历史文献考证法"与"历史比较法"的结合,鲁国尧著,《鲁国尧语言学论文集》,江苏教育出版社,南京,181—192 页。

王　力(1936/1981)《汉语音韵学》,中华书局,北京。

——(1962/1980)中国语言学的继承和发展,王力著,《龙虫并雕斋文集》(第二册),中华书局,北京,563—576 页。

杨树达(1983)文字孳乳之一斑,杨树达著,《积微居小学述林》,中华书局,北京,153—164 页。

中国语言学会《中国现代语言学家传略》编写组(2004)王力,《中国现代语言学家传略》(第三卷),河北教育出版社,石家庄,1296—1307 页。

(100871　北京,北京大学中文系 北京大学汉语语言学研究中心)

普通话语音标准中声韵调音值的几个问题

王 福 堂

提要 普通话"以北京语音为标准音",但这一语音标准还有需要规范的地方。这主要是因为北京话声韵调音值上还存在几个理解上和事实上不一致的问题。本文提出几个问题,希望有可能得到解决。

关键词 普通话 语音标准 北京语音

一

1956 年,国务院发布了推广普通话的指示。半个世纪以来,推普工作取得了巨大的成绩,学说普通话已经成为人们的自觉行动。随着国内外联系的日益加深,普通话还正成为外国人学说的一个重要语种。

国务院的指示说,普通话"以北京语音为标准音"。所说"北京语音",是指北京话的语音系统,即北京话声韵调的类和值,它们的配合关系,以及各种语流音变(如变调、轻声、儿化)的规律。以北京语音为"标准",就是普通话在所有这些方面都要和北京话相同。

为了配合推广普通话的工作,上世纪 50 年代到 80 年代还进行了汉语规范化的工作,通过《普通话异读词审音表》的编写和修订,对异读词的字音进行规范。不过这一规范化只涉及字音,不涉及语音系统,异读词中即使不符合规范的读音也仍然是符合北京语音的。因此一般认为,普通话的语音标准不存在需要规范的问题。

不过细究起来,普通话语音标准的某些部分还存在模糊之处,几个声韵调的音值明显有分歧和不一致的地方。产生这种情况的原因之一,是对语音标准的理解有宽严之别。比如卷舌元音 er 一般认为是单元音,但实际发音和复元音相似。掌握的宽严不同,对卷舌元音的看法和教学上的要求也就不同。语音标准本身存在的问题是另一个原因。这里有两种情况。一是北京话存在内部分歧。当语音标准牵涉到这些分歧时,人们可能会在是此和是彼之间无所适从。比如 üan 韵母有[yuan]和[yɛn]两种读音,如果肯定这一种,否定另一种,语音标准就会变得不同。二是作为一种方言,北京话处在不断的变化之中。经常会有一些新的语言特点产生出来,有的不久就消失了,有的则会巩固下来。半个世纪以来,北京话就积累了一定数量的变化。当普通话的语音标准牵涉到这些变化时,人们对从新或从旧也会犹豫不决。比如 w 原来是一个圆唇的半元音,但后来产生了另一种唇齿音[ʋ]的念法。怎样对待这个新产生的[ʋ],是不是接受下来,也会使语音标准变得不同。以上种种,都会影响现行语音标准的确定性。

由此看来,普通话的语音标准存在需要规范的问题。这一问题虽然还没有使北京话的语音系统发生大的变动,但回顾半个世纪推普工作的实践,可以发现它对工作是有影响的。因此,这应该是一个需要注意的问题,有必要提出来。

二

下面笔者就从声韵调音值方面提出几个会影响普通话语音标准的问题。主要从语言演变的角度着眼。笔者还认为,在标准问题确定之前,最好先认同所有的语言事实。从这点出发,笔者准备对《普通话水平测试大纲》的有关处理也提一些看法。

(一) 声母 zh ch sh r 的发音部位

北京话的翘舌音声母 zh ch sh r,实际上发音部位前后有些不同,音值也有些差异。《普通话水平测试大纲》根据现有规范,把翘舌音发音部位的"过于靠前或靠后"作为语音缺陷来处理。不过翘舌音发音部位这种"过于靠前或靠后"的具体情况一直不是很清楚。为了了解情况,北京大学中文系研究生刘芳曾经做过一次实验。她对近500人的录音材料进行频谱分析和听辨试验,得出的结论是:北京话翘舌音的发音部位有三种,将近五分之三的人是在齿龈后至硬腭前,大约四分之一的人偏后在硬腭中部,其余人(约15%)偏前在齿龈部位(顶音)。发音部位偏后的以年龄较大的男性为多,说明这是北京话较早的发音。相比之下,现在大多数人的发音部位是往前移动了。发音部位偏前的则以年轻女性为多,这是一种类似于"女国音"的现象,可能和某种社会心理有关,但也不能排除是否还有别的因素。目前大多数人的发音部位是在齿龈后至硬腭前,不属偏后,和规范相符。不过问题是翘舌音发音部位"过于靠前或靠后"都仍然是北京话的发音,现在却认为是语音缺陷了。这样,按实验结果推断,可能就有将近半数的北京人发音不符合规范。而且考虑到目前南方许多方言的翘舌音声母也是部位靠前的顶音,南方人如果学说普通话的翘舌音时发音部位"靠前",显然也会被认为是语音缺陷。这样判定的语音缺陷似乎是范围大了一些。但既然北京话上述翘舌音声母前后差别不大的三种发音部位都见于日常口语,还是把它们都包括在规范之内,认为都符合语音标准为好。

(二) w 的唇形

北京话合口呼零声母音节开头的 w,早先都念成圆唇的半元音[w],但后来出现了不圆唇的唇齿化的[ʋ]。这一变化大约是在上世纪 50 年代开始的。圆唇的 w 变成唇齿音[ʋ]是有语音条件的。即后面是不圆唇元音时发生这一变化,如 wa、wai、wan、wang、wei、wen、weng 等音节中的 w 念成[ʋ],后面是圆唇元音时不变,如 wu、wo 这些音节中的 w 仍然是圆唇音。北京大学中文系沈炯曾经根据北京话调查的录音材料做过统计,发现城区居民把 w 念成[ʋ]的比例很高,但近郊比较低,远郊又很高。(近郊和远郊的这种情况和相连的河北方言有关。)在城区,[ʋ]的念法不但普遍存在,而且还在发展之中。《普通话水平测试大纲》肯定[ʊ]的存在，说 w"实际发音……是半元音[w]或唇齿通音[ʋ]"。不过《大纲》又认为"合口呼……的圆唇度明显不够"是一种语音缺陷了。这样，合口呼 w 的这种非圆唇的[ʋ]显然就要归入到"圆唇度明显不够"之列，成为语音缺陷了。在这里语言事实和规范发生了矛盾。不过 w 的发音已经不可能恢复到以前一律念圆唇音的时候了，目前 w 有条件地唇齿化的变化已经完全巩固，因此应该把它排除在语音缺陷之外。

(三) 韵母 e 和 er 的舌位

北京话韵母 e([ɤ])一般认为是单元音韵母。但是它的发音实际上有一个动程：开始时是[ɤ]，然后舌位略微下降到[ʌ]的部位，成为[ɤʌ]（因为后面的元音[ʌ]发音较轻，严式标音可以写作[ɤ^]）。发音的动程使它具有复元音的性质，和以中元音为主要元音的 ei、ou 相似。不过 ei、ou 的发音过程是舌位升高，韵尾是高元音的[i]和[u]，[ɤʌ]的发音过程是舌位降低，韵尾是偏低的[ʌ]。

北京话韵母 er 是卷舌元音，一般也认为是单元音韵母。但它的发音也有一个动程：刚开始舌位较低，比央元音低一些后一些，大致是个[ʌ]，然后舌尖上升并往后卷，舌位随之抬高到[ɚ]，成为[ʌɚ]（因为前一个元音较轻较短，可以写作[ʌ^ɚ]），宽式标音写作[ɚr]。发音的动程同样使它具有复元音的性质，不过和北京话的 ei、ou 不同的是，ei、ou 的主要元音在前，[ʌɚ]的主要元音在后。

年龄较大的北京人念 er 韵母时，不同声调的字，开始时元音的开口度还会有点不同。念阳平字"儿"时，元音舌位接近央元音，是前述的[ʌ^ɚ]（[ɚr]）；念上声去声字"耳"、"二"时，元音舌位下降成[ɐ]，接近低元音，成为[ɐ^ɚ]，宽式标音写作[ɐr]。拿它们跟不同的儿化韵比较，明显可以看出差别：

"儿"[ɚr] = "盆儿"[ɚr]

"耳"、"二"[ɐr] = "板儿"、"襻儿"[ɐr]

"儿"和"耳"、"二"本来是同韵的。但在上述例字的发音中，"儿"和"盆儿"同韵，"耳"、"二"和"板儿"、"襻儿"同韵。既然"盆儿"和"板儿"、"襻儿"不同韵,就说明"儿"和"耳"、"二"实际上也不同韵。不过在中青年人口音中,这种差别已经缩小,"耳"、"二"的元音是不是比"儿"的舌位低,大家并不在意。中青年人口音的这种情况代表了北京话变化的方向,可以认为是规范所在。因此目前 er 的发音不考虑声调因素,声调因素引起 er 韵母的不同发音并不处理成语音缺陷。

但韵母 e 和 er 发音中具有动程是一个迄今未变的因素,不考虑这一情况却会出现困难。就北京话语音系统中韵母的相互关系来看,把韵母 e 和 er 处理成单元音是完全合适的,或者说还是应当的。但这是一种宽式的处理。按照这种宽式标音,外地人学说普通话有可能把它们念成真正的单元音。而为教学效果着想,有必要按严式标音把它们作为复元音来学习。而韵母 e 和 er 在实际口语中是复元音,在语音系统中是单元音,并不是矛盾的。

(四) 韵母 üan 的音值

按《普通话水平测试大纲》的标音,ian üan 韵母的音值是[iæn][yæn],主要元音相同,其中撮口韵的介音是[y]。不过在北京人的口音中,齐齿韵 ian 只有[iɛn]一值,主要元音没有念成[æ]的。撮口韵 üan 也不念成[yæn]。北京话中的撮口韵有两种差别不小的读音。第一种读音的主要元音是[a](舌位实际上要稍微高一些,略偏后,严式标音可以写作[æ],和《大纲》相近),和开合口韵 an uan(主要元音[a]的舌位其实也要略高一些)的基本相同。第二种读音的主要元音是[ɛ],和齐齿韵 ian 的相同。两种读音的介音也有差别。主要元音和齐齿韵相同的读音,介音是通常的[y],可以标写为[yɛn]。主要元音和开合口韵相同的读音,介音比较复杂。笔者曾经撰文指出,这种介音在发完[y]以后,舌位并没有直接向主要元音过渡,而是先有一个由[y]向[u]的舌位后退的动作。这个后退的动作虽然还没有完全到达后元音[u]的部位,但已经不容忽视,宽式标音就应该写成[u]了。

北京大学中文系王韫佳所作的语音实验也证明 üan 韵母中介

音[y]和韵腹元音[a]之间的确存在一个过渡音（后元音[u]）。下面是一位女发音人所发 üan 韵母的三维语图。从图中可以看出，第二共振峰（表征元音舌位的前后）从起始处急速下降，降到一定程度后又开始上升，说明舌位经历了从前向后，然后再向前的两次变化过程。因此，这种读音的介音不是一般的单元音的[y]，而应该是一种较少见的双元音的[yu]。这样，北京话 üan 韵母的第一种读音就可以标写成[yuan]。

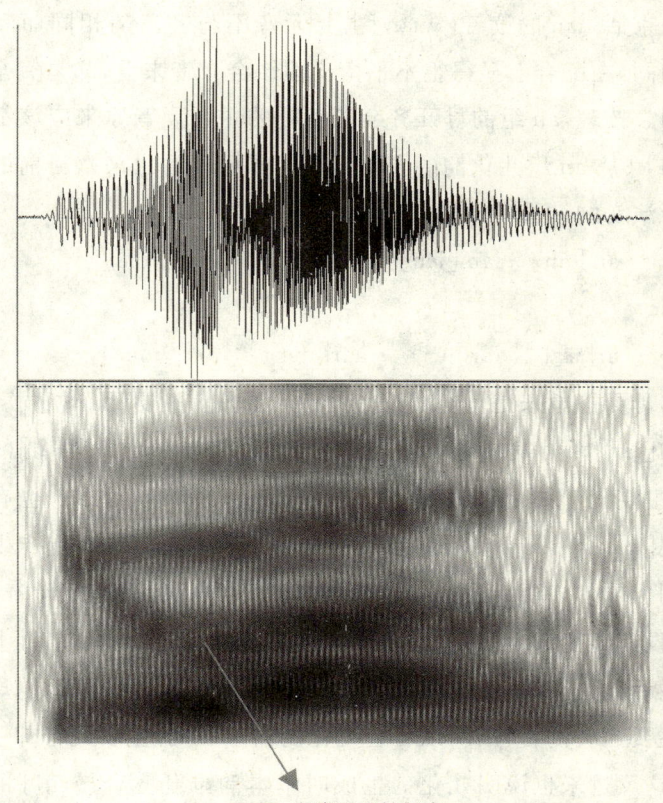

F2 先降后升的拐点

北京话 üan 韵母有[yuan]和[yɛn]两种不同读音由来已久。威妥玛所著《语言自迩集》记述 19 世纪中期的北京话，距今已 150 余年，所记 üan 韵母的读音就是两种，拼写成 üan 和 üen。从所举例字看，üan 可以和声母 l ch ch' hs（[l tɕ tɕʰ ɕ]）和 y（零声母）配合，üen 则只在声母 hs（[ɕ]）后出现，后者的使用范围要小得多。就主要元音的音值看，威氏说 üan 中的 a"比较像 an 中的 a"，üen 中的 e 威氏没有说明，但根据拼写，应该和齐齿韵 ien（[ien]）的相同。威氏也没有说明 üan 的介音 ü 是单元音还是双元音，只肯定 üan üen 两个读音的主要元音是 a 和 e 的不同。这两种读音的主要元音和目前北京话的基本相同。

北京话 üan 的读音[yuan]主要元音不与齐齿韵相同而和开合口韵相同，在配合上显得很不平衡。但结合介音来看，却是完全可以理解的。按理，an 组韵母开齐合撮四呼的主要元音原来应该都是相同的[a]（从 an 组儿化韵的主要元音相同可以看出来），目前的不同是语音演变的结果。比如：

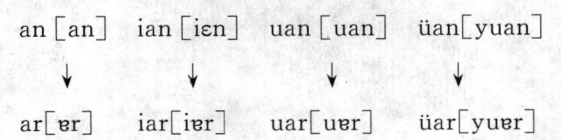

an [an]　　ian [ien]　　uan [uan]　　üan [yuan]
↓　　　　↓　　　　　↓　　　　　↓
ar [ɐr]　　iar [iɐr]　　uar [uɐr]　　üar [yuɐr]

基本韵母可能原来是[an][ian][uan][yuan]，主要元音相同。后来齐齿韵[ian]因为发音部位偏前的介音[i]和前鼻音韵尾[n]的共同影响，主要元音的舌位升高，变成了[ien]。撮口韵[yuan]也有前鼻音韵尾[n]，介音[yu]中的[y]也是前元音，本来也应该能产生类似的共同影响使主要元音的舌位升高，但因为[y]后面有后元音[u]的阻隔，没有能变成[yuen]，而是维持了原有的读音[yuan]。而儿化时由于卷舌韵尾顶替了前鼻音韵尾，齐齿呼介音不能和卷舌韵尾共同影响主要元音的舌位，所以尽管儿化韵四呼不同，主要元音却一致是[ɐ]。这反过来也说明儿化韵生成时基本韵母开齐合撮四呼的主要元音都是[a]。（不过目前也能听到有人把儿化韵的撮口韵念成[yɛr]，甚至齐齿韵也念成[iɛr]。但这种主要元音是[ɛ]的儿化韵并非语言自然演变的结果，不在北京音系的范围之内，显然也应该不在语音规范之内。）

而北京话的[yɛn]一读看来正常，却是不易理解的。[yɛn]按音理不可能是[yuan]演变的结果。因为[y]后面的[u]并没有失落的理由,[yuan]的主要元音[a]([æ])的读音也至今未变。而且如果认为[yɛn]是[yuan]演变的结果,那么作为演变中的新陈代谢的现象,两个韵母就不可能同时存在,[yɛn]一读出现时,[yuan]应该就消失了。而实际情况并非如此。所以威氏所记的第二种读音 üen 不像是北京话原有的,它的出现大概跟外方言的影响有关。外方言撮口韵如果介音是单元音的[y]而不是北京话的双元音[yu],韵母[yan]就会像齐齿韵[ian]变成[iɛn]一样,也变成[yɛn]。这种主要元音舌位比北京话要高的撮口韵在官话方言中极为常见。北京城作为首都长期以来一直是外来人口集中的地方。通过人员的往来,外方言的读音[yɛn]进入北京话,与北京话原有的[yuan]并存,按威氏所记,最初主要出现在摩擦音[ɕ]声母之后。

威氏所记主要元音和开合口韵母相同的 üan 韵母,后来用于国际邮政电讯通用的威妥玛式拼音,an 组韵母就写作 an iên uan üan。撮口韵取 üan 不取 üen,说明二者在威氏心目中的主次,而这应该是语言事实的反映。我国学者根据语言实际的标音也很相似,比如赵元任标作[an iɛn uan yan],李荣标作[an iɛn uan yan(或 yæn)]。

上述情况说明,北京话 üan 韵母实际上存在[yuan][yɛn]两种很不相同的读音,其中[yuan]是北京话原有的,主要的,[yɛn]是外来的,次要的。就北京音系来看,[yuan]显然比[yɛn]更具有代表性。但奇怪的是,近年来读音[yuan]很少见于语音媒体,学术著作也多不接触,推普材料更是从不提及,在这些方面更多听到见到的倒是[yɛn]。这也许是因为目前北京的外来人口越来越多,不了解北京话原有读音[yuan]的人有所增加,而且就外地人来说,念[yɛn]可能比念介音特别的[yuan]要容易些。但尽管如此,[yuan]极少见于正式场合的情况还是显得突然,不像是语言的自然淘汰,而似乎是一种引导或规范的结果。不过[yuan]一读目前实际上仍然见于北京话,作为地道的北京话的韵母,仍然是北京人口头主要的读音,因此也只有[yuan]才能体现作为普通话语音标准的北京音系的完整性。因此,

[yuan]不言而喻应当被承认属于普通话语音标准的范围,不被排除在外。[yuan]应当得到即使不超过[yɛn]也与之相同的普遍使用。如果今后的语音规范要求 üan 韵母最终只有一个读音,而且可以在现有的两个读音中任取其一,那也应当让人们全面了解语言的实际情况,使[yuan]韵母有机会与[yɛn]韵母在使用中自由竞争,供人们选择。只有在这样的基础上,引导或规范才是合理的。

(五) 上声的调值

《普通话水平测试大纲》提到:"声调调型、调势基本正确,但调值明显偏低或偏高"是一种语音缺陷。北京话上声调的调值可能会与此处理有关。

北京话的上声是一个降升调,调值标作 214。但目前北京人念上声时降后上扬的幅度一般都不足,与 214 有不小的差别。

降升调可以分解成前后两个部分:下降部分和上扬部分。汉语不同方言念降升调的字音,重心有的在前面的下降部分,有的在后面的上扬部分。比如成都话去声调 213 的重心是在后面的上扬部分,如"担担儿面"[tan^{213} tər$^{213}_{44}$(-an) miɛn^{213}]中的"担"和"面"。这一降升调重心在后,前面较轻较短的下降部分经常就不念出来,所以有的著作把这个调的调值标写成升调 13。北京话上声调的重心则是在前面的下降部分,后面较轻的上扬部分不很稳定,常常升不到应有的高度,大多念成了 213,甚至 212。

长期以来北京话上声的调值都标作 214,说明过去上扬部分能达到 4 这一高度。北京话的轻声可以证明这一点。北京话轻声的音高反映前字声调高低变化的走向。上声在轻声前虽然失去了上扬部分,只留下重心所在的下降部分,但原来上扬的高度却由轻声音节的音高体现了出来,比如"我的"[wo$^{214}_{21}$ tə^4]。这样看来,北京话上声调值的 214 应该是稍早时的情况,目前的上扬不足实际上是语音变化的结果,而不是个人发音缺陷的问题。这一情况应该能和规范协调起来。在普通话水平测试中,不以上声字上扬不足、"调值明显偏低"为语音缺陷,应该是合理的。

三

　　以上笔者提出了几个北京话声韵调音值的问题。问题已考虑多时,在纪念推普工作 50 周年的今天提出来,希望能引起人们对北京语音更多的关注。提出问题是解决问题的前提。人们在了解语言事实本身存在分歧这一实际情况之后,也就会了解目前普通话的语音标准还不是完整严密的。而一个完整严密的语音标准,是需要通过调查,通过讨论,确定对各种语言事实是接受还是排除的不同处理,统一思想以后,才能制订出来的。从这个意义上说,希望提出上述问题能对制订一个这样的标准起一点推动作用,使存在已久的问题有可能得到解决。

参考文献

董少文（1959）《语音常识》（改订版）,文化教育出版社,北京。
国家语言文字工作委员会普通话培训测试中心（2004）《普通话水平测试实施纲要》（繁体字版）,商务印书馆,北京。
李　荣（1960）《汉语方言调查手册》,科学出版社,北京。
刘　芳（2001）《北京话 sh(/ʂ/)声母的频谱变异研究》,未刊。
沈　炯（1987）北京话合口呼零声母的语音分歧,《中国语文》第 5 期,北京。
王福堂（1995）üan 韵母中主要元音的音值,《语文建设》第 1 期,北京。
现代汉语规范问题学术会议秘书处（1956）《现代汉语规范问题学术会议文件汇编》,科学出版社,北京。
赵元任（1928/1956）《现代吴语的研究》,科学出版社,北京。

(100871　北京,北京大学中文系　北京大学汉语语言学研究中心)

论无指成分[*]

王 红 旗

提要 无指成分是指称任何可能存在的实体的名词性成分,表示属性的名词性成分是非指称成分。识别无指成分的回指法应该限制在叙实性的句子中使用。无指成分的语义功能是参与降低句子的及物性过程,使句子成为背景句。

关键词 有指成分 无指成分 回指 及物性 背景句

0 引言

句子主要由体词性成分和谓词性成分构成,体词性成分的重要性质之一就是它的指称性质,把体词性成分的指称性质认识清楚无疑对语法研究、话语研究是有助益的。

有指成分(referential expressions)和无指成分(nonreferential expressions)是话语中两种基本的指称成分[①],由于有指成分(包括定指成分和不定指成分)指称语境中的实体(entity),在话语中起着引入实体(entity-introducing)和追踪实体(entity-tracing)的重要作用,因而一直是语言学研究的重点,人们对有指成分认识得比较清楚。而无指成分不指称语境中的实体,在话语中的作用似乎不像有指成分那么重要,因此,对无指成分一直缺乏深入的研究,比如,无指成分至今没有肯定的定义[②],识别有指成分和无指成分的方法还有

---

[*] 本文承蒙陈平先生、陆丙甫先生提出宝贵意见,陈平先生并惠赠文献,谨致谢忱。

缺陷,至于无指成分在语言表达中的作用,还没有人探讨。无指成分是与有指成分相对的,它有独特的指称性质,在话语中也有独特的功能,只有把无指成分的特点认识清楚才能更深刻地理解、认识有指成分。对无指成分的研究,也有助于对句子的句法、语义以及句子在话语中的功能的了解,也只有清楚地认识了无指成分,才能深刻地、全面地认识和理解名词性成分的指称性质。

本文打算讨论三个与无指成分有关的问题:无指成分的含义、无指成分的识别、无指成分在话语中的作用。无指成分是和有指成分相对的概念,我们对无指成分的研究,都是在与有指成分的比较中进行的。

1 无指成分的含义

1.1 对有指成分和无指成分的几种理解

有指成分和无指成分是指称研究中最基本的两个概念,学界对这两个概念有种种不同的理解。美国加州功能学派认为有指性(referentiality)有语义上的和话语—语用的两种,生成学派、语言哲学对有指和无指也有自己的理解,这样对有指和无指共有四种不同的理解。

第一种,加州功能学派所谓语义上的有指成分,指的是指称语境中实体(entity)的体词性成分,而语义上的无指成分,指的是不指称语境中实体(entity)的体词性成分,Du Bois(1980:203)、Hopper and Thompson(1984:703)、陈平(1987:81)等持这种观点。

第二种,加州功能学派所谓话语—语用上的有指成分,指在话语中起重要作用、可以在下文延续话题的体词性成分,这可以 Givón 为代表。Givón(1982:81;1984:423)认为有指性不仅是指称的唯一性问题,即名词是否指称了语境中的实体,而且是交际的重要性问题。

在有些语言中,那些指称了语境中的实体的名词,由于在话语中的作用不重要,也与无指的名词同样标记;而那些指称了语境中的实体,并且在话语中很重要的名词,要有专门的标记。前一种名词是语用上无指的,后一种名词是语用上有指的。比如,在 Hebrew(希伯来)语中,语用上无指的名词不能带有作为无定标记的数词"一",而语用上有指的名词则可以。

第三种,有指成分是专指的(specific),无指成分是非专指的(nonspecific),持这种观点的是生成学派,Lyons(1977:187)、徐烈炯(1995:257)都做了介绍,Lyons 的例子是:

John wants to marry a girl with green eyes.
(约翰想娶一个绿眼睛的女孩。)

如果 a girl with green eyes(一个绿眼睛的女孩)指一个特定的人,它就是有指的(specific),而 a girl with green eyes 指任何有绿眼睛的女孩,它就是无指的(nonspecific)。

第四种是把有指成分理解为指称性的(referential),把无指成分理解为归属性的(attributive),持这种观点的是哲学家唐奈兰(K. Donnellan1966:447)。他的例子是:

Smith's murderer is insane.
(杀害史密斯的凶手是个疯子。)

如果说话人知道杀害史密斯的凶手是某个人,Smith's murderer 就是指称性的,而如果说话人不知道杀害史密斯的凶手是某个人,Smith's murderer 指任何可能做了这件事的人,它就是归属性的。

1.2 对以上几种理解的评论

第一、第二两种观点是功能语法学派提出的,他们根据名词性成分的话语功能来确定名词性成分的指称性质。我们可以看出,话语—语用上的有指性是以语义上的有指性为基础的,无论语用上的有指,还是无指,在语义上都是有指的。话语—语用上的有指和无指是很值得研究的,但必须首先把语义上的有指性认识清楚,因此,下文只讨论语义上的有指和无指,不再讨论语用上的有指和无指。

功能学派指出有指成分能往话语中引入实体,而无指成分没有这种功能③,给无指成分的定义是否定的,从逻辑上说,定义不能采取否定形式,否则就不能揭示所定义对象的本质属性,所以,我们无法从功能学派对无指成分的定义中得知无指成分独特的性质,也就不可能对无指成分有清楚的理解。无指成分独特的指称性质是什么,这将是下文要讨论的问题。

持第三种观点的是生成语法学派,他们根据名词性成分的形式来确定名词性成分的指称性质。具体说就是,如果名词性成分带有定冠词 the 就是有定的(definite),而如果带有不定冠词 a 就是不定的(indefinite),只有不定的名词性成分才区分有指的和无指的。形式是功能的反映,但形式总是简单的,而功能则复杂得多,因此,形式和功能不一一对应,只有把功能分析清楚,才能理顺形式和功能之间复杂的对应关系。因此,本文不采用这种观点,我们将在功能语法的理论上探讨无指成分的含义。

持第四种观点的是一部分语言哲学家。罗素(B. Russell)认为,专有名词、人称代词、指示代词都直接指称所指物,是有指的(referential),而其他的名词性成分都是摹状词(descriptions),都只是间接地指称所指物,是无指的(nonreferential)。唐奈兰(1966:447)对罗素的观点进行了修正,认为有些限定摹状词是指称性的,有些是归属性的。指称性的限定摹状词的所指对象是发话人亲知的,而归属性的限定摹状词的所指对象是符合该摹状词的任何实体,前者是有指的,而后者则是无指的。哲学家研究指称的目的是为了确定知识的来源,以保证命题的真值。有指的名词做主词的命题有真值,无指的名词做主词的命题没有真值。而根据功能语法的观点,无论限定摹状词或非限定摹状词,其指称性质都决定于它能否指称实体,指称什么样的实体。就上文唐奈兰的这个例子来说,杀害史密斯的事件是预设的,所以杀害史密斯的人是在真实世界存在的实体,"杀害史密斯的凶手"是有指的。至于发话人是否亲知"杀害史密斯的凶手"的所指,与该名词性成分的有指性无关。语言哲学的概念和思路可以给我们启发,但我们不采取语言哲学对有指和无指的理解。

1.3 无指成分的分布

根据功能语法,无指成分是不指称话语实体的成分,我们把 Du Bois(1980:203)、陈平(1987:81)列举的无指成分和其他不指称话语实体的名词性成分综合起来,有以下几种:

第一,作表语的名词性成分,如"他是一个干部"中的"一个干部"。

第二,作定语的光杆普通名词,例如:

　　苹果树　木头桌子　水果商人　卡车司机　橘子皮
　　水泥价格　鞋垫儿

第三,某些动词后面的宾语名词,例如:

　　任特约教授　担任班主任　当老师　做秘书　作为党员
　　当作知己　看作亲人

第四,比喻句子中表示喻体的词语,例如:

　　王大在运河里捞到一只螃蟹,乖乖,足有小脸盆大④。

第五,由光杆动词和名词构成的述宾式短语中的宾语名词,例如:

　　看书　买菜　问路　喝酒　骂人　洗衣服　开汽车　住旅馆
　　开饭店　拍电影

第六,非叙实情态的句子中的光杆普通名词和"一量名"形式的短语,例如:

　　(1)他也没找几个人。(否定)
　　(2)我想借几本书。(意愿)
　　(3)我一会去买点菜。(未来)
　　(4)他每次上班都叼着一支烟。(惯常)
　　(5)买来肉馅儿就包饺子。(假设)
　　(6)今天可能喝白酒。(可能)

第七，疑问代词充当的句法成分，例如：

(7) 谁来了？

(8) 去哪儿？

(9) 看什么？

第八，表周遍性意义的名词性成分，例如：

(10) 人人都买了保险。

(11) 什么人都不准进来。

(12) 谁家的孩子也不能搞特殊。

1.4 给无指成分下定义的困难和对策

功能语法不仅给无指成分的定义是否定的，而且这样规定无指成分也不完全符合语言事实。第一、二、三种分布条件的下划线名词性成分的确不是用来指称实体的，而是用来表示实体的属性的。比如，第一类中的"一个干部"表示主语名词"他"具有的干部身份这种属性，第二类作定语的名词表示中心语的属性（如"苹果树"中的"苹果"表示树的性质），第三类中的名词表示人的身份或关系。而第四、五、六、七、八几种分布条件下的名词性成分不是表示属性的，而是指称实体的，不过不是真实世界的实体，而是可能存在的实体。比如第四类中表示比喻的喻词"小脸盆"指称任何可能的小脸盆，第五类的动宾短语都表示一个活动，不表示发生在特定时间和空间的一个事件。事件中的动作的发出者和接受者都存在于真实世界，而活动则是超时间和空间的，动作的发出者和接受者不是真实世界中的实体，而是任何可能的实体。比如"看书"中的"书"不是指某本或某几本书，而是任何可能的书。同理，第六、七、八类中的下划线名词性成分也是指任何可能的实体[⑤]，如"他也没买几个馒头"中的"几个馒头"指称任何可能的馒头，"人人都买了保险"中的"人人"指称某个范围内任何可能的人，"谁来了"中的"谁"指称任何可能的人。

可见，功能语法所认定的无指成分的指称性质并不统一，有的表示属性，有的指称可能的实体，因此，不可能用一个定义把这两种指称性质不同的名词性成分概括起来。王红旗(2004:16)认为,要给无指成分下一个肯定的定义,就必须把这两种名词性成分分开。表示属性的名词性成分不是用来指称的,而是用来述谓的(predicative),即赋予另一个名词以属性,这些名词性成分可以称为"非指称成分"(non-referring expressions),如第一、二、三种条件下的名词性成分。而第四、五、六、七、八类中的指称可能实体的名词性成分与指称话语实体的有指成分都是用来指称的,只是指称的实体的性质不同,应该合并为一类,称为"指称成分"(referring expressions)。如下图所示:

$$
\text{名词性成分}\begin{cases}\text{指称成分}\begin{cases}\text{有指成分}\\ \text{无指成分}\end{cases}\\ \text{非指称成分}\end{cases}
$$

图 1　指称分类

这样规定的无指成分不包括表示属性的名词性成分,比功能语法以往所规定的无指成分的范围要小,其指称性质是统一的,都指称可能存在的实体,因而可以给它一个肯定的定义。

1.5 无指成分的含义

无指成分是与有指成分相对的指称成分,根据上文我们对指称的分类,有指成分指称的是语境中的实体,而无指成分指称的是可能存在的实体。这样规定的无指成分就是一个具有统一的指称性质的类,我们就从中概括出了无指成分所具有的、与有指成分相区别的指称性质,给了无指成分一个肯定的定义,即**指称可能存在的实体的名词性成分**。

Givón(1984:388)指出,指称关系并不是真实世界在语言中的映射(mapping),而是话语世界(universe of discourse)在语言中的映射。陈平(1987:81)把有指成分定义为指称话语实体的成分,所表达的意思与他类似。他们的意思是说,语言中的名词性成分并不直接指称真实世界的实体,而是直接指称话语世界中的实体。因此,指称关系是语言中的名词性成分与话语世界中的实体之间的关系。

在指称的研究中,区分真实世界和话语世界是非常必要的。言语交际时,发话人和受话人建立起了一个话语世界,双方谈论的就是这个世界中存在的实体、它们的状态、围绕着它们发生的事件。至于话语世界中存在的一切是否在真实世界中存在,受话人是否认识发话人所谈论的话语实体,对发话人来说都无关紧要,最要紧的是受话人能够识别话语世界的实体,这样交际就可以进行下去。

话语世界中的实体有两种。第一种是真实世界的实体及其变异形式,所谓真实世界实体的变异形式指的是言语共同体(比如一个民族)精神世界中的实体,如神话传说、宗教、文学作品中的人和物,此外还包括发话人出于种种目的,如撒谎、开玩笑而自己编造的实体。这些实体都是根据真实世界的实体虚构的,但这些实体的语言表现形式与真实世界实体的语言表现形式完全相同。

第二种是可能存在的实体,即发话人假设存在的实体,由于这些实体是假设存在的,因而并不存在于语境之中。我们将在下文谈到,这两种实体的表现形式有所不同。可见,言语交际中交际双方建立起的话语世界的实体是两个世界的映射,一个是真实世界,一个是可能世界。**所谓有指成分,指称的实体是真实世界的实体及其变异形式在话语世界中的映射,而所谓的无指成分,指称的实体是可能存在的实体在话语世界中的映射。**

语境有狭义的和广义的之分,最狭义的语境只指的是上下文,再广义一点的还包括交际情景,最广义的语境还包括一个言语共同体的文化历史背景。如果不考虑可能存在的实体,因此,我们有时可以不太准确地说有指成分指称的是语境中的实体。我们知道,每个名词性成分都有抽象的词汇意义,可用来指该词汇意义所反映的任何实体。但在特定的语境中,每个名词性成分还可获得专指意义,即除了自身具有的抽象的词汇意义之外,还具有所指称的实体的一些特点,这些名词性成分就是有指成分。而无指成分,由于没有与语境相联系,因而只有抽象的词汇意义,不表示某个或某些特定实体的特点,即它的词汇意义没有专指化。

1.6 无指成分名不符实的原因

既然无指成分可以指称可能存在的实体,而把这种名词性成分称为"无指成分"(nonreferential expressions)就名不符实,这是语言哲学的历史造成的。

罗素(1919:400;1949:67)把专名、人称代词和指示代词看作"单独词项"(singular terms),而把其他的名词性成分看作摹状词(descriptions),包括有定的和不定的两种。单独词项与所指物之间的关系是"指称"(referring),摹状词与所指物之间的关系是"指谓"(denoting),所谓"指谓"就是间接指称。用来指称的名词性成分是有指的(referential),用来指谓的名词性成分是无指的(nonreferential)。斯特劳森(R. F. Strawson1956:414)对罗素的观点进行了修正,认为有定摹状词可分为指称性的(referential)和归属性的(attributive)的两种,前者是有指的,后者是无指的。语言学家继承了语言哲学的传统,把指称真实世界中实体的词语看作有指的,把其他的名词都看作无指的。由于无指成分不能引入话语实体,不能延续话题、不能回指上文的所指物,所以指称研究并不重视这些名词性成分,仍然用"无指成分"这个名称称呼它们,使这个名称不符合语言事实。

2 无指成分的识别

2.1 回指方法的缺陷

从语义上说,有指成分指称的话语实体是真实世界实体在语言中的映射,因而具有指称的唯一性(referential uniqueness),而无指成分指称的话语实体是可能世界实体在语言中的映射,不具有指称的唯一性。因此,有无指称的唯一性是区别有指成分和无指成分的基础。

文献中用回指来识别无指成分,能被种种名词性成分回指的是有指成分,否则是无指成分。事实上,有些无指成分是可以回指的,Karttunen(1976:363)深入讨论了无指成分可以回指的现象,指出无指成分可以在短距离内受到后面指称成分的回指。下面是他的一个例子:

You must write a letter to your parents. It has to be sent by airmail. The letter must get there by tomorrow.

(你一定要给你父母写一封信,这封信要寄航空,明天前一定能收到。)

此外,Lyons(1977)也谈到无指成分是可以回指的。可见,回指的方法是有缺陷的,需要对这种方法进行修正。除了回指的方法之外,还可以借助词语形式和句子的情态等来识别无指成分。

2.2 对回指方法的修正

造成回指方法缺陷的原因是没有对回指成分加以限制,因为回指成分可以是有指的,也可以是无指的,用一个指称性质待定的名词去证明前一个名词的指称性质显然是不可靠的。所以,要保证回指方法的有效性,还必须对回指成分进行限制,具体说就是回指成分必须是有指的。要保证回指成分的有指性,包含回指成分的句子必须是叙实性的,不能是非叙实性的,因为非叙实情态的句子中的名词性成分可以是有指的,也可以是无指的,这可用下面的矩阵来说明。

句子情态	前句	后句	先行语的指称性质	例子
叙实/非叙实	+	+	+	A. 我给妈妈写了一封信,这封信刚发走。
叙实/非叙实	+	−	?	B. 我给妈妈写了一封信,想把它发出去。
叙实/非叙实	−	+	+	C. 我想给妈妈写一封信,这封信写好了。
叙实/非叙实	−	−	?	D. 我想给妈妈写一封信,这封信早该写了。

图 2 回指

矩阵中的正号表示有斜线前的特征,负号表示有斜线后的特征。

从矩阵可看出,当包含回指成分的句子是叙实情态的时候,既可用回指成分证明先行语是有指的,如 A 例,也可以证明先行语是无指的,如 C 例。而在包含回指成分的句子是非叙实情态的时候,由于回指成分的指称性质是未定的,因而既不可以证明先行语是有指的,如 B 例,也不可以证明先行语是无指的,如 D 例。

对回指方法做了这样的限制之后,就可以用它来识别名词性成分的有指与无指。可以根据如下的条例来操作:

第一,如果前后两个分句中的两个名词性成分同指,包含回指成分的分句是叙实情态的,那么,先行语就是有指的;

第二,如果前后两个分句中的两个名词性成分同指,并且两个分句都是非叙实情态的,那么,先行语就是无指的;

第三,如果一个名词性成分不可以回指,它要么是无指的,要么不是指称成分。

事实上,可回指的无指成分限于第一节中第六种条件下表示意愿、未来、假设、可能、条件意义的无指成分,其他几种条件下的无指成分都不可回指。所以,用回指的方法可以识别有指成分和以上几种条件下的无指成分,而不能识别第一、二、三种条件下的非指称成分和第四、五、七、八种条件下的无指成分。要识别这些名词性成分的指称性质,必须把词语形式、句法位置、句子的情态和回指的方法综合起来,仅凭任何一种方法都不能奏效。

2.3 无指成分的词语形式

陈平(1987:81)根据词汇形式的不同把汉语名词性成分归纳为以下七种:A. 人称代词、B. 专有名词、C. "这/那"+(量词)+名词、D. 光杆普通名词、E. 数词+(量词)+名词、F. "一"+(量词)+名词、G. 量词+名词。陈平认为,无指成分的词汇形式限于 D 到 G 组的名词性成分。

这七种名词性成分基本上概括了汉语的名词性成分的词汇形式,但还应增加两种重要的名词性成分,即同位或复指词组、疑问代词/"任何+名词"。这样，汉语名词性成分应该是以下九种：A. 专有名词、B. 同位词组、C 人称代词、D."这/那"+（量词）+名词、E. 光杆普通名词、F. 数词+（量词）+名词、G."一"+（量词）+名词、H. 量词+名词、I 疑问代词/"任何+名词"。

A 组专有名词永远是有指的，B 组由两个代词构成的同位词组可以是无指的，其他同位词组永远是有指的，I 组疑问代词/"任何+名词"永远是无指的，C 组到 H 组的名词性成分可以是有指的，也可以是无指的，这决定于句子的情态（modality）。

2.4 句子的情态与指称的关系

句子的情态有叙实性的（factive）和非叙实性的（nonfactive）两种，叙实性的句子表示已经发生的事情，非叙实性的句子表示否定、疑问、可能、意愿、未来、惯常、假设、条件等意义。在绝大多数叙实性的句子中，名词性成分都指称真实世界（语境）中的实体，而在非叙实性的句子中，C 组到 H 组的名词性成分就可能指称可能世界的实体。例如：

(13) 我一生信奉圣雄甘地的一句话，就是："当你感到失望或灰心的时候，你就要想一想，你内心的困惑，有助于解救人民的苦难吗？"

(14) 一个人总是为自己着想，他/这个人就不可能干出一番大的事业。

(15) 你赶快去叫人/个人/一个人/一人来！

以上 3 个句子都是非叙实的，句子中下划线的人称代词、指量名词组、光杆普通名词、数量名词组、一量名词组、量名词组、"一+名"词组都指称任何可能的实体。所以，C 组到 H 组的名词性成分是有指的还是无指的，决定于句子的情态。

3 无指成分的语义功能

3.1 无指成分的语义功能是参与降低句子的及物性

有指成分包括定指成分和不定指成分,这两种指称成分都具有引入话语参加者的功能。无指成分引入话语的不是语境中的实体,而是可能存在的实体,可能存在的实体不是叙事作品中的话语参加者,因此,无指成分不在话语—语用的层面上起作用,那么,无指成分只能在语义层面上起作用。我们认为,无指成分的语义功能是参与降低句子的及物性(transitivity)的过程,使句子成为背景句。这里所说的及物性是 Hopper & Thompson(1980:251)广义的及物性,而不是传统所讲的带宾语的能力。他们把广义的及物性分解为10个具体的语义、语法、话语的标准,根据这些标准的有无和多少来确定及物性的高低。其中和无指成分有关的是以下几个特征:

动作参与者 有指成分,不管是定指的还是不定指的,都指称了真实世界的实体,具有指称的唯一性,因此,一个有指成分就引入一个动作参与者。而无指成分不能指称真实世界中特定的实体,它所指称的只是一种可能的实体,可能有的实体不是动作的参与者。所以,无指成分不能引入动作参与者,使得动作的参与者减少。

施动性 疑问代词充当的主语、周遍性主语都不指某个特定的实体,这两类主语的施动性很低。

受动性 除疑问代词作主语且表示完成的动作的句子(如"谁拿走我放在这儿的茶杯了"),以外,其他含无指成分的句子,如表示否定、惯常、可能、未来、愿望、条件、假设、祈使等意义的句子都不表示完成的动作,宾语都没有被作用,受动性很低。

宾语的个别性 Hopper & Thompson (1980:251)认为,专有名词、有生名词、具体名词、单数名词、可数名词、有指的和定指的名词作宾语时是个别性高的,而普通名词、无生名词、抽象名词、复数名词、不可数名词、无指名词作宾语时是个别性低的。无指成分作宾语时的个别性低不难理解,因为无指成分指称的是任何可能的实体,而不是特定的个体。

影响句子及物性的高低的因素是多方面的,作主语、宾语的无指成分显然是其中重要的因素,正是由于无指成分的参与,句子的及物性大大降低,从而使句子不能表示动作,而表示状态,这显然是服从充当背景句的目的。

3.2 无指成分的话语动因

根据 Hopper & Thompson (1980:251),在叙事性的言语作品中,各种语言中都普遍区分前景(foreground)与背景(background)两种语句,Hopper(1979:139)指出这两种语句的重要区别:前景句叙述事件的顺序与真实世界里事件发生的顺序是一致的,背景句叙述的事件不在前景事件发生的顺序上,可以与前景事件同时发生,也可以在时间轴的任何一点上,甚至不在时间轴上;前景小句的动词通常是瞬时性的(punctual),而背景小句的动词通常是持续性的(durative)静态的(stative)重复的(iterative)。总之,前景句具有高及物性,背景句具有低及物性。

从 Hopper & Thompson 以上的论述可以看出,前景句都是事件句[6],而且是叙述的是连续的事件,句子的情态是叙实性的,而背景句可以是事件句,也可以是非事件句,句子的情态可以是叙实性的,也可以是非叙实性的。根据本文的语料[7]及对语言事实的观察,事件句中的名词性成分都是有指的,但事件句中是可以出现无指成分的[8],这极少见到。背景句是支撑、烘托前景句的句子,因此,把名词性成分用于有指还是无指显然服务于发话人叙述话语的需要。前景、背景与有指、无指的关联如下图所示:

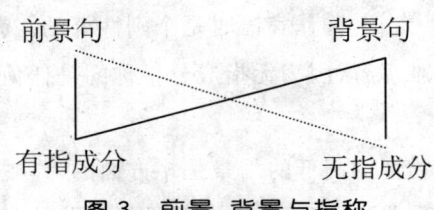

```
        前景句              背景句



       有指成分             无指成分
         图 3  前景、背景与指称
```

事实上,前景句在作品中很少出现,作品中的句子大部分是背景句。下面这个例子是前景句,句子中的名词都是有指的:

(16)<u>她</u>拿过<u>剪刀</u>,"咔嚓"几下剪出了<u>一扇木门</u>,往<u>后墙</u>上一贴,<u>真的大门</u>出现了。

背景句在故事的开头、中间、结尾都可以出现,在故事不同位置上出现的背景句有不同的作用。故事开头出现的背景句是为故事的发生提供背景知识的,在故事中间出现的背景句由于出现的位置不同也有不同的作用。情节开始前的背景句是故事发生的引子,一个情节结束后而另一个情节开始前的背景句具有承前启后、推动情节转折的作用。故事末尾出现的背景句是叙述故事结果的,不过,据我们的观察,故事末尾的背景句中很少出现无指成分,除了有指成分外,常常出现非指称成分。为减少篇幅,这里只举故事开头的背景句的例子,如下(下划浪线的名词性成分为无指成分):

(17)从前有个人,叫豆莲山,四十多岁了,无<u>儿</u>无<u>女</u>,老两口过得和和气气,最爱做<u>好事</u>。乡亲们都过意不去,他们倒哈哈笑着说:"没来头,我们没得小娃娃拖累,更好多做点事呢。"他们起早摸黑,<u>修桥补路</u>,样样都干。乡亲们感激他得很,找<u>些偏方</u>呀,<u>草草药</u>呀,煮给他们吃,都想他们生<u>个好儿娃</u>。

有天,豆莲山……(苗族故事)

由上文的分析可以看出,只有在背景句中才可以出现无指成分,前景句中几乎全部是有指成分,极少出现无指成分。我们可以这样说,没有有指成分就不能构成前景句,没有无指成分就不能构成背景句。显然,我们可以得出这样的结论:无指成分是创造背景句的需要,有指成分是创造前景句的需要,这两种指称成分是由于话语的动因而出现的。

4 结语

本文把非指称成分从无指成分中分出去以后,无指成分就有了统一的性质,就可以给无指成分下一个肯定的定义。本文还对检验无指成分的回指方法进行了限制,使这种方法更加严密,但确定无指成分仅用回指的方法是不够的,还要结合句子的情态和词语形式。无指成分的语义功能是参与降低句子及物性的过程,服务于句子背景化的交际目的。

附 注

①有指成分和无指成分都是指称成分,篇章中还有一种与指称成分相对的名词性成分,即非指称成分,见下文。

②Du Bois(1980)给有指成分和无指成分定义:名词短语用在把客体作为客体来谈论的时候,它就是有指的。名词或名词短语没有用在把客体作为客体谈论的时候,它就是无指的。陈平(1987)给有指成分和无指成分的定义:如果名词性成分的表现对象是话语中的某个实体(entity),我们称该名词性成分为有指成分,否则,我们称之为无指成分。

③无指成分也可以引入实体,不过引入的是可能的实体,而不是语境中的实体,见 Karttunen(1976)。

④此例引自陈平(1987)。

⑤Givón(1978)认为否定是一种极端的可能。

⑥以下两例都是表示过去发生的事情的句子,但下划浪线部分不是事件。例如:1)大儿子复员回来下煤窑了,人家单过了。2)后来,就分配我去教小学,我教的小学是样板学校,老有外宾参观。"下煤窑"和"教小学"都没有内在的终结点,不是事件,而是活动,其中的名词是无指。可见,事件句并不等于过去发生的事情的句子。

⑦本文的语料是 20 篇小故事:《赵州桥》、《元宝》(《中国民间故事选》第一集,人民文学出版社,1980 年)、《莲花姑娘》、《穿云剑和救兵草》、《皇帝捶靰鞡草》(《满族民间故事选》,春风文艺出版社,1985 年)、《曹国舅悔罪升仙》、《会仙桥》(《八仙传说故事集》,中国民间文艺出版社,1988)、《猫山起义》、《豆莲山》、《两兄弟掏银洋》、《好县官》、《回生鼓》、《今倒娶公主》(《苗族民间故事》,四川民族出版社,1987)、《瓷器》、《财礼》、《古董商》、《憨哥》(《微型小说选刊》2000 年第

24期)、《洗澡的故事》(1)、《洗澡的故事》(2)、《一言千钧》(《故事会》2000'年第10期)。

⑧比如"我扫了地,吃了饭,喝了水,就出去了"中的几个分句都是事件句,其中的下划线名词都是无指的。

参考文献

陈　平(1987)释汉语中与名词性成分相关的四组概念,《中国语文》第2期,商务印书馆,北京,81—92页。

陆俭明(1986)周遍性主语句及其他,《中国语文》第3期,商务印书馆,北京,161—167页。

罗　素(1919)摹状词,〔美〕马帝尼奇编、牟博等译《语言哲学》,商务印书馆,北京,1998,400—413页。

——(1949)论指谓,涂纪亮主编《语言哲学名著选集》(英美部分),三联书店,北京,1988,67—143页。

斯特劳森(1956)论指称,〔美〕马帝尼奇编、牟博等译《语言哲学》,商务印书馆,北京,1998,414—446。

唐奈兰(1966)指称与限定摹状词,〔美〕马帝尼奇编、牟博等译《语言哲学》,商务印书馆,北京,1998,447—474页。

王红旗(2004)功能语法指称分类之我见,《世界汉语教学》第2期,北京语言文化大学出版社,北京,16—24页。

徐烈炯(1995)《语义学》,语文出版社,北京,257页。

张伯江(1997)汉语名词怎样表现无指成分,中国社会科学院语言研究所编《语言所45周年学术论文集》,语文出版社,北京,192—199页。

Du Bois. (1980) Beyond definiteness: The trace of identity in discourse. In W. Chafe(Ed), *Pear Stories: Cognitive Cultural, and Linguistic Aspects of Narrative Production*, Berkeley:Ablex Publishing Company,202-274.

Givón, T. (1982) Logic vs. pragmatics, with human language as the reference: toward an empirically viable epistemology. *Journal of Pragmatics* 6,81-133.

—— (1984) *Syntax: A Functional—Typological Introduction* (Vol.1). Aamsterdam: John Benjamins,423-435.

Hopper, P. (1979) Aspects and foregrounding in discourse, in Givón, T(Ed), *Syntax and Semantics* 12, New York: Academic Press,139-150.

Hopper,P. & Thompson, S. (1980)Transitivity in grammar and discourse, *Language* Vol 56, No. 2,251-299.

—— (1984) The discourse basis for lexical categories in universal grammar, *Language* Vol 60, No. 4,703-752.

Karttunen, L. (1976) Discourse reference, in Macawley, D. J (Ed), *Syntax and Semantics* 7, New York: Academic Press, 363-385.

Lyons, John. (1977) *Semantics*. Vol 1, Cambridge: Cambridge University Press, 187-192.

Mourelatos, A. (1978) Events, processes, and states, in Tedeschi & Zaenen (Ed), *Syntax and Semantics* 14, New York: Academic Press, 191-212.

Ping Chen. (2004) Identifiability and Definiteness in Chinese. *Linguistics* 42-46, 1129-1184.

(300071 天津,南开大学文学院 E-mail: wanghongqi@nankai.edu.cn)

现代汉语作格动词的判定标准*

曾立英

提要 本文主要讨论了判定现代汉语作格动词的三条标准。我们认为汉语的作格动词有着"使发"和"自发"的语义特征。因此判定作格动词的标准除了必须有着 $NP_1+VP+NP_2$ 和 NP_2+V 句式的交替之外,还增加了两个句式作为判定汉语作格动词的标准,这两个句式分别是"NP_1+使$+NP_2+V$"的句式和"NP_2+自己$+V$了"的句式。其中第一条标准是判定作格动词的必要条件,第二条和第三条标准是相容的析取关系。符合这些标准的动词,才是真正在词汇语义中有"作格性"的动词。

关键词 作格动词·致使

1 引言

"作格",如今是语言学界讨论的一个热点问题。国外关于作格的研究文献很多,有 Anderson(1968)、Halliday(1967—1968,1985/1994)、Fillmore(1968)、Lyons(1968)、Perlmutter(1978)、Dik(1978)、Comrie(1981/1989)、Du Bois(1987)、Dixon(1979,1994)、DeLancey(1981)、Burzio(1986)、Van Valin(1990)、Garrett(1990)、Langacker(1991)、Davidse(1992)、Thompson & Ramos(1994)[①]、Cheng & Huang(1994)、Levin & Rappaport(1995)、Nowak(1996)、

---

* 这是本人博士论文的一部分,对王洪君老师的悉心指导深表感谢。本文相关研究得到了国家重点基础研究发展计划项目 973 项目(2004 CB 318102)的支持,还得到国家自然科学基金资助项目 60503071 以及教育部人文社会科学研究青年项目"汉语作格动词研究"(06JC740006)的资助。

Manning(1996)、Brainard(1997)、Lemmens(1998)、Davison(1999)、Kuno(2004)等文章或论著提到过"作格"。

这些论著我们认为可以从以下四个角度来归纳:一是从类型学的角度来思考"主格—宾格语言"和"作格—通格语言"的问题,以Dixon(1979,1994)、Comrie(1981/1989)、DeLancey(1981)、Van Valin(1990)、Johns(1992)等为代表。二是从动词分类的角度来考察"非宾格动词"或"作格动词",以 Perlmutter(1978)和 Burzio(1986)、Rappapport & Levin(1988)、Levin & Rappaport(1995)等为代表。第三个角度是功能派针对"作格关系"所谈的作格,以Halliday(1967—1968,1985/1994)、Dik(1978)、Davidse(1992)、Thompson & Ramos(1994)等为代表。功能派所提出的及物分析和作格分析,是侧重于一个"句对"分析得出的结果,功能主义学派谈作格,就不只局限于动词的分类,而是着重于"作格关系"。第四个角度是从认知的角度谈作格,以 Langacker(1991)、Lemmens(1998)、影山太郎(2001)为代表。

学界对于汉语"作格"的研究也是非常重视的,Frei(1956)[②],Y. C. Li(李英哲)&M. Yip(1979),吕叔湘(1987),黄正德(1990),Zhou, xinping(1990),徐烈炯(1995),顾阳(1996),徐烈炯、沈阳(1998),徐杰(1999,2001),杨素英(1999),韩景泉(2001),唐玉柱(2001),何元建、王玲玲(2002),赵彦春(2002),王晖辉(2002),朱晓农(2003),邓思颖(2004)、潘海华、韩景泉(2005),吕云生(2005)等都曾对汉语的"作格"问题进行过研究。

我们认为,语言类型的分类、动词的分类、Halliday 对于"及物性"句对儿和"作格性"句对儿的分类,其实都有共同的形式上的基础,它们都是基于双论元句中主宾语与单论元句中的主语的形式关联来定义的,只是分类的对象有针对语言、针对动词、针对句子的区别。而 Halliday 则从哲学的角度把这一形式上的区别提高到了观察世界角度不同的高度,也即世界观不同的高度。我们认为从句式与句式关联的角度的确比只观察一个句子更能体现出语言对于世界的整体看法。③

　　Halliday(1985/1994)曾讨论"作格性"是和"及物性"相对而言的,"及物性"着眼于动作者的动力的延伸,"作格性"认为"过程(process)"是一种现象,现象或是"自生"的或是由外力激发而生的,但必不可少的要素是"中介"。汉语中所讨论的作格现象,主要是讨论及物句的宾语和不及物句的主语等同的现象。

　　由于汉语缺乏格的屈折变化或者动词的一致关系,因此汉语不可能是形态作格,本文所探讨的现代汉语的作格不是指的形态作格。因此汉语有可能在句法上表现出一些作格的性质,句法上的作格彰显了不及物的主语和及物的宾语相似的现象。我们结合汉语来谈作格,只能是探究汉语的句法上的"作格性(ergativity)"。

　　我们虽然认为汉语不是典型的作格语言,但不否认汉语中存在着作格动词或作格句。由于汉语没有形态变化,名词没有格的标记,语言学家在确定这些问题时遇到了许多困难。英语中也存在类似的情况,如"the boat *sailed*/Mary *sailed* the boat, the cloth *tore*/the nail *tore* the cloth, Tom's eyes *closed*/Tom *closed* his eyes, the rice *cooked*/Pat *cooked* the rice, my resolve *weakened*/the news *weakened* my resolve"等等,符合作格句对儿的条件,从语义上分析也的确属于"自生现象"和"使成现象"。而类似现象在汉语中应用得比英语更普遍,如含"致使"意义的动词的句子(如"弟弟甄了杯子/杯子甄了/*弟弟甄了"),或含致使意义的述补结构(如"弟弟打碎了杯子/杯子打碎了/*弟弟打碎了")等,这些结构的句子出现的频率如此之高,使我们可以肯定汉语是有作格现象和作格观察角度的。Halliday(1985/1994)曾专门探讨了英语的作格现象,受到他的启发,我们吸取 Halliday 理论的精神,从观察世界的角度看待作格,由此出发来确定汉语作格表达的形式手段。

　　提高到观察世界的角度来看待汉语的句子,可以更好更简明更符合汉族人语感地解释一些语言现象。比如语法书上常说汉语句子常常不需要介词"被"就能表达被动的意思(如"门开了"),这其实是从及物的角度,从"做事"的角度去阐述它;如果从作格的角度说,则根本就不存在"被动","门开了"只是说"门"处于"开"的状态,整个现象中只有状态,没有另外的"动作者"去开门,不存在什么被动。从作格的角度去看问题,汉语的一些语言现象可以得到新的解释。比如"门开了"就没有必要理解成什么"宾踞句首"(黎锦熙1955)的形式,也许我们就可以从另一个角度审视汉语的以 O 起头的句子。如果我们采取作格的观念,承认汉语中有这样一种现象,像这种类型的句子很有可能是动词的"域内论元"上升到主语的位置而形成的一种作格结构。也许老是用及物性的观点来揭示汉语有很多不通之处,所以我们试图用作格的观念来思索汉语的这类句子。

目前,汉语在"作格性"这个问题的研究上,比较重视从"作格"的视角来研究汉语的某些动词的特点,尤其关注某些动词能否出现在吕叔湘先生所说的二成分格局中,对于不及物动词中分非宾格动词和非作格动词也有很多学者赞同,对于动结式和作格的联系也有所涉及,关于存现结构和作格的联系也多有讨论。目前研究中存在的问题大概是,很多学者提到作格动词,然而究竟什么是作格动词,作格动词的确立有何标准,尚无定论,文献中所讨论的汉语的作格动词,大都是列举的性质。本文将讨论这些问题,确立作格动词的标准,并列出根据这些标准设立的作格动词词表,讨论这些作格动词的句法语义属性,使作格动词的特征更加明朗化,并把作格理论应用到词典编纂的实践中去,认识到作格理论提出的实际价值。

2 鉴别汉语作格动词的标准

2.1 鉴别汉语作格动词的标准之一

作格动词有一项比较显著的句法特征就是能实行"NP_1+V+NP_2"和"NP_2+V"的转换,这一点吕叔湘(1987)、黄正德(1990)、李临定(1990)等都提到过这种格局的转换。

吕叔湘(1987)介绍了"作格语言"和"受格语言"的问题,文章精当地解释了"胜"和"败"两个动词的格局:

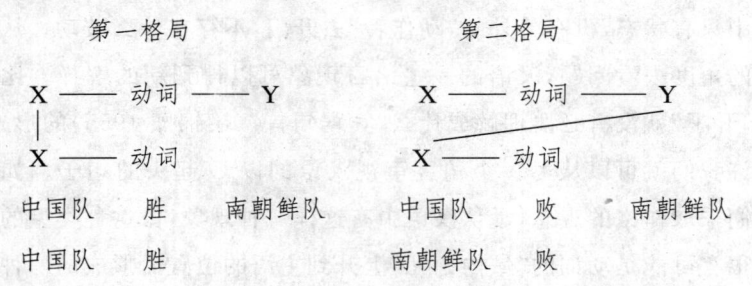

```
      第一格局                    第二格局
   X —— 动词 —— Y          X —— 动词 —— Y
   |                                      ╱
   X —— 动词                     X —— 动词
   中国队   胜   南朝鲜队      中国队   败   南朝鲜队
   中国队   胜                  南朝鲜队   败
```

吕先生也说道:"这两个格局各有一个三成分句和一个二成分句。三成分句里的动词联系两个名词,可以让前面那个名词用 A 代表,后面那个名词用 O 代表。二成分句里的动词只联系一个名词,让它用 S 代表。从语义方面看,第一格局里的 S 比较接近 A,第二格局里的 S 比较 O。有些二成分句里的名词不在动词之前而在动词之后,例如"出太阳了""开会了""放花了""过队伍了",这也是一部分二成分句里的 S 比较接近 O 的证据。

黄正德(1990)论证及物动词和不及物动词都可以分为"受格动词"和"作格动词"两类。作者还提到了"[施—V—受]"的格局和"[受—V]"的格局,说明中文的一些动词所造成的及物句都呈[施—V—受]的形态,而相对的不及物句则呈[受—V]的形态,这些动词是作格动词,并说明中文另外有许多动补复合词或述补结构也呈现类似的作格现象。

李临定(1990:130)在讨论内动词和外动词的兼类时,列了四种类型的兼类现象:"联合"类,"睁"类,"灭"类,"走"类。其中"灭"类动词有"灭、沉、饿、变、发、降、摆、开、化、斗、转变、摇晃、转动、延长、暴露、活动、实现、分裂、发展、扩大、转变、提高"等等。上述"灭"类动词既可以是非自主动词,也可以是自主动词。作为非自主动词,它们同时又是内动词;作为自主动词,它们同时又是外动词。上述词中"外动"所举例中的动词和宾语之间都隐含有致使关系,比如"灭篝火"是使篝火灭,"饿他"是使他饿,等等。可见,"灭、沉、饿"等内动和外动的转化不仅有非自主和自主的转化,还有增添致使关系的转化。因此,"灭"类内动词和外动词的句法关系可以用下式表示:

内动:N(当事者)← V(非自主)

外动:N(当事者)← V(自主)→ N(致使)

我们认为吕先生所说的三成分句和二成分句,黄正德所提到的"[施—V—受]"的格局和"[受—V]"的格局,李临定的外动和内动的区别,都涉及到作格动词的问题,这一类的动词表现出一种双论元句和单论元句的交替,动态和静态的交替,表现出一种跨类的性质。这一类动词带双论元时一般表动态,带单论元时一般表静态。作格动词有着这种句式上的变换的形式表现,和 Halliday 的作格观念是一致的,观察事件的发生或是"自生"的或是由外力激发而生的。由此我们设立作格动词的第一条判定标准,而且这条标准是判定作格动词的必要条件:

Ⅰ.看该动词有无"$NP_1 + V + NP_2$"和"$NP_2 + V$"的同义句式的转换现象,如果有这类句式的转换,该动词的论元结构是否有"[主体+动词+客体]"和"[客体+动词]"两种。如果能出现在这种格式中,V 就有可能是作格动词;如果不能出现在这种格式中,V 就不可能是作格动词。动词 V 可以带上时体标记"了、着"等,但 V 应该是句子的主要动词。

需要指出的是,"$NP_1 + V + NP_2$"中,NP_1 和 NP_2 的论旨角色是有所讲究的,这里我们规定 NP_1 是主体,NP_2 是客体,根据林杏光等(1994)的定义,主体包括施事、当事、领事,客体包括受事、客事、结果。NP_1 和 NP_2 之间应该没有身体和器官之间的领属关系。[①]另外,需指出的是,NP_1 主要由名词性词语充当,但有时可以是一个"小句",或者是一个动词性短语,我们还是采用 NP_1 这个说法,因为 V 前的成分以名词性短语为典型。

承认汉语中有这种格局的转换是容易的,关键是哪些动词能进入"$NP_1 + V + NP_2$"和"$NP_2 + V$"同义句式的转换,哪些动词不能进入这种转换。下面具体考察这个问题。

2.1.1 非作格动词不能有"NP_1+V+NP_2"和"NP_2+V"结构的交替

非作格动词和非宾格动词是相对而言的,非作格动词选择的是"域外论元"做主语。英语中典型的非作格动词,像"laugh、play、speak"是不能进行致使结构和不及物结构的交替的,如:

(1) a. The children played.

b. * The teacher played the children.

(2) a. The actor spoke.

b. * The director spoke the actor.

(3) a. The crowd laughed.

b. * The comedian laughed the crowd.

汉语中的非作格动词,如"笑、醒、休息、咳嗽、出发、落山、开场、散步、颤抖、结婚、睡觉"等就只有"NP_1+V"格式,该动词也就不可能有"NP_1+V+NP_2"和"NP_2+V"的转换格式。如:

(4) a. 但女儿醒了,女儿的哭声让他觉得十分遥远。(余华《十八岁出门远行》)

b. * 他醒了女儿。

(5) a. 林大娘摸出那钥匙来,手也颤抖了,眼泪扑簌簌地往下掉。(茅盾《林家铺子》)

b. * 他颤抖了手。

上述非作格动词是不可能有作格用法的,这类动词在句子里作谓语动词时只有一个必有格与之共现,据胡裕树、范晓(1995:148)的统计,这类无宾动词在他们所调查的 118 个不及物动词里有 32 个,占 27%。

需要特别指出的是,词汇义相同的动词,在不同的语言中的语法功能不一定相同,是否作格动词也就不同。比如,"醒"在汉语中不能带宾语(* 妈妈醒了我),因此肯定不是作格动词;而英语中与之词汇义相同的词 wake,就可以带宾语,如《牛津高阶英汉双解词典》中就举例如"Try not to *wake* the baby（up）",解释 wake 义为"cause somebody to stop sleeping",当然 wake 在英语中也可以不带宾语,如"I woke early this morning",释义为 stop sleeping,因此 wake 在英语中就可能是作格动词。同时也说明,不同语言有多少作格动词并不一样,不能依据词汇义来判定,而要根据一定的形式标准,结合高层的语法意义,这个语法意义是指是否有"致使"性,这实际上是由观察世界的认知角度不同造成的。

2.1.2 及物动词能否进入"NP$_1$＋V＋NP$_2$"和"NP$_2$＋V"的交替格式

2.1.2.1 不能进行"NP$_1$＋V＋NP$_2$"和"NP$_2$＋V"转换的及物动词

不能进行"NP$_1$＋V＋NP$_2$"和"NP$_2$＋V"转换的及物动词确实存在,尤其是有一类称之为"黏宾动词"的,是不能进行"NP$_1$＋V＋NP$_2$"和"NP$_2$＋V"的转换。

根据杨锡彭(1992)、王俊毅(2004),黏宾动词是黏着、定位动词,只能出现在 VO 的句法结构中充当 V,所带宾语不能省略,不能易位,因此,黏宾动词充当谓语动词时,只能构成 SVO 和 SV$_1$OV$_2$这两种基本句型,而不可能构成 SV、OV、OSV、SOV 等句型。如"多亏、等于、当作、不免、变成、包管、顺着"等等。非黏宾动词是指动词所带宾语在一定情况下、一定语境中可以缺省。如"吃、拿、找、开始"等等。

黏宾动词中有一类是黏着动词,这一类词在句法上不能自足,不能单独回答问题,成句时必须有与之同现的句法成分的动词,这类动词语法功能比较单一,语义比较抽象虚灵,例如"唯恐、责成"之类,尹世超(1991)把这类动词称之为"黏着动词"。

不少黏着动词带且仅带宾语,那么这类黏着动词中的黏宾动词,如"懒得、充满、有待、成为、显得、省得、企图、致以、好比"等根本就没有"NP$_2$＋V"的形式,只有"NP$_1$＋V－NP$_2$"的及物形式。类似于这样的黏宾动词的,还有特殊构词标记的黏宾动词,如"X 于、X 以、X 成、X 为、X 作、X 有"等,如用上述词缀构成的动词"属于、等于、限于、给以"等等。

通过对《现代汉语词典》的一些动词的调查,我们发现区分黏宾动词很有必要,不仅是王俊毅(2004)所举的一些带有"于、作、成"等词缀的黏宾动词,有些动词的两个语素义都很实在,依然是必须带宾语的,如"包括、包含、包孕、饱读"等等,这些动词的论元结构必须带两个 NP。这些及物动词是真正的"黏宾",非带宾语不可,配价指数为 2,比如"设立、推翻、包孕"之类的动词。

还有一些及物动词并不黏宾,它们所带的宾语在某些情况下可以省略,这一类动词数量很多,据王俊毅(2004)对 5096 个动词的统计,非黏宾动词占动词总数的 63.2%,占及物动词总数的 93.2%。相应的黏宾动词的统计数目就分别是 4.7% 和 6.8%。

我们认为把及物动词分成黏宾动词和非黏宾动词是合理的,因为二者在形式上有重要区别,以"是否必须带宾语"这一条线区分二者,从而可以分类研究。比如曹逢甫(2005:61)所说的命名动词就不能进行"NP_1+V+NP_2"和"NP_2+V"的转换。

曹逢甫(2005:61)所说的命名动词总在这样的模式中出现:$S/T+V+N$,那么这一类的动词是不能进行"NP_1+V+NP_2"和"NP_2+V"的转换的。命名动词如"是、叫、号称、姓、称为、作、当、像"等等。英文中这类命名动词和汉语一样,也必须带宾语,如:

(6) My full name is Tomasz P. Szynalski, but people just *call* me Tom.

我的全名叫托马什・P. 希纳尔斯基,但是大家都[叫]我汤姆。

(7) The lady smiled. "We haven't, this is Debbie, at least that's what we *call* her."

那妇人微笑着说:"我们没有猫,这是戴比,至少我们这么[叫]它。"

另外,李临定(1990)所称的"多指动词",指要求主语必须是复数形式的动词,如"联合、团结、会晤、勾结、遇、挨"等,表面上有"NP_1+

V+NP$_2$"和"NP+V"的转换,如"你们要联合对方"和"你们双方要联合起来",但实际上这种转换是"NP$_1$＋V＋NP$_2$"和"(NP$_1$＋NP$_2$)＋V"的转换,所以这种"多指动词"也不能称之为作格动词。

2.1.2.2 能进行"NP$_1$＋V＋NP$_2$"和"NP$_2$＋V"转换的及物动词

能进行"NP$_1$＋V＋NP$_2$"和"NP$_2$＋V"转换的及物动词,有很多种具体的情况要加以分析。

下面我们分三种情况加以考虑:

(1)表身体运动的动词,有"睁、点、摆、弯、蜷"等,这一类动词构成的句式有"NP$_1$＋V＋NP$_2$",如"他睁了一下眼睛",还可转换成"NP$_1$的NP$_2$＋V"的句式,如"他的眼睛睁了一下"。这一类转换比较特殊的是,NP$_1$和NP$_2$之间有领属关系,V都是表身体运动的动词。这种转换中的NP$_2$理解为受事,我们也不大赞成。

(2)作格动词可以进行"NP$_1$＋V＋NP$_2$"和"NP$_2$＋V"的同义句式的转换,这条标准是确定作格的一条重要的句法标准。如:

(8)见事不好的话,你灭了灯,打后院跳到王家去。(老舍《骆驼祥子》)

(9)一会儿,灯也灭了,人也散了。(冰心《回忆》)

"你灭了灯"转换成"灯灭了"可以,但转换成"你灭了"却不行,类似的转换现象还有:

(10)他的坚强毅力和刻苦精神,感动了校长和老师,在大家的帮助下读完中学后,他带着同学们为他凑的……(《中国儿童百科全书》)

(11)后来依法审理了此案,被告十分感动。(《人民日报》1995)

(12)在从计划经济向市场经济转变的过程中,包钢转变了"有产量就有效益"的传统观念,树立起"有市场才有效益"的观念。(《人民日报》1995)

(13)思想解放了,观念也随之转变了。(《人民日报》1995)

上述(8)与(9),(10)与(11),(12)与(13)都是符合"NP$_1$+V+NP$_2$"和"NP$_2$+V"这种同义句式的转换的,动词"灭、感动、转变"都出现了吕叔湘(1987)所说的第二格局"X—动词—Y"和"Y—动词"现象,这些动词所反映的不及物和及物的交替现象,在汉语中相当普遍。另外,上述例子中的动词都带上完成体标记"了"。

这一类动词,都具有"NP$_1$+V+NP$_2$"和"NP$_2$+V"这种同义句式的转换现象。考察这类动词的语义特点,具有某些方面的共性——这些动词大多具有使役意义,这点后文将谈到。

(3)汉语中还有一种及物动词,可以进入"NP$_1$+V+NP$_2$"和"NP$_2$+V"的交替格式中,我们并不认为这一类动词是作格动词,原因是这一类动词不符合作格动词的判定标准二。

2.2 鉴别汉语作格动词的标准之二

确定汉语中的动词是否作格动词,不能仅从这个动词出现在"NP$_1$+V+NP$_2$"和"NP$_2$+V"句式的转换中就判定该动词是作格动词。比如汉语中就有纯粹的及物动词"写、洗"等,可以进入"NP$_1$+V+NP$_2$"和"NP$_2$+V"的交替格式中,如:

(14)a. 我写了封信。

b. 信写了。

"写"不是致使动词,却能够进行这种及物和不及物的交替,这一点和英语的 write 不同,如:

(15)a. Anita Brookner just wrote a new novel.

b. *A new novel wrote.

例(15b)中的 write 没有施事者的加入就不成句,可见英语的 write 是真正的及物动词,根本就不能出现不及物的形式。而汉语的"写"在句中没有施事者依然可以成立,如(14b)。那么为什么汉语中的"写"和"洗"虽然是及物动词,却能出现不及物的形式,有着及物和不及物的转换呢? 这一点一直是让人困惑的问题。这种转换现象吕叔湘(1987),黄正德(1990)都讨论过,黄正德认为像"衣服洗了"不是作格句,原因有两点,第一是,像"洗、写、吃"之类的动词在一般语言里都没有作格用法,第二是,像"衣服洗了"这一类句子和一般的作格句有一点语义上很大的不同,就是这些句子虽然没有明白指出施事者是谁,但却蕴含施事者的存在。但真正的作格句却不蕴含施事者的存在。例如"我饿死了"并不蕴含有人使我饿死。而"衣服我洗了"可以看成一种省略句,或许是"衣服,她洗了"的省略,但"饿死、笑死、喝醉"⑤等组成的作格句则是完好无缺的句子,不应该看成省略句。

我们认为"洗、写"之类的动词在汉语中也不是作格动词,但原因并不仅是由于"洗、写"等动词出现在受事主语句中,可以补出施事。因为"灯灭了"中的"灭"也可以出现"灯,她灭了"的类似用法,也可以补出施事,但并不能因此说"灭"就不是作格动词。而是由于"洗、写"之类的动词本身不含有"致使"的意义,不能出现在"使令句"中所致。

再以"摇晃"和"洗"对比来说明什么才是真正在词汇语义中有作格性的动词。表面上看"洗"和"摇晃"似乎都可以处理成作格动词,但是我们不能仅从"NP$_1$+V+NP$_2$"和"NP$_2$+V"的变换来说明其中的 V 就是作格动词,因为"摇晃"和"洗"还是有许多其他句法表现上的不同。"洗"不能出现在"使+N+V"的结构中,而"摇晃"则可以,如:

(16)地板的振动传到了墙壁,使全屋摇晃起来。(《读者文摘》read200)

(17)然后她离开了梳妆台,走到窗前打开窗户,屋外潮湿的空气进来时,使窗帘轻轻地摇晃了一下。(余华《难逃劫数》)

(18)*姐姐使衣服洗起来。

那么是否可以说"洗"之类的动词产生"NP$_1$+V+NP$_2$"和"NP$_2$+V"的转换,是从句法里来的,而"摇晃"之类的作格动词有着"NP$_1$+V+NP$_2$"和"NP$_2$+V"的转换,是词库(lexicon)中本身所具备的,因此,"摇晃"在词典释义中的解释会和"洗"不一样,"摇晃"一词在《现代汉语词典》(2005)的解释中有两条义项,解释为:团❶摇摆:烛

光~|摇摇晃晃地走着。❷摇动①:~~奶瓶。而"洗"在"去掉脏物上"就只安排了一个义项,归根结底,还是由于两类词的性质不同造成的,"洗"不是作格动词,"摇晃"是作格动词。⑥

目前汉语鉴别作格动词的特殊困难在于:汉语能实行"NP_1+V+NP_2"和"NP_2+V"转换的动词的范围太宽,这一个句对不能完全概括出作格动词的语义特征。比如"洗"之类的动词也可以出现在"NP_1+V+NP_2"和"NP_2+V"的转换中,但是"洗"却不存在事件的"使发"和"自发"的问题,于是,我们在鉴别作格动词的第一条标准的基础上,设立了鉴别作格动词的第二条标准:

Ⅱ.看该动词能否出现在使令句中,如果这个动词能出现在"NP_1+使+NP_2+V"的句式中,那么这个动词就有可能是作格动词;如果该动词不能出现在"NP_1+使+NP_2+V"的句式中,那么这个动词就不可能是作格动词。

注意这里的"NP_1+使+NP_2+V"的句式,V应该是一个光杆动词,如果"洗"前后加上一些修饰性成分,"洗"可以出现在使令句中,如"刺骨的寒风使他没法洗衣服"等。再如,"学习"是一个光杆动词时,不能出现在"NP_1+使+NP_2+V"的句式中,如不能说"爸爸使他学习",但可以说"爸爸使他没办法学习"。

关于"使"字句的结构,可以归纳为"A 使 B+VP"的形式,关于A 和 B 的语义性质,袁毓林(2002)已做过讨论,宛新政(2005)对 100万字文艺语料调查的结果是,"使"字句的前段 A 的语义类大致按"抽象事物、具体事物、事件、空位、介宾短语"的顺序排列,"使"字句的中段 B 的语义类大致按"人、事物、事件"的顺序排列。虽然"使"字句的中段 B 的语义角色是这样安排的,但我们确定作格动词的判定标准首先是在有无"NP_1+V+NP_2"和"NP_2+V"的转换这样第一条标准的基础上进行的,第二条标准实际上是在继承第一条标准的基础上产生的,因而 NP_1、NP_2 的论旨角色继续沿袭第一条标准的主体和客体的论旨角色。比如"出版"一词,可以构成"NP_1+V+NP_2"和"NP_2+V"的转换,但该词在构成"使"字句的时候,不是"使+

NP$_2$＋V"的句式,如"天才加勤奋,使他一连创作出版了二十七部诗集和其他著作"[7],这句话中的"使"后面的名词性短语是 NP$_1$。因而"出版"不宜被看成作格动词。

其次谈谈本文以"使"字句作为判定作格动词的标准有无理论依据呢?这就涉及作格和致使之间密不可分的联系。Halliday(1985/1994:171)认为:我们会期望,将及物分析和作格分析这两种分析放在一起,就能发现这两种类型的小句是不同的,但事实上两者之间并没有明确的界限,这才是准确的情况。两者的一个不同点是,是否有一个带 make 的"分析式的致使(analytic causative)":如我们可以说 the police made the bomb explode,但不能说 the lion made the tourist chase。但这一不同仍有许多不确定因素:比如"Mary made the boat sail, the nail made the cloth tear"和"the lion made the tourist run"有什么不同?这种不同在某些方面还是比较明确的,如果去掉句中的第二个参与者,看第一个参与者的角色变化了没有。在"the sergeant marched the prisoners/the sergeant marched"句对中,下一句是"警卫(the sergeant)行军(marched)",而在及物小句"the lion chased the tourist"中,就没有"the lion chased"这种解释的可能。像这种角色变换了的句子用"发动者(initiator)＋动作者(actor)"比用"动作者(actor)＋目标(goal)"好。这种物质过程中有一大类同族的使役式,或者可能是表属性的,如:the sun ripened the fruit/made the fruit ripen, her voice calmed the audience/made the audience calm,这些都可属于"发动(initiating)"类——如果我们说 the sun ripened, her voice calmed,其意义就从"make(ripe, calm)"变化为"become(ripe, calm)"了。Halliday 的上述这段话主要说明了"分析式的致使"在作格分析中的作用。

调查了孟琮、郑怀德等编的《汉语动词用法词典》中的 1223 个动词,发现共有下列 125 个动词满足第一条和第二条标准:

安定 败坏 爆发 暴露 便利 出动 成立 澄清 充实 纯洁 纯净 淡化 动摇 端正 断绝 饿 恶化 发动 发挥 发展 繁荣 方便 分裂 分散

丰富 腐化 改变 改进 改善 感动 贯彻 贯穿 巩固 孤立 固定 规范
和缓 轰动 毁灭 活跃 缓和 缓解 涣散 荒废 荒疏 恢复 活动 集合
集中 激荡 激化 加大 加固 加快 加强 加深 加速 加重 坚定 减轻
减少 健全 降低 结束 解决 惊动 惊醒 开通 开展 夸大 扩大 扩充
满足 麻痹 迷惑 密切 明确 模糊 暖和 平息 平定 平整 普及 启动
清醒 溶解 溶化 软化 实现 缩小 疏散 疏松 提高 透露 统一 通过
突出 瓦解 完成 为难 委屈 温暖 稳定 稳固 消除 形成 削弱 延长
摇晃 摇动 转动 转变 增产 增加 增强 增长 展开 振奋 振作 震动
震惊 镇定 滋润 转变 壮大

2.3 鉴别汉语作格动词的标准之三

着眼于作格动词出现的"NP₁＋V＋NP₂"和"NP₂＋V"句式转换现象，我们针对"NP₁＋V＋NP₂"句式提出了标准Ⅱ，下面我们着重针对作格动词在"NP₂＋V"句式中的表现，提出标准Ⅲ：

Ⅲ：看该动词能否受"自己"修饰，能否出现在"NP₂＋自己＋V了"的句式中，如果能出现在该句式中，则是作格动词；如果不能，就不是作格动词。

第三条标准可以把"开、关、化、暴露、灭"等动词包括在作格动词之列，因为这些动词可以出现及物和不及物的交替，但是不能出现在"NP₁＋使＋NP₂＋V"的句式中，而以这类动词所构成的例句如"门开了"、"船沉了"、"扣子掉了"是不需要外力的介入就可实现的，状态可以"自行发生"。这些句子可以不隐含施事而存在，这类动词所带的论元也是域内论元。针对这类动词的作格性，我们发现它们大都能受"自己"修饰，如：

(19) 刘果站在柯敏的门前，正要敲门，门却意外地自己开了，从门里冲出来一个干瘦的男人，与刘果撞了个对眼，瘦男人用尖酸……(曾明了《宽容生活》(2))

(20) "对，这就是你思想问题的根子，终于自己暴露出来了。"(王朔《你不是一个俗人》)

注意标准Ⅲ是在满足第一条标准的基础上提出的,加上"NP₂＋自己＋V了"这条标准主要是为了测试状态的"自行发生",不需要外力的介入。

符合标准Ⅰ和标准Ⅲ的作格动词有:

开、关、化、暴露、变、灭、消灭、毁灭、熄灭、着 zháo❸⑧

为什么把这一类的动词加进作格动词的行列,是因为这一类动词本质上还是含有"致使"义,而且能够进行"NP₁＋V＋NP₂"和"NP₂＋V"句式的转换。查阅了上述所列的词在《现代汉语词典》和《现代汉语规范词典》的语义解释,发现这些词都含有"致使"义⑨,如《现代汉语词典》关于"灭"的解释中有着致使义和非致使义的配对,如:

灭❶动 熄灭(跟"着"相对):火～了｜灯～了。❷动 使熄灭:～灯｜～火。❸淹没:～顶。❹消灭;灭亡:自生自～｜物质不～。❺动 使不存在;使消灭:～蝇｜长自己的志气,～敌人的威风。

但是"灭"却不能出现在"NP₁＋使＋NP₂＋V"的句式中,但本身又含有"致使"义,而且还能够进行"NP₁＋V＋NP₂"和"NP₂＋V"句式的转换,这一类动词我们认为应该列入作格动词的行列,考察这类动词的特点,发现它们在"NP₂＋V"这种句式上,可以受"自己"类的词语修饰,如"火自己灭了",再如:

(21)当然,这并不是说,我们不要消灭老鼠,可以听之任之,让它们自生自灭了。(《读者文摘》read200)

3　三条标准的设立基础及其意义

什么是汉语的作格动词?从词汇语义学的角度说,汉语的作格动词大多具有"致使"义,而且这一类动词在不需要外力介入时,就可以自行进入某种状态,正是作格动词的这些语义特征导致了作格动词的句法表现。

现代汉语的作格动词如何判定？是否就可以根据有无"$NP_1+VP+NP_2$"和"NP_2+V"句式的交替就得以判定是否作格动词呢？

作格动词虽然能够进行"NP_1+V+NP_2"和"NP_2+V"的同义句式的转换，但是汉语中存在着这样一种情况，如汉语中"洗、写"之类的动词，也可以进行"NP_1+V+NP_2"和"NP_2+V"的同义句式的转换，但由于这一类动词是不能够自发地进入某种状态的，我们不称之为作格动词，于是我们设定了"NP_1+使$+NP_2+V$"这一句式来排除"洗、写"之类的动作动词，从而作格动词也就排除了"洗、写"之类不包含状态性的"动作动词"。强调作格动词的致使义，这就是我们确立的判断作格动词的第二条标准。

由于某些作格动词不需要外力的借入就可表明某种状态，因此在句法表现上能够进行"NP_2+自己$+V$了"的转换。这也是我们确立的判断作格动词第三条标准的原因。

我们把前面设立的三条确立作格动词的标准，简要概括如下：

Ⅰ. 看该动词有无"NP_1+V+NP_2"和"NP_2+V"的同义句式的转换现象。

Ⅱ. 看该动词能否出现在使令句中，即这个动词能否出现在"NP_1+使$+NP_2+V$"的句式中。

Ⅲ. 看该动词能否受"自己"修饰，能否出现在"NP_2+自己$+V$了"的句式中。

这三条标准有没有满足的次序呢？有的，这三条标准中，第一条标准是必须满足的，第二条标准和第三条标准是一种析取（disjunction）关系。按照《现代语言学词典》的解释，"析取"原为形式逻辑术语，现用于语言学好几个领域特别是语义学的理论框架，指将两个命题联系起来使其具有"或…或…"关系的过程或结果。析取关系通常可作相容的（inclusive）和不相容的（exclusive）两种理解。相容析取是，如果两个命题有一个为真或同时为真，析取式就为真；不相容析取是，只有当两个命题有一个为真（但不同时为真）时析取式为真。"我们这里确立的作格动词的第二条和第三条标准是相容的析取（inclusive disjunction)关系。因为第二条标准和第三条标准可同时为真。

第二条标准和第三条标准分别是针对作格动词在双论元句和单论元句的表现而设立的,即标准Ⅱ是针对作格动词在"NP_1+V+NP_2"的句式中的表现而设立的,标准Ⅲ是针对作格动词在"NP_2+V"的句式中的表现而设立的。确立作格动词这一小类,实际上也反映了这一类动词的论元结构的动态性,既可以带双论元,又可以带单论元。

也就是说,真正的作格动词必须满足两条或两条以上的标准。如满足第一条和第二条标准的作格动词,如"安定、败坏、爆发"等;或满足第一条和第三条标准的动词,如"开、灭"等;或者同时满足三条标准的作格动词,如"暴露、改变、转变"等。下面以"暴露"为例说明为什么要把专门列一类词列为作格动词,以及认识到这一类词是作格动词的好处。

"暴露"可以出现于"NP_1+V+NP_2"和"NP_2+V"的句式转换中,如:

(22)在一次突围中,由于警卫排长莽撞行事,过早暴露了目标,致使部队伤亡较大,将军也中弹殒身。(当代《佳作》2)

(23)不要想得这么坏嘛!事情即使暴露,我们可以摆事实讲道理。(当代《佳作》4)

"暴露"也可以用于使令句中,如:

(24)太阳在整个一个白天里都使河水闪着亮、放出光辉,使田埂和小路上的沙粒都清晰可辨,使烟秸上爬着的绿虫暴露在一片光斑里……(张炜)

"暴露"可以受"自己"、"自行"修饰,如:

(25)"对,这就是你思想问题的根子,终于自己暴露出来了。(王朔《你不是一个俗人》)

(26)我们的生活朝气蓬勃了;生活中大量的阴暗东西就自行暴露了。(徐迟《哥德巴赫猜想》)

根据"暴露"的句法表现,我们可以说"暴露"具备作格动词的特征,对于这样一个作格动词,它的词典释义应该是怎样的?我们查询了"暴露"一词的词典释义,发现《现代汉语词典》《现代汉语动词大词典》和《现代汉语规范词典》对这一词的处理不一样,先看《现代汉语动词大词典》的解释:

> 暴露 <他动>显露(隐蔽的事物、缺陷、矛盾、问题等):使隐蔽的东西公开。【基本式】施事(敌人、间谍、报纸)+暴露+受事(身份、火力点、目标、矛盾、思想):敌人暴露了一个火力点。(《现代汉语动词大词典》)

《现代汉语词典》对"暴露"的解释不是以《现代汉语动词大词典》的"他动"为主,而是注重"暴露"带单论元的用法,如:

> 暴露 动(隐蔽的事物、缺陷、矛盾、问题等)显露出来:～目标|～无遗。(《现代汉语词典》)《现代汉语规范词典》在释义上着重于"暴露"的使动用法,如下所释:

> 暴露 动使隐蔽的东西公开或显眼:阴谋～|自我～。(《现代汉语规范词典》)

三家词典对于"暴露"一词的词典释义相异之处在于"致使"义的有无,以及例句的编排上。"暴露"一词是作格动词,它有着"NP$_1$+V+NP$_2$"和"NP$_2$+V"的句式转换,也就是说它既可以带双论元,又可以带单论元。《现代汉语动词大词典》的问题是只注重了"暴露"带双论元的情况,而没有注重"暴露"一词的"自发"性,即带单论元的情况。《现代汉语词典》的解释有比较模糊的地方,释义说的是"(隐蔽的事物、缺陷、矛盾、问题等)显露出来",可是例句却是"暴露目标","目标"这个名词又位于"暴露"后,这就涉及到释义中用括弧圈出来的成分到底和例句的编排有无映射关系,如果有一种映射关系,例句中"暴露目标"就和释义的顺序不符合;如果没有映射关系,那这种例句和释义的解释就可以随意一些。《现代汉语规范词典》虽然在释义上着重于"暴露"的使动用法,但例句中却没有显示出"使动"用法,而是"内动"用法。

三家词典在释义上的差异,实际上反映了词典编纂者对于如"暴露"这一类的作格动词认识上的差异。如果我们能够认识到"暴露"这一类的作格动词,明确这一类作格动词所带的论元数目是动态的,而非静态的,在词典释义上注重"致使"义和"自发"义,并注意把这些语义特征和论元数目对应起来。如带双论元时注重动词的"致使"义,带单论元时注重动词的"自发"义,这样认识到"暴露"这一类的动词为作格动词,不仅在理论上可以树立一种"作格"观念,从而能在汉语中建立起这么一类动词,了解这一类动词的论元结构及其句法语义特征,就是在实际应用上,对于词典释义也是有好处的。

作格动词的设立标准实际上是针对作格动词特有的语义特征而定的,作格动词既能由外界事物"致使"而生,又能自发产生,融合了"他变"和"自变"两种情况,为此我们设立了三条句式上的标准来衡量作格动词,期望我们所设立的形式上的标准揭示了作格动词的语义特征。

附 注

①Davidse(1992)和 Thompson & Ramos(1994)的观点转引自王全智、徐健的《作格概念的延伸及其解释力》,见《外语与外语教学》2004 年第 1 期。

②转引自 Y. C. Li（李英哲）& M. Yip (1979)。

③但是我们并不同意 Halliday 后来把英语的所有句子都做及物和作格两种角度分析的做法,因为这一做法已经偏离了双论元句中主宾语与单论元句中主语的形式上的关联关系,使得所谓观察世界的不同角度失去了语言上的根据。

④如"闪",在"他闪了一下腰"和"腰闪了"中,NP_1 和 NP_2 有一种身体和部位的领属关系,所以不认为"闪"是作格动词。

⑤我们的作格动词是不包括动补类动词词组的,但是我们承认作格动词的内部结构有很多是动补式,这也说明了动补式和作格的联系,这个问题以后再另文讨论。

⑥另外,"摇晃"还可以受"自己"等词的修饰,"洗"则不行,如语料中有"他给我十块钱,叫我自己打车回去,[自己摇晃]着身躯走开了。(王小波)"这样的句子,却不能说"衣服自己洗了",这涉及到本文下面所讨论的确定作格动词的第三条标准。

⑦这句话出自闻毅《不停开采文坛"金矿"的严阵》,载《作家文摘》1996。

⑧着 zháo❸,指"着"的"燃烧"义,跟"灭"相对。

⑨这些词或者在《现代汉语词典》中,或者在《现代汉语规范词典》中含有"致使"义,《现代汉语规范词典》的"致使"义解释比《现代汉语词典》的要多一些。

参考文献

曹逢甫(2005)《汉语的句子与子句结构》,王静译,北京语言大学出版社,北京。
邓思颖(2004)作格化和汉语被动句,《中国语文》第 4 期,北京。
顾　阳(1996)生成语法及词库中动词的一些特性,《国外语言学》第 3 期,北京。
韩景泉(2001)英汉语存现句的生成语法研究,《现代外语》第 2 期,广州。
何元建、王玲玲(2002)《汉语动结结构》,浙江教育出版社,杭州。
黄正德(1990)中文的两种及物动词和两种不及物动词,《第二届世界华语文教学研讨会论文集》,世界华文出版社,台北,39—59 页。
黎锦熙(1955)主宾小集,《语文学习》第 9 期,北京。
李临定(1990)《现代汉语动词》,中国社会科学出版社,北京。
林杏光、王玲玲、孙德金(1994)《现代汉语动词大词典》,北京语言学院出版社,北京。
吕叔湘(1987)说"胜"和"败",《中国语文》第 1 期,北京。
吕云生(2005)有关"施事后置"及"非宾格假说"的几个问题,《语言科学》第 5 期,徐州。
潘海华、韩景泉(2005)显性非宾格动词结构的句法研究,《语言研究》第 3 期,武汉。
唐玉柱(2001)存现句中的 there,《现代外语》第 1 期,广州。
宛新政(2005)《现代汉语致使句研究》,浙江大学出版社,杭州。
王晖辉(2002)现代汉语 NP_1+V+NP_2 与 NP_2+V 同义句式中 V 及相关问题研究,北京大学中文系硕士论文,未刊,北京。
王俊毅(2004)及物动词与不及物动词分类考察,胡明扬编,《词类问题考察续集》,北京语言大学出版社,北京。
徐　杰(1999)两种保留宾语句式及相关句法理论问题,《当代语言学》第 1 期,北京。
——(2001)"及物性"特征与相关的四类动词,《语言研究》第 3 期,北京。
徐烈炯(1995)《语义学》(修订本),语文出版社,北京。
徐烈炯、沈阳(1998)题元理论与汉语配价问题,《当代语言学》第 3 期,北京。
杨素英(1999)从非宾格动词现象看语义与句法结构之间的关系,《当代语言学》第 1 期,北京。
杨锡彭(1992)黏宾动词初探,《南京大学学报》第 4 期,南京。
尹世超(1991)试论黏着动词,《中国语文》第 6 期,北京。

袁毓林（2002）汉语句子的文意不足和结构省略,《汉语学习》第 3 期,延吉。
赵彦春（2002）作格动词与存现结构症结,《外语学刊》第 2 期,哈尔滨。
朱晓农（2003）谈谈调查太平洋岛施格语的学习体会,戴昭铭编,《汉语方言语法研究和探索》,黑龙江人民出版社,哈尔滨,37—42 页。
Anderson, John. (1968) Ergative and nominative in English. *Journal of Linguistics*, (4), 1-32.
Brainard, Sherri. (1997) Ergativity and grammatical relations in Karao. In Givón, T. (Ed.). *Grammatical Relations: A Functionalist Perspctive*. pp. 85-143. Amsterdam and Philadelphia: John Benjamins Publishing Company.
Burzio, L. (1986) *Italian Syntax: A Government-Binding Approach*. Dordrecht: Reidel.
Cheng, Lisa Lai-Shen & Huang, C.-T. James. (1994) On the argument structure of resultative compounds. In Matthew Y. Chen & Ovid J. L. Tzeng (Ed.), *In honor of William S-Y. Wang: Interdisciplinary Studies on Language and Language Change*. pp. 187-221. Taipei: Pryamid Press.
Comrie, B. (1981) *Language Universals and Linguistic Typology*. 沈家煊译《语言共性和语言类型》华夏出版社,北京,1989。
Crystal, David. (1997) *A Dictionary of Linguistics and Phonetics*. Blackwell Publishers Ltd 1997 第四版,中译本:《现代语言学词典》沈家煊译 2000 北京:商务印书馆
Davidse, Kristin. (1992) Transitivity/ergativity: the Janus-headed grammar of actions and events. In Martin, Davies & Louise, Ravell (Ed), *Advances in Systemic Linguistics*, pp105-135. London: Printer Publishers.
Davison, Alice. (1999) Ergativity: Functional and formal issues. In M. Darnel (Ed), *Functionalism and Formalism in Linguistics*, Vol. 1. pp177-208. Amsterdam and Philadelphia: John Benjamins Publishing Company.
DeLancey, Scott. (1981) An interpretation of split ergativity and related patterns. *Language* 57, 626-657.
Dik, Simon C. (1978) *Functional Grammar* (Third revised edition). Dordrecht: Foris Publication Holland.
Dixon, R. M. W. (1979) Ergativity. *Language*, 55, 59-138.
—— (1994) *Ergativity*. New York: Cambridge University Press.
Du Bois, John W. (1987) The discourse basis of ergativity. *Language* (63), 805-855.
Fillmore, Charles. J. (1968) The case for case. 胡明扬译,国外语言学编辑部编《语言学译丛》（第二辑）,(1979),中国社会科学出版社,北京。

Garrett, Andrew. (1990) The origin of NP split ergativity. *Language*, (66), 261-296.

Halliday, M. A. K. (1967-1968) Notes on transitivity and theme in English. Pts. 1-3, *Journal of Linguistics* 3. 1, pp37-81, 3. 2, pp199-244, 4. 2, pp179-215.

Halliday, M. A. K. (1985/1994) *An Introduction to Functional Grammar*.: Edward Arnold.

Kuno, Susumu. (2004) *Functional Constraints in Grammar: on the unergative-unaccusative distinction*. Amsterdam/Philadelphia: John Benjamins Publishing Company.

Langacker, Ronald W. (1991) *Foundations of Cognitive Grammar (Vol II: Descriptive Application)*. Standford: Standford University Press.

Lemmens, Maarten. (1998) *Lexical Perspectives on Transitivity and Ergativity: Causative Constructions in English*. Amsterdam: John Benjamins Publishing Conpany.

Levin, B. and M. Rappaport Hovav. (1995) *Unaccusativity: At the Syntax-Lexical Semantics Interface*. Cambridge. Mass: MIT press.

Lyons, J. (1968) *Introduction to theoretical linguistics*. Cambridge: Cambridge University Press.

Manning, C. D. (1996) *Ergativity: Argument Structure and Grammatical Relations*. Stanford: CSLI Publications.

Nowak, Elike. (1996) *Transforming the Images: Ergativity and Transitivity in Inuktitut (Eskimo)* Berlin; NewYork: Mouton de Gruyter.

Perlmutter, D..M. (1978) Impersonal passives and unaccusative hypothesis. *Proceedings of the Fourth Annual Meeting of the Berkeley Linguistic Society*. Berkeley: University of California.

Van Valin, R. D., JR. (1990) Semantic parameters of split intransitivity. *Language* (66), 221-260.

Y. C. Li（李英哲）& M. Yip (1979) The Bǎ-construction and ergativity in Chinese. In Plank, Frans (Ed.), *Ergativity: Towards A Theory of Grammatical Relations*, pp. 103-114. London: Academic Press.

Zhou, xinping. (1990) *Aspects of Chinese syntax: Ergativity and phrase structure*, PhD Dissertation, Urbana: University of Illinois.

(100871 北京,北京大学计算语言学研究所博士后 三峡大学文学院
E-mail: liyingzeng@gmail.com)

试论与状位形容词相关的
意义关系和句式变换*

田 赟 宗

提要 "语义指向"说（张力军 1990）和"系"说（郑贵友 2000）分别从不同角度对与状位形容词（下面按郑贵友（2000）的术语称作"$A_{状}$"）相关的语义关系作了深入探讨。针对其不足，我们提出应该从区分词汇意义关系、句法意义关系的理论观点出发，重新讨论这一问题。区分两个层次的意义关系后发现，除这两个层次的意义关系外，还应该有句式意义关系。

关键词 状位形容词 词汇意义关系 句法意义关系 句式意义关系

引 言

语义指向分析是中国大陆在 20 世纪 80 年代开始出现的一种新的句法分析方法（陆俭明 1997）。张力军（1990）根据"语义指向"说把"$NP_1＋A＋VP＋NP_2$"格式中的形容性成分与句子其他成分之间的语义关系分为三类：①指向 NP_1 的，如"几千只眼睛亮晶晶地望着他"；②指向 NP_2 的，如"剩下的肉嫩嫩地炒个肉丝"；③指向 VP 的，如"老李顺顺当当地通过了考试"。并依据一定的句法和语义关系确定语义指向的限制。但其中的①②两类，"语义指向"说基本上不考虑 $A_{状}$ 与动词因句法关系规约的意义关系。

---

* 本文蒙导师王洪君精心指导。初稿曾在北京大学中文系语言学专业的讨论班上报告，得到了讨论班师生中肯的批评和建议，特别是李娟、董秀芳老师提出了很好的意见，定稿吸收了《语言学论丛》匿名审稿人意见，在此一并致谢。文中如有谬误，概由笔者负责。

郑贵友(2000)全面考察了 A$_状$ 的各种情况,提出不少新见。比如,①指向主语或指向宾语的 A$_状$ 其实也都与谓语动词有意义联系,也即所有的 A$_状$ 都与动词有"实然性关系";②根据 A$_状$ 与句子其他成分发生语义关系的情况,把形容性成分按语义上所联系的句法成分的数目("系"数)和性质分为"动主双系"、"动宾双系"、"主动宾三系"、"唯动单系"4 类状位形容词;③根据是否移位到主语之前定语的位置并保持句义不变,把"动主双系"状位形容词再分为[＋原生性态]和[＋暂生性态]两大类;④"动宾双系"状位形容词有[＋制作标准][＋呈现性态]等类似的性态。但"系"说基本上以句法关系规约的意义关系为主考察句中所有语义关系。

张力军(1990)"语义指向"说区分了层次,但没有看到句法关系实际上也是一种意义关系,郑贵友(2000)"系"说看到了句法关系也是一种意义关系,但却不分层次,因而,二者均可以看成是未能从理论上区分至少两个意义层次:即反映词与词搭配的低层"词汇意义关系"和抽象句法位置规约的高层"句法意义关系",所以对一些问题的解释仍不能令人满意。

与动词相关的低层和高层两个语义层次,人们认识比较早,也比较充分。朱德熙在 1962 年《论句法结构》中关于形式和意义互相渗透的思想已经暗含此意。之后更是明确指出:从语法关系看(朱德熙 1980/2001:346—352),主谓、述宾是显性语法关系,动施、动受是隐性语法关系。从语义关系看(朱德熙 1986/2001:135—145),主谓、述宾是高层语义关系,动施、动受是低层语义关系。后来,王洪君(1998,1999)以"打拳"、"养伤"、"菜干"等例子也证明了形式和意义互为表里,语法结构同样规约一定的意义,但是语法结构意义和语义结构意义是两种不同性质的语义关系,语法结构意义更高更抽象。

而在形容词有关研究中,对其低层和高层两个语义层次的认识却并不充分。由于形容词与其他词并不构成题元关系,因而没有像动词一样的语义结构,但毫无疑问,形容词与其他词还是构成语义关系的,所以奥田宽(1982)认为文炼(1982)的说法①应该补充为:句子的基本语义结构由动词以及与它相联系的名词性成分构成,有的句子的基本语义结构由形容词以及与它相联系的名词性成分构成。我们认为,与形容词相关的意义关系至少包括形容词与相关动词和名词性成分的意义关系(我们称之为低层词汇意义关系)以及形容词与相关动词和名词性成分因句法位置关系规约的意义关系(我们称之为高层句法意义关系)。这是两个不同层次的意义关系,不能混为一谈。

本文以区分词汇意义关系与句法意义关系为基本的理论出发点,重新考察张力军(1990)的例句,看"语义指向"说的不足,并针对不足提出形容词语义搭配框架的层级结构和实现规则;然后,重新考察郑贵友(2000)曾重点分析的一个问题:$A_{状}$[+原生形态]、[+暂生性态]与$A_{状}$移位$A_{定}$的语义变化,看"系"说的不足,在此基础上再进一步从理论上讨论"意义"和"能否变换"应该区分不同层次;最后,用意义分层的观点和变换的方法分析$A_{状}$语义指向"受事"句式和"施事"句式的特点,说明与形容词相关的意义关系,除词汇意义关系和句法意义关系外,同时还受特定句式的影响,即句式意义关系。

1 "语义指向"说的不足

1.1 语义指向分析是20世纪80年代中期以来学界讨论的一个热门话题。语义指向的实质是词的线性排列反映的语言结构的层次性和语义的多维性的矛盾统一,以及成分间语义连续性与非连续性的对立统一(税昌锡2004)。"所谓语义指向就是指句子中某一个成分跟句中或句外的一个或几个成分在语义上有直接联系,其中包括了一般所认为的语义辖域。"(周刚1998)。

(1)我重重地摔了一跤。
(2)我狠狠地摔了一跤。

语义指向分析着重用于句法结构关系和语义结构关系不一致的

语法现象,即主要考虑句法上非直接成分之间所发生的语义结构上的直接联系。其优点在于抓住了问题的关键矛盾,排除了其他干扰因素,实际上属于同质化的分析方法②。但它只考虑语义结构上的意义关系,因而不重视语法结构上的意义关系。正如朱德熙(1986/2001:135—145)和王洪君(1999:8—10)指出的那样,语法关系实际上规约一定的意义,也是一种意义关系。如例(2),"狼狈地"处于状语位置,本身就跟动词"摔"有一定的意义关系,是动作的伴随情状,虽然这种情状是属于"我"的。正是基于这一点,郑贵友(2000)提出了对"语义指向"的批评,并建立"系"说。

1.2 从张力军(1990)的分析具体来看。

(3)老李随随便便地炒了个肉丝。("随随便便"语义指向"老李")

(4)剩下的肉随随便便地炒了个肉丝。("随随便便"语义指向空形式)

(5)剩下的肉嫩嫩地炒了个肉丝。("嫩嫩地"语义指向"肉丝")

(6)老李顺顺当当地通过了考试。("顺顺当当"语义指向"通过")

张力军(1990)不考虑句法结构的意义关系;不建立从低层语义关系到表层句法范畴的实现规则,只能因句就句地讨论每个句子中$A_{状}$语义指向;不谈转换,没有把$A_{状}$和$A_{定}$等偏位形容词的语义指向放在一起综合考察,很难全面地建立形容词的低层语义结构的框架。

2 形容词句法语义框架和语义搭配实现规则

2.1 针对"语义指向"分析的不足,基于词汇意义关系和句法意义关系分层的思想,我们提出如下观点:词汇意义搭配潜能属于低层词汇意义关系。这种意义关系在形容词来说,就是形容词表述的性状对事物的依附性③。这种依附性来源于人们生活的经验基础。词汇意义搭配主要有三种情况,①A 只能与名物搭配,如"肥大的衣服""＊＊肥大地走④",②A 只能与动作搭配,如"重重地摔""＊＊小王重重地",③A 既能与名物搭配,又能与动作搭配,如"小林抽抽噎噎地哭着自己的丈夫""小王眼睛直勾勾地盯着卖鱼的"等。⑤可区分为:

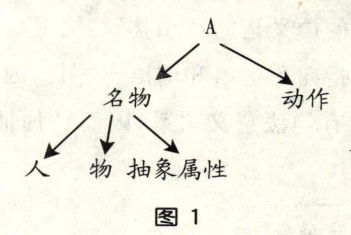

```
              A
            ↙   ↘
          名物    动作
         ↙ ↓ ↘
       人  物  抽象属性
```
图 1

处于状语、补语位置的形容词,依据其词汇意义搭配潜能首先可以有两种搭配,即名物或动作,因而,有两个大的语义格,即指名格,记为 C_N,它在具体句中语义可以指向主语或宾语;指动格,记为 C_V,它在具体句中的语义指向谓语。因而,处于状语或补语位置的形容词可以实现为两个格,即 C_N 或 C_V 或者 C_N 和 C_V。

要说明的是,格的实现首先要依赖于词汇意义层的搭配潜能,凡不能搭配的,绝对没有词汇意义关系,不能实现格,凡能搭配的,才进入实现到句法意义层的制约框架:

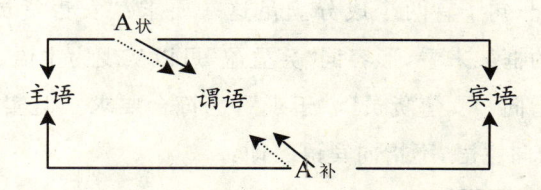

```
         A状
        ↓  ↘
    主语 → 谓语 → 宾语
            ↖    ↙
             A补
```

(注:→表示词汇意义单层关系,┈▶表示句法意义单层关系)
图 2

综合形容词的词汇意义搭配和句法意义层的制约框架可以看出,A状、A补的语义指向问题之所以复杂,在于这些位置上在低层词汇意义搭配允许的条件下有两种甚至三种的指向可能。既可以是词汇和句法双层意义关系,也可以是句法意义单层关系,下面只讨论

$A_状$的问题。

(7)小林抽抽噎噎地哭着。

首先,从词汇意义搭配潜能看,"抽抽噎噎"有实现为指动格C_V和指名格C_N的搭配潜能。句子有两个成分满足这一要求:"小林"、"哭"。从句法意义层制约框架来看,形容词"抽抽噎噎"可以实现为主语、谓语两个位置的语义指向,"小林"、"哭"也符合要求。因而,例(7)最终实现的语义指向是主语和谓语。并且,因"抽抽噎噎"处于状语位置,与谓语必然有句法意义关系,因而,"抽抽噎噎"和谓语的关系是双层意义关系。

小林抽抽噎噎地哭着。

2.2 低层词汇意义框架和上述句法制约框架都允许的语义指向,在表层句子中不一定都实现。语义指向的实现还有个优选次序。下面是我们找出的几条语义指向的实现规律。

(8)女售货员笑盈盈地看着于观。

首先,从词汇意义潜能看,"笑盈盈"只有与指名格C_N搭配的潜能("笑盈盈"与动词"看"不是词汇意义搭配,属句法意义搭配,因而不可能实现语义指向格),具体说它可以与指人名词及其身体部件"脸上"搭配;句子有两个成分满足这一要求:"女售货员"、"于观"。从句法制约框架来看,形容词"笑盈盈"可以实现为主语、宾语两个位置的语义指向,"女售货员"、"于观",也符合要求。但实际上,例(8)的$A_状$只指向主语,不指向宾语。即:

女售货员笑盈盈地看着于观。

通过大量的例句考察发现,如果句子的主语是施事,则有一条规起作用。①优选规则一:在均有搭配潜能的主语、宾语两项中,$A_状$优先指向施事主语。

(9)剩下的肉嫩嫩地炒了个肉丝。

首先,从词汇意义搭配潜能来说,"嫩嫩地"只有与指名格C_N搭配的潜能("嫩嫩地"与动词"炒"不是词汇意义搭配,属句法意义搭配,因而不可能实现语义指向格),句子有两个成分满足这一要求:"剩下的肉"、"肉丝"。从句法制约框架来看,形容词"嫩嫩地"可以实现为主语、宾语两个位置的语义指向,"剩下的肉"、"肉丝",也符合要求。但实际上,例(9)的 A状 只指向宾语,不指向主语。即:

剩下的肉嫩嫩地炒了个肉丝。

②优选规则二:受事主语句中 A状 优先指向宾语,没有宾语则指向受事主语。

从上文的分析可以看出,有一条情状传递规则,如果 A状 语义指向施事主语,则一定会将动作者情状传递给动词(谓语),作为动作时的伴随情状,如"笑盈盈地看着于观"。但反传递不成立,也即 A状 语义指向动词,并不一定必然将情状传递给主语。该规则蕴涵着一条事理:主动者的性态可以传递为他动作时的暂时性态。但主动者动作时的暂时性态不一定就是他的性态。而这正是"语义指向"说不考虑的意义焦点。同理,"嫩嫩地"与"炒"的语义关系也如此。

3 "系"说的不足

3.1 形容词语义关系的"系"的研究主要在郑贵友(2000)《现代汉语状位形容词的"系"研究》一书中,侯友兰(1998)也作了相关研究。这里主要以郑贵友(2000)的"系"说来讨论。

郑贵友(2000)将 A状 与谓语动词的关系定为"实然性关系",并以此为基础,考察 A状 与其他成分的语义关系。用郑贵友的方法来分析,例(1)为唯动单系,例(2)为动主双系,为其作图示就是:

(1)我重重地摔了一跤。

(2)我狠狠地摔了一跤。

"系"说正是看到了"语义指向"说不谈句法意义关系的不足,以期对其弥补,是一种异质化的方法。但是,正如上文分析,例(1)和例(2)的 A$_{状}$ 与动词的关系是不同的,例(1)是双层意义关系,例(2)是单层句法意义关系。词汇意义关系与句法意义关系是两种不同性质的语义关系。"系"说强调"凡有句法关系的成分都应该有意义关系"的同时,却忽略了这两种意义关系的区别,把它作为同一种语义关系建立"系"的概念,必然会产生矛盾。下面,主要以郑贵友(2000)的"动主双系"为例来看其不足,同时也稍微涉及"动宾双系"的一些例子。

3.2 "动主双系状位形容词"是郑贵友(2000)提出的术语,用来指做状语时与动词和主语名词都有语义联系的形容词。下面是他的一个例子。

(10)阿柱笑嘻嘻地看着我。⑥

其中的形容词"笑嘻嘻"处于状语位置,语义上同时关涉主语"阿柱"和谓语"看着我",可以分解为:

→ 阿柱笑嘻嘻的＋笑嘻嘻地看着我。

因而,称这种位置的形容词为"动主双系"的状位形容词。郑贵友提出,该类形容词所处的句式结构可以形式化为:

S_{N-v}:NP＋A＋VP(＋O/R)

因为,NP＋A 的陈述关系可以转化为 A＋NP 的修饰关系。即:阿柱笑嘻嘻的。→ 笑嘻嘻的阿柱。

因而,整个处于状语位置的形容词就可以移动至主语前面,修饰主语,即:

S_{N-v}:NP＋A＋VP(＋O/R)→ S_{N-v}: A ＋ NP ＋VP(＋O/R)

阿柱笑嘻嘻地看着我。→ 笑嘻嘻的阿柱看着我。

郑贵友(2000)还提出,这种移位之后,有的句子语义发生变化,有的没有。下面是他举的一些例句,(句子前的星号郑贵友用来表示变换后句子的语义有变化):

第一类 A$_{状}$[＋暂生性态],不可以前移为主语的定语:

(11)小王谦虚地讲述了自己的研究成果。→ *谦虚的小王讲述了自己的研究成果。

(12)王怡温柔地向后移了移身子。→ *温柔的王怡向后移了移身子。

第二类 A$_{状}$[＋原生性态]，可以前移为主语的定语：

(13)猪八戒笨拙地跳动着双腿。→ 笨拙的猪八戒跳动着双腿。

(14)花猴子敏捷地跳上树丫。→ 敏捷的花猴子跳上树丫。

(15)和往常一样，丁场长狡黠地周旋着，他反复地向客户陈述着自己的理由。→和往常一样，狡黠的丁场长周旋着……

(16)到了天快黑的时候，郦食其已经来到吕雉的住处坐下来，客客气气地和她谈了起来。吕雉似乎已经习惯了他的这种交谈方式，听得很有耐心。→到了天黑的时候，客客气气的郦食其已经来到吕雉的住处坐下来……

郑贵友(2000)提出第一类和第二类句子的区别在于其中的 A$_{状}$ 有"原生性态"和"暂生性态"的本质区别，并提出了确定[＋原生性态]和[＋暂生性态]的依据：

> 所谓"原生性态"指的是 SN-V 句中的 A$_{状}$ 所表示的主体 NP 在实施 VP 动作、行为之前或 NP 出现在事件述说者提供的"事件的现场"之前即已具有的某种性质或样态，记作 A$_{状}$[＋原生性态]。
>
> 相对而言，"暂生性态"与语境中的 VP 动作行为有密切的联系。它是指主体 NP 在实施动作 VP 的过程中、实施 VP 动作以后具有的或可能具有的某种性态，记作 A$_{状}$[＋暂生性态]。[①]

例(14)，依据知识背景，花猴子总是敏捷的，因而"敏捷"是固有属性或样态，例(15)和例(16)，"和往常一样"以及"吕雉似乎已经习惯了他的这种交谈的方式"分别说明了丁场长的狡黠是他的一贯特性，而郦食其的"客客气气"对于他个人来说，也是恒常的或稳定的特性；而例(11)、例(12)中 A$_{状}$ 不具[＋原生性态]，所以移位不自由。

综上所述,郑贵友(2000)确定 A状 前移顺利与否的最为关键的条件是 A状[＋原生性态],当 A状[＋原生性态]时,A状 前移顺利,不发生语义改变。否则,移位会发生语义改变,移位不自由。

3.3 郑贵友(2000)的分析有不足之处,首先,将 A状 与谓语动词的联系定义为"实然性联系"本身就已经有问题,因为 A状 与谓语动词的联系有时是双层意义关系,有时只有单层句法意义关系,因而"系"的概念不区分究意是词汇意义关系还是句法意义关系,还是词汇句法双层关系,一概以"语义"关系统之,掩盖了这两种不同性质意义关系的区别。因而,"系"本身就是不成立的,"动主双系"也同样如此。他的分析我们为其标示出来就是⑧:

(10) 阿柱笑嘻嘻地看着我。

(11) 小王谦虚地讲述了自己的研究成果。

(12) 王怡温柔地向后移了移身子。

(13) 猪八戒笨拙地跳动着双腿。

(14) 花猴子敏捷地跳上树丫。

(15) 和往常一样,丁场长狡黠地周旋着……

(16) ……郦食其……客客气气地和她谈了起来。

(17) ……汉兵还在醉醺醺地做着美梦。

(18) 英子这才坦率地对我和阿华讲……

为了说清问题,下面用我们的方法重新标示郑贵友的例句,以作比较。

(10) 阿柱笑嘻嘻地看着我。

(11) 小王谦虚地讲述了自己的研究成果。

(12) 王怡温柔地向后移了移身子。

(13) 猪八戒笨拙地跳动着双腿。

（14）花猴子敏捷地跳上树丫。

（15）和往常一样，丁场长狡黠地周旋着……

（16）……郦食其……客客气气地和她谈了起来。

（17）……汉兵还在醉醺醺地做着美梦。

（18）英子这才坦率地对我和阿华讲……

可以看出，郑贵友不区分是描绘动作本身的情状还是由主动者的情状而传递到动作的伴随情状。在例（1）、例（2）里我们已经详细分析了这种区别。郑贵友的"动宾双系"的例子同样如此。

（19）他脆脆地炸了一盘花生米。

（20）他热热乎儿乎儿地吃了一碗粥。

（21）张木匠大大地造了一辆二马车。

下面，以我们的方法作对比分析。

（19）他脆脆地炸了一盘花生米。

（20）他热热乎儿乎儿地吃了一碗粥。

（21）张木匠大大地造了一辆二马车。

郑贵友（2000）不区分这种句法意义关系和词汇意义关系，其结果就是①看不清这种句法意义关系的实质，②在谈变换的时候，无法分清层次，因而，导致变换分析操作上自相矛盾，理论上循环论证。下面我们分述之。

3.3.1 郑贵友（2000）认为第一类和第二类句子有本质区别，即第一类 $A_{状}$ 有"暂生性态"而第二类 $A_{状}$ 有"原生性态"，并且影响到 $A_{状}$ 到的 $A_{定}$ 移位。

实际上，第一类例句和第二类例句的 $A_{状}$ 并没有本质的区别，它们是否可以移位及其移位后带来的意义变化都是基本相同的：两类句式的形容词都是处在定语位置时，说的是事物的恒常属性；处于状语位置时,说的是事物的暂时、偶有属性⑨;这一分别由句法位置决定的,并不因事先知道不知道而有所改变。也即"敏捷的猴子"说的是猴子的恒常属性、样态,而"敏捷地跳"则说的是做"跳"这个动作时猴子的暂时属性、样态,其他类似。

因而,我们认为 A状 只有表[＋暂生性态]这一类,而不是像郑贵友(2000)主张的那样分为[＋原生性态]、[＋暂生性态]两类。如果将郑贵友(2000)分为两类的例句在状语位置加上反义词,依据变换的平行性原则做同一变换,会看得更清楚(下面用**表示转换后完全不能说,用≠表示转换式可以说但句子意义有所改变):

第一类例句:
小王谦虚地讲述了自己的研究成果。
→** 小王这一回谦虚并且骄傲地讲述了自己的研究成果。⑩
谦虚的小王讲述了自己的研究成果。
→≠谦虚的小王这一回骄傲地讲述了自己的研究成果。
王怡温柔地向后移了移身子。
→** 王怡这一回温柔并且粗鲁地向后移了移身子。
温柔的王怡向后移了移身子。
→≠温柔的王怡这一回粗鲁地向后移了移身子。

第二类例句:
猪八戒笨拙地跳动着双腿。
→** 猪八戒这一回笨拙并且优美地跳动着双腿。
笨拙的猪八戒跳动着双腿。
→≠笨拙的猪八戒这一回优美地跳动着双腿。
花猴子敏捷地跳上树丫。
→** 花猴子这一回敏捷并且笨拙地跳上树丫。
敏捷的花猴子跳上树丫。
→≠敏捷的花猴子这一回笨拙地跳上树丫。

加上反义词,通过变换,明显看到,表恒常性态的定语位置与表暂时性态的状语位置分工明确。在郑贵友看来具有本质区别的第一类例句和第二类例句,在变换中遵循同样的规则,并无区别。通过上述变换分析证明,A$_{状}$的句法位置本身就有一种意义规约,任何处于其上的形容词都受其制约。A$_{定}$同样如此。它是一种抽象的句法结构规约的意义关系。因而,这正是句法意义关系的实质。而郑贵友(2000)强调句法意义关系的同时,又忽略了它。至于A$_{状}$到A$_{定}$的移位能移与否,改变意义与否,并不是A$_{状}$"原生性态"或"暂生性态"一句话能说得清的。

3.3.2 郑贵友的语义分析不讲层次,变换也无法分清层次,因而,导致变换分析操作上自相矛盾。

朱德熙(1986/2001:135)说:变换前后的格式意义"相当",而不是"相同",变换的原则是,变换前后的句子必须在低层的语义关系(动词与名词的格关系)上相同,但在高层语义关系(与句子的语法意义相联系的语义)有差异。为了把问题说清,朱德熙(1986)将变换区分为不平行变换和平行变换两种。其中,不可变换是指变换后不能说。而不平行变换与平行变换的差异主要在于不平行变换不能满足词汇意义关系一致性的要求。而平行变换则满足词汇意义关系一致性要求,但有句法意义关系改变。[11]

$$\begin{cases} \text{不可变换} \\ \text{可变换} \begin{cases} \text{不平行变换} \\ \text{平行变换} \end{cases} \end{cases}$$

图 3

我们依据低层词汇意义关系和高层句法意义关系分层的思想来看郑贵友的变换分析,则发现郑贵友(2000)的分析有不少矛盾之处。即一方面承认结构改变,句法意义改变,但另一方面又不承认结构改变,句法意义改变。以他的"动主双系"和"动宾双系"为例来看(为了对比清楚,我们在例句上以图示的方式加上我们的分析标示)。

(1)"动主双系"中的矛盾:

（11）小王谦虚地讲述了自己的研究成果。

→ *谦虚的小王讲述了自己的研究成果。

（22）……饭菜马上就热腾腾、香喷喷的做好、送来!

→ *……热腾腾、香喷喷的饭菜马上就做好、送来!

在此两句中,他认为,句法结构改变,导致语义改变,所以变换要打星号。

（14）花猴子敏捷地跳上树丫。

→ 敏捷的花猴子跳上树丫。

（17）……汉兵还在醉醺醺地做着美梦。

→ ……醉醺醺的汉兵还在做着美梦。

在此两句中,他又认为,句法结构改变,并不导致语义改变,所以变换自由,不用星号。

(2)"动宾双系"中的矛盾。

（23）……穴居终南山的卢隐士又神秘地铸了一口剑。

→ *……穴居终南山的卢隐士又铸了一口神秘的剑。

在此句中,他认为,句法结构改变,导致语义改变,所以变换要打星号。

（19）他脆脆地炸了一盘花生米。

→ 他炸了一盘脆脆的花生米。

在此句中,他又认为,句法结构改变,并不导致语义改变,所以变换自由,不用星号。

从郑贵友(2000)的变换分析中,我们看不出他所指的意义改变究竟是指什么意义改变,似乎有时指句法意义改变,有时指词汇意义改变。而从我们图上的分析来看,以上各句变换前后的高层句法意义都改变了。只是例(14)、(23)的低层词汇意义关系也改变了,例

(14)由双指向变成了单指向,即指向"花猴子"和"跳",变成了只指向"花猴子",例(23)的"神秘"由指向"铸"变为指向"剑",例(11)、(22)、(17)、(19)则低层词汇意义关系没有改变,变换前后指向数相同,指向方向相同。

3.3.3 郑贵友的分析不讲层次,导致变换分析理论上循环论证。不能说明问题。

石安石(1993:112)指出,变换⑫的基本原则之一是变换前后基本语义相同,也就是说有关词语间的语义组合关系相同。这里带来一个问题,既然已经先有辨认语义组合关系的异同的能力,何必还需变换式来鉴别! 运用变换式只是对直觉辨认语义组合关系异同的一种验证手段,并不是严格的鉴定语义组合关系异同的手段。

我们总结起来就是,变换前后两式语义组合关系一致才算平行变换,但平行变换本身并不是区分变换前后语义组合关系是否一致的手段。否则,理论上就成了循环论证。

我们再来看郑贵友的分析:

(14)花猴子敏捷地跳上树丫。

→ 敏捷的花猴子跳上树丫。

(19)他脆脆地炸了一盘花生米。

→ 他炸了一盘脆脆的花生米。

把例句抽象出来就是,在"动主双系"中,A 式具有 A$_{状}$[＋原生性态]才能变换成 B 式,并保持变换前后语义一致。在"动宾双系"中,A 式具有 A$_{状}$[＋制作标准]才能变换成 B 式,并保持变换前后语义一致。

即,A、B 两式语义一致,是因为 A 能在 A$_{状}$某种条件下做平行变换,能变换,则语义一致,不能变换,则语义不一致。变换是语义组合关系异同的鉴别手段。这样,正好陷入了石安石(1993)所说的循环论证当中。因而,郑贵友的分析理论上是循环论证的,不能说明问题。

4 A$_{状}$指向受事句的句式意义及其搭配限制

从理论上区分句法意义层和词汇意义层并重新审视张力军(1990)和郑贵友(2000)的例句后我们发现,A$_{状}$的语义指向施事还是指向受事,决定了①A$_{状}$与动词的意义关系不同,②句子整体的句法意义不同,③A$_{状}$能否移位做主语的定语不同,④什么样的 A$_{状}$可以出现在句式中的选择限制不同。因而,我们首先依据主语和动词的低层语义关系将主语分为"受事主语"和"非受事主语"两类,考查它们的差异[13],然后看这种差异对受事宾语句有什么不同,最后,再集中讨论 A$_{状}$指向受事句的意义关系及句式特点。

4.1 郑贵友(2000)和张力军(1990)的例子有一部分是受事主语的例子。我们发现,主语是受事还是非受事,在句法意义关系上有很大差异。受事主语句不符合低层语义结构临摹现实世界的关系,因而,常常带有标记,即使省略标记,在变换成有标记句式中,非常自如,而非受事句则不一样。试比较下面句子。

第一类,A$_{状}$指向非受事主语的例句:
(24)老李的双手战战兢兢地抓着那把刀。
→** 老李的双手把那把刀战战兢兢地抓着。
(25)大林痛痛快快地摸出一包云烟。
→** 大林把一包云烟痛痛快快地摸出。
(26)裙子乱纷纷地扔了一屋子。
→** 把裙子乱纷纷地扔了一屋子。

第二类,A$_{状}$指向受事主语的例句:
(27)……您要的饭菜马上就热腾腾、香喷喷的做好、送来!
→…… 马上把您要的饭菜做得热腾腾、香喷喷的送来!
(28)你放心去吧,房间我们也尽快漂漂亮亮地帮你收拾好!
→ 你放心去吧,我们也尽快帮你把房间收拾得漂漂亮亮的!

(29)肉丝嫩嫩地炒了一大盘。

→把一大盘肉丝炒得嫩嫩地。

第三类,A$_状$指向受事宾语的例句:

(30)小张方方正正地打了一个背包。

→小张把背包打得方方正正的。

(31)老李嫩嫩地炒了个肉丝。

≠老李把肉丝炒得嫩嫩的。

从以上分析可以看出,非受事主语是一类,受事主语和受事宾语是一类,具有相同的句式特点。

4.2 A$_状$指向受事主语的句子是语言为了表达更加生动或其他什么因素而变换安排的变式结构,它在句法语义上具有特殊凝固格式的许多特点。非受事主语句中,A$_状$与动词的意义关系有单层和双层的差别。而在受事主语句或受事宾语句中,不存在这种差别,A$_状$与动词的语义关系只有单层句法意义关系。试比较:

(32)小林抽抽噎噎地哭着自己的丈夫。

(33)小林抽抽噎噎地骂着自己的丈夫。

(29)肉丝嫩嫩地炒了一大盘。

(30)小张方方正正地打了一个背包。

非受事主语句受低层词汇意义关系的影响较大,在 A$_状$ 移位为 A$_定$ 的过程中,如果低层词汇意义关系一致,则可移位。受事主语句则不然,满足低层词汇意义关系条件下,甚至满足高层句法意义条件下,还要受另外的因素影响。我们来对比一下下面的例子。

第一类,A$_状$指向非受事主语句:

(32)小林抽抽噎噎地哭着自己的丈夫。

→抽抽噎噎的小林哭着自己的丈夫。

(17)……汉兵还在醉醺醺地做着美梦。

→ ……醉醺醺的汉兵还在做着美梦。

（34）他轻轻地夹起另一枚邮票。

→ **轻轻的他夹起另一枚邮票。

第二类，A状指向受事主语句：

（28）你放心去吧，房间我们也尽快漂漂亮亮地帮你收拾好！

→ **你放心去吧，漂漂亮亮的房间我们也尽快帮你收拾好！

（29）肉丝嫩嫩地炒了一大盘。　→ 嫩嫩的肉丝炒了一大盘。

第三类，A状指向受事宾语的句子

（30）小张方方正正地打了一个背包。

→ 小张打了一个方方正正的背包。

（35）他热热乎儿乎儿地喝了一碗粥。

→ 他热热乎儿乎儿的粥喝了一大碗。

上文比较可以看出，第一类非受事句中，只要低层词汇意义关系允许，则A状可前移为主语的A定；如例（32）、（17）均可，而例（34），因A状与主语没有词汇意义关系，所以移位成困难。而受事句则不一样，即使低层语义关系满足，满足高层句法意义关系，有时还会前移成困难。如例（28）。我们将这个问题放大，则会看得更清楚。

4.3 A状指向受事主语句中，如果动词是可使受事情状改变的可控动词，A状与动词之间在句法意义层面的关系则是间接性的。这一类具有特殊凝固格式的句式有自己特定的句式义——A状表示"希望受事主语达到的结果态"。可能是由于"希望受事主语达到的结果态"可以看作是动作的"目标状态"，而目标是可以做状语的，所以在句法位置上放在了状语的位置上。我们称这种限制的关系为句式意义关系。试对比下面的例句：

（36）肉丝嫩嫩地炒了一大盘。

→ 嫩嫩的肉丝炒了一大盘。

(37)** 肉丝咸咸地炒了一大盘。

→咸咸的肉丝炒了一大盘。

(38)他脆脆地炸了一盘花生米。

→他炸了一盘脆脆的花生米。

(39)** 他焦焦地炸了一盘花生米。

→他炸了一盘焦焦的花生米。

(40)……房间我们也尽快漂漂亮亮地帮你收拾好!

→** ……漂漂亮亮的房间我们也尽快帮你收拾好!

(41)房间我们也漂漂亮亮地帮你收拾好了!

→漂漂亮亮的房间我们也帮你收拾好了!

首先,我们对比例(36)与例(37),例(38)和例(39)中的 $A_{状}$ 句,$A_{状}$ 如果是希望受事主语达到的结果,即具有"目标性",则句子成立,否则,句子不成立,或者可接受性差。然而,一旦 $A_{状}$ 移位成 $A_{定}$,则都成立了。这时,$A_{定}$ 已经是一定"结果性"了。从这里我们可以规纳出,受事主语句中的句法意义规约是 $A_{状}$ "目标性",$A_{定}$ 是"结果性"。其次,我们再来看例(40),则可以明白,$A_{状}$ 在指向受事主语句中不能移位做主语的定语正是由于受事主语句中 $A_{定}$ 表"结果性"的句法意义与动词 VP 有冲突。也就是说,动作"收拾"尚未发生,就不应该有"漂漂亮亮"的结果。如果我们换成例(41),则是成立的。但需要指出的是,不能变换,并不影响"漂漂亮亮"与"房间"的词汇意义关系。另外,虽然"漂漂亮亮"与"收拾"可以有词汇意义关系,但那明显是"漂漂亮亮"的另一个义项了,是指动作干脆、利落。这种歧义不在我们讨论之列,在此我们不多论及。

4.4 以上论述对 $A_{状}$ 指向受事宾语句式也同样适合。如"** 黑乎乎地炸了一盘花生米"和"脆脆地炸了一盘花生米","轻轻地打了个背包"和"方方正正地打了个背包","酽酽地沏上一壶茶"和"** 淡淡地沏上一壶茶","** 咸咸地炖个猪蹄"和"** 烂烂地炖个猪蹄"。而 $A_{状}$ 移位成宾语的 $A_{定}$ 时,则不受"目标性"限制了。因为结果性是动作后的正常性态。如"炸了盘黑乎乎的花生米""打了个轻轻的背包""沏了一壶酽酽的茶""沏了一壶淡淡的茶""炖了个咸咸的猪蹄""炖了个烂烂的猪蹄"。但如果我们都加上"给你",带上明显的"目标性"的话,A$_{定}$和A$_{状}$的差异中和了,都成了"目标性"强的句式了。如"给你酽酽地沏上一壶茶","给你沏上一壶酽酽的茶"(说话人知道听话人喜欢喝浓茶),"给你淡淡地沏上一壶茶","给你沏上一壶淡淡的茶"(说话人知道听话人喜欢喝淡的茶),"给你焦焦地炸上一盘花生米","给你炸上一盘焦焦的花生米"(说话人知道听话人喜欢吃焦的花生米),"给你咸咸地炖个猪蹄","给你炖个淡淡的猪蹄","给你烂烂地炖个猪蹄"。总之,"理想目标情状"是带有很强的说话人的主观性的。

4.5 由此可以得到受事句式中,如果动词是可使受事情状改变的可控动词。A$_{状}$的至少一部选择限制是:A$_{状}$要有目标性,不是希望达到的状态不行。这些选择限制是与说话人的主观性有关的限制,不是客观世界知识的限制,更不是词汇意义的限制,是受一定句式影响的。因而A$_{状}$句中应该有A$_{状}$指向施事句和A$_{状}$指向受事句两大类;两类句式的共同特点是A$_{状}$移位A$_{定}$伴生A"暂时性态"到A"恒常性态"的语义变化,这是句法位置规约的句法意义关系;两类句式的不同特点是,A$_{状}$指向施事句中A表示动作时动作者的性态,并可传递为动作的伴随情状;而A$_{状}$指向受事句中A表示受事可通过动作达到的理想目标性态,并可看作为动作的伴随情状。

这样,我们可以看到A$_{状}$指向受事句、A$_{状}$指向施事句、A$_{状}$指向动作句的共同点和不同点。以下面例句作一比较:

(42)我高高兴兴地打了个背包。(我"高兴")

(43)我轻轻地打了个背包。　　(动作"轻")

(44)我方方正正地打了个背包。(背包"方方正正")

(45)**我扁扁地打了个背包。　(句子不成立)

由于 A 处在状语位置，受句法意义规约，例(42)、例(43)与例(44)、例(45)四句中 A$_\text{状}$ 均可看作动作的伴随情状，有一致性。但是，例(42)、例(44)、例(45)与例(43)处于状语位置真正描绘动作的 A$_\text{状}$ 又不一样。语义上并不描绘动作本身。因而，受词汇意义规约，语义指向上不同。并且，句式上也有自己的特点，以至于例(45)句受句式语义规约，并不成立。

综上所述，我们提出应该从区分词汇意义关系、句法意义关系两个层次的理论观点出发，考察与 A$_\text{状}$ 相关的意义关系和句式变换。按这一思路，我们重点分析了 A$_\text{状}$ 指向"受事"和"施事"两类句式，得出两类句式的共同特点是 A$_\text{状}$ 移位 A$_\text{定}$ 伴生 A"暂时性态"到 A"恒常性态"的语义变化，这是句法位置规约的句法意义关系；两类句式的不同特点是，A$_\text{状}$ 指向施事句中 A 表示动作时动作者的性态，并可传递为动作的伴随情状；而 A$_\text{状}$ 指向受事句中 A 表示受事可通过动作达到的理想目标性态，并可看作为动作的伴随情状。

附 注

①文炼《词语之间的搭配关系》，《中国语文》1982 年第 1 期 20 页，认为"句子的基本语义结构是由动词以及与它相联系的名词性成分构成的……"

②同质化、异质化可参看陈保亚(1999)。

③参见张国宪(2005)。

④** 表示句子不能成立。

⑤但下面例句不属词汇意义上既能与名物搭配又能与动作搭配的情况。"小王抽抽噎噎地说着自己的丈夫"，"我狼狈地摔了一跤。"因为"抽抽噎噎"是动作"说"的伴随情状，"狼狈"是动作"摔"的伴随情状，词汇意义关系上均不是描述动作本身。可参看张力军(1990)。

⑥本文例句，多转引自郑(2000)的书及张(1990)的文章，少数是依其做适当的变换，因而不另注明出处。

⑦郑贵友(2000:23)。

⑧郑只有一种语义层次，也不分方向，因而用——表示郑的语义联系。

⑨句子的谓语部分通常表示主体在某种时空条件下具有的"偶有性"，这种偶有性是非恒常的，暂时的，参见徐通锵《"字"和汉语的句法结构》，《世界汉语教学》1994 年第 2 期 3 页。

⑩郑贵友(2000)不区分改变语义的变换和不能变换两种情况，统称为改变

语义,因而,不能变换,均用加*表示。而我们区分可变换和不可变换以及平行变换和不平行变换。为了与他相区别,我们用加**号表示不可变换,加≠表示不平行变换。

⑪转换生成语法也正是看到了同样的问题,因而他们区分题元关系一致性以下的转换还是一致性以上的转换。参见冯志伟(1987:292—299)。

⑫石安石这里所说的变换是指平行变换,下文的语义组合关系是相对于语法组合关系而言的。见参考文献。

⑬为排除其他因素干扰,只考查有 $A_{状}$ 指向受事或施事的例句。

参考文献

艾　彦(2005)《现代汉语形容词状语的语义指向研究》,北京大学硕士学位论文,北京。

奥田宽(1982)论现代汉语形容词的强制性联系和非强制性联系,《南开学报》第 3 期,南开,67—74 页。

陈保亚(1999)《20 世纪中国语言学方法论》,山东教育出版社,济南。

陈鸿瑶(2001)谓词性定语静态语义指向分析,《松辽学刊》(人文社会科学版)第 2 期,长春,76—78 页。

丁凌云(1999)定语语义指向分析,《安徽教育学院学报》第 2 期,合肥,61—63 页。

董金环(1991)形容词状语的语义指向,《吉林大学社会科学学报》第 1 期。

冯志伟(1987)《现代语言学流派》,陕西人民出版社,西安。

侯友兰(1998)双系状语的移位考察,《绍兴文理学院学报》第 2 期,绍兴,74—78 页。

刘柏林(2002)关于定、状、补语的语义指向问题,《语文学刊》第 5 期,呼和浩特,54—56 页。

刘丹青(1987)形名同现及形容词的向,《南京师大学报》(社会科学版)第 3 期,南京,56—61 页。

刘宁生(1984)句首介词结构"在……"的语义指向,《汉语学习》第 2 期,延吉。

卢英顺(1995)语义指向研究漫谈,《世界汉语教学》第 3 期,北京,22—26 页。

陆俭明(1997)关于语义指向分析,《中国语言学论丛》(第一辑),北京语言文化大学出版社。

——(2003)《现代汉语语法研究教程》,北京大学出版社,北京。

吕叔湘(1979)《汉语语法分析问题》,商务印书馆,北京。

彭兰玉(2001)定语的语义指向,《徐州师范大学学报》(哲学社会科学版)第 2 期,徐州,59—62 页。

石安石(1993/2005)《语义论》,商务印书馆,北京。

税昌锡(2004)语义指向分析的发展历程与研究展望,《语言教学与研究》第 1

期,北京,62—71页。

谭景春(1992)双向和多指形容词及相关的句法关系,《中国语文》第2期,北京,93—101页。

王洪君(1998)从与自由短语的类比看"打拳"、"养伤"的内部结构,《语言研究》第4期(总第69期),武汉,1—11页。

——(1999)"逆序定中"辨析,《汉语学习》第2期(总第110期),延吉,8—10页。

王景丹(1999)形容词定语的语义指向分析,《长春大学学报》第1期,长春,56—59页。

詹人凤(2000)语义指向与语法关系,载《语法研究与探索》(九),商务印书馆。

张国宪(1991)谓词状语的语义指向浅说,《汉语学习》第2期,延吉,13—16页。

——(2005)性状的语义指向规则及句法异位的语用动机,《中国语文》第1期,北京,16—28页。

张力军(1990)论"$NP_1+A+VP+NP_2$"格式中A的语义指向,《烟台大学学报》第3期,烟台,87—96页。

郑贵友(2000)《现代汉语状位形容的"系"研究》,华中师范大学出版社,武汉。

周 刚(1998)语义指向分析刍议,《语文研究》第3期,太原,26—33页。

朱德熙(1962/2001)论句法结构,袁毓林编《20世纪现代汉语语法八大家——朱德熙选集》,东北师范大学出版社,长春,100—120页。

——(1980/2001)汉语句法里的歧义现象,同上,339—358页。

——(1986/2001)变换分析中的平行性原则,同上,135—145页。

——(1985)《语法答问》,商务印书馆,北京。

C. J. Fillmore(1968/2002)"格"辩,胡明杨译,商务印书馆,北京。

(100871 北京,北京大学中文系 北京大学汉语语言学研究中心
E-mail:mice888@pku.edu.cn)

基于抽象语义参数的词典类型与
释义模式相关度分析*

于屏方　杜家利

提要　动作义位的扩展型释义具有内部规律性,内化的概念范畴在其中复呈性地出现,形成相对稳定的元语码——抽象语义参数。本文以 21 个抽象语义参数为评价指标,以动作义位为封闭域,对汉、英词典类型与释义模式的相关度进行分析。卡方检验的结果表明:英语词典类型与其对应的释义模式呈正相关关系;而汉语词典类型与释义模式之间没有形成关联度,外向型汉语学习词典仍基本承袭了理解型词典的释义模式。最后指出:外向型汉语学习词典释义模式的优化应基于两点:对其类型学上的准确定位以及理论驱动下的系统释义。

关键词　学习词典　释义　词典类型　抽象语义参数　框架

1　问题的提出

词典批评(dictionary criticism)是词典研究(dictionary research)的 6 大方向之一。(Hartmann 2001:5)但是,迄今为止,对词典评价标准的确立仍处于探索阶段。(Hartmann & James 1998; Quirk 1986; Battenburg1991)

由于缺乏系统的评价标准,词典批评中主要存在如下问题:(1)随感式的评价,这不能归入真正的学术批评之列;(2)忽视词典编纂中的基本原则和方法,过分纠缠于细枝末节(Osselton 1989);(3)

---

* 本研究为鲁东大学博士基金项目"词典类型与释义模式相关度分析"(WY 20062401)的阶段性成果。

主观论断加个例佐证式的批评方法大行其道,放大了个例对整体的代表性。Chan 和 Taylor(2001)的结论一矢中的:"大多数词典评论,与其说是'评价性的'(evaluative),不如说是'描写性的'(descriptive)。"

另一方面,已有的词典评价,多着眼于词典的宏观结构,涉及到编纂宗旨、收词规模、适用范围、体例安排、释义用词等多项评价指标(参见 Steiner 1984;Kister 1992;Nakamoto 1994;Chan & Loong 1999),导致词典评论失之过泛。

基于上述原因,本文选取一定量的动作义位为样本,通过确立可以量化的词典评价参数,对相关词典的释义模式①与词典类型的相关度进行实证分析,以期发现在现代汉语词典——尤其是外向型汉语学习词典——编纂中存在的类型学问题,并力图发现可能的解决方法。

2 动作义位释义的评价指标——抽象语义参数

2.1 动作义位样本的确定

本文参考鲁川等(2000)的分类标准②,首先将现代汉语中的动作义位从总体上分为 17 大类,即:变化、进展、移动、活动、遭受、对待、作用、控制、创建、促使、改变、探求、传播、索取、给予、交换和搬移。然后,采取非比例分层抽样,确定动作义位的分析样本。其中,"遭受类"属于相对封闭的范畴,包含的义位较少,因此只提取了15 个;从其余的 16 个认知框架中各抽取 30 个动作义位,共选取495 个义位。同时以外研社的汉英双语版《现代汉语词典》(2002年增补本)为蓝本,确定 495 个汉语动作义位在英语中的对应词。由于语际间义位的非对称性,共得到英语对应词 368 个(见附录)。

我们以商务印书馆的《现代汉语词典》(以下简称《现汉》)和 Collins COBUILD English Dictionary(2001)③为蓝本,分析、提取相关动作义位释义配列式中所内化的抽象语义参数。

2.2 认知语言学视角下动作义位中内化的元语码——抽象语义参数

系统词典学(systematic lexicography)致力于对意义中所隐含的概念化模式(the pattern of conceptualization)进行系统研究,(Apresjan 2000:xi)力图揭示义位中所编码的概念的内在规律性,这与认知语义学对义位概念结构的分析是一致的。

从认知语义学的观点看,动作义位是"语言共同体对一个完整动作事件进行强压缩后形成的抽象语义复合体,其内部内化、隐藏了不同的概念范畴"。(于屏方2005)动作义位中所编码的概念范畴经扩展型解码后展现出明显的形式(pattern)特点,其中若干概念范畴递归性地显现,成为具有复呈性的概念常项——抽象语义参数[④],它们是动作义位释义中具有普遍制约性的元语码(meta-code)。因此,动作义位的释义,体现为由内部规律制约的、可部分推导的概念分析过程,可以进行系统、规律的分析描写。

2.3 抽象语义参数的分类及解释

对动词释义配列式构成成分的研究,主要有符淮青(1996:73—87)的动作动词意义构成模式图,阿普列祥的"语义配价",(张家骅等2003:31—33)以及Fillmore(2003)的"框架元素"。在对上述研究进行批判性继承的基础上,我们对《现汉》495个、COBUILD中368个动作义位的释义配列式进行分析,共得到21个抽象语义参数。具体说明如下:

(1)义核。义核是释义配列式中对词目词具有质的规定性的概念范畴,规定了词目词的核心语义—语法属性。如:

【顶撞】用强硬的话<u>反驳别人</u>(多指对长辈或上级)[⑤]。

(2)单元主体。单元主体指动作的发出者,包括人,动植物,部分自然、社会现象或机构团体。单元主体不等同于单一主体,单元主体

既可是单数,也可是复数。比如:

　　【窜】乱跑;乱逃(用于<u>匪徒、敌军、兽类</u>等)。

(3)多元主体。与单元主体相对,指动作行为通常需要两个以上的单元主体协同合作,共同参与才能完成。比如:

　　【结婚】<u>男子和女子</u>经过合法手续结合成为夫妻。

(4)直接客体。指动作行为所直接联系的、除主体之外的动作关涉对象,是较宽泛的概念。包括动作行为的直接承受者——受事客体,比如:

　　【救济】用金钱或物资帮助<u>灾区或生活困难的人</u>。

因动作行为而产生的原来不存在的、新的客体——结果客体,如:

　　【酿造】利用发酵作用制造(<u>酒、醋、酱油</u>等)。

动作行为的关联对象,如:

　　【遭受】受到(<u>不幸或损害</u>)。

(5)第二客体。某些动作义位中,除了直接客体之外,还必须联系另外的一个关涉客体,动作才能完成。主要包括动作行为的针对对象或交接对象。如:

　　【报告】把事情或意见正式告诉<u>上级或群众</u>。

(6)客体续发活动。某些动作义位的释义中必须出现客体的补足活动意义才能完整。比如:

　　【引诱】指引人<u>做坏事</u>。

(7)方式。指对动作行为的修饰或限定。如:

　　【敦促】<u>恳切地</u>催促。

(8)方向。动作行为实施过程中表现出的线性发展特点。包括两个方面:空间位置上的移动性或发展过程中的进行性。如:

　　【激化】(矛盾)<u>向激烈尖锐的方面</u>发展。

(9)凭借。动作行为的实施所需要的金钱、手段或依据。比如:

　　【收买】<u>用钱财或其他好处</u>笼络人,使受利用。

(10)条件。指动作行为完成过程中需要履行的要求。如:

【典】②一方把土地、房屋等押给另一方使用,换取一笔钱,不付利息,议定年限,到期还款,取回原物。

(11)原因。在动作义位发生之前已经存在的、导致动作义位发生的原动力。如:

【发抖】由于害怕、生气或受到寒冷等原因而身体颤动。

(12)目的。在动作义位完成之后才可能实现的预期目标或动作之所以发生的意图。比如:

【挑战】故意激怒敌人,使敌人出来打仗。

(13)结果。动作义位完成后必然产生的状况。如:

【出卖】为了个人利益,做出有利于敌人的事,从而使国家、民族、亲友等利益受到损害。

(14)地点。动作行为的实施所必须依附的位置。如:

【徘徊】在一个地方来回地走。

(15)时间。动作行为的实施所需要的时间。如:

【饱尝】长期经受或体验。

(16)工具。动作行为的实施所需要的工具,通常包括人体类工具,比如"手";制造类工具,比如"笔"、"锅"以及自然类工具,比如"水"、"火"等。如:

【抠】用手指或细小的东西从里面往外挖。

(17)范围。指动作行为所针对的主要方面或涵盖范围。如:

【贴补】从经济上帮助(多指对亲属或朋友)。

(18)来源。动作行为所表示的位移活动或转移活动的源出点。如:

【缴获】从战败的敌人或罪犯那里取得(武器、凶器等)。

(19)终点。指动作行为所表示的位移活动或转移活动的目的地。如:

【外流】(人口、财富等)转移到外国或外地。

(20)路径。指动作行为所表示的位移活动或转移活动所经过的区域。如:

【渡】由这一岸到那一岸；通过（江河等）。
(21) 对照项。指动作行为的对比参照物。如：
【提高】使位置、程度、水平、数量、质量等方面比原来高。

动作义位的释义过程，是以义核为中心，相关参数通过在语言系统内组合维度和聚合维度上的对比，得以选择性凸显的过程。上述21个抽象语义参数，在动作义位释义配列式中的权重和分布并不均衡。其中，义核是动作义位释义的核心，是理解型词典和学习词典的共同着力之处，因此决定释义精度和区分度的关键因素是如何选择和凸显义核之外的其他参数，它们是释义配列式中的示差性参数，也是对动作义位释义模式进行评价的重要指标。

3 基于抽象语义参数的汉、英词典类型与释义模式的相关度分析

英语第一代学习词典的编纂可追溯到20世纪30—40年代。时至今日，英语学习词典的发展日臻成熟、完善。"不论在理论上还是实践上，英国和欧洲其他国家的英语学者一直在ESL词典（外向型英语学习词典）编纂方面处于领先地位。"（Landau 2001：76）本文以英语学习词典作为典范参照物，与处于发展阶段的汉语学习词典的释义情况进行对比分析，以期发现其中存在的问题。

从理论上说，词典类型不同，其编纂宗旨、目标使用者等方面均不相同，释义模式也应相应随之变化。本文要证实（伪）的是：在实践中，词典类型与其释义模式之间是否存在正相关关系。汉、英词典类型与释义模式在相关度方面是否存在差异。这种差异说明了什么问题。

所考查的英语词典包括外向型学习词典与理解型词典两类。前者包括$LDOCE_4$（《朗曼当代英语词典》）、$OALD_6$（《牛津高级学习词典》）和$COBUILD_3$（《柯林斯合作英语词典》），后者以COD（《简明牛津词典》）为代表。

在所考查的汉语词典中，外向型学习词典为《现代汉语学习词

典》(孙全洲主编,1995,上海外语教育出版社。简称《现汉学习》)、《汉语8000词词典》(北京语言大学汉语水平考试中心编,2000,北京语言大学出版社。简称《8000词》)以及《应用汉语词典》(商务印务馆辞书研究中心编,2000,商务印书馆简称《应用》),理解型词典为《现代汉语词典》第5版(简称《现汉》)。

具体分析步骤如下:首先,统计出在各词典中,相同数目的动作义位释义配列式中21个抽象语义参数的实现频数;然后,以此为基础,利用SPSS13.0统计软件,对其进行卡方检验[①];最后是对统计结果的分析讨论。

需要注意的是,英语学习词典普遍注重收词的全面性,因此上述三部词典对368个英语动作义位悉数收录;而汉语学习词典收词规模参差不齐,对所抽样的495个动作义位的收录也丰简不一。因此,统计过程分为两部分:(1)对3本外向型英语学习词典与COD的释义模式进行整体对比;(2)将3本外向型汉语学习词典与《现汉》分别进行对比分析。

3.1 英语学习型词典与理解型词典中相关动作义位释义的实证分析

该实证部分共包括三个步骤:首先统计21个抽象语义参数在相关词典释义中的实现频数(见表1);其次,对COBUILD[3]、LDOCE[4]、OALD[6]中各参数的实现频数进行卡方检验,验证这三部外向型英语学习词典在释义模式上是否相似(见表2);最后,将三部学习词典与理解型词典共同进行比较,验证两种类型的词典在释义模式上是否存在差异。(见表3)

表1 COBUILD[3]、LDOCE[4]、OALD[6]以及COD中368个动作义位的抽象语义参数在释义配列式中的实现频数

抽象语义参数	义核	直接客体	方式	单元主体	目的	凭借	方向	结果	工具	第二客体	时间	续发活动	原因	来源	地点	多元主体	范围	条件	路径	对照项	目的地
LDOCE[4]	368	292	118	36	58	28	32	18	23	77	28	24	24	13	24	7	11	5	12	10	10
OALD[6]	368	290	135	29	45	32	29	19	34	62	22	24	19	9	27	2	10	7	13	16	11

(续表)

COBUILD₃	368	279	118	345	55	32	29	27	23	52	22	36	28	16	32	10	11	3	6	5	11
COD	368	158	93	14	28	26	16	11	22	15	9	13	9	8	9	5	6	1	10	11	6

表 2 COBUILD₃、LDOCE₄、OALD₆ 中各抽象语义参数实现频数的卡方检验

抽象语义参数	义核	直接客体	方式	单元主体	目的	凭借	方向	结果	工具	第二客体	时间	续发活动	原因	来源	地点	多元主体	范围	条件	对照项	路径	目的地
卡方值	/	0.341	1.558	476.551	1.759	0.348	0.200	2.281	3.025	4.974	1.000	3.429	1.718	1.947	1.181	5.158	0.063	1.600	5.871	2.774	0.063
P 值	/	0.843	0.459	0.000	0.415	0.840	0.905	0.320	0.220	0.083	0.607	0.180	0.424	0.378	0.554	0.076	0.969	0.449	0.053	0.250	0.969

表 2 卡方检验的结果显示：在除单元主体之外[②] 的 20 个参数上，COBUILD₃、LDOCE₄、OALD₆ 的 P 值全部大于 0.05，没有形成统计学上的显著差异。因此，外向型英语学习词典的整体释义模式趋于一致。

表 3 COBUILD₃、LDOCE₄、OALD₆ 与 COD 中各抽象语义参数实现频数的卡方检验

抽象语义参数	义核	直接客体	方式	单元主体	目的	凭借	方向	结果	工具	第二客体	时间	续发活动	原因	来源	地点	多元主体	范围	条件	对照项	路径	目的地
卡方值	/	49.377	7.741	720.887	11.806	0.915	5.774	6.867	3.804	40.641	9.519	10.918	10.100	3.565	12.783	5.667	1.789	5.000	5.810	2.805	1.789
P 值	/	0.000	0.052	0.000	0.098	0.822	0.123	0.076	0.283	0.000	0.023	0.012	0.018	0.312	0.005	0.129	0.617	0.172	0.121	0.423	0.617

表 3 中增加了对理解型词典 COD 的释义分析。在单元主体、直接客体、第二客体、目的、时间、续发活动、原因、地点 8 个抽象语义参数上，P 值小于 0.05，具有显著差异；而在另外的 13 个参数上，则没有显著差异。结合表 2 的分析结果，可以看出：理解型词典 COD 的加入，打破了学习词典中相关释义在绝大多数参数上的一致性。可以推断：在释义模式上，理解型的 COD 与外向型的 COBUILD₃、LDOCE₄、OALD₆ 之间存在差异。

3.2 汉语学习型词典与理解型词典中相关动作义位释义的比较分析

3.2.1《现汉》与《现汉学习》中相关动作义位释义的比较分析

《现汉》与《现汉学习》的重合词目为 465 个。

表 4 《现汉》与《现汉学习》中 465 个动作义位释义配列式中抽象语义参数的实现频数

抽象语义参数	义核	直接客体	方式	单元主体	目的	凭借	方向	结果	工具	第二客体	时间	续发活动	原因	来源	地点	多元主体	范围	条件	对照项	路径	目的地
现汉	465	196	73	54	55	45	33	26	23	17	16	15	14	10	11	7	4	3	5	3	2
学习	465	175	74	47	45	40	23	23	20	19	12	14	13	9	11	5	3	3	4	3	2

表 5 《现汉》与《现汉学习》中动作义位抽象参数实现频数的卡方检验结果

抽象语义参数	义核	直接客体	方式	单元主体	目的	凭借	方向	结果	工具	第二客体	时间	续发活动	原因	来源	地点	多元主体	范围	条件	对照项	路径	目的地
卡方值	/	1.189	0.007	0.485	1.000	0.294	0.667	0.184	0.209	0.111	0.571	0.034	0.037	0.053	/	0.333	0.667	/	0.111	/	/
P 值	/	0.276	0.934	0.486	0.317	0.588	0.414	0.668	0.647	0.739	0.450	0.853	0.847	0.819	/	0.564	0.414	/	0.739	/	/

从表 5 可以看出:在 21 个抽象语义参数中,义核、地点、条件、路径和目的地的这 5 个参数的出现频数完全相同,自然没有差异;其余 16 个参数,P 值全部大于 0.05,没有形成显著差异。

3.2.2《汉语 8000 词词典》与《现汉》中相关动作义位释义的比较分析

《汉语 8000 词词典》与《现汉》的重合词目共为 366 个。

表 6 《8000 词》与《现汉》中 366 个动作义位释义配列式中抽象语义参数的实现频数

抽象语义参数	义核	直接客体	方式	单元主体	目的	凭借	方向	结果	工具	第二客体	时间	续发活动	原因	来源	地点	多元主体	范围	条件	对照项	路径	目的地
现汉	366	153	62	49	46	33	28	24	21	18	14	13	12	8	10	8	3	3	2	1	/
8000词	366	155	68	53	49	34	28	24	20	18	11	13	10	8	10	7	1	1	2	1	/

表 7 《8000 词》与《现汉》中动作义位抽象参数实现频数的卡方检验结果

抽象语义参数	义核	直接客体	方式	单元主体	目的	凭借	方向	结果	工具	第二客体	时间	续发活动	原因	来源	地点	多元主体	范围	条件	对照项	路径	目的地
卡方值	/	0.013	0.277	0.197	0.095	0.015	/	/	0.024	/	0.391	0.182	/	/	/	0.250	1.000	0.333	0.200	/	/
P 值	/	0.909	0.599	0.692	0.758	0.903	/	/	0.876	/	0.532	0.670	/	/	/	0.617	0.317	0.564	0.655	/	/

从表 7 可以看出:在义核、方向、结果、第二客体、时间、来源、地点、路径和目的地 9 个参数上,《现汉》与《8000 词》频数完全相同;其

余 12 个参数，P 值全部大于 0.05，没有形成显著差异。

3.2.3 《应用汉语词典》与《现汉》中相关动作义位释义的比较分析

《应用汉语词典》与《现汉》同时收录的动作义位共 489 个。

表 8　《现汉》与《应用》中 489 个动作义位释义配列式中抽象语义参数的统计结果

抽象语义参数	义核	直接客体	方式	单元主体	目的	凭借	方向	结果	工具	第二客体	时间	续发活动	原因	来源	地点	多元主体	范围	条件	对照项	路径	目的地
现汉	489	211	83	66	57	47	36	27	26	26	17	16	14	11	10	10	6	5	3	2	2
应用	489	181	81	47	57	40	34	28	20	23	18	15	11	9	11	9	8	5	2	4	2

表 9　《现汉》与《应用汉语词典》动作义位抽象参数实现频数的卡方检验结果

抽象语义参数	义核	直接客体	方式	单元主体	目的	凭借	方向	结果	工具	第二客体	时间	续发活动	原因	来源	地点	多元主体	范围	条件	对照项	路径	目的地
卡方值	/	2.296	0.024	1.923	0.009	0.099	0.057	0.018	0.556	0.184	0.125	0.118	0.037	0.200	0.048	0.053	2.000	/	0.111	0.200	/
P 值	/	0.130	0.876	0.166	0.925	0.753	0.811	0.893	0.456	0.668	0.724	0.732	0.847	0.655	0.827	0.819	0.157	/	0.739	0.655	/

表 9 显示：《应用》与《现汉》在义核、条件、目的地 3 个参数上的实现频数完全一样；其余 18 个抽象语义参数的 P 值全部大于 0.05，没有显著差异。

3.3 讨论

3.3.1 对英语词典类型与释义模式之间相关度的讨论

从对英语词典动作义位释义情况的统计分析来看，英语理解型词典与学习型词典在释义模式上出现"同中有异"、"异中存同"的局面。

"异中存同"的原因在于：语言系统自身的相对稳定性和词典编纂自身的继承性使词典释义的核心部分具有规约性和强制性。因此，作为语言记录者的词典，在意义的共核部分必然表现出高度的一致性；"同中存异"的原因在于：词典类型不同，与之适配的释义模式在共核部分基本稳定的前提下相应地发生变化，从而满足不同词典目标使用者的需求。

值得注意的是,在英语学习词典与理解型词典具有显著差异的抽象参数中,都包括单元主体、直接客体和第二客体,而且直接客体和第二客体的显著水平都为 0.000。语法研究中的一个普遍观点是:动词能够投射它自身的主目结构——由述位(predicator)所表达的活动或状态中所包含的最低限度的参与者。从认知语言学视角来看,动作义位中内化的主体参数(包括单元主体和多元主体)、义核、客体参数(包括直接客体和第二客体)组成动作义位基本的认知图式,它们在表层句法结构中复制式或调整式地投射,大致勾勒出动作义位的基干句模。而学习词典的主要目的是帮助使用者完成正确的编码任务(encoding task),(Hartmann 1998)对于可以直接投射为表层结构中主、宾位置的抽象语义参数,通常会在释义配列式中得以凸显、强化。这也证明了 Landau(2001:176)的论断,"由于动词的使用对语言学习至关重要,ESL 词典对动词的处理尤为细致"。

结论是:英语词典编纂实践中,词典类型不同,释义模式也相应随之变化。因此,其词典类型与释义模式之间存在相关关系。

3.3.2 对汉语词典类型与释义模式相关度的讨论

在所考查的三本汉语学习词典中,其动作义位的释义配列式在全部 21 个参数的实现频数上要么与理解型的《现汉》完全相同,要么没有形成统计学上的显著差异。

汉语学习词典起步于 20 世纪 80 年代,90 年代开始进入迅猛发展时期,但是其发展和进步还不足以形成独立、完整的科学体系;而汉语理解型词典在经过了较长时间的发展后,已趋于成熟,《现汉》是其中的杰出代表。实际上,《现汉》已成为各类现代汉语词典编纂中的"母本",其巨大的吸附力使处于发展阶段的汉语学习词典无法从中挣脱。究其原因,主要有三个方面:第一,词典编纂自身特点的制约,使编纂过程中必然出现继承性,古今中外各词典概莫能外。第二,在发展相对完善的语言中,通常总会存在某部词典,凭借自身的典范性和权威性,成为后来各词典释义的蓝本和模板。《现汉》即属于此列。但是,上述两种情况在各语言中具有普遍性,也就是说,仅仅由于这两个原因并不必然导致汉语学习词典与《现汉》中相关释义出现"一棵是枣树,另一棵也是枣树"的情形。根本原因在于,与英语词典相比,汉语学习词典的"编制类型"(黄建华 2001:30)定位欠清晰,细化程度不足,因而直接影响到学习词典的编纂视角(perspective)和表述方式(presentation)。最终结果是:汉语学习词典中的"学习"因素在释义中没有得到相应的彰显,名至而实不归。结论是:在汉语词典编纂实践中,以编码为主要目的的学习词典和以解码为主要目的的理解型词典,至少在动作义位的释义模式上,没有差异;词典类型与释义模式之间各自独立,没有关联。

Landau(2001:76)指出,"在动词释义以及例解用法方面,几乎所有的 ESL(外向型英语学习词典)都比本族语词典做得好"。而我们的分析结果表明:至少在动作义位释义方面,几乎所有的 CSL 词典(外向型汉语学习词典),仍在沿袭理解型词典的释义模式,未产生显著性创新或突破。

3.3.3 补充和说明

尽管汉语词典类型与释义模式之间没有相关性,但这并不意味着汉语学习词典在释义方面毫无建树。部分汉语学习词典在对部分义位的抽象语义参数进行语义赋值的过程中,语义负载量(semantic load)比《现汉》增大,释义精确度和区分度也相应提高。比如:

a_1【卖】用东西或技艺、力气等换钱。(《应用》)

b_1【卖】拿东西换钱。

a_2【夸耀】向人显示自己或自己的亲属、部下等(有本领、有功劳、有地位或有实力)(《应用》)

b_2【夸耀】向人显示(自己有本领、有功劳、有地位势力等)

这表明汉语学习词典在动作义位释义方面有所改进,只是其数量还没有增大到足以形成统计学上的显著意义。

同时,词典编纂是一个多维度的系统工程。在释义之外的其他部分,汉语学习词典时有创新,但创新部分多体现为对词典宏观结构的充实上。比如《现汉学习》对"语素"、"词"的区分,《应用》中增设

"注意"栏等,但在词典微观结构的重要环节——释义——上,基本上还是对《现汉》的完全或调整式复制。

4 外向型汉语学习词典中动作义位释义的优化模式

4.1 框架语义学视角下抽象语义参数在释义中的显现

框架语义学认为:对义位意义的理解必然"激活"(evoke)它所联系的框架。在 FrameNet 中,Fillmore 利用框架元素,对同一认知框架下的各义位进行语义—语法的整合描写。FrameNet 为汉语学习词典对动作义位的系统释义提供了新的视角——在认知框架内确定抽象语义参数在释义中如何凸显。

同一认知框架内的框架元素具有不同的权重,影响其权重的原因有两个:一是对义位具有较高的判断价值(high diagnostic value);其次是在相关义位之间形成区别性联系和对比。因此,对同一认知框架内的各个义位需要进一步切分,确定其在语言框架中的最小典型群,使在释义配列式中需要凸显的抽象语义参数通过群内义位对立、对比清楚地显现。下面是《现汉学习》对"欺骗"框架中相关义位的词典释义。

【欺骗】用假的语言或行动骗人,使人上当。
【哄骗】用假话或手段骗人。
【诱骗】诱惑欺骗。
【蒙骗】欺骗。
【拐骗】用欺骗手段弄走(人或财物)。
【诈骗】讹诈骗取。

上述 6 个释义中,有 1 个采用同义对释,2 个采用素义对释,有 3 个义位的释义配列式中出现了抽象语义参数。同义对释在学习词典中一直备受批评,此处不予赘述。需要注意的是素义对释,这种释义方法是汉语中的独特现象,即对复合词中的单音节语素分别解释,然后意义相加。比如【诈骗】讹诈骗取,【诱骗】诱惑欺骗。问题是,词目词的意义并不必然等同于语素意义的平行累加。认知语言学对这种现象作出很好的解释:简单的范畴组成复杂的范畴时,复杂范畴的一些特点不可能从其组成范畴中推导出来,这被称为"热带鱼效应"(guppy effect)。上例中,"诈"和"诱"凸显的是"骗"的方式和手段,对主导成分"骗"起限制、修饰作用。

从框架语义学角度进行分析,"骗"涉及到两个语义框架。第一个语义框架描写的事件过程是关于一个说谎的行为,涉及到 a. 行为主体和(针对)客体:行骗者和被骗者;b. 行为方式:用不诚实的手段。第二个语义框架描写的事件过程是关于物体的转移,除了事件的两个参与者和方式参数外,增加了直接客体:被骗物。

根据所属语义框架的不同,以"骗"为中心形成的同素义族可分为两个子范畴:a. 欺骗、哄骗、诱骗、蒙骗;b. 拐骗、诈骗、坑骗。前者属于"骗"的第一个语义框架,后者属于第二个,a 组中,"哄骗"、"诱骗"和"蒙骗"在"骗"的方式参数上形成对照,使各自的意义产生细微差异:"哄骗"强调所用"语言的不真实","诱骗"强调"通过花言巧语或利益引诱","蒙骗"则强调"语言的夸大其词"。b 组则落入"骗"的第二个语义框架——物体的转移过程。在客体参数上,三者产生变化:"拐骗"的客体通常是妇女儿童,"坑骗"的客体往往是消费者,"诈骗"的客体则为钱财。因此,上述义位的释义可以调整为:

  a.【欺骗】<u>用假的语言或行动骗人</u>。
   【哄骗】<u>用假话或花招骗人</u>。
   【诱骗】<u>用许诺给人好处的方法骗人</u>。
   【蒙骗】<u>用说假话或大话的方法骗人</u>。
  b.【拐骗】用假的语言或行动弄走<u>人(多为妇女儿童)或财物</u>。
   【诈骗】用假的语言或行动取得<u>钱财,尤指大宗财物</u>。

【坑骗】用假的语言或行动使消费者受损,从中牟利。

4.2 主、客体参数在动作义位释义中的凸显

动词义位的一个重要特征是,动词是句子语法结构和语义结构的核心,并且,动词义位深层语义结构和表层语法结构之间形成局部投射关系。尤其是主、客体参数,通常直接外化为主、宾语;二者与动作动词一起,形成句子的基干。

在汉语学习词典动作义位的释义中,对主、客体参数的凸显缺乏系统性,根本原因是直接释义的比例过高。直接释义是理解型词典的主流释义方式,主要分为三类:(1)同义对释,如:【窃取】偷窃;(2)素义对释,如:【吹捧】吹嘘捧场;(3)使动释义,如:【巩固】使巩固。直接释义通常导致以下问题:循环释义;形成递训;相近义位间无法形成有效的意义区分度,释义不准确乃至无效。

Martin R(1977)对理解型词典《小罗贝尔》的统计表明:在12087个动词释义中,有1815个动词采用直接对释,占全部动词释义的15.02%。(章宜华 2002:92)然而,在我们所抽样分析的《现汉学习》的465个动作义位中,直接释义为121例,占26.02%,几近《小罗贝尔》的两倍!因此,汉语学习词典要成为真正意义上的学习词典,最基础的一步是大幅度地降低直接释义的比例,在此基础上,凸显主、客体参数。

主、客体参数在释义过程中的凸显程度也不同,主要表现为:

(一)主体参数在释义中的选择性凸显

动作行为的发生,必须依附一定的主体。而在实际释义过程中,主体参数往往选择性凸显。下图为所抽样的495个动作义位的主体参数在《现汉》中的分布情况:

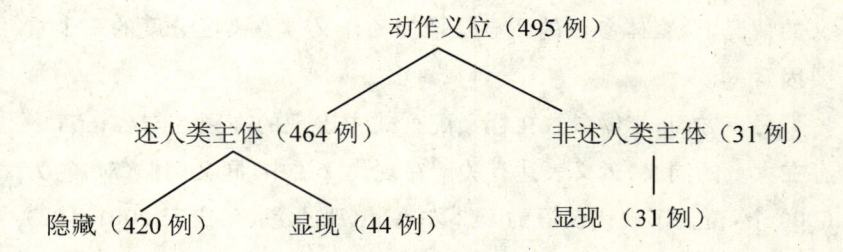

```
                    动作义位（495 例）
                   ╱              ╲
        述人类主体（464 例）      非述人类主体（31 例）
         ╱         ╲                  │
    隐藏（420 例）  显现（44 例）      显现（31 例）
```

在《现汉》中，如主体参数为泛指"人"，则在释义配列式中予以隐藏。原因在于：述人类动作主体极高的出现频率降低了其语义值（semantic value），在典型群的聚合对比中不能提供有效的意义区分度。

在释义中应凸显的主体参数包括：

(1) 行为主体不是泛指的"人"，而是对"人"进行的次范畴化。如：

　　【出席】(有发言权或表决权的成员，有时也泛指一般人)参加会议。

(2) 动作行为的主体包括除"人"之外的其他生物。如：

　　【爬】昆虫、爬行动物等行动或人用手和脚一起着地向前移动。

(3) 动作行为的主体为某一特定的机构或社团。如：

　　【发放】(政府、机构)把钱或物资等发给需要的人。

(4) 动作行为的主体为某种自然现象或社会现象。如：

　　【冻】(液体或含水分的东西)遇冷凝固。
　　【暴跌】(物价、声誉等)大幅度下降。

(二) 客体参数在外向型学习词典释义中的普遍性凸显

在《现汉》对 495 个动作义位的释义中，客体参数出现了 236 次，远远高于除义核之外的其他抽象语义参数。其原因在于，语言是以人为本的"述人"型符号系统。在认知活动中，处于注意焦点的通常是"某人或某物（行为主体）对某人或某物（行为客体）做了什么（义核）"。在约 84.8% 的行为主体均为泛指的"人"，因而不具备区别意义的情况下,客体参数的凸显是增加动作义位意义区分度的一个重要因素。

另一方面,客体参数在释义配列式中出现的高频性与各语言中存在大量的同义、近义表达有关。在现代汉语中,同义词群(对)约为6000个,覆盖了现代汉语的 2/3 左右。(张志毅、张庆云 2001:162)在动作义位的同义聚合中,经过语义赋值之后的客体参数分为四种情况:(1)聚合中的客体角色形成整体—部分关系。比如"消灭"＋(具体事物/抽象事物)、"歼灭"＋(敌人)。(2)聚合中各义位的客体角色形成局部重合关系。比如"表扬"＋(好人好事)、"表彰"＋(伟大功绩、壮烈事迹等)。(3)相关义位的客体角色之间形成互补关系。比如:"赡养"＋(父母)、"抚养"＋(子女、弟妹)等。(4)混合型。典型群内某些义位的客体角色形成整体—部分关系,同时又与群内其他义位的客体角色形成局部重合,有些客体角色之间又呈互补关系。下面的例子引自林杏光(1999:371)。中国人去打酱油,外国朋友很惊奇。回答说:"打,就是买的意思"。后来外国朋友看见一位卖豆腐的,张口就说"我要打豆腐",别人告诉他,买豆腐不能说"打",但可以说"捡豆腐","捡"也是买的意思。回国前,送老师项链、耳环等物,被谢绝。外国朋友说:"收下吧,这都是我捡来的。"上例之所以可笑,是因为在同义聚合内,宾语位置上客体参数发生匹配错误。"买"的客体角色为可供流通的一切物品;"打"在表示"购买"义时,客体角色通常是酱油、酒、醋、奶等散装食品或调味品;"捡"的"购买"义为方言,客体角色通常仅限于豆腐。三者的客体角色有包含关系,也有重合关系,并且在"捡"和"打"之间还同时存在着互补关系。互补性的客体角色相互对立,不能置换;而包含关系的客体角色,则只能形成由上而下的单向置换。

最后,部分动作义位在宾语位置上的共现成分相对封闭,客体参数在释义中的凸显有利于提高对潜在语法组合的预测性,从而帮助学习者进行正确类推。比如:

【发射】射出(枪弹、炮弹、火箭、电波、人造卫星等)。

【授予】给予(勋章、奖状、学位、荣誉等)。
【忍受】勉强承受(痛苦、困难、不幸的遭遇等)。
【提供】供给(意见、资料、物资、条件等)。

5 结语

"学习词典仍然处于幼年时期"(Hartmann 1998:82),汉语学习词典尤其如此。汉语学习词典在动作义位释义过程中存在的问题,主要表现为没有摆脱理解型词典释义模式的桎梏,释义精度和区分度不足。全面提高动作义位释义精度和区分度包括两个方面:(1)明确词典类型与释义模式之间的关联度,对学习词典进行准确的类型学定位,使其从根本上区别于理解型词典;(2)探求动作义位在释义过程中的形式特征,建立理论驱动(theory-driven)型的释义模式,并逐步实现系统释义。

附录

现代汉语中动作义位的分层抽样(带下划线的表示存在对应的英语义位)
变化:事物主体自身的物理的化学的或生理的变化
死、生病、滋生、爆炸、康复、恶化、苏醒、凋谢、衰退、化、冻、凝结、长、溶化、蒸发、暴跌、怀孕、崩、裂、豁、破、肿、开、缩小、膨胀、增、减、缺、删除、掉
进展:事物主体自身在时间或空间上的进展
消、散、湮没、隐没、暴露、出席、消灭、诞生、创刊、爆发、出生、揭晓、收复、获释、谢幕、出现、度、过、熬、混、挺、拖、消磨、飞逝、耽误、停、拖延、延续、停顿、滞留
移动:事物主体在空间中的自身移动
飞翔、徘徊、漫步、盘旋、踱、冲、闯、进发、奔、离开、退、离别、脱离、逃、渡、穿、翻越、跨、跑、爬、游、窜、跳、蹦、巡逻、流、滴、传导、扩散、涌
活动:事物主体不强调空间移位的自身活动
歇、笑、工作、休息、沉思、颤、喘、发抖、打工、启动、殉职、吼、暗杀、挥霍、打扮、比赛、联欢、结婚、谈话、实习、喧哗、营业、撒泼、坐、趴、躺、跪、居住、扮演、冒充
遭受:事物主体非自主得失或遭遇客体之行动
挨、遭、遇、博得、经受、承受、蒙受、忍受、患、感染、中、面临、遇险、遭殃

对待：事物主体以某种态度来对待邻体之行动

看齐、敬礼、屈服、致哀、撑腰、道歉、抛弃、求饶、驱逐、喝彩、效劳、服务、辩驳、告状、解围、顶撞、爱护、伺候、虐待、排挤、奉承、侮辱、慰问、款待、帮、辅导、昭雪、恐吓、挑战、示威

作用：事物主体通过力的作用来改变客体之行动

打架、格斗、握手、采伐、碰撞、摩擦、亲吻、抚摸、抢救、捕捉、摸、拧、踢、吃、抱、喝、揍、抠、淹没、毁坏、摧毁、扫、刷、割、剪、捆、剁、砍、撒、耕

控制：事物主体不必通过力就可以改变客体之行动

管理、办、经营、操纵、掌握、控制、遏制、诽谤、报复、改造、教育、干涉、约束、限制、束缚、任命、聘任、认、委任、提升、推选、提拔、表扬、提携、奖励、惩罚、评、降级、撤职、开除

创建：事物主体创建或产生新的客体之行动

凿、挖、创立、设计、策划、建造、捏造、塑造、开辟、制造、起草、研制、虚构、产生、结(4)、分泌、组织、设置、装配、组装、织、酿、包、提炼、编、缝、裁、揉、雕刻、画

促使：事物主体促使客体有所进展之行动

发动、实现、推行、激化、推动、威逼、振奋、扩充、破除、扰乱、骚扰、压迫、整顿、支配、制裁、催、派、指使、差遣、命令、教唆、怂恿、鼓励、强迫、敦促、勒令、煽动、引诱、授意、动员

改变：事物主体导致客体有所变化之行动

加强、更新、扩大、改善、稳定、动摇、纠正、颠倒、矫正、提高、变更、震撼、增辉、润色、缓和、瓦解、减弱、安定、繁荣、轰动、改良、完善、精简、麻痹、普及、疏散、巩固、平息、扭转、净化

探求：事物主体探索或寻求客体之行动

请示、拜访、访问、采访、质问、探询、哀悼、看、听、观察、辨认、参观、审视、探求、视察、调查、求教、征求、打听、评估、通缉、搜索、检查、盘查、救援、问、考、审查、请教、征询

传播：事物主体传播或显示信息之行动

宣布、倾诉、夸耀、隐瞒、陈述、表彰、吹捧、贬低、讲解、讲、说、解释、揭发、阐释、协商、讨论、座谈、争辩、商量、教、报告、回答、披露、告诉、颁布、散布、称、叫、喊、骂

索取：事物主体索取客体所有权之行动

讨、收、讨还、罚、勒索、征收、抽调、查抄、讹诈、索取、借、贪污、取、查获、回收、娶、提取、撤消、偷、骗、盗窃、缴获、抢、夺、诈骗、窃取、克扣、过继、贷、继承

给予：事物主体给予客体所有权之行动

发放、提供、缴纳、上缴、支援、赞助、捐赠、捐献、接济、补充、偿还、分(2)、奉还、配备、救济、犒劳、贴补、奉献、赚、给、赐予、授予、判处、赠送、遗留、赔偿、摊派、赋予、施舍、匀

交换：事物主体买卖或交换客体所有权之行动

<u>置办</u>、<u>采购</u>、<u>购置</u>、<u>添置</u>、<u>兜售</u>、<u>赊销</u>、<u>叫卖</u>、<u>展销</u>、<u>推销</u>、<u>买</u>、<u>收买</u>、<u>收购</u>、<u>订</u>、<u>定购</u>、<u>讵</u>、<u>赊</u>、<u>赎</u>、<u>掠夺</u>、<u>卖</u>、<u>出售</u>、<u>出租</u>、<u>转让</u>、<u>出卖</u>、<u>过户</u>、<u>典</u> ②、<u>换</u>、<u>调换</u>、<u>调</u>、<u>兑换</u>、<u>交流</u>

搬移：事物主体移动客体空间位置之行动

<u>拔</u>、<u>抽</u>、<u>输入</u>、<u>进口</u>、<u>引进</u>、<u>喷</u>、<u>洒</u>、<u>输出</u>、<u>出口</u>、<u>发射</u>、<u>抛</u>、<u>扔</u>、<u>投</u>、<u>外流</u>、<u>递</u>、<u>邮寄</u>、<u>送</u>、<u>搬</u>

附　注

①本文区别使用"释义配列式"和"释义模式"。"释义配列式"(definition arrangement)指在词典中义位各释义成分组成的线性序列；"释义模式"(definition pattern)则是在对同一典型群中的义位释义配列式进行范畴归类的基础上，发掘其概念结构中的规律性和系统性，强调释义内容上的形式特征。也就是说，任一释义在词典中都必然表现为一个释义配列式，但是，释义配列式未必一定符合理想的释义模式。

②Fillmore et al(2003)指出，对概念结构的确定，是"扶手椅上的语言学家"(armchair linguist)通过"求助于语感、参考各种词典，甚至查阅词汇语义学专著"得出的，这在一定程度上决定了概念结构在分类过程中的多种可能性。对动作义位概念结构的切分同样如此。鲁川先生作为九零五工程的负责人，长期从事对动词语义、语法特征的研究，同时有大规模语料库、计算机技术和人工的支持。我们认为，鲁川的分类要远远优于笔者自己求助于语感的主观分类，因此在本研究中予以采用。

③之所以选取《现汉》和COBUILD为动作义位释义的分析蓝本，基于如下原因：《现汉》是现代汉语词典编纂中的典范之作；COBUILD则大规模采用整句释义，最有可能完整揭示动作义位中的抽象语义参数。因此，以二者为蓝本提取的抽象语义参数，应该具有代表性和互补性。

④就我们管窥所及，张家骅等(2003:30)首次将"抽象语义参数"从当代俄语语义学中引介到国内，用以指称"谓词语义单位释义中的变项"，并将其等同于语义配价。本文中的抽象语义参数在此基础上进行了调整，指递归性出现在动作义位语义结构式中的概念常量。适用范围较张家骅的抽象语义参数小。

⑤如果没有特别说明，本文中所摘引的汉语释义来自《现代汉语词典》第5版。

⑥卡方检验(Chi-Square Test)是检验两(多)个变量间关联性的一种统计方法，即以频数表示的某变量的分布是否与另一变量相关。详细解释可参见Woods, A., Fletcher, P. & Hughes, A.(2000)的 *Statistics in Language Studies*（外研社)第九章，或李绍山(2001)《语言研究中的统计方法》(西安交大出版社)第12章。

⑦单元主体在 COBUILD₃ 中的出现频率非常高。在368个动作义位中,单元主体出现339次,占92.12%。并且在单元主体中,"you"出现206次,"someone"出现32次。Sinclair(1999:126)解释说,这是考虑到语用蕴涵(implication)因素。"if you…"指任何一个人在正常情况下可能做的合情合理的事情。但是,如果动词表示的动作行为不符合人们的期望,对主体参数的语义赋值则为"someone",比如"drown"(溺水)。而在 LDOCE₄、OALD₆ 中,单元主体"you"在释义中通常省略。基于上述原因,COBUILD₃、LDOCE₄、OALD₆ 在参数"单元主体"上形成显著差异。

参考文献

符淮青(1996)《词义的分析和描写》,语文出版社,北京。
黄建华(1987/2001)《词典论》,上海辞书出版社,上海。
林杏光(1999)《词汇语义和计算语言学》,语文出版社,北京。
鲁川、缑瑞隆、刘钦荣(2000)交易类四价动词及汉语谓词配价的分类系统,《汉语学习》第6期,延边大学,延吉,7—18页。
于屏方(2005)动词义位中内化的概念角色在词典释义中的体现,《辞书研究》第3期,上海,36—43页;又载《人大复印资料语言文字学》2006年第1期,北京,86—91页。
章宜华(2002)《语义学与词典释义》,上海辞书出版社,上海。
张家骅、彭玉海、孙淑芳、李红儒(2003)《俄罗斯当代语义学》,商务印书馆,北京。
张志毅、张庆云(2001)《词汇语义学》,商务印书馆,北京。
Apresjan, J. (2000) *Systematic Lexicography*. Oxford University Press, Oxford.
Battenburg, J. (1991) *English Monolingual Learners' Dictionaries: a User-Oriented Study*. Tubingen: Max Niemeyer.
Chan, Alice & Loong. (1999) Establishing Criteria for Evaluating a Learner's Dictioanry in R Berry, B. Asker, et al (eds), *Language Analysis, Description and Pedagogy*. Hong Kong: Hong KongUniversity of Science and Technology, 298-307.
Chan, Alice & Taylor, Andrew (2001) Evaluating Learner Dictionaries: What The Reviews Say. *International Journal of Lexicography*. (14), 163-180.
Cruse, D. A. (2004) *Meaning in Language*. Oxford: Oxford University Press.
Fillmore, C. J., M. R. L. Petruck., Ruppenhofer, J. et al. 2003. FrameNet in action: the case of attaching[J]. *International Journal of Lexicography* (3), 297-332.

Hartmann, R. & James, G. (1998) *Dictionary of Lexicography*. London: Routledge.
Hartmann, R. (2001) *Doing and Researching Lexicography*. London: Pearson Education Limited.
Kister, K. (1992) *Best Dictionaries for Adults and Young People: a Comparative Guide*. Phonix: Oryx.
Landau, S. (2001) *The Art and Craft of Lexicography*. Cambridge : Cambridge University Press.
Nakamoto, K. (1994) *Establishing Criteria for Dictionary Criticism: a Checklist for Reviewers of Monolingual English Learners' Dictionaries*. Unpulished MA thesis, University of Exeter.
Osselton, N. (1989) The History of Academic Dictionary Criticism with Reference to Major Dictionaries in Hausmann etal. (eds), *Dictionaries. An International Encyclopedia of Lexicography*. (3). Berlin: W. de Guryter, 225-230.
Quirk, R. (1986) Opening Remarks in Ilson(ed.), *Lexicography: an Emerging International Profession*. Manchester: Manchester University Press, 1-6.
Sinclair, J. (1991) *Corpus, concordance and collocation*. Oxford: Oxford Unversity Press.
Steiner, R. (1984) Guidelines for Reviews of Bilingual Dictionaries. *Dictionaries* (6): 166-181.

(于屏方　264025 烟台,鲁东大学汉语言文学院
E-mail: yupingfang68@126.com;
杜家利　264025 烟台,鲁东大学外国语学院
E-mail: dujiali68@126.com)

分段式语篇表示理论
——基于语篇结构的自然语言语义学*

毛 翊　周北海

提要　分段式语篇表示理论是在语篇表示理论的基础上产生的一种新的自然语言语义理论。其核心思想是语篇可以根据语义关联分割成语段，语篇中存在着由语段和修辞关系形成的语篇结构。以语篇结构为中心，分段式语篇表示理论可以解释和处理自然语言中的多种难以解决的语言现象和问题，如代词指涉、动词短语省略、语篇融贯、预设、语词歧义、隐喻等。分段式语篇表示理论使得自然语言的形式语义学研究发展到了一个新的阶段。

关键词　语篇　语境　语段　修辞关系　语义学

分段式语篇表示理论（Segmented Discourse Representation Theory，以下简称SDRT[①]）主要是在语篇表示理论（Discourse Representation Theory，以下简称DRT）基础上进一步发展而产生的一种关于自然语言的形式语义理论。SDRT采用了某些DRT的表达形式，但在思想、理论和技术各方面都有实质性的新发展，因此SDRT不是DRT的某一分支，而是超越DRT的一种新的语义理论。这一理论可以更好地解释和处理自然语言中的多种语言现象和难以处理的问题，如代词指涉（pronoun anaphora）、动词短语省略（VP ellipsis）、时序关系（temporal relation）确定、预设（presupposi-

---

* 本文由教育部哲学社会科学研究重大课题攻关项目（04JZD0006）资助。本文在美国德州大学哲学和语言学 Asher 教授来我国演讲的基础上完成，期间得到 Asher 教授的多种帮助，特此致谢。台湾中正大学王一奇教授阅读了全文，提出建议，谨表谢意。

tion)呈现、隐意(implicature)明晰、语词歧义(lexical ambiguity)消解等。SDRT 是以形式化方法为基础的关于自然语言的语义理论,在计算语言学、机器理解和翻译自然语言等领域有重要应用,对理论语言学、逻辑学和语言哲学的研究也有重要意义。

　　SDRT 由 Nicholas Asher 1993 年提出(参见 Asher(1993))。经十余年的发展、改进,现在已经从思想到理论,包括方法和技术以及应用,形成了比较完整的体系,在国际语言学界产生了很大的影响,已成为关于研究处理自然语言的新方向和前沿领域[2]。作为一个具有普遍适用性的自然语言语义理论,在对英语已有比较成熟研究的基础上,目前 SDRT 正在向其他语言延伸和推广,如法语、德语、日语等,有关研究已得到相当程度的开展。近年来,我国对 DRT 已有一些文献介绍和引进,开始了一定的研究,但是对于 SDRT 的介绍和引进,特别是关于汉语的 SDRT 的研究,还完全是空白。2005 年 5 月,Asher 来华访问,分别以 SDRT 的基本内容、应用以及逻辑学架构和哲学基础为主题作了多次演讲。本文是参照这些演讲对 SDRT 所作的介绍,以期推动关于这一理论特别是关于汉语的 SDRT 研究。

　　本文从 SDRT 的思想渊源开始解释这一理论的核心思想和基本技术,介绍 SDRT 对自然语言一些语言现象的处理,试通过这些内容等相关方面的介绍,勾画 SDRT 的基本框架和整体轮廓,其重点在于说明 SDRT 的基本思想,将尽量避免技术上的术语和细节。关于这一理论的详细情况可参见 Asher(2003)及相关文献。

1　SDRT 产生的思想渊源和理论背景

　　SDRT 是在 DRT 的基础上产生的。在今天看来,DRT 只是形式语义理论发展中的一个阶段,一方面解决了它的前期理论的一些问题,有其成功之处,对形式语义理论的发展有贡献,另一方面,又出现了新的问题,说明这个理论本身也还有不足。SDRT 继承了 DRT

中的合理因素，同时，在对 DRT 不足的思考中提出了新的思想以及相应的技术，从而有了新的发展。本节说明 DRT 的贡献和存在的不足。通过这两方面的考察，可以使我们看到 SDRT 产生在理论上的必然性，以及更好地理解 SDRT 的基本思想和方法。

1.1 DRT 的贡献

历史上第一个形式语义理论是塔斯基的真值语义理论，它奠定了形式语义学最基本的思想和方法。但是塔斯基的语义理论只是用于逻辑研究中的形式语言或人工语言，考虑如何从语言表达式的外延来确定语句的真值，所以又被称为逻辑语义学，并不直接适用于自然语言。蒙太格首先把塔斯基的真值语义理论推广到自然语言，建立了一个关于自然语言的形式语义理论：蒙太格语法。在形式化方法下，蒙太格语法给出了自然语言的各种形式语义对象，特别是给出内涵对象，将塔斯基的外延语义发展到内涵语义，可以用来处理和解释自然语言的许多语言现象，是研究自然语言的重要理论。但是，很快蒙太格语法也暴露出自身的问题。首先表现在人称代词指涉、量词辖域明确等方面，不能按其所给定的规则合理地解释或处理自然语言中的相关现象。比起蒙太格语法对自然语言各类表达式在语义上的统一处理方案和理论，这些问题看起来只是局部的问题，但是它们背后隐藏着自然语言的某些根本性质和以往的理论对这些性质认识上的不足。正是在对这些问题的追究中，DRT 应运而生。

DRT 在形式语义学的基本思想方面有以下三点重要发展：

(1) 语篇(discourse)是自然语言语义理解的完整单位。

从语形上看，一个语篇是一个句子群或句子组。从过程上看，一个语篇的呈现与接受（即通常的说、写与听、读）总是一句一句进行的。从这点看，一个语篇又表现为一个语句串。在 DRT 看来，一个语篇首先是一个语句串。一个语句串可长可短，长起来可以没有限度，短到极端可以只有一个句子。

传统的观点认为，语言表达的意义最小单位是语词。语词组成句子,句子再组成语篇。句子的意义、语篇的意义,都是由语词的意义经过逐级组合得到的。DRT 主张的观点与传统观点完全相反。其实质是说,只有语篇才具有完整的意义,我们不能脱离语篇来谈句子和语词的意义。在这一方面,代词意义(即代词的指涉)问题表现得最为突出。代词的指涉是在语篇内完成的,并且通常也只限于语篇之内。同一个代词在不同的语篇中有不同的意义,不能脱离语篇去看代词的指涉。

蒙太格将塔斯基真值语义理论推广到自然语言,在许多方面有了新的发展,但是在蒙太格的语义理论中,还没有语篇的概念,所以,它们有一点是共同的:面对整个自然语言,语义解释一次完成。显然,在这样的理论中,无法解决代词的指涉问题。

(2)注重从语篇的形成过程看语篇,语篇的语义是动态的。

语篇是由句子一句句出现形成的,就 discourse 的本意,更强调的是这样的过程。从这个角度看,语篇在语形方面是一个动态过程,因此,相应在语义方面也是动态的。对于语篇的语义理解和处理,都要从动态的角度去考虑。这就是动态语义学的观点。蒙太格语法,包括塔斯基真值语义,因为一次性地给出所有语言表达式的解释,不再改变,所以是静态语义学。

看到语篇中语义的动态形成过程,DRT 以语篇为意义分析的单位,不仅放弃了对整个自然语言一次性地给出所有解释的做法,而且就一个语篇(这里的语篇指的是直观意义上的语篇,即完成了的、通常由多个语句组成的语篇)来说,也不是一次性给出其所有表达式的解释,而是强调其形成的过程,根据上下文,随着句子的增加,一次一次地更新语篇解释,从而形成语篇的动态解释。在这种观点和处理下,语篇的概念也有所扩大。语篇不只是直观意义上完成了的语篇,也是动态的语篇。从第一个语句开始,就是一个语篇。每加一个语句,都形成一个语篇,直到最后结束形成最终的语篇。

(3)从上下文看语篇,语篇同时又是语境。

动态的解释是根据上下文进行的。对被解释的语句来说,这里的"上下文"就是语境。所以，每一语篇同时也提供一个语境，或者就是一个语境。显然，这样的语境也是动态的，随着语句的增加而变化，不是静态的。在这种观点下，一个语句意义或内容也就成了改变语境的动态因素，或者说，是从原有语境到增加这个语句之后的新语境之间的某种变换。概括地说，一方面语句的意义依赖于语境，另一方面，语境又是由语句生成的，因语句的增加而变化，所以，语境和语句的意义之间存在着这样一种互动关系。

蒙太格语法在一定程度上也考虑了有关语境的一些问题，如说话的场合、时间、地点等，语句的真值会受这种场合的影响，并且在技术上也采取了一定的手段，但是，这还只是对语境的一种外在的观点和方法。因为没有语篇的概念，蒙太格语法没有看到，更不能处理，每一个语句同时也是语境的一部分、动态地改变语境等情况，因此，在关于语境对语句意义的影响方面，自然会遇到一些无法解决的问题。相比之下，在 DRT 中语境的概念要丰富得多。这也使得 DRT 在相关问题的处理能力方面有很大提高，解决了一些蒙太格语法不能解决的问题。

以上三点，语篇的提出是基础，(2)和(3)是语篇概念的深化。

面对蒙太格语法的不足，也有直接考虑从静态到动态的转变的语义理论，如动态谓词逻辑和动态蒙太格语法。这些理论没有依赖语篇的概念也得到类似的结果[③]。这说明了动态的观念对这一层次的研究来说是关键性的思想，有重要意义，但是，这并不说明对自然语言的语义研究来说，语篇的概念是可以或缺的。事实上，所以选取语篇作为自然语言语义研究的基本单位，有充分的思想基础，所以在此基础上的理论应该有更大的发展。这一点随着 SDRT 的产生得到了印证。

与语篇（包括动态和语境）的思想相配套，DRT 还提出了相应的技术手段以实现对语篇的形式语义刻画。

在 DRT 中，每个语篇都可以通过一个语篇表示结构(Discourse Representation Structure，以下简称 DRS)表示该语篇的语义。DRS

可以框图的方式表示①,这样的框图称为 DRS 框图。DRS 框图的基本形状为"日"字形。框图的上一格放置语篇指涉元(discourse-referant,即语篇中用来指称个体的变元或常项),下一格放置描述指涉元性质和相互间关系的公式。例如,"一个农夫拥有一头笨驴。他打它"的 DRS 框图

```
x, y, z, u
farmer(x)
own(x,y)
stupid-donkey(y)
beat(z,u)
z=x
u=y
```

是通过分别表示"一个农夫拥有一头笨驴"和"他打它"的以下两个框图

```
x, y
farmer(x)
own(x,y)
stupid-donkey(y)
```

```
z, u
beat(z,u)
z=?
u=?
```

经过融合与代词指涉元求解得到的。DRS 及其相关方法体现了语篇是动态的和具有语境作用的思想,合理地解决了人称代词指涉等问题。

1.2 DRT 的不足

DRT 解决了蒙太格语法中一些不能解决的问题,但是还存在其他问题。这些问题可以分为以下两类。

第一类,DRT 对此有所涉及,但处理得仍不周全。

1. 命题指涉代词(propositional anaphora)问题。代词的解释是动态语义主要要解决的问题,虽然较好地解决了人称代词的解释问题,但是还有其他类型的代词,例如关于命题的指涉代词,DRT 仍不能处理。对此有下面的例子:

(1)a. 一个原告被忽略了三次提升的机会。

b. 另一原告在五年内没有加过工资。

c. 第三个原告的工资比同工种的男同事要少。

d. 但是陪审团对此表示不相信。

例子(1)中的"此"指的是什么？可能的解释有两个：由前面三句话表达的命题，或是由第三句话表达的命题。可以肯定一点，指的是命题。DRT 没有研究命题性的指涉。

2. DRT 无法解决语篇中的时间关系问题。见下面的例子：

(2)a. 张三摔倒了。

b. 李四把他扶起来。

(3)a. 张三摔倒了。

b. 李四推了他。

(4)a. 小王学习很好。

b. 她每门功课都得了优。

(2)和(3)中的语句有着同样的时态形式，都是过去时，涉及到的事件却有着不同的时间关系：(2a)发生在(2b)之前，(3a)发生在(3b)之后，(4a,b)又是另一种时间关系。这些不同可以从叙述中的修辞关系看出来：(2a,b)是讲故事那样的叙述，(3b)是对(3a)作解释，(4b)是对(4a)进一步详细阐述。但是这些不同 DRT 完全没有涉及，不能对此给予说明。

第二类，DRT 完全没有涉足的问题。例如，自然语言中的省略现象和涉及到常识推理的现象。分别以下面的例子来说明。

(5)a. 张三吃过了，但我不知道(张三吃的)是什么。

b. 张三吃过了，李四吃过了，但我不知道(张三吃的和李四吃的)是什么。

c. 小王跟人吵架了。你猜不着(跟小王吵架的)是谁。

省略是自然语言中的常见现象。在实际中我们很容易理解省略的是什么，自然就会填补省略的部分，从而作出正确的理解，但是在 DRT 中，这个填补却很困难，没有提供可用的方法。

(6)a. 张三坐飞机到北京。

b. 李四去机场见他。

b′. 李四去商店见他。

从(6a)我们很容易知道(6b)中的机场是北京的机场,如果还有相应的常识,还知道是首都机场。看似简单,这里涉及到由一事物的整体到关于其部分的关联与推理(参见 3.3)。而看(6a)和(6b′)则会有点别扭,缺乏像(6ab)那样的融贯性,这也是因为根据常识(6a)和(6b′)没有什么联系。此例表明,在对自然语言的理解中,常识和相应的推理常常自动地在起作用,但是在这方面 DRT 没有提供相应的理论和方法,不能告诉我们如何处理语篇涉及到的各种推理。

DRT 各类问题集中到一点,就是在思想上 DRT 只是从语篇的语形方面出发,将语篇看作语句串,所以在技术上,这一语义理论在 DRS 的构造中,规定新语句的增加只能按线性的顺序接在已有 DRS 的最后一个语句后面。但是从语义的角度看,语篇中的语句并不一定都是线性关系,还有语义方面的关系以及相应的语义结构。既然我们要得到的是语篇的语义,就不能只用语形顺序来代替语义结构。如何在线性的语句串中展示语篇的非线性的语义结构,这就是新的思想起点。从这里开始,自然语言的语义理论研究迈出了新的一步,产生了 SDRT。

2 SDRT 的核心思想与基本方法

2.1 语段、修辞关系和语篇结构 SDRT 的核心

SDRT 认为,对一个语篇来说,尽管从语形上看是一个语句串,但从语义上看,语篇中语句的"亲疏远近"是不同的,由此形成了语篇中的语段(discourse segment)。这种亲疏远近关系由语句间的修辞关系(rhetorical relation)决定。语段和修辞关系组成了语篇的语义结构。

直观上看,一个语篇总要表达一定的意思,一般还有局部的意思和中心意思,通过局部意思的聚合来形成或表达中心意思。围绕这

些意思的表达，我们会动用各种语词、语句以及相应的修辞手段等。自然语言中有多种修辞关系，如叙述（narration）、续述（continuation）、解释（explanation）、更正（correction）、对比（contrast）、并行（parallel）等等[⑤]。例如，在某个语篇中，第三个句子是对第一个句子的解释，第四个句子是第九个句子的铺垫。如此等等，还可以有其他各种语义联系。在该例子中，第一个句子和第三个句子形成一个在该语篇中相对独立的语义片断或讲述片断。第四和第九个句子类似。自然语言的表达之所以复杂，原因之一，是因为有这些修辞关系。一个语段就是围绕某个意思的语言表达。若干语段经由一定修辞关系的组合，最后形成对语篇中心意思的表达。从这个角度看，由语段和修辞关系组成的语篇结构更为自然地体现了语篇的语义结构。

语篇中的语段不同于通常意义下的自然段落。从语形上看，一个语段也是一个语句串，少到可以只有一个语句，这与语篇的语形理解相同，所以一个语段也是一个语篇。语段是相对于语篇提出的概念，为的是强调语篇中存在着一些由语句形成、具有一定独立性的语义单位，从而可以谈论由这些语义单位和修辞关系组成的语篇结构。在一个语篇中，有句子对语段的关系，也有语段对语段的关系。这使得语篇的语义结构是多种类、多层次的复杂结构。

回去看 DRT，这一理论用单一层次的 DRS 来作为语篇的语义结构，与实际上的自然语言层次丰富内容多样的语义结构相比，无论在思想上还是技术上，都过于简单了。现在在语篇的语义理论中引入了语段和修辞关系，并由此得到相应的语篇结构，从而使得这一理论有更强的处理问题和解决问题的能力。

在蒙太格语法的基础上 DRT 提出了语篇的概念，以此为中心，建立了超越蒙太格语法的形式语义理论。与此类似，在 DRT 的基础上，SDRT 提出了语篇内部还存在由语段、修辞关系形成的语篇结构，以这个思想为中心，建立了超越 DRT 的形式语义理论，使自然语言的形式语义理论研究发展到了新的阶段。

2.2 分段式语篇表示结构

DRT 通过 DRS 给出语篇的语义,这是 DRT 揭示和展示语篇语义的基本方法。与此类似,SDRT 通过分段式语篇表示结构(Segmented Discourse Representation Structure,简称 SDRS)给出语篇的语义。因为 SDRT 要考虑语篇结构,这包括展示语篇的语义结构和通过这个结构来解释新加入的语句等方面,所以,SDRS 比 DRS 有了很大的发展,增加了许多新的内容。SDRS 也可以用框图的方式表示,以下称为 SDRS 框图。

简单地说,SDRS 框图可以由 DRS 框图和代表修辞关系的连线组成。DRT 中没有语段和修辞关系,所以,在 SDRT 中,一个 DRS 框图相当一个语义上的原子,即一个基本的语义单位,表达一个简单语段的语义。一个语句也是一个语段,因此一个 DRS 有时就等价于一个语句。这些原子通过代表修辞关系的连线形成语段框图。语段框图还可以通过修辞关系连线再得到语段框图。每个语段框图同时也是一个 SDRS 框图。用这样的方式,任给一个语篇,最后都可以得到该语篇的 SDRS 框图。

修辞关系在 SDRS 框图中起了重要作用。修辞关系有两个基本类型:并列关系(以横线表示)和从属关系(以垂线表示)。并列关系(如续述、对比等)把不同的语段以横线相连,并列地置于同一题材之下(参见 3.1 中的图 7′)。从属关系(如详述、解释等)把不同的语段以垂线相连,在上的是主导者,在下的是从属者。主导者同时是从属者的题材(参见 3.1 中的图 9′)。如果将垂线联系和横线联系看成两个维度,这就是一个二维结构,再加上每个 DRS 框图或语段都可能后接一个二维结构,所以,SDRS 框图是一种多层次的二维结构。

对于这样的多层次二维结构,考虑语篇的动态形成过程,如何对一个框图增加新的语句,是 SDRT 遇到的新问题。在 DRT 中,因为语篇只是一个线性的语句串,新语句只需按顺序加在最后语句的后面,所以不存在这个问题。现在引入了语篇结构,新语句的添加要根据已有的语篇结构和当下的修辞关系加在某个语段中，所以必须选择一个合适的粘贴点（attachment site）。语篇的动态形成等价于在某个地方粘贴了新语句。如何对一个框图增加新的语句也可以归结为如何选择合适的新语句粘贴点。对此 SDRT 提出了右前侧端点和右前侧限制条件（right frontier constraint）：

右前侧端点：语篇最后一个语句是右前侧端点；右前侧端点沿从属关系向上追溯到的直接或间接地主导它的那些语段也是右前侧端点。

右前侧限制条件：在一个框图语篇结构图中，我们只能对该图的右前侧端点添加新语句。

这两个条件合起来是说，只有右前侧端点是新语句的粘贴点。右前侧端点与右前侧限制条件是形式上的规定。给出这些规定同时也是给出了构造 SDRS 框图的基本方法。在语篇中如何理解一个新增加的语句的语义，这个语句又是如何加入到该语篇形成新的语篇，对此右前侧端点与右前侧限制条件从形式上给出了一定的刻画。

3 SDRT 能解决的问题

合理的思想加丰富的技术手段，使 SDRT 在自然语言语义呈现的研究方面，将形式化方法推广到过去难以深入的领域。首先在代词指涉问题上，SDRT 取得很大进展。以往的动态语义学解决了人称代词的指涉问题，但是对其他各种代词指涉现象仍然束手无策。在这方面 SDRT 通过基于语篇结构的右前侧限制条件，对命题性指涉、动词短语省略恢复以及搭桥（bridging）现象中的指涉等，给出了合理的解决。此外，在融贯性判定、预设明示、时间结构确定、语词歧义消除、祈使句处理、隐意明晰等方面 SDRT 也都取得了丰富的成果。

3.1 命题性指涉

前面指出 DRT 不能处理对命题的指涉现象,如例(1)。现在用这一例子来考察 SDRT 如何解决 DRT 在命题指涉问题上的困难。为更好地说明问题,对该例稍作修改,得到

(7) A. 三个原告声称受到虐待。

  a. 一个原告被忽略了三次提升的机会。

  b. 另一原告在五年内没有加过工资。

  c. 第三个原告的工资比同工种的男同事要少。

  d. 但是陪审团对此表示不相信。

句子 A 是总括(7abc)的语句,它的加入不改变原语篇"此"的指涉问题。与例(1)类似,(7d)中的"此"仍有两个可能的所指:(1)由前面三句话表达的命题,现在可以由句子 A 代表;(2)由(7c)表达的命题。语篇(7Aabc)的语篇结构可以由下面的 SDRS 框图表示⑥。

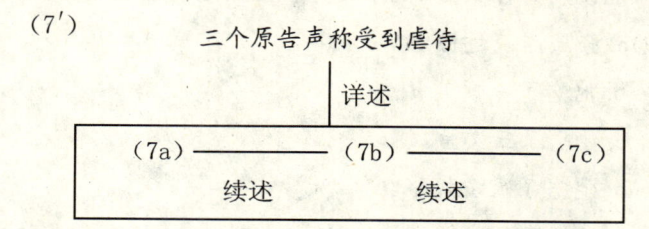

(7′)

```
              三个原告声称受到虐待
              详述
   ┌─────────────────────────────────────┐
   │ (7a) ─────── (7b) ─────── (7c)      │
   │       续述         续述               │
   └─────────────────────────────────────┘
```

在这一框图中,右前侧端点有"三个原告声称受到虐待"和(7c)。根据 SDRT 的右前侧限制条件,新增的语句只能添加到该框图的右前侧端点上。这样就可以说明,对(7d)来说,我们只能将其中的"此"或者指到作为整体的三个诉讼,或者就是指最后一个诉讼,而不能指到(7a)和(7b)。尽管根据这个框图,我们还不能确定"此"所指的到底什么,这还需要其他信息,但是,至少明确了"此"可能的所指和不可能的所指,符合我们对"此"在该语篇中指涉作用的直观理解。

为了更清楚地体现语篇结构如何影响代词的指涉,还可以将例(1)另作修改,得到

(8) a. 一个原告被忽略了三次提升的机会。

b. 另一原告在五年内没有加过工资。

c. 第三个原告的工资比同工种的男同事要少。

d. 这些人都受到了不公正对待。

e. 但是陪审团对此表示不相信。

加了(8d)后,(8d)总结了(8abc)三句话,成为粘贴新语句的新的生长点,同时也使句子(8c)"退居后线",句子(8c)中的信息对句子(8e)来说已经是不可及的了⑦。这时,(8e)中的"此"唯一可能指涉的是句子(8d)表达的命题。我们增加的信息是原先语篇中暗示的内容,但增加这点信息后,却是大大地影响到了语篇结构,从而使得"此"不能再仅仅指到第三个语句,只能指到作为整体的前三个语句,首选的前项为语句"这些人都受到了不公正对待。"右前侧限制条件准确地捕捉到了我们对这个例子的直观理解。

右前侧限制条件对个体代词的指涉现象也同样适用,借助这一限制条件,能说明为什么(9f)加在(9a-e)之后是不适宜的。

(9) a. 张三昨晚过得很好。

b. 他吃了一顿美餐。

c. 他吃了三文鱼。

d. 他吃了很多奶酪。

e. 他还赢了一场跳舞比赛。

f. 它有美丽的橙红色。

这一语篇的结构可以表示为:

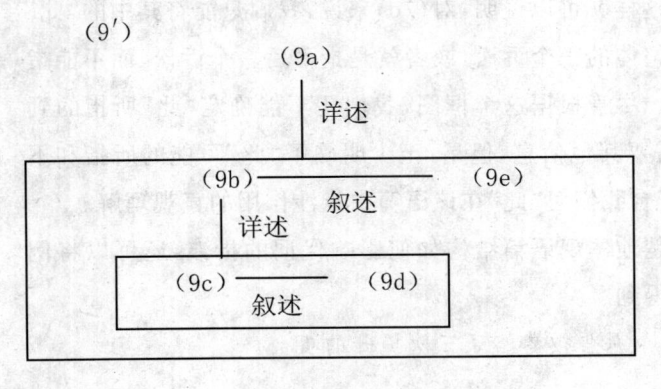

(9′)

从这一框图可以看出,张三吃的三文鱼已经不在结构的右前侧端点,那条三文鱼对于新进来的语句已经是不可及的了。(9f)中的"它"不能如其所愿地来指涉那条三文鱼,这才使得(9f)不适宜,在(9′)中无处可放(用"??(9f)"表示)。如果把(9f)往上移至(9c)与(9d)之间,改动后的语篇就变得可接受了。因为在(9c)之后,三文鱼正处于右前侧端点上,还没有被后来的语句(9d)封上,这时加入(9f),应该以垂线与(9c)相连,所以三文鱼是代词"它"可及的指涉元,在这种情况下,(9f)的出现才恰到好处。

个体代词的指涉问题已由 DRT 成功解决。SDRT 通过右前侧限制条件不仅保持了 DRT 的成果,并且有了新的发展,可以解决其他各类代词的指涉问题。

3.2 动词短语省略的恢复

动词短语省略的恢复即前面曾提到动词省略短语的填补问题(例(5))。从根本上看,动词短语省略的填补也是指涉问题。如果我们知道(5a,b)中的"什么"和(5a,b)中的"谁"指涉词所指的是什么,就知道该填补什么动词省略短语。在这个问题上,SDRT 根据语篇结构提出的右前侧限制条件仍然适用,可以说明哪些可以被补充完整,而哪些则不能,以及可以填补的又该填补什么短语。看以下例子。

(10)a. 张三到了,然后小王跟人吵了一架。你猜不着是谁。

　　b. 小王跟人吵了一架,然后张三到了。你猜不着是谁。

　　c. 小王跟人吵了一架,然后张三到了。你猜不着是从哪儿来的。

　　d. 张三到了,然后小王跟人吵了一架。你猜不着是从哪儿来的。

根据右前侧限制条件,(10a,b)中的"谁"只能指涉到它们的可及的语句,分别是"然后小王跟人吵了一架"以及"然后张三到了",都是紧贴"你猜不着是谁"的前一语句。对前者,因为其中有"人",为下一句中的"谁"提供了指涉对象,所以被省略的短语是"跟小王吵架的那个人"。而后者不同,没有这样的语词,所以这里的"谁"无所指。这也是为什么(10a)读起来通顺连贯而(10b)则别扭的原因。(10c)、(10d)与此类似。

动词短语省略中还有一类,其中出现的指涉被称为概念指涉(concept anaphora)。

(11)a. 张三说小马打了他,但是是小孙。

b. 张三说小马打了他,小孙也是。

我们用"…"表达被省略的短语。对(11a)有"但是是小孙…"。现在的问题是,其中的"…"指的是什么?有两种解释,也是两种指涉:一、前一句的外层动词短语;二、前一句的内层动词短语。将它们(用下划线表示)填补到省略句中得到:(1)但是是小孙<u>说的小马打了他</u>;(2)但是是小孙<u>打了他</u>。类似地,对(11b)有:小孙也<u>说小马打了他</u>。不同的是此时只能有一种填补。

对此,SDRT 要说明的是,这类指涉也要受到语篇结构的影响。(11a)和(11b)的差别是(11a)中的"但是"和(11b)中的"也"。它们在语篇中表达了不同修辞关系,分别是对比(contrast)和平行(parallel),正是因为这个关系的不同,导致了语篇结构的不同,从而影响了动词短语的指涉不同。⑧

3.3 搭桥

搭桥是自然语言中的一种指涉关系:代词通过前面所谈及某个对象的整体(whole)到其局部的某个部分(part)的指涉。先看例子。

(12)b. 我们在前门茶馆喝了茶。

c. 那个服务员是成都人。

根据这两个语句,我们会把(12c)中"那个服务员"指到茶馆中的某个服务员。这个指涉是借助于(那个)前门茶馆这个整体到作为其某部分的那个服务员这个联系完成的。形象地看,一端是代词,另一端是其所指的对象，中间是从整体到部分联系，像经过这个搭桥，两端相连。

搭桥是一种比较复杂的指涉关系。有观点认为，这种关系主要依赖人们的知识甚至认知状态等心理因素得到，要从整体想到部分。而 SDRT 则认为，搭桥是语言层次的东西，要受到语篇结构的制约作用，而无需到心理层次找根据。例如：

(12′)a. 我们在四川餐馆吃了晚饭。
　　　b. 然后在前门茶馆喝了茶。
　　　c. 那个服务员是成都人。

尽管我们有"成都人都是四川人"以及"四川餐馆服务员比前门茶馆服务员中的四川人要更多"等这些常识，我们还是会按(12)的指涉关系确定"那个服务员"的所指。

在技术上，SDRT 的右前侧限制条件可以对此作出符合直观的处理。在例(12′b)中，语词"然后"提供了线索，表明前后两句话的修辞关系是叙述。这样四川餐馆在(12′b)句后已经不在右前侧端点上，是不可及的前项。所以"那个服务员"指的不能是餐馆里的服务员，除非把四川餐馆再重新显性地引进来，比如，将(12′c)改成"那个四川餐馆的服务员是成都人"。在现在的情况下，"那个服务员"应该是指茶馆里的服务员。

SDRT 的观点可以由下面的例子更清楚地说明。

(13)a. 张三从通州搬家到前门。
　　　b. 那里房租便宜。

在(13)中，"那里(的)房租"⑨指的是通州的房租还是前门的房租？如果是后者，那么(13b)和(13a)之间还有因果关系；而如果是前者，则没有这样的关系。根据语篇融贯最大化原则(参见 3.4)，我们应该选后者。这就是 SDRT 的观点，只能在语言层次上根据语篇结构来考虑。问题是，按这个指涉关系，我们会得出前门的房租便宜，可是按常识，显然通州的房租便宜。这是否说明 SDRT 告诉我们的选择有问题？其实如果有这样的常识，就会认为或者(13)说错了，或者另有原因,比如张三搬到前门父母家,实际没什么房租。而这样一来,则更说明按语篇结构得出的指涉关系是首选。不论"说错了"还是"另有原因",都是依据将"那里的房租"指到前门的房租这个指涉关系产生的。

3.4 语篇融贯性判定

在我们把一个语篇的意思严格呈现出来时,其结果应该是融贯的,这就是融贯性要求。融贯性在自然语言理解、歧义消除等方面有重要应用。各关于自然语言的语义呈现理论都力图符合这一要求。要做到符合这一要求,首先要说明语篇的融贯性。这在形式化处理中遇到很大困难。因为提出了语段和修辞关系的语篇结构,使得 SDRT 可以根据修辞关系等因素给出融贯与否的判定,融贯程度的判定,以及进而提出融贯性最大化(maximum coherence)原则,解决了其他理论难以解决的问题。

下面先通过两个例子说明语篇的融贯性。

(14) a. 你买书了吗?
　　　b. 是的,但是我借出去了。
(15) a. 你买书了吗?
　　　b. 我借出去了。

(14)既有叙述又有对比,"是的"是对"你买书了吗"的叙述性回答,"但是我借出去了"又与"是的"形成对比。(15a)和(15b)之间只有叙述性回答的关系。也许有些人倾向于认为这是对比关系,但至少不是两者都有。因此,比起(15),(14)的融贯性就要好些。

对 SDRT 来说,因为有修辞关系,所以它对语篇的融贯性提出如下标准:一个语篇是融贯的,如果语篇所含的语段间有某种修辞关系相联。否则的话,就是不融贯的。例如:

(16) a. 张三坐火车到北京。
　　　b. 李四的头发是黄的。
(17) a. 张三很想再见到他的朋友李四。

b. 张三坐火车到北京。

c. 李四的头发是黄的。

d. 张三都认不出李四了。

例(16)是不融贯的,因为(16a)和(16b)没有修辞关联。(17)是融贯的,因为其中的语句都有修辞关联:(17c)解释了(17d);(17d)与(17a)形成对比(contrast);(17a)和(17b)之间即是叙述又有背景的关系。这使得(16a)和(16b)到了(17)中也变得融贯了。

在这个基础上,还可以进行融贯程度的比较:语篇中语段间的修辞关系越多,越丰富,语篇就越融贯。有了融贯性大小或高低的概念,进而加以推广,到引进其他融贯性因素的比较,使融贯性的程度比较更为精确、细致。例如,其他因素都等同的情况下,给越多的指涉性表达式找到的前项越多,解释的融贯质量就越高。再如,有些修辞关系(例如叙述、对比、并行)本身就有不同强弱程度的差别,其他因素都等同的情况下,使得修辞关系的程度最大化的那个解释的融贯性最高;以及其他因素都等同的情况下,对于事件的发生给出原因的语篇解释要比没给原因的那个更融贯。把这些方面综合起来,我们可以得到语篇融贯最大化原则,即在自然语言的处理中寻求融贯性最大的解释。而这些,我们可以看到,都是在语篇结构的基础上得到的。

3.5 预设

SDRT 以前的动态语义学对预设的明确(即在语篇中加入预设)有两种做法,或者约束(bind)预设,或者接纳(accommodate)预设。如果一个预设可由某个可及的断定句来满足,那么这一预设是受约束的。约束的时候以本地约束(narrow scope binding)为首选。如果一个预设不能被约束,那么它必须被接纳。接纳的时候以远程接纳(wide scope accommodation)为首选。如果找不到约束预设成分的前项,而且加入预设成分后的语篇是一致的,我们就简单地把预设成分添加进去。这个做法可以概括为"本地约束,远程接纳"(参见

van der Sandt(1992))。由下例说明。

(18)a. 如果秃顶是遗传的,那么张三的儿子是秃顶。

b. 如果秃顶是遗传的,那么,张三有儿子并且张三的儿子是秃顶。

c. 如果秃顶是遗传的,并且张三有儿子,那么张三的儿子是秃顶。

d. 张三有儿子。如果秃顶是遗传的,那么张三的儿子是秃顶。

(19)如果张三去集市,他会买驴。张三去了集市。他的驴很大。

例(18a)预设了"张三有儿子"。要对例(18a)明确这个预设,我们不能将其加在"那么"之后,如(18b),这不是个合理的语句,也不能将其加在"如果"和"那么"之间,如(18c),只能加在该句的最前面,即(18d),这就是远程接纳。例(19)中语句"他的驴很大"的预设是"张三买了驴"。要对例(19)明确这个预设,应该加在"张三去了集市"之后,它受"如果张三去集市,他会买驴"和"张三去了集市"的结论约束。这就是 SDRT 以前的动态语义学对添加预设的处理。但一些反例表明,这种"本地约束,远程接纳"的做法并不成立。下面的(20)就是这样的例子。

(20)或者张三没有解出这个问题,或者小王知道这个问题已经解决了。

其中后句所需预设是"这个问题解决了"。我们该如何将它添加到(20)上?对此有

(20)a. 这个问题解决了。并且,或者张三没有解出这个问题,或者小王知道这个问题已经解决了。

(20)b. 或者张三没有解出这个问题,或者这个问题解决了并且小王知道这个问题已经解决了。

对这两个结果,且不论直观上我们更应接受哪一个,如果只按上述"本地约束,远程接纳"的原则,我们应该接受(20a),因为,"张三

没有解出这个问题"并不构成对"这个问题解决了"的约束,于是,按远程接纳为首选的原则,只能将该预设置于全句的最前面。但是,在有些语境下,我们显然应该接受(20b)。如下例:

(21) a. A:每天小王都给她解题小组的某个成员布置一道题。张三是解题能手,但他每解出一道题,就会吹嘘一番。这让小王不喜欢。所以,小王会把问题先给其他人,只有在认为其他人解不出时才只好给张三。

b. B:现在张三很安静。

c. C:她给他今天的问题了吗?

d. A:我不清楚(她是否这样做了)。

e. C:或者张三没有解出这个问题,或者小王知道这个问题已经解决了。

(21e)是根据(21b)得到的两个不相容的解释,同时也说明了为什么 A 说"我不清楚"。所以,(21e)中的两个语句是对比的关系,(21e)与(21b)以及(21e)与(21d)之间都是解释关系。(21e)中的两个语句之间的对比给出了两种情形:一种是小王把问题给了张三,另一种是没给。这解释了为什么 A 不确定"她是否这样做了",同时也解释了张三为什么很安静。根据这样的语篇结构,正确的做法是本地接纳预设"这个问题解决了",即得到上面的(20b),而不是(20a)。这表明,语篇的预设与其中语句的关系与语篇结构是相关的,因此预设的正确添加要根据语篇结构进行。SDRT 考虑到这个情况,合理地解决了这个问题。

3.6 时间关系

语篇中的语句所描述的事件有相应的时间关系和由此而形成的时间结构,分别称为语篇的时间关系(temporal relation)和时间结构(temporal structure)。这个关系或结构往往是复杂的,多样的,不能仅仅依据语句的时态使之得以表达,如前例(2)、(3)所表明的有着相同时态形式的语篇可以有不同的时间结构,这是 DRT 不能处理这类问题的原因。在 SDRT 中,这个关系或结构可以通过语篇结构中的修辞关系反映出来。例如,前面(1.2)说到,"(2a,b)是讲故事那样的叙述",(2b)是(2a)的后续,根据这个修辞关系,在 SDRT 中我们可以得出,(2a)在前,(2b)在后;"(3b)是对(3a)作解释",是陈述(3a)的原因,所以,(3b)在前,(3a)在后;"(4b)是对(4a)进一步详细阐述",因此这里不存在时间的先后问题,可以看作时间区间和时间点或区间和区间的关系。这些原本是 DRT 面临困难的地方,现在成为展现 SDRT 优越性的地方。

下面两个例子更清楚地表明了这一点。

(22) a. 张三关了灯。

b. 他放下了窗帘。

c. 房间变黑了。

(23) a. 张三关了灯。

b. 房间变黑了。

c. 他放下了窗帘。

仅看语句的时态,(22)和(23)完全相同,但是(22)中的修辞关系是通常的叙述关系,一个事件接着一个事件,(22a,b)还是(22c)的原因,它们的时序关系清楚。如果只考虑(23a)和(23b),也与此类似,问题是(23c)。在(23a)和(23b)组成的语篇中,(23b)并不是它的可粘贴的右前侧端点。如果一定要找一个这样的端点,只能是(23a)。因此,或者(23)的表述不正确,该语篇的叙述者想说的是(22),或者这是一个未完成的语篇,加上例如:

(23) d. 屋里显得十分静谧。

这类语句才显得完整。这两个例子充分说明了修辞关系在表明语篇时间关系或结构上的作用。

3.7 语词歧义

SDRT 认为把握语篇结构对于正确理解语词意义从而消除语词歧义起着重要作用。

(24)a.《大家》杂志举行了"读者奖"颁奖仪式。

　　　b.一些文坛大家受邀请出席了仪式。

　　　c.兴高采烈的人群把大家们围得水泄不通。

　　　d.大家希望这样的活动以后能多多举办。

例(24)中的"大家"一词至少有以下几种不同的意思：①某杂志的专有名称,这已经从语法上用书名号"《》"标记出来了；②文坛有名的作家；③参加活动的群众；④参加活动的群众和作家。(24a)中的"大家"用的是意思①,(24b)和(24c)中的"大家"用的是意思②；(24d)中的"大家"用的是意思③或④。其中(24a)中的"大家"一词的意思可以用语法因素确定,(24b,c)中的"大家"可以用语义因素确定,而(24d)中的"大家"则要靠语境因素来确定。从目前的四个语句我们还看不出(24d)中的"大家"应该取意思③还是④,出现了歧义。如果再加上一句：

　　　(24)e.那些文坛大家们也表达了同样的愿望。

我们就可以看出,应该是意思③。这是因为语境发生了变化,从中我们得到了新的信息。而且,根据变化所得到的新的语篇结构,我们能把新的信息用到所要消除歧义的语词上。SDRT 不仅对这类问题提出了正确的分析,而且提供了具体的做法。

3.8 祈使句

通过语篇结构,SDRT 还把对自然语言的语义处理拓展到祈使句(imperative sentence)。其基本观点是,在语篇中祈使句也要受到语境和修辞关系的影响,对它们的使用和理解都离不开语篇结构,并且,并非祈使句都表达命令。例如：

　　　(25)a.怎样搭乘去杭州的 T31 次火车？

　　　　　b.去1号站台。

这里的"去1号站台"并不命令什么,它是对(25a)的问题的回答。语篇结构对这里的祈使句给出了正确的解释。

再如,做西湖醋鱼的菜谱如此写道：

取草鱼一尾，洗净，沿脊部剖开；鱼皮朝上放入开水中煮3分钟，撇去余汤，留250克原汤，加黄酒、姜、葱、盐烧至入味，取鱼装盘；原汤加糖、醋、湿淀粉各50克，烧开起泡后浇于鱼身即成。

从其中的语句来看，除最后一句有疑问外，都是标准的祈使句。但是，在菜谱的语境中，它们没有一句是在命令人们做什么，只是给出了做菜的步骤。从 SDRT 的角度来看，上述语篇只是陈述了如何做西湖醋鱼，有其自身的语篇结构，并且不涉及到任何命令。

3.9 隐意

用隐含或暗示方法表达是一种高级的交际手段，这也使得关于隐意（implicature）的推断、理解成为自然语言处理中最为困难的问题之一。一些关于自然语言理解的理论，如以 Grice 为代表所主张的理论，认为必须依据知识或认知状态的推理才能理解或得出会话隐含的意思。与处理搭桥现象类似，SDRT 则认为利用语篇结构或修辞关系在语言层面就可以很大程度有效地推断语篇的隐含的意思。如下例：

(26) a. 张三看上去好像没有女朋友。

b. 但是，他最近老去上海。

从这两句话看，(26b)通过"但是"与(26a)相连，使得两句话形成对比，这就是它们之间的修辞关系。由此使人得出(26b)隐含着"张三在上海可能有女朋友"。这就是(26b)在(26)中的所隐含的意思。

这个例子比较清楚地表明了 SDRT 在处理隐意问题上的基本主张和做法。如果说 Grice 的理论走的是一条从语篇到知识或心理，再到理解语篇隐意这样的路线来处理隐意问题，那么，SDRT 走的则是一条从语句到语篇结构、修辞关系，再到理解的路线。这样 SDRT 就绕开了（或是尽量少地涉及到难以琢磨或把握的认知状态，从而把关注的重心放在与语言相关的因素上来把握语篇的隐意。

4 结 语

SDRT 是在 DRT 基础上发展起来的语义理论,其关键是在语篇中看到了语段和修辞关系及其作用,发现了由此二者形成的语篇结构。围绕这一核心,SDRS 框图,以及右前侧限制条件、最大融贯性原则等相继提出,各技术方法和手段也随之建立。

SDRS 框图的结构形象地从一个侧面表达了 DRT 和 SDRT 的关系:DRT 所得到的语篇语义还只是最简单的语义,SDRT 则是在对此"鸟瞰"的层次上,考虑将这些语义通过修辞关系组合起来的语义。所以,SDRT 超出了 DRT 的理论框架,是从新的视角出发的理论。

从语篇结构的观点出发,我们已经看到,与 DRT 对人称代词的指涉问题的解决相比,SDRT 大面积地解决了多种问题。应该说明,这些还只是一些直接应用语篇结构解决问题的例子。围绕语篇结构,一些更为复杂的问题的研究也正在展开。例如,语篇中的修辞关系有时并不明确,需要从该语篇中的其他信息来源中推断出来。这些信息来源包括语词、语调、谈话角度和焦点,以及生活常识等。不同的相关信息、生活常识都有可能导致推出不同的修辞关系。在这方面,SDRT 通过设立加标记的形式语言(labeled language)来表达语段间的修辞关系,建立相应的非单调逻辑,以此综合各类信息,推出语段间的修辞关系,已取得了一定的成果[11]。从这个例子还可以看出,语篇结构的研究涉及到语言学研究的许多方面。SDRT 开创了通过语篇结构揭示自然语言语义的研究的方向,打开了新的视野,开辟了新的研究领域。

形式语义学是语言学研究的重要方向。因形式化方法的严格性、精确性,及其相应的逻辑和哲学的基础,可以提供严密的理论,深刻地揭示语言的本质,特别是在计算机技术应用和发展的今天,这一方向的研究越显日益重要。SDRT 对于自然语言的形式语义研究,不仅给出了新的理论,而且提出了全面研究的框架,将自然语言形式语义学方向的研究带到了一个新的阶段。

附言 关于 SDRT 的中文译名

Segmented Discourse Representation Theory 难译,从 Discourse Representation Theory 开始就难译。在已有文献中见到几种翻译,"话语表现理论"、"话语表征理论"、"话语表达理论"、"篇章表述理论"等,相信作者们在文章背后的讨论中提出的各种翻译,更是五花八门。译名种种,不在少数,但是感觉都词不达意,包括我们现在用的"语篇表示理论"。

从根子上说,问题出在 discourse,没有现成的中文语词与之对应。简单地查看字典,有作为名词的演讲、论述、论文、谈话、谈论以及作为动词的谈论、演说等,但是无论选哪一个,都不能与 DRT 中的 discourse 相对对应。抛开字面的意思,从这一理论的产生和发展过程上看,人们先是以整个自然语言为语义处理的对象,后过渡到部分。以什么给这个部分划界?选中了 discourse。一个 discourse 可以是一个(篇、段)叙述、陈述、交谈、对话、谈话、谈论、演讲、演说、论述、文章等,范围之广,几乎囊括用自然语言交际的各种形式。discourse 有始有终,可长可短,有语形、语义、语用各方面,是自然语言实际上使用着的一个个相对独立的部分。以这样的部分为语义理论的研究对象,以此达到对整个自然语言的语义理论研究,从语义理论发展的历史来看,顺理成章,也很理想。

为说话方便,在此先临时造个新词:语言存在,指所有由字、词、句等语言表达形成的东西。从对象的角度看,被称为 discourse 的这类语言存在有两个共同特点:一、由述、说、讲这些语言交际行为产生;二、通常为多个语句组成。为这两个特点合成一句话,discourse 是由述说行为使一个个语句顺序流出而得到的这样一种语言存在。从词义上看,discourse 含有述、说、讲这些意思,强调一句句的形成过程,所指的是由这个过程得到语言存在。

根据这样的意思,在各种中文翻译中,我们最后挑中"语篇"。不过,还是心有不甘,只是认下了这个不得以而为之。"语篇"大概不是个原有的汉语语词,因为没有被《辞海》这样的辞书所收录,也许是出自翻译所需的新造词。脱离翻译这个背景,直面"语篇",总感到有点不知所云。不过也好,退而求其次,意思不清,可以做新的规定,不至于一上来就让人产生误解。"语"很多义,这里取言语之语,有说、述的意思。篇有文本、(文章)作品的意思,有篇章、篇幅、长篇大论等用法,是由多语句形成的语言存在。这么说来,语篇,二字合在一起,与上面 discourse 的两个特点相对应,算是着了边际。

尽管有了上述"语篇"的解释,"语篇表示理论"还是不明确,不能让人一眼看去便知道这是什么理论。DRT 是关于语篇的语义理论,研究如何在形式化方法下将语篇的语义严格地呈现出来。representation 常译为"表示"、"表征",

也有表现,呈现,代表的意思。这里的 representation 指的应该是"将语篇的语义表示出来或呈现出来"的表示或呈现。如果按 DRT 的实际所指,也不怕名字长,可以将 DRT 译为"形式化方法下语篇的语义呈现理论",或"语篇的语义呈现理论"。但 DRT 的原文不是这样。名字不能太长,尽量遵从原文,"语篇表示理论"还是可取的译名。

从名字上看,SDRT 比 DRT 多了一个 segmented。这是动词分词,此处当形容词。按字典意思,应为"分割的"。不过,将 SDRT 译为"分割的语篇表示理论"实在词不达意。在语篇中谈 segmented,或 segment,是因为人们发现了语篇中因语义而形成的语篇片断(discourse segment)及其作用。由此而始,从 DRT 发展出这个新的语义理论。在 SDRT 中,语篇的语义呈现也是分段进行的。如果不怕难听,按意思我们可以将 SDRT 称为"基于语篇片断的语篇的语义呈现理论",或好一点的"语篇的分段式语义呈现理论"。但是,既有"语篇表示理论"在先,以及遵从同样的原则,我们最后选取了"分段式语篇表示理论"。只是不要误解,"分段式"不是修饰"语篇",而是修饰"语篇(的语义)表示"。

从 DRT 的译名开始就不顺,到 SDRT 偏差更大了些。希望在加了这些说明后,我们选的译名有了几分可接受的道理。

关于 SDRT 的译名说了这些,是想在开始时就要仔细,也是征求各方意见,以免日后看来太离谱,但又有了些约定俗成,让人改也不是,不改也不是。

SDRT 的译名实际上包含了对 SDRT 以及对 DRT 的理解,所以这不仅仅是个翻译的问题。在这个事情上较真,也是想通过谈这个问题来进一步说明 SDRT 的实质。

附 注

①SDRT 的中文译名的问题将在本文附言中专门说明。

②2004 年语言学杂志 Theoretical Linguistics 在其第 30 卷第 2 期和第 3 期上设置专门栏目,让世界各国学者们来评论和质疑 Asher 在语篇主题和语篇结构方面的最新工作,并让 Asher 来回答这些评论和质疑。这一情况从一个方面说明了 SDRT 在目前语言学研究中所产生的影响。

③已有的研究成果证明 DRT 与动态谓词逻辑是等价的。参见 Groenendijk and Stokhof(1991:39—100)。

④DRS 也可以用数学的方式表示:一个 DRS 是一个二元组 <U,C>,其中 U 是语篇指涉元的集合,又称为 DRS 域,C 是一个描述指涉元性质和相互间关系的公式的集合。关于 DRS 的详细情况,包括 DRS 框图,参见 Kamp and Reyle (1993)。

⑤据至目前的研究,英语中有二十余种语段间的修辞关系。参见 Asher and Lascarides(2003:459—471)。新的修辞关系的发现是 SDRT 的一项研究内容。

⑥该图中的每一个语句都对应一个 DRS 框图。一个完整的 SDRS 框图应该给出这些 DRS 框图。现在的重点是说明语篇结构,所以省略了 DRS 框图,用语句替代。以下类似。

⑦在 SDRS 框图中,语句 A 中的信息对语句 B 来说是可及的,意思是:只有在"A 在 B 的左面并且有横线相连,或者 A 在 B 的上面并且有垂线相连"这样的情况下,语句 A 所提供的信息才是理解 B 时可以使用的。如果此时 B 中有代词 x,A 中可以被 x 所指涉的语词称为 x 可及的指涉元。

⑧上面说动词短语省略的填补也是指涉问题,并且(10)的各句中也都出现了代词,但是(11)却并无代词。为说明指涉关系,我们在解释中引入"…"作为代词,这有人为的嫌疑,不自然。要说明的是,这一情况是因为语言不同而产生的。(11)的英文原型是

(11′)a. John said that Mary hit him. But Sam did.
b. John said that Mary hit him. Sam did too.

其中用到助动词"did",用于指涉"said"和"hit",可以看作"动词指涉代词"。汉语没有这样的助动词,所以从语形上看(11)没有指涉代词。在这里我们可以看到因语言不同而形成的一些差异。

⑨此处英语和汉语在表达上不完全对应。(16b)的英文的原文是"The rent was less expensive",译成汉语,可以是"(在)那里房租便宜",也可以是"那里的房租便宜"。要说明的是,在此应该把"the rent"理解为"那里的房租",并将此看成所讨论的代词,而不是"那里",这样才符合英文原义,也才符合"搭桥"所说的指涉关系。如此规定代词,也是在英语到汉语的转换中出现的问题。

⑩这部分技术性比较强,详情可参见 Asher and Lascarides(2003)。

参考文献

Asher, N. (1993) *Reference to Abstract Objects in Discourse*. Kluwer Academic Publishers.

Asher, N. and Lascarides, N. (2003) *Logics of Conversation*. Cambridge University Press.

Bar-Hillel, Y. (1954) Indexical Expressions. *Mind* 63. 359-379.

Groenendijk, J. and Stokhof, M. (1991) Dynamic Predicate Logic. *Linguistics and Philosophy* 14. 39-100.

Kamp, H and Reyle, U. (1993) *From Discourse to Logic*. Kluwer.

Kaplan, D. (1975) How to Russell a Frege-Church. *Journal of Philosophy* 72.19. 716-729.

Montague, R. (1968) Pragmatics. *FormalPhilosophy: Selected Papers of Richard Montague*, ed., by Richmond H. Thomason, 95-118. Yale University Press.

Morris, C. W. (1938) *Foundations of the theory of signs*, Chicago: The University of Chicago Press.
Morris, C. W. (1946) *Signs, language, and behavior*, Prentice-Hall.
van der Sandt, R. (1992) Presupposition projection as anaphora resolution. *Journal of Semantics* 9. 4. 333-377.

(毛翊　100871　北京,北京大学逻辑、语言与认知研究中心,
78759　奥斯丁,美国 ATSEC 公司
E-mail: ymao@austin.rr.com;
周北海　510275　广州,中山大学逻辑与认知研究所,
100871　北京,北京大学哲学系
E-mail: zhoubh@phil.pku.edu.cn)

吴县老东山话里的"阿 VP?"疑问句*

陆 俭 明

提要 吴县东山话里的"(NP)阿 VP?"疑问句可以有三种形式:"(NP)阿 VP?"、"(NP)阿 VP 辣([la̱ʔ₂₂])?"和"(NP)阿 VP[ȵieʔ₂₂]?"。经研究分析,"(NP)阿 VP 辣([la̱ʔ₂₂])?"里的"辣([la̱ʔ₂₂])",其作用相当于北京话的"吗";而"(NP)阿 VP[ȵieʔ₂₂]?"里的"[ȵieʔ₂₂]",其作用相当于北京话的"呢"。据此,可以认为吴语里的"阿 VP?"疑问句,实际是一个兼有"是非问"和"反复问"两种性质的疑问句。因此,既不宜把吴语里的"阿 VP?"疑问句单纯分析为"是非问句",也不宜把吴语里的"阿 VP?"疑问句单纯看作是"反复问句"。

关键词 东山话 疑问句 是非问句 反复问句

0 引言

太湖中间归吴县管辖的主要有两个岛,一个是洞庭东山岛(简称东山岛、东山),一个是洞庭西山岛(简称西山岛、西山)。洞庭西山岛是个真正的岛,洞庭东山岛实际是一个半岛,离苏州约 90 公里。东山话,俗称"山朗闲话",跟"吴侬软语"的苏州话,有明显的差异。除了整个说话的语调、势态有很大不同外(苏州话很软,东山话很硬,"很拗"),突出的是:

(一)遇摄鱼虞韵知章组三等字韵母都是[ɿ],而不是[ɥ]。如"猪、著、除、书、住、输"。

---

* 本文完成初稿时,我母亲还健在。去年 10 月 10 日,我母亲不幸病逝,享年整 99 岁。

(二)效摄韵母都是[ɔ]/[iɔ],而不是[æ]/[iæ]。如"好、桥"。

(三)止开三等字和蟹合一等字韵母都是[ei],而不是[ɛ]。如"碑、堆"。

(四)在声调上,苏州话是7个调,调值如下(钱乃荣1992):

阴平 44　江飞天青　　　阳平 223　人云前逃
阴上 51　懂纸好九
阴去 412　对去到快　　　阳去 31　路共同梦
阴入 55　脚各作黑　　　阳入 23　局陆吃肉

老东山话上声分阴阳,所以有8个声调,调值跟苏州话也不完全相同,具体如下:

阴平 44　江飞天青　　　阳平 32　人云前逃
阴上 41　古走口草　　　阳上 33　老有是近
阴去 313　对去到快　　　阳去 23　路共同梦
阴入 55　脚各作黑　　　阳入 22　局陆吃肉

对于吴语里的"阿 VP?"疑问句,前人早有描写和论述,但看法有分歧,主要是赵元任(1928)、汪平(1984)认为吴语里的"阿 VP?"疑问句是"是非问句",其中的"阿"的功用相当于北京话里的"吗";而朱德熙(1985)认为吴语里的"阿 VP?"疑问句是"反复问句","阿"是个表示疑问的副词。本文作者是吴县东山人。去年年底与我老母亲①的一次无意识的谈话引发我重新思考这个问题。

1　吴县老东山话里的疑问形式

在讨论吴语里的"阿 VP?"疑问句到底该看作是非问句还是反复问句之前,有必要先介绍一下吴县老东山话里的疑问形式。

吴县老东山话里的疑问形式,除了包含疑问代词的特指问和"A 还是 B"类型的选择问外,还有以下三种疑问形式(格式里的 VP 代表谓词性成分,下同):

(A) VP + ？例如:

(1) 俚勿来?[他不来?]

(2)葛个橘子酸？[这个橘子酸？]

(B)阿＋VP＋？例如：

(3)俚阿来？[他来吗？/他来不来？]

(4)葛个橘子阿酸？[这个橘子酸吗？/这个橘子酸不酸？]

(C)(NP)V勿V……例如：

(5)俚来勿来[ŋ₃₃]勿晓得。[他来不来我不知道。]

(6)葛个梨酸勿酸，[n₃₃]得吃了就晓得了。[这个梨酸不酸，你们吃了就知道了。]

(A)类疑问形式，相当于北京话里的不带疑问语气词"吗"的是非问形式，这类疑问形式可以独立形成疑问句，不过跟北京话不同的是，它不用于起始问，只用于回声问，语用功能是为了证实。例如：

(7)甲：[ŋ₃₃]今朝勿想吃面。[我今天不想吃面。]①

　　乙：**倷今朝勿想吃面？**[你今天不想吃面？]

(8)甲：葛个橘子酸。[这个橘子酸。]

　　乙：**葛个橘子酸？**[这个橘子酸？]

(9)甲：葛桩事体[ŋ₃₃]勿清楚，倷去问阿三。[这件事我不了解，你去问阿三。]

　　乙：去问阿三？

乙见到甲，不能劈头问：

(10)*倷今朝勿想吃面？②[你今天不想吃面？]

而得这样问：

(11)倷今朝阿是勿想吃面？[你今天不想吃面吗？/你今天是不是不想吃面？]

同样，当甲给乙一个橘子，乙不能这样问甲：

(12)*葛个橘子酸？[这个橘子酸？]

而得这样问：

(13)葛个橘子阿酸？[这个橘子酸吗？/这个橘子酸不酸？]

例(7)、(8)、(9)虽属于回声问，但还得把这种问句归入是非问句。其实，这个情况不限于东山话，所有吴语，甚至可能所有"可

VP?"类型的方言里,都是这样。

(B)类疑问形式,通常单独形成疑问句,而且是在特指疑问句、选择疑问句以外用得最多的一种疑问句,这里不再举例。这类疑问句到底相当于北京话里的是非问句还是反复问句,上面说了,大家有不同看法。它是本文讨论的重点。

(C)类疑问形式,只处于被包含状态,通常是作主语或介词宾语,而绝对不能单独形成疑问句。作主语的,如上面所举的例(5)、(6)。作介词宾语的,如:

(14)葛辰光拿孝敬勿孝敬爷娘当作一桩大事体。[那时候把孝敬不孝敬爹娘看作是件大事情。]

例(5)、(6)、(14)里的疑问形式绝对不能换成"阿 VP"形式,即绝对不说:

(5′)*佢阿来[ŋ₃₃]勿晓得。[他来不来我不知道。]

(6′)*葛个梨阿酸,[n₃₃]得吃了就知道了。[这个梨酸不酸,你们吃了就知道了。]

(14′)*葛辰光拿阿孝敬爷娘当作一桩大事体。[那时候把孝敬不孝敬爹娘看作是件大事情。]

2 老东山话里三种"阿 VP?"疑问句

上面说了,是去年年底与我老母亲的一次无意识的谈话,引发了我重新思考吴语里的"阿 VP?"疑问句的归属问题。我母亲现居住在上海青浦,她老人家是 45 岁离开东山的,随我父亲在崇明住了 17 年,父亲退休后迁居我二哥居住地上海青浦,在家里她一直说一口东山话。去年 12 月初我到上海财经大学出席"对外汉语教学与研究讨论会",顺便去看望我年近百岁高龄的老母亲。下面是当时进门见面后的一段对话:

(15)我 :姆妈,[ŋ₃₃]来哉。[妈,我来了。]

母亲:俭明,俫[yi₂₃]来开会哉。身体阿好?[俭明,你又开会来了。身体好吗？/身体好不好？]

我　：好，𠚥看！

母亲：马真（注：我老伴儿）阿好辣（[laʔ₂₂]）③？［马真好吗？］

我　：佴[A₃₃]蛮好。［她也很好。］

母亲：陆征（注：我儿子）阿好辣（[laʔ₂₂]）？［陆征好吗？］

我　：[A₃₃]蛮好。［也很好。］

母亲：葛么小熊（注：陆征的妻子，姓熊）[nieʔ]？［那么小熊呢？］

我　：[A₃₃]蛮好。［也很好。］

母亲：佴得阿常打电话来？［他们常打电话来吗？/他们是不是常打电话来？］

我　：常打，两三个礼拜一趟。［常打，两三个星期一次。］

母亲：葛么陆征的小因阿好辣（[laʔ₂₂]）？［那么陆征的孩子好吗？］

我　：佴得才蛮好。［他们都很好。］

母亲：大家才（[zie23]）就好。马真，[ŋ₃₃]是晓得佴身体一直勿大好，葛么佴现在身体到底阿好[nieʔ]？［大家都好就好。马真我是知道她身体一直不大好，那么她现在身体到底好不好呢？］

我　：勿宁骗𠚥，佴蛮好，𠚥放心好了。［没有骗你，她很好，你放心好了。］

这段对话里，我母亲在问各个人的身体好不好时，先后用了三种形式：

（甲）(NP)阿好？

（乙）(NP)阿好辣（[laʔ₂₂]）？

（丙）(NP)阿好[nieʔ₂₂]？

（甲）、（乙）、（丙）就是老东山话里的三种"阿VP？"疑问句形式，可以分别码化为：

(甲)(NP)阿 VP?

(乙)(NP)阿 VP 辣([la$^?_{22}$])?

(丙)(NP)阿 VP[ȵie?$_{22}$]?

它们彼此之间的差别,表面来看只在(a)句末带不带语气词——(甲)不带语气词,(乙)、(丙)带语气词;(b)带什么样的语气词——(乙)带辣([la$^?_{22}$]),(丙)带[ȵie?$_{22}$]。需要注意的是,它们在使用上有区别,突出的一点是,它们跟表追究性疑问语气的副词"到底"的共现情况不同。

下面所用例句,其咨询人除了我老母亲外,还有两位:一位是我大哥,今年 78 岁,22 岁离开家乡,现居住在上海,但还是一口东山话;另一位叫张阿三,是我孩儿时邻居家的小朋友,现年 69 岁,至今还居住在东山叶巷(也叫"叶巷河头")。

3 三种"阿 VP?"句式与"到底"的共现情况

大家都知道,汉语几乎各个方言里都有表示追究性疑问语气的副词"到底",书面上还可以用"究竟"。"到底"、"究竟"在语义指向上有一个特点,那就是它一定而且只能指向实在的疑问成分。(陆俭明 1997)因此,在北京话里,"到底"不能用于是非问句,不管句末有没有疑问语气词"吗",因为是非问句的语段成分里不含有实指的疑问成分。例如不能说:

(16)* 你到底去(吗)?

(17)* 这橘子到底甜(吗)?

"到底"只用于"非是非问句",包括特指问句、选择问句和反复问句,不管句末有没有疑问语气词"呢"。例如:

(18)a.他们到底去哪儿(呢)?[特指疑问句]

　　b.他们到底是去广州还是去深圳,还是去厦门(呢)?[选择疑问句]

　　c.他们到底去不去广州(呢)?[反复疑问句]

这说明,在疑问句中使用表追究性疑问语气的副词"到底"的先决条件是疑问句中必须含有除了疑问语气词之外的实指的疑问成分。这个情况具有普遍性,各个方言都是如此,即表示追究性疑问语气副词"到底"在各个方言里都是不用于是非问句(如果有是非问句的话),只用于"非是非问句"。

现在看老东山话里(甲)、(乙)、(丙)三种"阿 VP?"句式与表追究性疑问语气副词"到底"的共现情况。

语言事实告诉我们,在老东山话里,(甲)"阿 VP?"疑问句和(丙)"(NP)阿 VP[ȵieʔ]?"疑问句都可以跟表追究性疑问语气的副词"到底"共现。下面是(甲)"阿 VP?"疑问句跟"到底"共现的实例:

(19)葛么葛个电影倷到底阿想看?[那么这个电影你到底想不想看?]

(20)倷搭[ŋ₃₃]说实话,倷到底觉着葛个房子阿好?[你给我说实话,你到底觉得这个房子好不好?]

下面是(丙)"(NP)阿 VP[ȵieʔ]?"疑问句跟"到底"共现的实例:

(21)俚到底阿来[ȵieʔ]? / 到底俚阿来[ȵieʔ]?

(22)葛个橘子到底阿酸[ȵieʔ]? / 到底葛个橘子阿酸[ȵieʔ]?

但是,(乙)"(NP)阿好辣([lAʔ₂₂])?"疑问句不能跟"到底"共现,请看:

(23)*俚到底阿来辣([lAʔ₂₂])? / *到底俚阿来辣([lAʔ₂₂])?

(24)*葛个橘子到底阿酸辣([lAʔ₂₂])? / *到底葛个橘子阿酸辣([lAʔ₂₂])?

(甲)、(乙)、(丙)三种"阿 VP?"句式与表追究性疑问语气副词"到底"的共现情况可列如下表:

表一

	与"到底"的共现情况
(甲)(NP)阿 VP?	＋
(乙)(NP)阿 VP 辣([lAʔ₂₂])?	－
(丙)(NP)阿 VP[ȵieʔ₂₂]?	＋

上述情况对于认识(甲)、(乙)、(丙)三种"阿 VP?"句式很有价值。

先看(丙)式。(丙)式句末的[nieʔ]，看来相当于北京话里的句末语气词"呢"，其根据是它跟北京话里的"呢"一样，可以用在特指问句、选择问句末尾。下面是[nieʔ]出现在特指问句末尾的例子：

(25)买啥物事[nieʔ]？[买什么东西呢？]

(26)倷花仔几化铜钿[nieʔ]？[你花了多少钱呢？]

(27)门朝啥晨光来[nieʔ]？[明天什么时候来呢？]

下面是[nieʔ]出现在选择问句末尾的例子：

(28)倷是买杨梅还是买枇杷[nieʔ]？[你是买杨梅还是买枇杷呢？]

(29)倷门朝去苏州还是去上海[nieʔ]？[你明天去苏州还是去上海呢？]

也可以用在"非疑问形式"的成分后边，构成简略的特指问句。例如前面例(15)的对话中的"葛么小熊[nieʔ]？[那么小熊呢？]"。再如：

(30)甲："门朝啥晨光来？[明天什么时候来？]"

乙："下半天来。[下午来。]"

甲："后日[nieʔ]？[后天呢？]"

乙："上半天来。[上午来。]"

我们知道，北京话里的语气词"呢"只出现在非是非问句的末尾。(丙)"(NP)阿 VP[nieʔ]？"里的"[nieʔ]"既然在功能上相当于北京话里的"呢"，那么(丙)"(NP)阿 VP[nieʔ]？"里的"(NP)阿 VP"显然不能看作是非问句式。鉴于(丙)"(NP)阿 VP[nieʔ]？"里不含有疑问代词，这说明它不可能是特指问句；句中明显地不含有选择问的疑问成分，所以它也不可能是选择问句。这样，(丙)"(NP)阿 VP[nieʔ]？"里的"(NP)阿 VP"只能分析为反复问句，其中的"阿"只能分析为表示反复问的疑问成分。

现在看(乙)式。(乙)"(NP)阿好辣([lAʔ$_{22}$])？"里的句末语气词"辣([lAʔ$_{22}$])"，显然不同于北京话里的"呢"，因为它绝不出现在特指

问句、选择问句的末尾。东山话里没有这样的说法:

(31)* 俫门朝啥晨光来辣([lA$^{\text{?}}_{22}$])?[你明天什么时候来?]"

(32)* 俫门朝去苏州还是去上海辣([lA$^{\text{?}}_{22}$])?[你明天去上海还是去北京?]"

那"辣([lA$^{\text{?}}_{22}$])"也明显地不同于北京话里的"啊"。北京话里的"啊"可以出现在各种类型的句子(包括陈述句、祈使句、各类疑问句、感叹句)的句子末尾,起舒缓语气的作用,用胡明扬先生的话来说,使"语气和缓些"(胡明扬1981)。可是(乙)"(NP)阿好辣([lA$^{\text{?}}_{22}$])?"里的"辣([lA$^{\text{?}}_{22}$])"只用在"阿VP"疑问句末尾,不能用在其他类型的句子末尾。再说,老东山话里存在一个相当于北京话里的"啊"的语气词,那就是"呀",这个"呀"可以用在各种类型的句子的末尾,而且不会受前一字音的影响而发生音变。例如:

(33)俚来得比[ŋ$_{33}$]早呀。[他来得比我早哇。]

(34)俫快走呀![你快走哇!]

(35)门朝啥晨光搬呀?[明天什么时候搬哪?]"

(36)俚门朝勿走呀?[他明天不走哇?]

(37)该答风景多好呀![这儿风景多好哇!]

(38)"[ŋ$_{33}$]门朝搭俫一道走。""好呀。"["我明天跟你一起走。""好哇。"]

例(33)是陈述句,例(34)是祈使句,例(35)、(36)是疑问句,例(37)是感叹句,例(38)带"呀"的句子是应答句。考虑到(丙)"(NP)阿VP辣([lA$^{\text{?}}_{22}$])?"疑问句不能跟表追究语气的副词"到底"共现,因此(丙)"(NP)阿VP辣([lA$^{\text{?}}_{22}$])?"不属于"非是非问句",是属于是非问句。这样,(一)这个"辣([lA$^{\text{?}}_{22}$])"就其实际作用看,相当于北京话里的疑问语气词"吗";(二)(丙)"(NP)阿VP辣([lA$^{\text{?}}_{22}$])?"里的"(NP)阿VP?"本身就是一个表示是非问的疑问形式,其中的"阿"只能分析为表是非问的疑问形式。

最后看(甲)式。(甲)"(NP)阿VP?"疑问句能跟表追究语气的副词"到底"共现,形成(甲)"(NP)到底阿VP?"疑问句,这也明显地说明,(甲)"(NP)阿 VP?"不可能是是非问句式,其中的"阿"只能分析为表反复问的疑问成分(理由同对(丙)式里的"阿"的分析)。

根据以上对(甲)、(乙)、(丙)三种"阿 VP?"句式的分析,我们可以看到,东山话里"阿 VP?"实际上是一个是非问和反复问交织的句式——当它的句末不带语气词时,或者当它的句末带语气词[ɲieʔ]时,它属于反复问疑问形式,其中的"阿"是表示反复问的疑问成分;当它的句末带语气词"辣([lAʔ$_{22}$])"时,它属于是非问疑问形式,其中的"阿"是表是非问的疑问形式。以上所说也可以列如下表:

表二

	"阿 VP"的性质	其中"阿"的性质
(甲)式	属反复问句式	表反复问成分
(乙)式	属是非问句式	表是非问形式
(丙)式	属反复问句式	表反复问成分

4　余　论

上面曾介绍说,赵元任先生(1928)曾认为,吴语"阿 VP?"疑问句里的"阿"相当于北京话里的疑问语气词"吗",而朱德熙先生(1985)对此持否定意见,认为"阿"相当于北京话里的疑问形式"V不/没有 V"。现在看来,他们二位的意见都有可取之处。从表二我们看到,"阿 VP"处于(乙)式的情况,属于是非问,其中的"阿"就如赵元任先生所说的,相当于北京话里的疑问语气词"吗";而"阿 VP"处于(甲)式和(丙)式的情况,属于反复问,其中的"阿"就如朱德熙先生所说的,相当于北京话里的反复问疑问形式。

有人可能要问:第一,同一个"阿 VP",能出现在截然对立的疑问句式中吗?第二,在(甲)、(乙)、(丙)里的"阿",形式(包括读音和书写形式)完全一样,能分析为不同的语素吗?从理论上来说,完全可以。

在北京话里,同一个 VP,如"他明天回来",既可以单独或末尾加"吗"形成是非问疑问句,也可以末尾加"呢"形成非是非问疑问句。

例如:

(39) a. 他明天回来？［是非问］
b. 他明天回来吗？［是非问］
c. 他明天回来呢？［非是非问］

而将同一个语音形式分析为不同的语素，更是语言中的一个普遍现象。例如，朱德熙先生(1961)对"的"的分析与处理(将"的"分析为副词性后加成分、形容词性后加成分和名词性后加成分三个"的")，英语语法学中对-ly(分析为副词性词缀和形容词性词缀)和对-s(分析为表示名词复数的词缀和表示第三人称单数动词现在时的词缀)的分析和处理，就是明证。

本文的结论，一是基于东山话的语言事实，二是基于这样一个前提：能否与表追究疑问语气的副词"究竟"共现是判断现代汉语中是非问句和非是非问句的测试剂。我们诚恳地希望大家来进一步挖掘汉语事实，来推翻本文的结论，以推进研究。

由此我们也认识到，对语言事实的考察和描写极为重要。难怪美国《语言》(*Language*)杂志在 1996 年第 3 期强烈呼吁大家要重视语言事实的描写，它以编辑部征稿的形式，公开征求"语言描写报告"。征稿短文里有一段话有必要转引在这里(译文转引自《国外语言学》1997 年第 3 期):

对语言与语言用法进行描写，是描写语言学的一项中心任务。关于人类语言能力、交际信息能力、语言历史的更高层次的概括，无不依赖于语言描写。对于理论研究来说，语言描写报告也起过重要的作用。Gumperz & Wilson (1971) 对印度 Kupwar 村语言并合现象的描写与研究，导致人们对语言借用和谱系关系互不相干的观点作重新思考。Derbyshire(1977) 对句子以宾语起头的一种语言的描写，导致类型学对明显的普遍现象的解释可能要改写。Hale (1973) 对澳大利亚一种语言的语音典型形式所作的报道，使人们对音韵学中可学性问题重新思考。Stewart(1983) 关于非洲诸语言元音和谐系统的研究，迫使人们重新思考用以说明元音和谐现象的一些特征。总之,语言描写报告可对现行理论研究有所贡献。

这说明美国语言学界上个世纪 90 年代开始又重新重视对语言事实的描写。最近我们高兴地看到,乔姆斯基(N. Chomsky 2004)在展望 21 世纪语言学发展动态时指出:语言学的发展会呈现"描写性的特点",而在理论解释方面"可能不会有长足的进步";而要做到超越解释的充分性(beyond explanatory adequacy),最好先做好描写的工作。

总之,强调对语言事实的考察、描写对语言研究来说是第一位的,这可以说一点儿也不过分。语言事实不考察、描写清楚,你解释什么?

附 记

本文初稿曾请王福堂、王洪君二位指正,他们提出了很好的修改意见,谨在此表示衷心的感谢。本文曾在 2005 年 9 月 22—24 日于苏州大学举行的"全国方言学会第 13 届年会暨汉语方言国际学术研讨会"的全体大会上宣读。会后,我将拙稿送汪平教授,并请指正。汪平教授极为认真,曾专程亲往东山镇实地调查拙稿中所谈的语言现象,并给我回了一封很长的信,对拙稿提出了宝贵的意见。汪平教授这种对学术认真严谨、一丝不苟,并乐于助人的态度,令我深受感动,谨在此深表谢意。汪平教授调查所得跟我的调查材料可以说是完全一致,但在具体分析上,提出了与我不同的想法。我在修改稿中虽然没有采纳他的分析意见,但我从中受到启发,让我对原稿作了比较大的修改。在信中,他指出东山话里还有一种说法,就是"阿 VP"后带"勒海",如"倷娘阿好勒海?[你妈妈可好?]";同时他注意到在"阿 VP 勒海?"中,VP 只限于"好",不能是"来、酸"。他的观察是正确的,但没有解释为什么。其实,东山话里的"勒海"不能跟"辣([lA$^2_{22}$])"和"[ȵieʔ]"相提并论。东山话里的"勒海"是表示持续的助词。这就是为什么它不能出现在"阿来"、"阿酸"后面的原因。至于为什么能说"阿好勒海?",是因为这里的"好"实际是"健康"的意思,"阿好勒海?"实际是"是否健康着"的意思。

附 注

①单用方括号内加国际音标(方括号外不再加圆括号),而且方括号前后均空一个字节,如[ŋ₃₃](是"我"的意思),代表写不出汉字的方言音节;下同。

②本文凡冠以 * 号的句子,是东山话里不说的句子。

③用圆括号括起来的音标,是对前面那个字的注音,如"辣([laʔ₂₂])",下同。

参考文献

胡明扬(1981) 北京话的语气助词和叹词,《中国语文》第 6 期,北京。
陆俭明(1982) 析"像……似的",《语文月刊》第 1 期,广州。
—— (1984) 关于现代汉语里的疑问语气词,《中国语文》第 5 期,北京。
钱乃荣(1992)《当代吴语研究》,上海教育出版社,上海。
汪　平(1984) 苏州话里表疑问的"阿、曾阿、啊",《中国语文》第 5 期,北京。
叶祥林(1993)《苏州方言词典》(《现代汉语方言大辞典·分卷》),江苏教育出版社,南京。
赵元任(1928)《现代吴语的研究》,清华学校研究院丛书第四种,清华学校研究院印行,北京。
朱德熙(1961) 说"的",《中国语文》12 月号,北京。
—— (1985) 汉语方言里的两种反复问句,《中国语文》第 1 期,北京。
Chomsky, Noam(2004) *The generative enterprise revisited*. P. 186, Berlin and New York: Mouton de Gruyter.

(100871　北京,北京大学中文系 北京大学汉语语言学研究中心
E-mail:lujm@pku.edu.cn)

汉语方言的分组和官话方言的界定

项 梦 冰

提要 经过全国的汉语方言普查(1956—1958)之后,学术界一般把汉语方言分为官话、吴、湘、赣、客家、粤、闽等七个大方言。本文假定这一划分方案是合理的,在这个基础上结合语言特征分布图和同言线图对汉语方言的分组和官话方言的界定做一些初步的讨论。本文考察的音韵现象共有五项,分别是:(1)古微母字的今读;(2)古日母字的今读;(3)古浊上字的今读;(4)古咸深摄字的今读;(5)"五"字的读音。所谓官话方言,就是指同时具备以下五项音韵表现的汉语方言:(1)古微母字今不读双唇音声母,通常是读零声母或 v 声母;(2)古日母字今不读鼻音声母,通常是读浊擦音声母或零声母;(3)上声不分阴阳,古次浊上字随清上字走,古全浊上字随去声字或浊去字走;(4)古咸深摄字今不读闭口韵;(5)"五"字不读鼻音形式。

关键词 方言地理学 汉语方言的分组 官话方言的界定

本文考察的方言相当有限,目的仅在于建立一个汉语方言宏观分组的模型。本文语言特征分布图的布点原则为:

(1)34 个直辖市、省、自治区和特别行政区的治所;

(2)《汉语方音字汇》(第二版)中的 20 个方言点;

(3)每一个大方言不少于 3 个点。

拉萨通行藏语,而《汉语方音字汇》中的 20 个方言点有 11 个属于直辖市和省的治所,因此按(1)和(2)两条原则实得 42 个汉语方言点,其中属于客家方言和赣方言的分别只有梅州(梅县)和南昌各 1 个点,属于湘方言的只有长沙和双峰 2 个点,因此客家方言增加福建连城、江西于都 2 个点,赣方言增加江西宜春和抚州 2 个点,湘方言增加湖南溆浦 1 个点。粤方言按(1)(2)两条原则已有 5 个点,但为了布点的匀称再增加广西梧州 1 个点。总共是 48 个汉语方言点，如图 1 所示[①]。

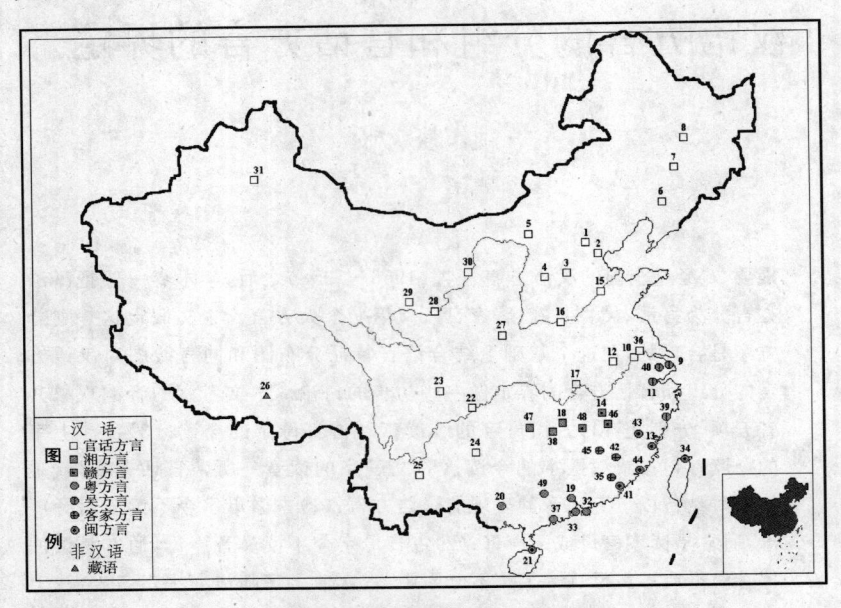

图 1　本文语言特征分布图的布点

地名代码：1.北京；2.天津；3.石家庄；4.太原；5.呼和浩特；6.沈阳；7.长春；8.哈尔滨；9.上海；10.南京；11.杭州；12.合肥；13.福州；14.南昌；15.济南；16.郑州；17.武汉；18.长沙；19.广州；20.南宁；21.海口；22.重庆；23.成都；24.贵阳；25.昆明；26.拉萨；27.西安；28.兰州；29.西宁；30.银川；31.乌鲁木齐；32.香港；33.澳门；34.台北；35.梅州；36.扬州；37.阳江；38.双峰；39.温州；40.苏州；41.潮州；42.连城；43.建瓯；44.厦门；45.于都；46.抚州；47.溆浦；48.宜春；49.梧州

48 个地点的方言归属如下：

表 1　48 个地点的方言归属

所属方言	数量	地点
官话方言	23	北京、天津、沈阳、长春、哈尔滨、石家庄、济南、郑州、太原、呼和浩特、西安、兰州、西宁、银川、乌鲁木齐、武汉、重庆、成都、贵阳、昆明、南京、合肥、扬州
湘方言	3	长沙、双峰、溆浦
赣方言	3	南昌、宜春、抚州

(续表)

吴方言	4	苏州、上海、温州、杭州
粤方言	6	广州、阳江、香港、澳门、南宁、梧州
客家方言	3	梅州、连城、于都
闽方言	6	厦门、潮州、海口、台北、福州、建瓯

48个汉语方言点的语料来源：北京、济南、西安、太原、武汉、成都、合肥、扬州、苏州、温州、长沙、双峰、南昌、梅州（梅县）、广州、阳江、厦门、潮州、福州、建瓯根据北京大学中文系语言学教研室(1989)；南京、海口、兰州、西宁、银川、昆明、呼和浩特、乌鲁木齐分别根据刘丹青(1997)、陈鸿迈(1997)、王森(1997)、张成材(1997)、高葆泰和张安生(1997)、毛玉玲(1997)、邢向东(1998)、周磊(1998)之"同音字汇"；天津、石家庄、沈阳、长春、哈尔滨、重庆根据陈章太、李行健(1996)之"同音字表"；香港、澳门根据詹伯慧、张日昇(1987)；台北根据张振兴(1983)；郑州根据卢甲文(1992)；贵阳根据贵州省地方志编纂委员会(1998)；杭州根据钱乃荣(1992a)；上海根据钱乃荣(1992b)；南宁、梧州根据广西壮族自治区地方志编纂委员会(1998)；连城根据本文作者记录的《方言调查字表》；于都根据刘纶鑫(1999)，并参考谢留文(1998)；宜春根据陈昌仪(1991)；抚州根据刘纶鑫(1999)，并参考陈昌仪(1991)、罗常培(1940/1999)；溆浦根据贺凯林(1999)。

本文用1、2、3、4、5、6、7、8分别代表阴平、阳平、阴上、阳上、阴去、阳去、阴入、阳入等调类。

一 五项音变的地理分布考察

虽然汉语以方言分歧著称于世，但讲官话方言的人约占全国汉语人口的四分之三，官话方言的分布面积也约占全国汉语分布区的四分之三，因此一种最为宏观的分类是把汉语二分为官话方言和非官话方言（东南诸方言），如图2所示[②]。

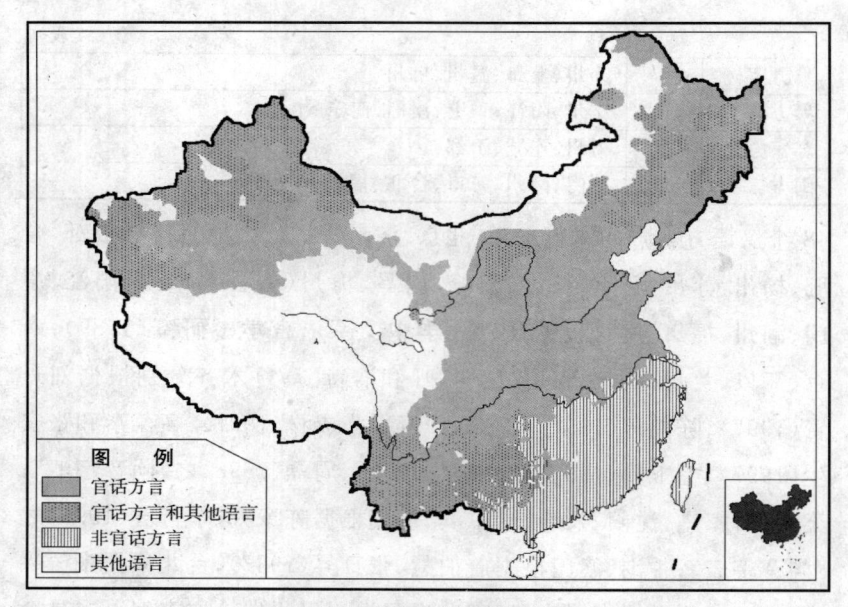

图 2　官话方言和非官话方言的地理分布

从图 2 可见，非官话方言的分布只限于东南一隅，而官话方言则分布在长江以北的广阔地区以及西南地区。

官话方言和非官话方言具有两项不均衡现象：

(1)语言地位的不平等。官话方言属于威望方言，对非官话方言有较大的影响。汉民族共同语的基础方言长久以来就是官话方言，而在官话方言和非官话方言的交界地带，常见的情形也是官话方言地盘的逐渐扩大和非官话方言地盘的逐渐缩小以及"官话化"程度的逐渐加深。

(2)语言演变速度的快慢不同。总体而言，官话方言较为创新，非官话方言较为存古。赵元任(Chao 1948/1952)曾经指出："官话在实用上非常重要，就语言学说，官话却是现代方言当中距离古音最远，保留古音最少的。"

因此考察汉语方言的宏观分组趋势显然应以能体现南北对立的音变现象优先。下面先暂提五项并逐一考察其地理分布情况[3]。

1.1 汉语方言古微母字的今读考察

古微母字在汉语方言里的今读可以分为两大类:(1)今读零声母 ∅;(2)今读鼻音声母 m。有的方言古微母字的今读声母在 ∅ 和 m 之外,如 v b ᵐb 等,是语音演变的结果,v 是 u 元音唇齿化的结果,ᵐb b 是 m 口音化的结果(m→ᵐb → b)。也就是说,v 声母的读法属于第一种类型,ᵐb b 声母的读法属于第二种类型。两种类型的不同属于创新与存古的不同④,即古微母字是否发生轻唇化的演变。就具体的方言来说,古微母字不一定只读一种类型的声母,即存在创新读法和存古读法并存的情形。因此对汉语方言古微母字的今读表现需要做量化的考察。汉语方言古微母字今读 m- 的计量分布如图 3 所示。图例中的数字为各方言字音语料中古微母字今读 m 类声母(包括 b 等)字音的百分比⑤。

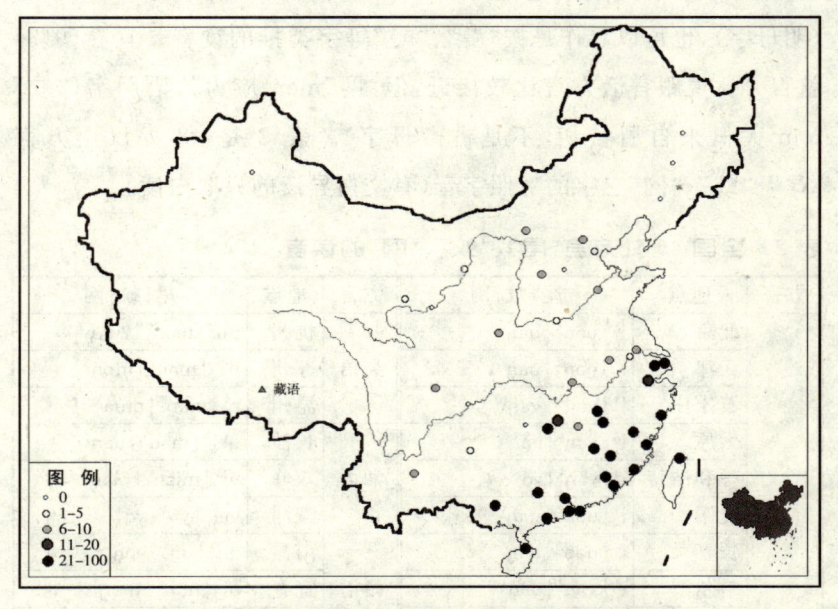

图 3　汉语方言古微母字今读 m- 的计量分布

如果把 10% 以下看作不明显,11%～20% 看作明显,21% 以上看作较明显,则官话方言全部属于古微母字今读 m- 不明显的方言,而东南方言除溆浦、宜春外都属于古微母字今读 m- 明显或较明显的方言(除杭州、长沙属于明显外,其他都属于较明显)。溆浦只有"万"字在地名里还保留了唇音声母的读法(地名"万水"的"万"读 mɛ̃⁶,"万千"的"万"读 vɛ̃⁶;此外"蔓"字也读 mɛ̃⁶,应来自明母的地位)。溆浦古微母字的今读表现大概是官话方言冲击的结果。官话方言就表面看并非都属于百分比为零的方言,可是如果考察辖字的性质,非官话方言和官话方言在古微母字今读 m- 的表现上是有无的差别,而非程度的不同。造成官话方言具有一定百分比而非零的原因是"曼"、"蔓"两字,可是这两个字都不止一个音韵地位(均见于《广韵》平声桓韵母官切和去声愿韵无贩切,《集韵》还见于去声换韵莫半切⑥),而且不是口语用字或口语用音。以北京、济南、西安、太原为例,四处口语用到"蔓"字,分别读 uan⁵,uæ⁵,væ⁵,væ⁵,来自无贩切(微母字),可是这四地都另有 m- 的文读,来自《集韵》的莫半切(明母字),也可以看作是按"漫"、"幔"等字类推的读音。宜春(9%)就百分比说跟官话方言比较接近,但"网"moŋ³应为口语用字("蚊"mɪn²大概来自眉贫切,不是古微母字)。表 2 是 48 处汉语方言"尾"、"蚊"、"网"三字的对照字音(有文白异读的只取白读)。

表 2　全国 48 处方言"尾"、"蚊"、"网"的读音

方言	地点	尾	蚊	网	方言	地点	尾	蚊	网
官话	北京	i³	uən²	uaŋ³	吴语	杭州	mi³	mən²	ʔuʌŋ³
	天津	i³	uən²	uaŋ³		苏州	ȵi⁶	mən²	mɒŋ⁶
	石家庄	i³	vən²	vaŋ³		温州	ŋ⁴	maŋ²	muo⁴
	太原	i³	vəŋ¹	vɒ̃³	湘语	长沙	uei³	mən¹	uan³
	呼和浩特	i³	vəŋ¹	vɑ̃³		双峰	ui³	miɛn¹	man³
	沈阳	i³	uən²	uaŋ³		溆浦	vei³	vɒ̃³	vɒ̃³
	长春	i³	uən²	uaŋ³	赣语	南昌	mi³	un⁵	uoŋ³
	哈尔滨	i³	vən²	vaŋ³		宜春	ui³	mɪn²	moŋ³
	南京	i³	un²	uaŋ³		抚州	mi¹	mun²	mɒŋ³
	合肥	ue³	uən²	uɑ̃³	客家话	梅县	mi¹	mun¹	mioŋ³
	济南	i³	uẽ²	uaŋ³		连城	muo¹	mãi¹	mioŋ³
	郑州	i³	uən²	uaŋ³		于都	mi¹	mẽ¹	mɔ̃³

(续表)

官话	武汉	uei³	uən²	uaŋ³	粤语	广州	mei⁴	mɐn²	mɐŋ⁴
	重庆	uei³	uən²	uaŋ³		南宁	mi⁴	mɐn¹	mɐŋ⁴
	成都	uei³	uən²	uaŋ³		香港	mei⁴	mɐn¹	mɐŋ⁴
	贵阳	uei³	uən²	uaŋ³		澳门	mei³	mɐn¹	mɐŋ³
	昆明	uei³	uə̃²	uÃ³		阳江	mei³	mɐn¹	mɐŋ³
	西安	i³	və̃²	uaŋ³		梧州	mi⁴	mɐn¹	mɐŋ³
	兰州	i³	və̃n²	vã³	闽话	福州	muei³	muoŋ²	mœyŋ⁶
	西宁	i³	uə̃²	uɔ̃³		海口	vue³	—	maŋ⁶
	银川	i²	vən²	vɑŋ³		台北	be³	—	baŋ⁶
	乌鲁木齐	i³	vxŋ²	vɑŋ³		厦门	be³	bun¹	baŋ⁶
	扬州	uəi³	uən²	uaŋ³		潮州	bue³	buŋ¹	maŋ⁴
吴语	上海	ȵi⁶/mi⁶	mən⁶	mã⁶		建瓯	mye³	mɔŋ³	mɔŋ⁸

抚州的字音根据刘纶鑫(1999)，罗常培(1940/1999)所记为 ui³、mən²、moŋ³，陈昌仪(1991)所记为 mi³、mun²、—。广州"蚊"字在口语中读高平变调。厦门"蚊"字又读 baŋ³，潮州"蚊"字又读 maŋ³，均为训读，本字是"蠓"（莫孔切）。建瓯"尾"字又读 mue³。《集韵》"蚊"字又见于眉贫切，字形作"蟁"，属于明母字。双峰的"蚊"mien¹、宜春的"蚊"mɪn² 从韵母的表现看大概来自眉贫切。

从表 2 可以看到，官话方言"尾"、"蚊"、"网"都不读 m-，而非官话方言除溆浦外，都至少有一个字读 m- 或 b-。上海、苏州、温州的"尾"字还产生了发音部位的变化，即：

  mi → ȵi（上海"尾"字 mi³、ȵi³ 两读并存）

  mi → m → n → ŋ（温州的"母"ŋ⁴ 经历类似的变化：mu → m → n → ŋ）

1.2 汉语方言古日母字的今读考察

古日母字在汉语方言里的今读也可以分为两大类型：(1)今读零声母 ∅ 或浊擦音声母 z ʐ 等；(2)今读鼻音声母 ȵ≠n 等。两种类型的不同属于创新与存古的不同，即古日母字是否发生弱化的演变。就具体的方言来说，古日母字的今读不一定只读一种类型的声母，即存在创新读法和存古读法并存的情形。因此对汉语方言古日母字的今读表现需要做量化的考察。汉语方言古日母字今读鼻音声母的计量分布如图 4 所示。图例中的数字为各方言字音语料中古日母字今读 n 类声母(包括 n 等)字音的百分比。

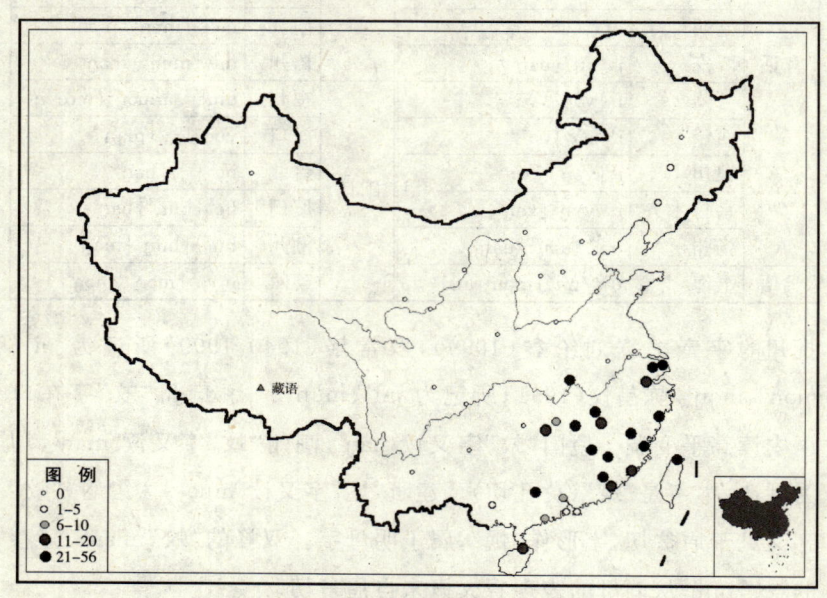

图 4　汉语方言古日母字的今读

　　从图可见,官话方言绝大多数属于 0% 的类别(即古日母字今不读鼻音声母),例外只有沈阳、长春和武汉。沈阳"饶"读 nau²,同音字为"挠"(陈章太、李行健 1999:681),长春"饶"读 nau²,同音字为"挠"、"熬"(陈章太、李行健 1999:638)。有理由怀疑沈阳、长春两处的"饶"nau² 并非真正的口语音(如果属口语用字的话),也许是"饶"字的误排,也许是受"挠"字影响的误读。武汉古日母字读 n- 的比例高达 56%(非官话方言读鼻音声母的最高比例为 52%),不过武汉古日母字读 n- 跟非官话方言古日母字读 ȵ- 或 n- 的性质不同。武汉不分 n l,其日母字虽然读 n-,但韵母不带 i 介音,例如:热 nɤ² | 肉 nou² | 人 nən² | 染 nan³ | 让 naŋ⁵。可以假设其日母字原来读 l-,后来泥来相混才成为 n-。古日母字今读 l- 不属于存古形式。(参看项

梦冰 2006）

非官话方言中，吴方言、赣方言、客家方言和闽方言古日母字今读鼻音声母的百分比都在 11% 以上，而湘方言和粤方言则都有 11% 以上的方言和 10% 以下的方言。大体上说，湘方言古日母字今读鼻音声母的百分比高低主要跟官话方言冲击的程度有关，受官话方言影响越大，百分比越低；而粤方言古日母字的今读则主要跟自身的晚近创新音变有关。广府系粤方言发生了日母 ȵ- 弱化为 j- 的音变，而非广府系粤方言未参与这一音变（但存在非鼻音声母的文读层）。根据古日母字的今读可以把粤方言分为新粤和老粤两大派。就整体格局说，非官话方言和官话方言在古日母字今读鼻音声母的表现上也是有无的差别，而非程度的不同。表 3 是 48 处汉语方言"耳"、"忍"、"肉"三字的对照字音（有文白异读的只取白读）。

表 3　全国 48 处方言"耳"、"忍"、"肉"的读音

方言	地点	耳｜忍｜肉	方言	地点	耳｜忍｜肉
官话	北京	$ɚ^3$｜$zən^3$｜zou^5	吴语	杭州	$ʔə^3$｜$zner^3$｜$ɕioʔ^8$
	天津	$ɚ^3$｜$zən^3$｜zou^5		苏州	$ȵi^6$｜$ȵin^6$｜$ȵioʔ^8$
	石家庄	$ɚ^3$｜$zən^3$｜zou^5		温州	$ŋ^4$｜$ȵiaŋ^4$｜$ȵieu^8$
	太原	$ɚ^3$｜$zən^3$｜$zəu^5$	湘语	长沙	$ɤ^3$｜$zən^3$｜$zəu^7$
	呼和浩特	ar^3｜$zəŋ^3$｜$zəu^5$		双峰	e^3｜$iɛn^3$｜$ȵiu^2$
	沈阳	$ɚ^3$｜in^3｜$iəu^5$		溆浦	$ɚ^3$｜$zə^3$｜$zɤu^1 \sim zɯu^5$
	长春	$ɚ^3$｜in^3｜$iəu^5$	赣语	南昌	$ɚ^3$｜$ȵin^3$｜$ȵiuk^7$
	哈尔滨	$ɚ^3$｜$zən^3$｜$zəu^5$		宜春	$θ^3$｜$ȵin^3$｜$ȵiuʔ^7$
	南京	$ɚ^3$｜$zən^3$｜$zəɯ^5$		抚州	$θ^3$｜$ȵin^3$｜$ȵiuk^7$
	合肥	a^3｜$zən^3$｜$zɯ^5$	客家话	梅县	$ȵi^3$｜$ȵiun^1$｜$ȵiuk^7$
	济南	$ɚ^3$｜$zẽ^3$｜zou^5		连城	$ȵi^3$｜$ȵiai^1$｜$ȵiau^6$
	郑州	l^3｜$zən^3$｜zou^5		于都	$ȵi^3$｜$ȵiẽ^3$｜$ȵieŋ^6$
	武汉	$ɯ^3$｜$nən^3$｜nou^2	粤语	广州	ji^4｜$jɐn^3$｜jok^8
	重庆	$ɚ^3$｜$zən^3$｜zou^2		南宁	ji^4｜$jɐn^4$｜jok^8
	成都	$ɚ^3$｜$zən^3$｜$zəu^2$		香港	ji^4｜$(j)iɐn^3$｜$(j)iok^8$
	贵阳	$ɚ^3$｜$zən^3$｜zu^5		澳门	ji^3｜$iɐn^3$｜$(j)iok^8$
	昆明	$ɚ^3$｜$zə̃^3$｜$zəu^5$		阳江	ji^3｜$jɐn^3$｜jok^8
	西安	$ɚ^3$｜$zẽ^3$｜zou^5		梧州	$ȵi^4$｜$nɐn^4$｜jok^8

(续表)

官话	兰州	ɯ³ | zən³ | zou⁵	闽话	福州	ŋei⁶ | nuŋ³ | nyʔ⁸
	西宁	ɛ³ | zə̃³ | zɯ⁵		海口	hi⁶ | zun³ | hiɔk⁸
	银川	ə² | zəŋ² | zəu⁵		台北	hi⁶/hĩ⁶ | lun³ | liɔk⁸
	乌鲁木齐	ə² | zɤŋ² | zɤu⁵		厦门	hi⁶ | lun³ | hɪk⁸
	扬州	a³ | lən³ | lɤɯ⁵		潮州	hĩ⁴ | luŋ³ | nek⁸
吴语	上海	n̠i⁶ | n̠i⁶ | n̠ioʔ⁸		建瓯	neiŋ⁸ | neiŋ³ | ny⁸

太原"肉"旧读 zuəʔ⁷。扬州"肉"旧读 lɔʔ⁷。广州"忍"旧读 jɐn⁴。抚州的字音根据刘纶鑫(1999),罗常培(1940/1999)所记为 ə³、n̠in³、n̠iuʔ⁸,陈昌仪(1991)所记为 ə³、lin³、n̠iuʔ⁸。

从表 3 可以看到,官话方言除武汉外"耳"、"忍"、"肉"都不读鼻音声母,而非官话方言的情况则比较复杂。吴方言、赣方言、客家方言、闽北话"耳"、"忍"、"肉"都至少有一个字读鼻音声母。湘方言溆浦、长沙不读鼻音声母,双峰有一个字读鼻音声母。粤方言除梧州外都不读鼻音声母。闽南话多不读鼻音声母。这些方言不读鼻音声母的性质并不相同。溆浦、长沙大概是官话方言影响的结果,其中溆浦古日母字已完全没有读鼻音声母的字音,而长沙只是例字稍少,但仍有这一现象,例如:惹 n̠ia³ \| 弱 n̠io⁷ \| 日 n̠i⁷ \| 让 n̠ian³。闽南话和粤方言则属于自身创新音变的结果,其中闽南话所发生的是"外流空气改道的音变"(Sound change caused by switch of outgoing air channel,参看张光宇 1990:18—21,这一音变涉及明、泥、疑、日诸母,条件是高元音,即鼻音声母在高元音前发生气流改道),其音变历程为(以厦门的"耳"字为例):

$$n̠i⁶ \to n̠ĩ⁶ \to çĩ⁶ \to hĩ⁶ \to hi⁶(台北 hĩ⁶ hi⁶ 两音并存)$$

而粤方言所发生的则是鼻音声母的弱化音变(reduction of nasal initial),跟官话方言古日母字所经历的演变相同,只是时间较晚,而且并未扩及整个粤方言(主要限于广府系)。由于 6 个点不足以代表粤方言古日母字的今读情况,图 5 提供了布点更为细密的粤方言(含平话在内)古日母字今读鼻音声母的计量分布图(据项梦冰、曹晖 2005:图 5-32),从中可以看到日母的弱化音变主要集中在粤方言分

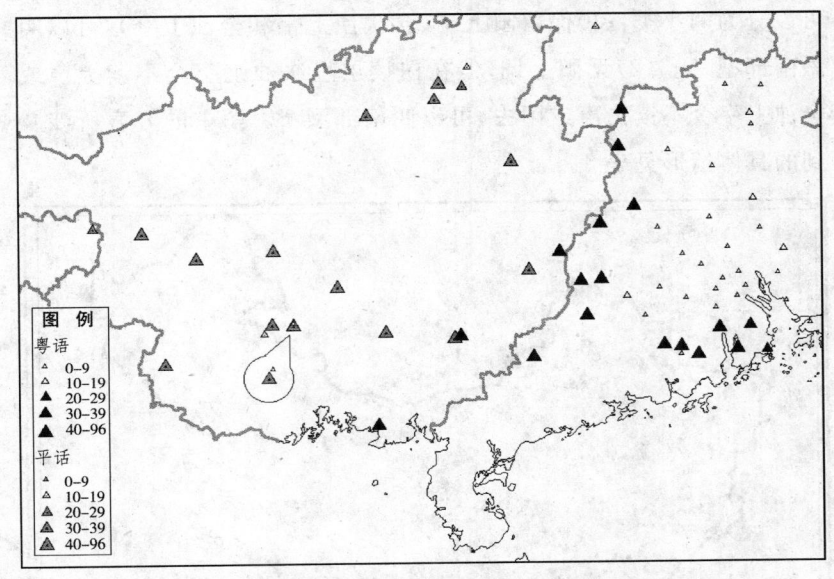

布区的东部(当然移民运动可以打破这一限制)。

图 5 粤方言古日母字今读鼻音声母的计量分布

1.3 汉语方言古浊上字的今读考察

汉语方言古浊上字的今读可以分为两大类型:(1)古浊上字分化,其中古次浊上字随清上字走,古全浊上字随去声字走(去声分阴阳的方言随浊去字走);(2)古浊上字不分化,今自成一个调类,或并入其他调类。官话方言及非官话方言中的赣方言和湘方言大体属于第一种类型,而其他非官话方言大体属于第一种类型和第二种类型的混合,第一种类型在这些方言里属于文读层,第二种类型在这些方言里属于白读层。图 6 是 48 处汉语方言古浊上字的今读类型分布(古浊上字有文白分层现象的方言以白读层的表现上图)。

从图 6 可以看到,官话方言都是次浊上今读上声、全浊上今读去声,可以叫做北部型。其中银川和乌鲁木齐古浊平字和古清上、次浊上字今读同调,有人叫做"阳平上调"。非官话方言有两大类,一类的表现跟官话方言相同,即次浊上今读上声、全浊上今读阳去或去声,如图中的长沙、双峰、溆浦和南昌;另一类的表现跟官话方言不同,又可以分为两小类:(1)保留阳上调(含次浊上字和全浊上字),可以叫做南部型 A。(2)无阳上调,但在白读层里次浊上字今不读上声或全浊上字今不读去声或阳去,可以叫南部型 B。图中的方言所涉及到的具体情形见表 4。

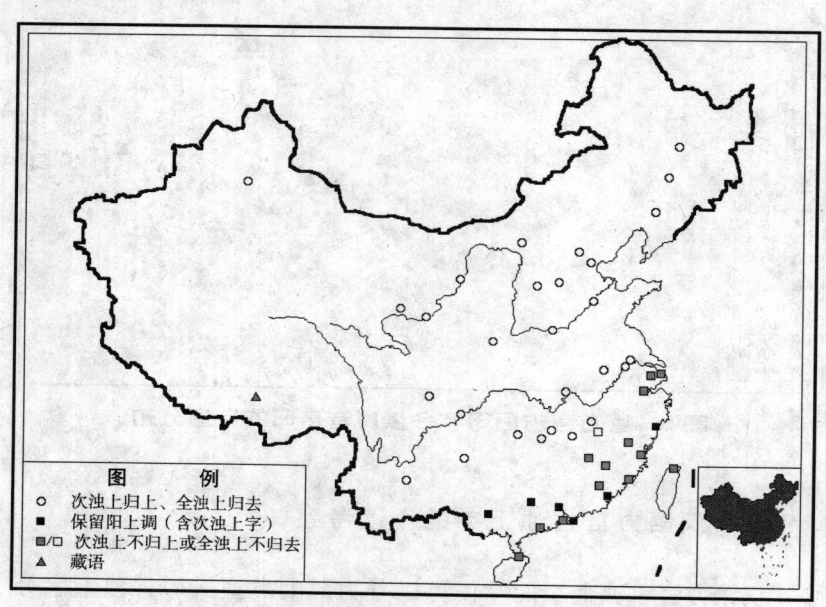

图 6　48 处汉语方言古浊上字的今读类型

表 4　南方型 B 的具体情形

地　点	古浊上字的白读层表现	类　型
梅州	浊上归阴平	南部型 B1
连城	浊上归阴平	南部型 B1
于都	浊上归阴平	南部型 B1
建瓯	浊上归阳去或阳入	南部型 B6/8
阳江	浊上归上声	南部型 B3
澳门	浊上归上声	南部型 B3
上海	浊上归阳去	南部型 B6
杭州	浊上归阳去	南部型 B6
苏州	浊上归阳去	南部型 B6
福州	浊上归阳去	南部型 B6

(续表)

厦门	浊上归阳去	南部型 B6
海口	浊上归阳去	南部型 B6
台北	浊上归阳去	南部型 B6
抚州	次浊上归上声，全浊上归阴平	北部型·南部型 B1

南部型方言都存在层次的问题，文读层表现为北部型（次浊上今读上声、全浊上今读去声或阳去），白读层则表现为次浊上和全浊上的共同演变（南部型 A 归阳上，南部型 B 归阴平、阳入或上声、阳去）。从方言比较的观点看，南部型 B 实际上是由南部型 A 发展而来的，目前的分歧是由阳上调发生不同方向的并调行为造成的，因此南部型的本质特点是浊上字在白读层里不分化。抚州就次浊上和全浊上分化这一点说，属于北部型，就全浊上不全归阳去这一点说，又属于南部型 B1，可见它是两种类型的混合，大概跟方言接触有关。表 5 以"痒"、"丈"两字为例观察全国 48 处汉语方言的声调表现（有文白异读的只取白读）。

表 5　全国 48 处方言"痒"（古次浊上字）、"丈"（古全浊上字）的声调

方言	地点	痒|丈	方言	地点	痒|丈
官话	北京	iaŋ³|tṣaŋ⁵	吴语	杭州	ʔiʌŋ³|dzaŋ⁶
	天津	iaŋ³|tṣaŋ⁵		苏州	jiaŋ⁶|zaŋ⁶
	石家庄	iaŋ³|tṣaŋ⁵		温州	ji⁴|dzi⁴
	太原	iɔ̃³|tsɔ̃⁵	湘语	长沙	ian³|tsan⁶
	呼和浩特	iɑ̃³|tsɑ̃⁵		双峰	ioŋ³|doŋ⁶
	沈阳	iaŋ³|tṣaŋ⁵		溆浦	iɑ̃³|tsɑ̃³
	长春	iaŋ³|tṣaŋ⁵	赣语	南昌	ioŋ³|tsʰoŋ⁶
	哈尔滨	iaŋ³|tṣaŋ⁵		宜春	ioŋ³|tʃʰoŋ⁵
	南京	iaŋ³|tṣaŋ⁵		抚州	ioŋ³|tʰoŋ⁵
	合肥	iɑ̃³|tsɑ̃⁵		梅县	ioŋ¹|tsʰoŋ⁵
	济南	iaŋ³|tṣaŋ⁵		连城	ioŋ¹|tʃʰoŋ⁵
	郑州	iaŋ³|tṣaŋ⁵		于都	iɔ̃¹|tsʰɔ̃⁵
	武汉	iaŋ³|tsaŋ⁵	客家话	广州	jœŋ⁴|tʃœŋ⁶
	重庆	iaŋ³|tsaŋ⁵		南宁	jœŋ⁴|tsœŋ⁶
	成都	iaŋ³|tsaŋ⁵		香港	(j)iœŋ⁴|tsœŋ⁶
	贵阳	iaŋ³|tsaŋ⁵		澳门	(j)iœŋ³|tsœŋ⁶

(续表)

官话	昆明	iã³ | tṣã⁵	粤语	阳江	jiɛŋ³ | tʃiɛŋ⁶
	西安	iaŋ³ | tṣaŋ⁵		梧州	jœn⁴ | tœœŋ² 阳去归入阳平
	兰州	iɔ³（文读 iã³）| tṣã⁵	闽话	福州	suɔŋ⁶ / suɔŋ² | tauŋ⁶
	西宁	iɔ̃³ | tṣɔ̃⁵		海口	tsio⁶ | ʔdo⁶ / ʔdio⁶
	银川	iaŋ² | tṣaŋ⁵		台北	tsiū⁶ | tiū⁶
	乌鲁木齐	iaŋ² | tṣaŋ⁵		厦门	tsĩũ⁶ | tĩũ⁶
	扬州	iaŋ³ | tsaŋ⁵		潮州	tsĩẽ⁴ / tɯŋ¹ | tĩẽ⁴
吴语	上海	ɦiã³ | zã⁶		建瓯	tsiɔŋ⁸ | tiɔŋ⁹

表 5 中的官话方言都是"痒"归上声、"丈"归去声，湘方言、赣方言及吴方言中的杭州话也是"痒"归上声、"丈"归去声或阳去。其他方言除粤方言外"痒"、"丈"通常是同调的，其中读阳上是早期形式，读阴平（客家方言）、上声（澳门、阳江）、阳去（部分吴方言和闽方言）是阳上发生并调的结果。客家方言阳上并入阴平，跟浊上字的文读层不混，而澳门、阳江阳上并入阴上（即目前上声不再分阴阳）、部分吴方言和闽方言阳上并入阳去，则都跟浊上字的文读层发生部分重叠，不过古全浊上字今读上声或古次浊上字今读阳去仍可作为它们曾有阳上调的一个标志。表 5 的 6 个粤方言"丈"字都属于文读层，应是文白竞争的结果。台山、开平（赤坎）的"痒"ziaŋ⁴、"丈"tsiaŋ⁴仍同为阳上调，可以代表粤方言的本来读法。建瓯古浊上字（不分全浊次浊）部分派入阳去、部分派入阳入，性质还有待研究。

杭州虽然就"痒"、"丈"两字的表现看，跟官话方言同属一类，但就古浊上字的总体表现看，仍有次浊上今读阳去的现象，只是字数要比苏州、上海少得多。例如（只列白读）：

表 6　杭州次浊上字今读阳去举例

	也	乳	眼
温州	ɦa⁶/a⁷	zʅ⁴	ŋa⁴
苏州	jiɒ⁶/ɦiɒ⁶/ɦaʔ⁸	zʮ⁶	ŋɛ⁶
上海	ɦʌ⁶	zʅ⁶	ŋɛ⁶
杭州	ɦiɑ⁶	zʮ⁶	ŋɛ⁶

其中杭州的"也"据钱乃荣(1992a)同音字表只有 ʔie³ 和 ɦiɑ⁶ 两音，但同书的成篇语料部分另有 ɦɑ⁶ 的读法(例如 121 页)。当然，如果强调数量，则杭州话古次浊上字归阳去只是一种残余现象，其古浊上字的今读类型应归为官话型(本文立足于底层现象归为南部型)。

抚州就"痒"、"丈"两字的表现看，跟南昌、宜春一样，都可归入官话型，但就古浊上字的总体表现看，它跟南昌、宜春是有所不同的，即抚州有一部分古全浊上字今读阴平，所以表 4 把抚州看作北部型和南部型 B1 的混合型。例如：坐 tsʰo¹ | 下 ha¹ | 簿 pʰu¹ | 苎 tʰɛ¹ | 柱 tʰu¹ | 在 tsʰai¹ | 弟 tʰi¹ | 被 pʰi¹ | 是 sʅ¹ | 厚 hɛu¹ | 伴 pʰon¹ | 断 hon¹ | 近 tɕʰin¹ | 上 sɔŋ¹ | 动重 tʰuŋ¹。这些字在客家方言里通常也是读阴平的。

1.4 古咸深摄字的今读考察

古咸深摄字在汉语方言里的今读可以分为两大类型：(1)今不读闭口韵；(2)今读闭口韵。两种类型的不同属于创新与存古的不同。

48 处汉语方言古咸深两摄字今是否读 -m 尾韵的分布如图 7 所示。

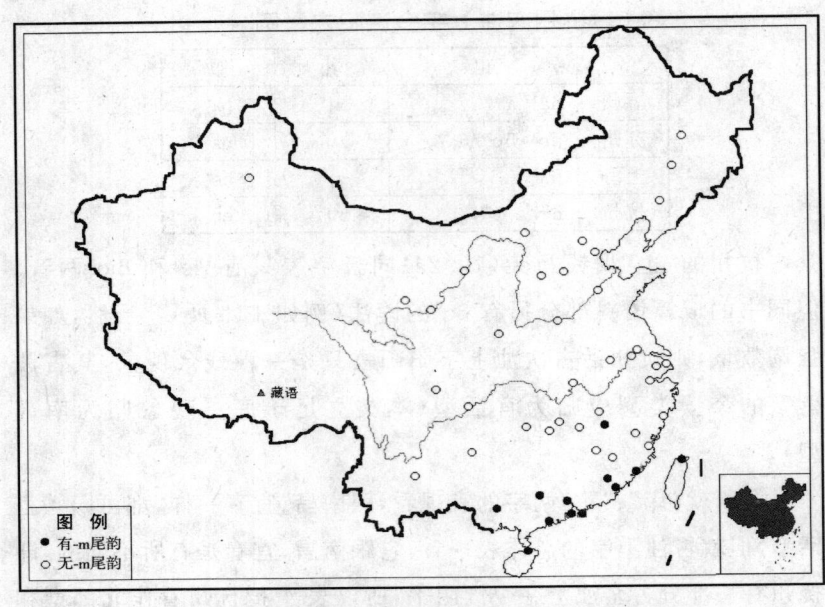

图 7 -m 尾韵在 48 个汉语方言中的分布

从图 7 可见,除粤方言、闽南话和部分客家方言、赣方言外,都没有 -m 尾韵。表 7 是 48 处汉语方言"南"字的读音。

表 7 48 处汉语方言"南"字的读音

方言	地点	南	方言	地点	南
官话	北京	nan²	吴语	杭州	nɛ²
	天津	nan²		苏州	nø²
	石家庄	nan²		温州	nø²
	太原	næ̃¹	湘语	长沙	lan²
	呼和浩特	næ̃¹		双峰	læ̃²
	沈阳	nan²		溆浦	lɛ̃²
	长春	nan²	赣语	南昌	lan⁵
	哈尔滨	nan²		宜春	lan²
	南京	laŋ²	客家话	抚州	nam²
	合肥	læ²		梅县	nam²
	济南	næ̃²		连城	naŋ²
	郑州	nan²		于都	nã²

(续表)

官话	武汉	nan²	粤语	广州	nam²
	重庆	nan²		南宁	nam²
	成都	nan²		香港	nam²
	贵阳	lan²		澳门	lam²
	昆明	nã²		阳江	nam²
	西安	næ̃²		梧州	nam²
	兰州	lẽn²	闽话	福州	naŋ²
	西宁	nã²		海口	nam²
	银川	nan²		台北	lam²
	乌鲁木齐	nan²		厦门	lam²
	扬州	liæ²		潮州	lam²
吴语	上海	nø⁶		建瓯	naŋ⁵

1.5 "五"字的读音考察

"五"字《广韵》疑古切,属遇摄合口一等上声姥韵疑母,拟音为 *ŋu(据郭锡良 1986)。48 处汉语方言"五"字的读音如图 8 所示。

图 8 属于描写性地图。它用不同的符号代表"五"字的不同读音。17 种读法可以概括为 ŋu u 两大类,其他形式都可以看作是 ŋu 或 u 的变化形式,而 ŋu 类形式又可分为 ŋ-ŋ 两小类。这些不同形式的音变关系为:

```
        vu                          ŋõũ
         ↑                   闽语    ↗
u/ʔu  ←  ŋu    →    ŋou    →   ŋou   →   gɔ
         ↓                          
         ↓                          非闽语
 əu     ɦŋ/ŋ         m
                                    ↘
                                  ʋŋ/əŋ
```

图 9 是根据这种概括绘制的解释性地图。官话方言、湘方言及杭州话表现为 u 或 u 的变化形式,其他方言表现为:(1) ŋu 或其变化形式(闽方言);(2) ŋ 或其变化形式(非闽方言)。

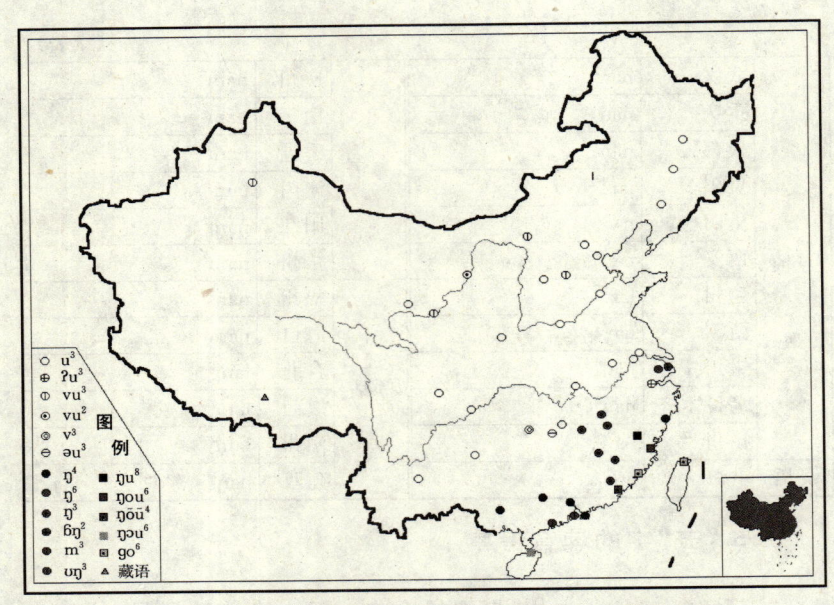

图 8　48 处汉语方言"五"字的读音（描写性地图）

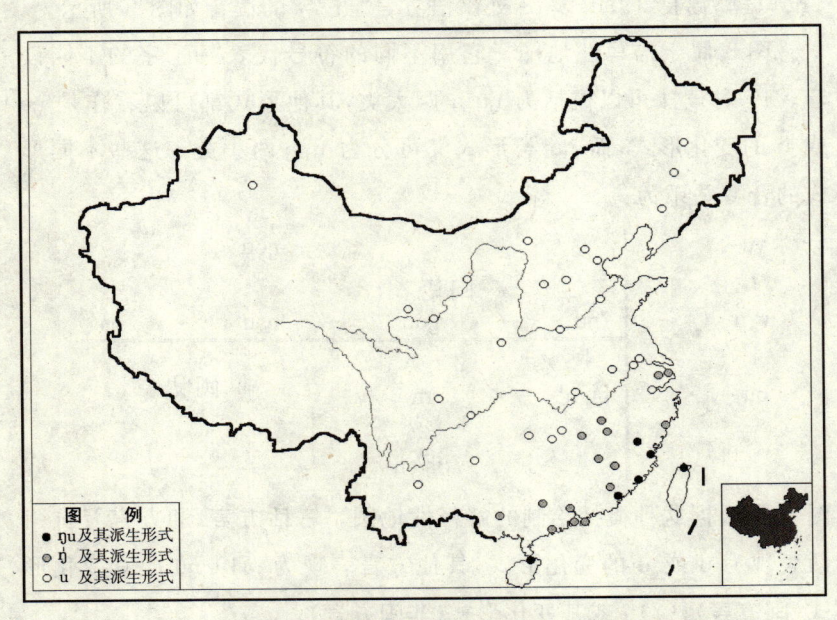

图 9　48 处汉语方言"五"字的读音（解释性地图）

二　汉语方言的分组

有了以上五项体现南北对立的音变现象的地理分布考察,现在可以进一步绘制同言线,并以之为基础讨论汉语方言的分组。所谓同言线(isogloss)是指方言地图上竞争性(competing)语言特征或形式分布区域的分界线,它是在表示语言特征或形式的点状分布图的基础上绘制的。为了讨论的方便,本文把同言线所分隔的倾向存古的一方称为线内(区域/方言),倾向创新的一方称为线外(区域/方言)。此外,还区分主同言线和次同言线、正同言线和负同言线。线内线为负同言线,非线内线为正同言线(有关语言特征的地理分布类型和同言线理论可参考项梦冰、曹晖 2005:53—101 的介绍)。

按照汉语方言古微母字的今读情况可以绘制同言线图如下。

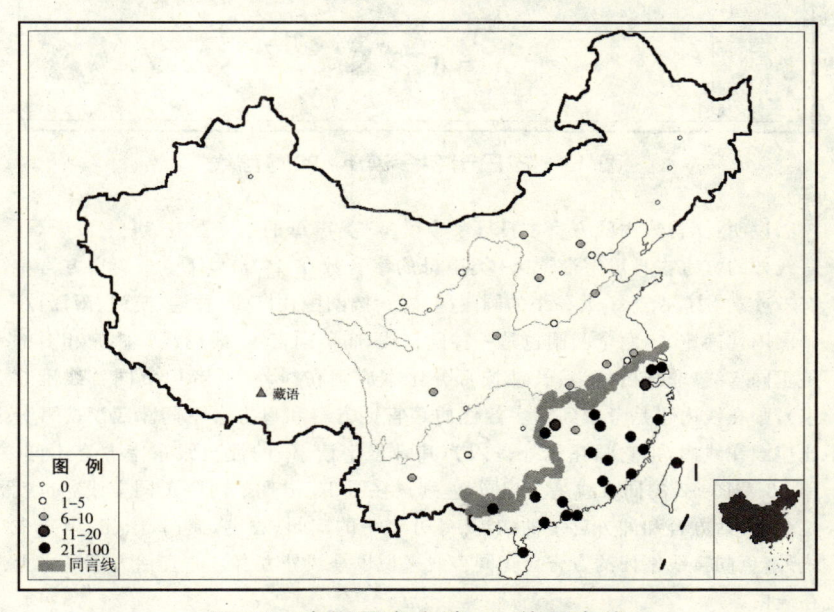

图 10　古微母字今读 m- 的同言线

说明:同言线内的方言古微母字今读 m- 类声母的字音数在 11% 以上,同言线外的方言古微母字今读 m- 类声母的字音数在 10% 以下。宜春按百分比本应画在线外,不过它的百分比虽低于 11%,可是含有口语用字,跟官话方言的性质不同,因此仍画在线内。图中的线外方言除溆浦是湘方言以外,全部都是官话方言,而线内方言则全部为非官话方言。

　　按照汉语方言古日母字的今读情况可以绘制同言线图如下。

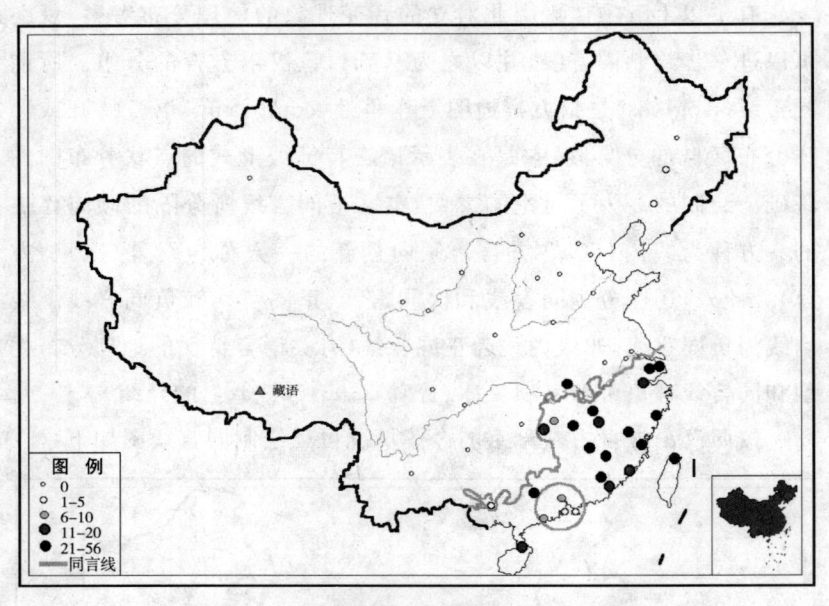

图 11　古日母字今读 n- 的同言线

　　说明:同言线内的方言古日母字今读 n- 类声母的字音数在 11% 以上,同言线外的方言古日母字今读 n- 类声母的字音数在 10% 以下。6 个粤方言中有 5 个分别被两个一大一小的圆圈围住(大圆圈围住广州、香港、澳门、阳江,小圆圈围住南宁)。两个圆圈也是一种同言线,叫负同言线(线内线),跟它相对的是正同言线(非线内线)。长沙按百分比本应画在线外(或者用负同言线围起来),画在线内也是考虑到辖字的性质跟官话方言和粤方言不同。武汉按百分比应画在线内,把它画在线外是因为其日母字读 n- 的性质跟东南方言不同。图 13 和图 12 的同言线基本相同,差别只在图 13 出现了两条负同言线。也就是说,官话方言和湘方言中的溆浦、粤方言中的广州、香港、澳门、阳江、南宁在线外(负同言线围住的方言对正同言线来说也是线外方言),非官话方言基本上在线内。

按照汉语方言古浊上字的今读情况可以绘制同言线图如下。

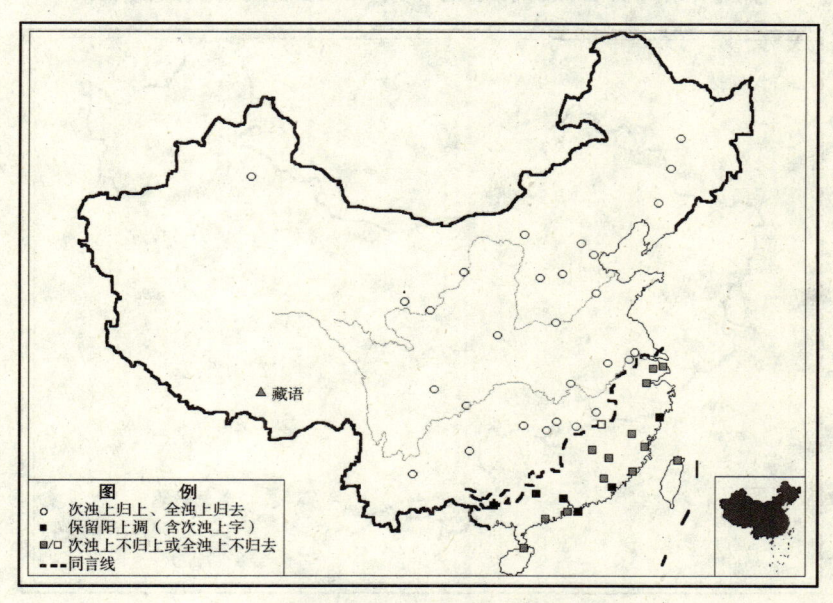

图 12　古浊上字同言线

说明：同言线内的方言保留阳上调（含古全浊上和次浊上字），或者是古全浊上和次浊上字在白读层里有共同的演变行为；同言线外的方言古次浊上字随古清上字走，古全浊上字随古去声字或浊去字走。官话方言、湘方言、赣方言都在线外，但赣方言出现压线的方言（抚州），非官话方言中的吴方言、粤方言、客家方言和闽方言都在线内。

按照汉语方言古咸深摄字的今读可以绘制同言线图如下。

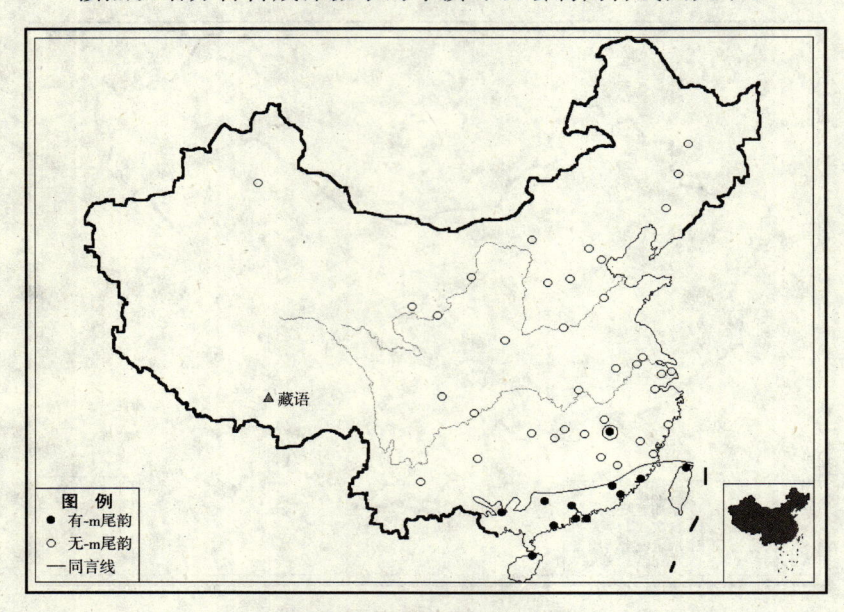

图 13 -m 尾韵同言线

说明：同言线内的方言有 -m 尾韵，同言线外的方言无 -m 尾韵。抚州在同言线外被一个圆圈围住。这个圆圈也是同言线，叫次同言线（指正同言线的线外线），跟它相对的是主同言线。

汉语方言的分组和官话方言的界定　177

按照汉语方言"五"字的读音情况可以绘制同言线图如下。

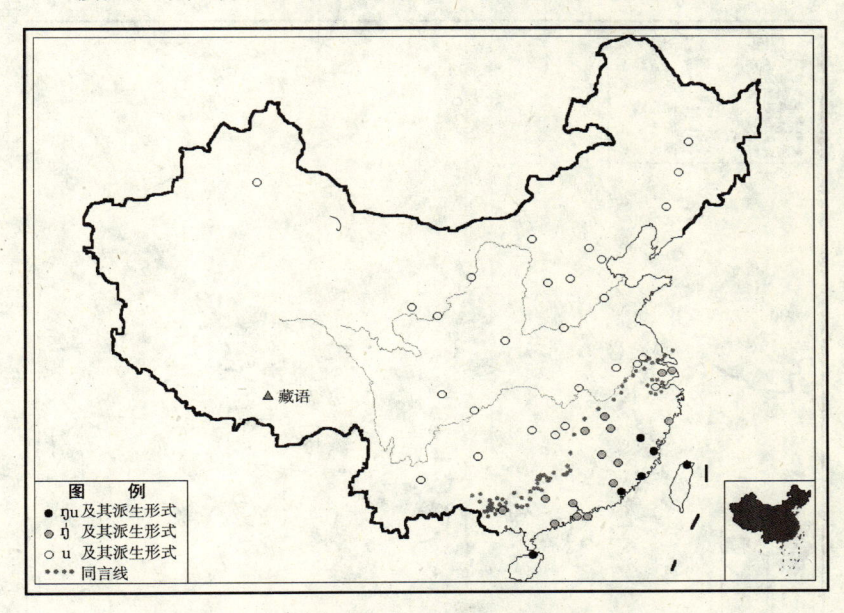

图 14　"五"字同言线

说明：同言线内的方言"五"字读鼻音形式，同言线外的方言"五"字不读鼻音形式。本图也出现负同言线，即围住杭州的圆圈。官话方言和湘方言都在线外，其他非官话方言除杭州外都在线内。

如果把五条同言线综合在一起就可以得到图 15。

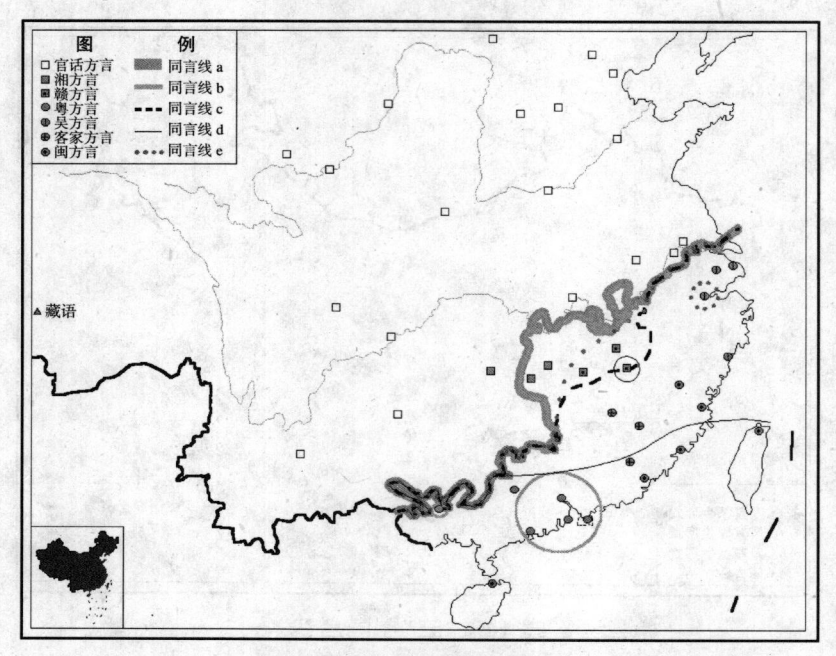

图 15　五条同言线的综合

说明：同言线 a、b、c、d、e 分别代表古微母字今读 m- 同言线、古日母字今读 n- 同言线、古浊上字同言线、-m 尾韵同言线和"五"字同言线，画线的标准见图 10—14 的说明。因为五条同言线集中分布在东南地区，为增大比例尺本图只截取中国的一部分。为了便于观察同言线和方言类别之间的关系，图中的方言点都按七分方案做了归类（参看图 1）。

显而易见，图中的同言线不存在完全重叠的情况，有时两条同言线某些线段之间的距离在 500 公里以上。这种复杂的局面使方言的分组成为极具挑战性的工作。如果不区分同言线的重要性，可以有两种不同的处理办法：

(1)具备五项创新演变的方言为一组，不具备五项创新演变的方言为另一组，其他具备一至四项创新演变的方言为一组，可以分别叫做北部方言、中部方言和南部方言。中部方言是北部方言和南部方言之间的过渡方言。即：

汉语方言的分组和官话方言的界定　179

表8　不区分同言线重要性的汉语方言分组方案之一

	a	b	c	d	e	
北部	+	+	+	+	+	北京、天津、石家庄、太原、呼和浩特、沈阳、长春、哈尔滨、南京、合肥、济南、郑州、武汉、重庆、成都、贵阳、昆明、西安、兰州、西宁、银川、乌鲁木齐、扬州；溆浦
中部	±	±	±	±	±	苏州、上海、温州、杭州；南昌、抚州、宜春；长沙、双峰；于都、连城；广州、阳江、香港、澳门、南宁；福州、建瓯
南部	−	−	−	−	−	台北、厦门、潮州、海口；梅州；梧州

表8中的 ± 表示有的方言为 +（即线外方言），有的方言为 −（即线内方言），但 c 会出现既具备 + 又具备 − 的方言（抚州），参看表9。

（2）把五条同言线所分割出的每一个有区别性的区域都看作一个方言区，一共有 8 个区。即：

表9　不区分同言线重要性的汉语方言分组方案之二

	a	b	c	d	e	
1	+	+	+	+	+	北京、天津、石家庄、太原、呼和浩特、沈阳、长春、哈尔滨、南京、合肥、济南、郑州、武汉、重庆、成都、贵阳、昆明、西安、兰州、西宁、银川、乌鲁木齐、扬州；溆浦
2	−	−	+	+	+	长沙、双峰
3	−	−	+	+	−	南昌、宜春
4	−	−	−	+	+	杭州
5	−	−	±	−	−	抚州
6	−	−	−	+	−	苏州、上海、温州；于都、连城；福州、建瓯
7	−	+	−	−	−	广州、阳江、香港、澳门、南宁
8	−	−	−	−	−	台北、厦门、潮州、海口；梅州；梧州

表9中的 ± 表示既具备 + 又具备 − 的方言，即图12中的压线方言。

第一种分组方案的优点是简单易操作，而且分组的数量少，但其缺点也是显而易见的。由于有些同言线之间的距离在 500 公里以上，按这种办法得到的南部方言面积很小，而作为过渡区的中部方言面积却是南部方言的两倍以上。吴、湘、赣大体属于中部方言，而粤、客、闽则需一分为二,分别归属中部方言和南部方言。这跟普通汉人的语感和现有的分区方案都相去甚远。

第二种分组方案也具有简单易操作的优点,而且每一种区别性的特征组合都得到同等的对待,而不像第一种处理办法含有内涵驳杂的中部方言(其中有多种区别性的特征组合),但其缺点也是显而易见的。方言区的数量多,面积大小不一(如抚州、杭州都是一个点自成一区)。由于同言线绝少互相完全重合的情况,每增加一条同言线,这种处理办法的缺点就愈加暴露。这种同等对待区别性特征组合的做法不仅完全缺乏层次,而且实际上跟概括分组的目标背道而驰——当同言线足够多的时候,方言区的数量也将大到失去分类意义的程度,即在方言分歧明显的地区每一种地点方言最后都可能成为一个独立的类别。

如果区分同言线的重要程度,比如认为图15中的其中一条同言线的重要程度要高于其他四条同言线,方言的分组就以它为准,从而将汉语方言分为南北两组,即北部方言和南部方言。这种处理办法的特点是二分,即一条同言线将整个汉语分布区域一分为二(如果出现次同言线和负同言线,即线外线和线内线,两组方言就可能会出现不连续分布),因此分组的数量最少。就同言线分组的操作而言,这种处理办法也不存在任何技术上的困难。问题是应当根据什么原则来决定同言线重要程度的序列。Chambers & Trudgill(1998/2002:97)曾指出:

> Yet in the entire history of dialectology, no one has succeeded in devising a satisfactory procedure or a set of principles to determine which isoglosses or which bundles should outrank some others. [然而在整个方言学史上,还没有人能成功地定出一套令人满意的程序或原则,用以解决哪些同言线或同言线束应当高于其他同言线或同言线束的问题。]

本文不打算就这个问题展开讨论。就以语音标准所进行的汉语方言分组来说,我们认为确定同言线重要程度序列的原则大体可以用丁邦新(1982/1998)的一段话来概括：

> 以汉语语音史为根据，用早期历史性的条件区别大方言；用晚期历史性的条件区别次方言；用现在平面性的条件区别小方言。早期、晚期是相对的名词，不一定能确指其时间。条件之轻重以相对之先后为序，最早期的条件最重要，最晚期的条件也就是平面性的语音差异了。

这段话的重要意义在于为汉语方言的区分提出了一个明确的操作标准。这个操作标准的关键是区分音韵差异的不同历史深度，即"早期历史性条件＞晚期历史性条件＞平面性的语音差异"。何谓早期，丁邦新(1982/1998)认为"大致说来，以隋唐中古以前作为早期可能比较合适"，而王福堂(1999:47)则认为"所说早期大致指中古不晚于唐宋的时期，晚期指宋元以后"。本文采用王说。"早期的历史性的语音演变反映方言在中古时已经分化，再经历以后的发展就成为不同的方言，所以可以根据它来区分方言"，"晚期的历史性的语音演变反映方言近古以后的变化，一般只是方言内部的再分化，只形成方言的内部分歧，所以不能根据它来区分方言，只能区分次方言、土话等"（王福堂 1999:47）。

前文讨论的五项音变，前三条属于早期音变，后两条属于晚期音变。王力(1985:166、229—230)指出："隋唐时代，唇音还没有分化为重唇（双唇）、轻唇（唇齿）"，而晚唐五代"唇音分化为重唇（双唇）、轻唇（唇齿）"[①]，"在朱翱反切中，重唇与轻唇分用画然"。日母隋唐时期仍为鼻音，王力(1985:165)构拟为 *ɲ，而到了晚唐五代，韵图把来日二母排在一起，称为半舌、半齿，王力(1985:229)构拟为 *r[ɾ]。全浊上归去的演变发生在唐代，王力(1985:259)曾说：

> 李涪《刊误》说："吴音乖舛，不亦甚乎！上声为去，去声为上。……恨怨之恨则在去声，很戾之很则在上声。又言辩之辩则在上声，冠弁之弁则在去声。又舅甥之舅则在上声，故旧之旧则在去声。又皓白之皓则在上声，号令之号则在去声。"李涪这段话是批评《切韵》时代的。"很、辩、舅、皓"都是浊上字，这是晚

唐时代浊上变去的确证。

李新魁(1991:164)也说：

> 在浊上变去之前，中原汉语的声调，大概还保有阳上一类，只不过到了唐宋之时，阳上的字变读为阳去了。

由于权威方言的影响，浊上归去在现代汉语各大方言都有程度不同的反映，加上调类的晚期演变十分常见，因此前文将浊上归去这一音变设计为浊上字是否分化。

闭口韵和疑母的消失是元以后的事情。元周德清所编的《中原音韵》(1324年)仍保留闭口韵(侵寻 əm iəm；监咸 am iam；廉纤 iɛm)，疑母部分并入云以。(杨耐思 1981:44、15)

按照这种早期音变和晚期音变的区分，则前文提到的五条同言线只有 a b c 三条可以用做大方言的区分标准。其中古日母字同言线存在线内线(负同言线)的问题。项梦冰、曹晖(2005:156—157)提出在汉语方言分区的同言线操作中可以采用忽略负同言线原则，含义是：对于出现在主同言线内的负同言线，无论其数量有多少，空间位置在哪里，只要在总体上不构成对线内局域的大面积侵吞，主同言线作为分区标准的意义就不应受到削弱。施用忽略负同言线原则后，古日母字同言线和古微母字同言线就可以看成大体重合的两条同言线。因此，可以用来区分大方言的三条同言线实际上变成了一条同言线束(a & b)和一条同言线(c)，可以分别记作 $B_{a\&b}$ 和 I_c。如图 16 所示。

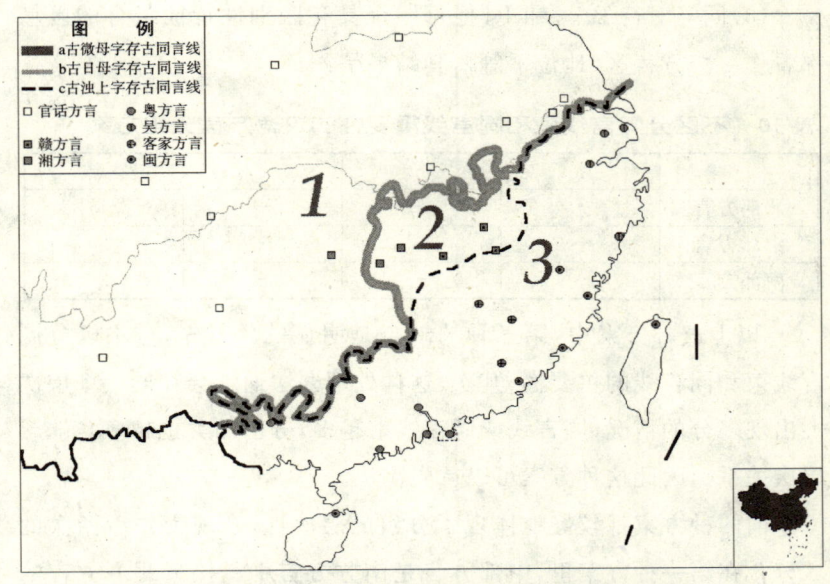

汉语方言的分组和官话方言的界定　　183

图 16　区分同言线重要性的汉语方言分组方案

从图可见,三条同言线都呈东北—西南走向,其中古微母字同言线和古日母字同言线大体重合(古日母字施用了忽略负同言线原则),而古浊上字同言线的东北段和西南段跟古微母字同言线和古日母字同言线也是大体重合的,只有中段是岔开的。三条同言线可以将汉语分隔为三个区域,图中分别用１２３来代表。汉语方言的分组工作又面临着新的选择：

(1)以 $B_{a\&b}$ 为划分南北的标准,而 I_c 用作下一层次的划分标准。其结果是：

$$汉语\begin{cases}北方方言(北部方言,即图中的 1)\\南方方言(即图中的 2 和 3)\begin{cases}中部方言(即图中的 2)\\南部方言(即图中的 3)\end{cases}\end{cases}$$

(2)以 I_c 为划分南北的标准,而 $B_{a\&b}$ 用作下一层次的划分标准。其结果是：

$$汉语\begin{cases}北方方言(即图中的 1 和 2)\begin{cases}北部方言(即图中的 1)\\中部方言(即图中的 2)\end{cases}\\南方方言(南部方言,即图中的 3)\end{cases}$$

(3) 同等对待 $B_{a\&b}$ 和 I_c，把每一个具有区别性特征组合的区域都看作一个方言区（地位平等），其结果是：

表 10　不区分同言线束和同言线重要性的汉语方言分组方案

	a	b	c	区域
北部方言	＋	＋	＋	1
中部方言	－	－	＋	2
南部方言	－	－	－	3

以上三种方案中，第三种的缺点是明显的。首先，它不区分同言线束和同言线的重要性；其次，这种处理办法通常会在同一个层次上出现多分的情况（同言线或同言线束越多，分出的类也越多），缺乏层次关系。因此这种方案可以首先淘汰。

前两种方案都较好地体现了分组的层次性，表现为先后两次的二分。在第一种方案里，中部方言是南方方言中最接近北方方言的部分；在第二种方案里，中部方言是北方方言中最接近南方方言的部分。第一种方案就是大家所熟悉的把汉语分为官话方言和非官话方言（东南诸方言）两大组的做法。请注意第二种方案也是实际出现过的。在早期的汉语方言分区图中，今天的湘语和赣语是归在官话方言里的，例如 1922 年出版的《中华归主——中国基督教事业统计（1901—1920）》所提供的"中国语言区域分划图"以及 1933 年出版的《中国分省新图》（丁文江、翁文灏、曾世英编制，申报馆）里的"语言区域图"，今天的湘语和赣语都划归官话方言。"中国语言区域分划图"官话方言未做次方言的区分，但文字部分提到"官话本身分为北部官话、南部官话和西部官话"，因此今天的湘语和赣语大概归在南部官话里（分省简述中提到"江西全省通用南部官话"）。"语言区域图"将官话方言分为华北官话区和华南官话区，今天的湘语和赣语都归在华南官话区。这两份地图大体可以代表第二种方案，不过地图作者都没有提供划分所依据的标准，而且我们也不清楚他们心中的方言分类的层级架构是如何的。也许当时将湘语和赣语归入官话方言跟方言语料的掌握不够有关。

第一种方案应为优选方案。理由是:(1)符合同言线束优于同言线的原则。即:$B_{a\&b} > I_c$。(2)符合匀称原则。$B_{a\&b}$所分出的南北面积比例要小于I_c所分出的南北面积比例。也就是说,在北方方言面积占绝对优势的情况下,第一种方案中的南方方言的面积要比第二种方案中的南方方言的面积要大。(3)有利于对官话方言做较纯粹的界定(在三项早期音变上都表现为+),而南方方言的分歧则可以部分归因于官话方言冲击程度的不同(前文已指出官话方言和非官话方言的语言地位不同,官话方言是优势方言)。可见,第二种方案被第一种方案取代是历史的必然,尽管当时不一定明确意识到这些理由。

按第一种方案给汉语方言分组的结果如图 17 所示。为制图方便 $B_{a\&b}$ 以 I_a(同言线 a)做代表。

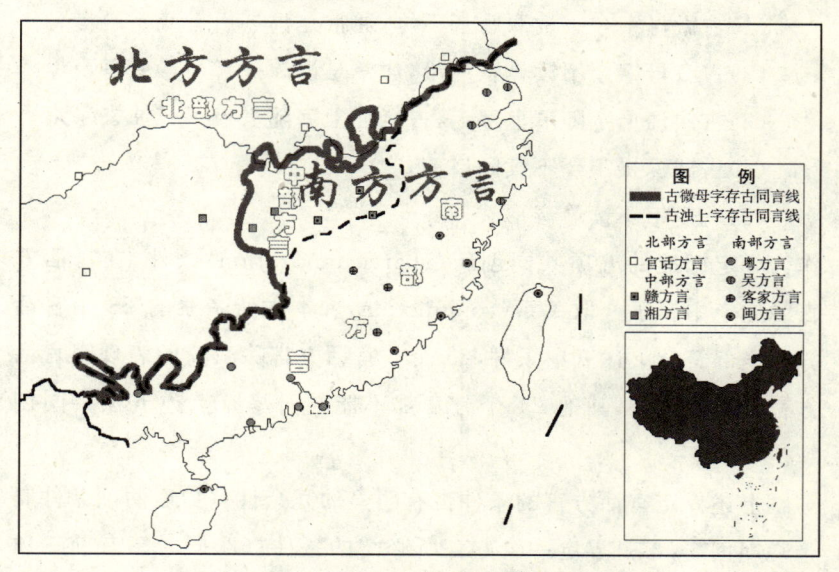

图 17　汉语方言分组的优选方案

三 官话方言的界定

3.1 官话方言的界定

前文曾说明晚期历史性标准不得用作大方言的划分依据，这是方言分区中同言线操作的一般原则。不过这一点不能用来否定晚期历史性标准在说明方言一致性上的作用，因此本文对于官话方言的界定将采用早期音变标准和晚期音变标准相结合的原则，目的在于说明官话方言不仅享有重要的早期共同创新，而且也享有重要的晚期共同创新。

官话方言可以界定为具备以下音变特征的汉语方言：

(1) 古微母字今不读双唇音声母，通常是读零声母或 v 声母；

(2) 古日母字今不读鼻音声母，通常是读浊擦音声母或零声母；

(3) 古次浊上字随清上字走，古全浊上字随去声字或浊去字走；

(4) 古咸深摄字今不读闭口韵；

(5) "五"字不读鼻音形式。

作为界定标准的五项共同创新（shared innovation）条件，在官话方言的界定中属于合取关系（conjunction）。本文所考察的 23 个官话方言全部符合上述五项条件，25 个非官话方言除溆浦的表现跟官话方言完全相同外，其他 24 个方言都不能同时享有上述五项共同创新。

上述界定官话方言的条件带有明显的冗余性：(1) 后两项条件属于晚期创新，不是界定一级方言所必需的条件；(2) 同时享有前三项早期创新的方言大致以同言线 a 为界（参看图 15）。因此，界定官话方言实际上只要 (1) 一项条件就可以了。下面比较界定官话方言的三种不同方案：

汉语方言的分组和官话方言的界定　　187

表 11　三种分区方案的比较

	方案 A	方案 B	方案 C
界定条件（合取）	(1)	(1)(2)(3)	(1)(2)(3)(4)(5)
特　　点	只用早期共同创新条件，充分且必要	只用早期共同创新条件	早期共同创新条件和晚期共同创新条件并用
冗　余　度	小─────────────→大		
信　息　量	小─────────────→大		
例外方言	多─────────────→少		

其中信息量一项不仅指条件本身所指明的共同创新内容，也指一致性的程度，即所用的条件越多，其一致性越确定。冗余度和信息量成正比关系，跟例外方言的数量成反比关系。即冗余度越大，信息量越大，例外方言的数量越少。下面以江西宜春和武宁（礼溪）方言（都属于赣方言）为例说明采用不同方案的效果，语料分别根据陈昌仪(1991)和钟明立(2004)的同音字表。宜春和武宁（礼溪）古微母字今读 m- 声母的百分比都很低：

宜春：蔓 man⁵｜蚊 mɪn²｜网 moŋ³（占 9％，如果排除前两字另有反切，只占 3％）

武宁（礼溪）：尾 mi³｜蚊 mən²（占 6％）

图 10 古微母字今读 m- 的同言线以 11％ 为标准，则宜春和武宁（礼溪）都应画在线外（跟官话一组）。假设以方案 A 来界定官话方言，即把古微母字今不读 m- 声母作为界定官话方言的充分必要条件，则宜春和武宁（礼溪）都可以归入官话方言，而这显然是不合理的，因此需要作为例外来处理（符合条件但不归为官话方言）。而如果按方案 B 来界定官话方言，则宜春和武宁（礼溪）显然无法归入官话方言，因为它们的古日母字今读明显跟官话方言有区别：

宜春：饶 ȵiəu²｜热 ȵiɛʔ⁷｜软 ȵiøn³｜人 in²/ȵin²｜忍 ȵin³｜韧 ȵin⁵｜日 ȵiʔ⁷｜让 ȵioŋ⁵｜弱 ȵioʔ⁷｜肉 ȵiuʔ⁷（占 21％）

武宁(礼溪)：饶揉 ɲiau² | 柔 ɲiəu² | 染 ɲiɛn³ | 热 ɲiet⁸ | 软 ɲyɔn³ | 人 ɲin² | 刃认 ɲin⁶ | 日 ɲit⁷ | 壤嚷 ɲiɔŋ³ | 让 ɲiɔŋ⁶ | 弱 ɲiɔk⁷ | 箬 ɲiɔk⁸ | 肉 ɲiuk⁷（占 37%）

图 11 古日母字今读 ɲ 的同言线以 11% 为标准，按图例宜春和武宁（礼溪）都属于第五类方言（21% 以上者），跟官话方言有明显的差异。可见，按照方案 B 来界定官话，宜春和武宁（礼溪）就不可能被归到官话方言里去。

非官话方言的界定可以有两种办法。第一种办法是以官话方言的界定(方案 C)为基础，把非官话方言界定为：不享有或不完全享有五项创新音变的方言。即在界定官话方言的五项条件中，非官话方言的取值是 0—4。取值越小，存古的程度越高；取值越大，接近官话的程度越高。这种界定办法不能突出官话方言和非官话方言创新和存古的对立，而且还包含了两项晚期条件。因此非官话方言的界定最好是采用第二种办法，即从存古的角度来进行界定。

就存古的音韵现象本身而言，不存在早期、晚期的时间问题。不过如果有某个大方言发生了创新音变，其发生的时间就可以用来决定某项存古现象是否可以用作界定大方言的条件。"五"读鼻音形式和保留 -m 尾韵两项存古都不宜用作界定大方言的条件，因为官话方言(4)(5)两项创新音变发生在元以后。因此能够用来界定非官话方言的只能是跟(1)(2)(3)三项条件相对应的三项存古，即：

(1′)古微母字白读层有读双唇音声母(m- b- 等)的字；

(2′)古日母字白读层有读鼻音声母(ɲ- n- 等)的字；

(3′)古浊上字(含全浊上和次浊上)白读层归阳上调(没有阳上调的方言可变通为古次浊上字和全浊上字在白读层里是否有共同的演变行为，如客家话古次浊上字和全浊上字在白读层里多归阴平)。

非官话方言可以界定为：至少符合(1′)(2′)(3′)三项条件之一的方言。即界定非官话方言的三项存古条件是析取关系（disjunction）。

3.2 溆浦方言的归属

溆浦一带的方言具有混合的性质,因此如何归派就成了一个问题。《中国语言地图集》(1987—1990)将溆浦一带的方言划归湘方言吉溆片,包含吉首市、保靖、花垣、古丈*、泸溪*、辰溪*、溆浦*、沅陵*(加星号表示部分地区)。而之前的《湖南方言调查报告》(杨时逢 1974)把溆浦划归第二区,乾城(今吉首市)、保靖、永绥(今花垣)、古丈、泸溪、辰溪、沅陵划归第五区(《湖南方言调查报告》把湖南省的汉语方言划为 5 区,各区没有名称,根据该报告的分区概说,第一区是典型的湖南话,第二区大都跟第一区差不多,第五区很像西南官话。)《湖南汉语方言概况》(鲍厚星 1998)把辰溪、泸溪、溆浦划归湘方言辰溆片,把吉首、古丈、保靖、花垣、沅陵划归西南官话吉永片,这种处理大概是吸收了 1960 年《湖南省汉语方言普查报告(初稿)》的意见(该报告把辰溪、泸溪、溆浦划归第一区湘方言区,把吉首、古丈、保靖、花垣、沅陵划归第二区西南官话区)。以上三种处理的异同可概括为表 12。

表 12 对溆浦一带方言的归属处理

	溆浦	辰溪	泸溪	吉首	古丈	保靖	花垣	沅陵
1974	第二区湘方言	第五区西南官话						
1987—1990	湘方言吉溆片 古丈、泸溪、辰溪、溆浦、沅陵非纯湘方言分布区							
1998	湘方言辰溆片			西南官话吉永片				

以上 8 县市的方言从音韵方面看都具备前面所说的三项早期创新音变和两项晚期创新音变,不过它们都有浊塞音和浊塞擦音,大体上是古全浊声母今读塞音、塞擦音时,逢平声读不送气浊音,逢仄声读不送气清音,以古定母字"同"、"洞"为例:

表 13 溆浦一带方言"同"、"洞"两字的声母

	溆浦	辰溪	泸溪	吉首	古丈	保靖	花垣	沅陵
同	$dʌŋ^2$	du^2	$duŋ^2$	$doŋ^2$	$doŋ^2$	$doŋ^2$	$dō^2$	$doŋ^2$
洞	$tʌŋ^6$	tu^3	$tuŋ^3$	$toŋ^5$	$toŋ^5$	$toŋ^5$	$tō^5$	$toŋ^5$

也就是说，这些方言都具有塞音、塞擦音三分的特点，以溆浦为例：

东_端 tʌŋ¹ ≠ 通_透 tʰʌŋ¹ ≠ 同_定 dʌŋ²

塞音、塞擦音三分只见于吴方言、老湘语和个别赣方言。溆浦一带的方言可以看作是一种老湘语和西南官话的混合方言，其归属可以有两种处理办法：(1)全部划归官话方言；(2)全部划归湘方言。第一种处理主要立足于关键性的音韵特征，因为这些方言都符合前述的官话方言界定标准；第二种处理主要立足于底层现象，因为这些方言都还部分保留老湘语塞音、塞擦音三分的特点。项梦冰、曹晖（2004：157—159）曾在讨论汉语方言的宏观分区时提出弱势方言的逾越扩展原则（principle of extending inferior dialect areas via suppassing crucial isoglosses），指在两类方言的过渡区，弱势方言可优先根据某些同言线来确定其分布范围，从而出现逾越关键性同言线而得到扩展的可能性。如果把前述三项早期创新音变作为关键性的同言线，则溆浦一带的方言将被划入官话方言，而现在根据塞音、塞擦音三分将它们归入湘方言，实际上是使用弱势方言逾越扩展原则的结果。无论将溆浦一带的方言划归官话方言还是划归湘方言，都是一种可取的处理（我们认为划归湘方言更为可取），而把它们一分为二，部分归入官话方言、部分归入湘方言的处理，则未见其佳。

3.3 晋语的地位

一旦对官话方言有了一套明确的界定标准，则晋语是否应从官话中独立出去的问题也就迎刃而解了。在本文所考察的 23 个官话方言中，太原方言和呼和浩特方言都属于晋语，在界定官话方言的五项创新音变中它们都没有表现出特殊之处。可见，晋语的分立只能在官话方言的内部考虑；任何将晋语升级为大方言的方案，都必然使汉语方言的宏观分组和官话方言的界定增加困难，显然是得不偿失的[⑧]。

从汉语方言分区的历史看，官话方言的区域有变小的趋势，湘方言、赣方言和徽语都曾经归在官话方言里，那么把晋语从官话中分出来是否可以看作这一趋势的继续呢?也就是说,晋语的独立是否是一种历史的必然?答案显然是否定的。把湘方言、赣方言和徽语从官话方言中分出来跟把晋语从官话方言中分出来有着本质上的不同:

(1)就地理分布格局说,湘方言、赣方言和徽语跟其他南方方言连成一片,而晋语则处于官话方言分布区域的腹地,而且紧挨首都北京,北京语音为民族共同语的标准音。如图 18 所示。

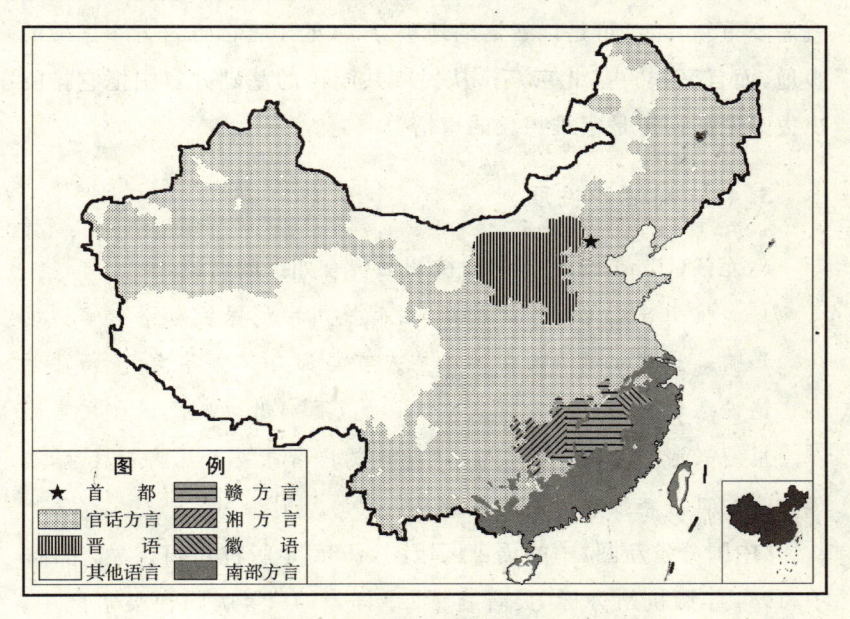

图 18 晋语的地理分布

(2)就音韵现象说,湘方言、赣方言和徽语古微母字和古日母字的今读表现大体跟其他南方方言一致而跟官话方言对立(有少数例外)。也就是说,当把湘方言、赣方言和徽语从官话方言中分出来后,我们仍然能找到可以涵盖所有非官话方言的语音特征,这正好说明把湘方言、赣方言和徽语从官话方言分出来的必要性。而晋语的情况不同。我们目前还无法提出能涵盖包括晋语在内的所有非官话方言的重要音韵特征(跟官话方言有区别性的特征)。尽管我们不完全清楚最初把湘方言、赣方言和徽语从官话方言中分出来的学者靠的语感还是有实际的语音标准,但这一做法以今天的眼光看显然是有坚实的语音依据的。

此外,将晋语从官话方言中独立出去,还将引发一个问题:作为官话方言,晋语无疑是民族共同语——普通话的基础方言的一个重要组成部分,而将晋语从官话中独立出去以后,它还是不是民族共同语的基础方言?如果是,为什么它能是而其他的非官话方言特别是湘语和赣语却不能是?如果不是,则民族共同语的基础方言的范围就需要重新界定,可是以晋语的地理分布(处于官话方言分布区域的腹地,而且紧挨首都北京)看,从民族共同语的基础方言中把它排除出去无论如何也是很难想象的事情。

3.4 杭州话的性质

赵元任(Chao 1928:xiv)对杭州话曾有如下的讨论:

> 杭州曾经是南宋的首都,因而杭州话还保留着不少官话的影响。虽然大量语词在其他吴方言里都有文白异读,杭州话无论说话还是读书却只有文读。因此,用杭州话来读一段文言跟用绍兴话来读同一段文言,读出来的语音相差无几。相反地,杭州的口语却跟四周围的吴语有很大的差别。

《中国分省新图》中的语言区域图,1933年版杭州归在吴方言区中,1934年版杭州旁标"吴音官话"字样,1948年版归在吴语区中。语言区域图的分区工作一般认为是由赵元任先生主持的,杭州话定性的反复正好给《现代吴语研究》有关杭州话的讨论做了一个注脚。不妨认为在赵先生的心里,杭州话实在是一种官话和吴语的混合产物,"杭州话还保留着不少官话的影响"和"吴音官话"两种表述则反映对杭州话吴语成分和官话成分孰轻孰重的认识尚有摇摆。从1948年版的语言区域图之后,学术界一般都把杭州话归为吴语,《中国语言地图集》把杭州划归吴语太湖片杭州小片。

罗杰瑞(Norman 1997/2004)有两段话是讨论杭州话的:

> 现代的杭州话虽然有吴语的某些特征,它其实是一种保守的官话方言。塞音和塞擦音声母的三分对立(相当于中古声母

的全清、次清、全浊之别)一般认为是吴方言的区分条件。赵元任先生(Chao 1967)认为闭塞音声母按发音方法三分,是划分吴语的充分而必要的条件。从这个观点来看,杭州话应该是一种吴语——因为它的塞音、塞擦音声母具有必要的三分对比。

这种看法不无问题。第一,有些湖南、广西的方言,声母也是按发音方式三分。这些远离吴语区的方言是否也该划为吴语?据目前所知,还没有人作过如此的方言区分。这就说明浊音条件(也就是说,一个方言有第三套、浊音的塞音和塞擦音声母)虽然可能是吴语的必要条件,却不是充分条件——因为还有属于粤、湘的方言也符合这个条件。第二,从历史的观点来看,上面所说的条件——三分制的发音方法——是存古(因为《切韵》以及更早的汉语,声母也有全清、次清、全浊之别)。因此,它作为方言区分的条件,有效性也不免打些折扣。据我看来,把吴语从其他方言中划分出来的条件很需要重新考虑。把杭州话划为吴语正好就是用有问题的、保留全浊声母的那个条件。相反,我认为杭州话应该看作一种保守的官话。

这种观点跟 1934 年的"吴音官话"比较,可以说是既有继承,又有发展。继承的方面表现在把杭州话定位为带有吴语成分的官话,发展的方面表现在对全浊声母的不同认识上。杭州话塞音、塞擦音三分在赵先生的心目中大概属于吴音成分(赵元任(Chao 1967/1985)认为闭塞音声母按发音方法分为三套是吴语"最突出而且典型"的语音特征),而新的看法则把这一音韵表现看成是共同存古,因此不必看成是吴音成分,即杭州话是一种"保守的官话"。

罗杰瑞(Norman 1997/2004)用来界定官话方言的标准有三条,即:(1)日母、微母非鼻音化。(2)全浊上变去。(3)第三人称代词用"他"。其中(3)是词汇条件。方言分区除了音韵条件,是否还应兼用词汇、语法条件,目前还没有一致的认识。本文不打算就这个问题展开讨论,而只就音韵方面检验杭州话的表现。日母、微母非鼻音化和全浊上变去分别相当于本文界定官话方言的(2)(1)(3)三项早期条件。前文对杭州话五项创新音变的表现已作介绍，即(4)(5)两项晚期条件跟官话方言一致，但前三项早期条件跟官话方言不一致(其中古次浊上字归阳去已不典型)。这里根据钱乃荣(1992a)的同音字表，穷尽罗列杭州话古微母字和日母字今读鼻音声母的字音，文白异读一并列出：

古微母字：尾 vi^3/mi^3 | 味 vi^6/mi^6 | 蚊 $vən^2/mən^2$ | 问 $vən^6/mən^6$ | 袜 $mɐʔ^8$（占 13%）

古日母字：惹 nia^3 | 饶 $ʑɔ^1/niɔ^2$ | 染 $ʑuo^3/nia^3$，$nɣo^3$ | 绕 $niɔ^6$ | 任$_{姓}$ nin^2 | 热 $zɐʔ^8/niiʔ^8$ | 软 $nɣo^3$ | 让 $zaŋ^6$，$ʑaŋ^6/niaŋ^6$ | 绒 $ʑoŋ^2/nioŋ^2$ | 肉 $zɔʔ^8/ɕiɔʔ^8$（占 12%）

其中古微母字排除了"蔓"$mɛ^5$字(大概来自《集韵》的莫半切)，古日母字排除了"瓢"$naŋ^2$音(大概来自《集韵》的奴当切)。前文图 10 和图 11 均以 11% 为标准画同言线，目的是为一些例外和语料错误留出空间(如读 m- 的"蔓"字都按微母字算)。实际上就总体情况而言，古微母字、日母字是否读鼻音声母，非官话和官话的区别是有无的区别，而不是程度的不同。这里罗列的字音可以充分说明杭州话古微母字和日母字存在明显的文白分层的现象，而且读鼻音声母的字音都在 11% 以上(图 10 图 11 杭州均画在线内)。罗杰瑞(Norman 1997/2004)指出"非官话的方言，总可以找到一些日母、微母保留鼻音的遗迹。"因此就音韵表现看，杭州话还是看成受官话影响较大的吴语比较妥当。至于阻塞音三分，我们也认为仍看作吴语成分较好，尽管阻塞音三分并非吴语独有的音韵特征。也就是说，官话属于古全浊声母一律清化的方言，而非官话方言则既有保留全浊音声母的，也有发生清化的。这是前文 3.2 对溆浦方言采用弱势方言逾越扩展原则的前提(官话古全浊声母的今读不出现存古和创新两种模式)。

3.5 徽语的性质

尽管在徽语是否自成一区上学术界还存在不同的意见，但把徽语从官话中排除出去目前已是多数学者的意见。前文用来说明官话

汉语方言的分组和官话方言的界定   195

方言一致性的五项创新音变在屯溪、休宁、黟县、祁门、绩溪、婺源、淳安等地徽语的表现如下(语料根据钱惠英 1997；南京大学中文系 1983；平田昌司等 1998；曹志耘 1996；"无 -m 尾韵"一栏记的是"南"字的读音)：

表 14 五项创新音变在七处徽语中的表现

	微母字不读 m-	日母字不读 ȵ-	古浊上字分化	无 -m 尾韵	"五"读 u³
屯溪	—	—	—	+ lɔ²	— n⁴
休宁	—	—	—	+ lɔ⁵	— n⁴
黟县	—	—	—	+ noʊ²	— n⁶
祁门	—	—	+	+ nõ²	+ vu³
绩溪	—	—	—	+ nɔ²	+ vu³
婺源	—	—	—	+ lum²	+ u⁴
淳安	—	—	+	+ lā²	— ŋa⁴

说明：婺源"南"字读 -m 尾韵，按理不应为加号，但婺源的 -m 尾韵有两个特点：(1)咸摄字并不都读 -m 尾韵；(2)深摄字不读 -m 尾韵；(3)读 -m 尾韵的还有山梗通摄字(梗摄字少)。例如：

咸摄字不读 -m 尾韵的：砍 kʰɤ̃³ | 钳 tɕʰĩ¹
深摄字不读 -m 尾韵：心 sein¹ | 音 iɐin¹
山摄字读 -m 尾韵的：饭 fum⁶ | 单 tom¹ | 山 som¹ | 还 xom²
梗摄字读 -m 尾韵的：棚 pʰɔm² | 聘 pʰɔm⁵ | 轰 xɔm¹
通摄字读 -m 尾韵的：篷 pʰɔm2 | 东 tom¹ | 葱充 tsʰɔm¹ | 用 iɔm⁶

很显然，婺源的 -m 尾是晚近音变的结果，即咸摄字由 -m 尾韵变为非 -m 尾韵后，又在一定条件下变为 -m 尾韵。因此就古咸深摄字存古读 -m 尾韵来说，婺源属于创新类的方言。

表 15 徽语古微母字、日母字和浊上字举例

	尾微	蚊微	网微	耳日	忍日	肉日	痒次浊上	丈全浊上
屯溪	me⁴	man²	mau⁴	ə⁴	ȵin³	ȵiu⁴	iau⁴	tɕʰiau⁴
休宁	me⁴	ma⁵	mau⁴	ȵi⁴	ȵin⁴	ȵuen⁸	iau⁴	tʃʰiau⁴
黟县	mɛɛ³	maŋ²	moŋ³	ȵiɛi²	ȵiɛi³	ȵiau¹	iŋ³	tɕʰiŋ³
祁门	vui³	mã²	ŋuːə²	ə³	ian³	ie⁶	ȵiɔ̃³	tsʰɔ̃³
绩溪	vi³	mã²	mõ³	n³	ȵiã³	ȵye⁷	iõ³	tɕʰiõ³
婺源	mi⁴	mɐin²	mã⁴	ø⁴	iɐin³	ȵiɑ⁶	iɑ⁴	tɕʰiɑ⁴
淳安	mi³	men²	mɔm³	lɑ³	in³	iɔ⁸	iɑ³	tsʰiɑ³

说明：祁门"尾"、"网"已不读 m-(ŋ- 是零声母音节增生鼻音声母的结果，比较影母字"碗" ŋū:ə³)，除"蚊"字外，读 m- 的微母字还有：晚~娘;继母 mū:ə³、袜 mu:ə³、蟆 mā¹、物 ma⁶。祁门古日母字就表面看有一些字读 n̠-，但大概也是零声母音节增生鼻音声母的结果，比较：

烟影 n̠ī:ə¹　　然日 n̠ī:ə²
冤影 n̠ȳ:ə¹　　软日 n̠ȳ:ə³
央影 n̠iɔ¹　　让日 n̠iɔ⁶
雍影 n̠iɤŋ¹　　绒日 n̠iɤŋ²

婺源古日母字今读 n̠- 需要举更多的例字：染 n̠i³ | 热 n̠iɛ⁶ | 软 n̠ȳ⁴ | 人 n̠iɛin² | 日 n̠i⁶。

　　结合表 14 和 15 可知，徽语古微母字今白读 m-，古日母字除祁门、淳安外，今白读 n̠-，古浊上字屯溪、休宁、婺源今读阳上调（含次浊字和全浊字），黟县、祁门、绩溪、淳安虽然没有阳上调，但其全浊上字在白读层里归上声，从比较的立场可以假设这四处方言目前的声调格局由阴上、阳上并调形成。可见，无论将徽语归入官话方言（北部方言），还是将徽语归入赣方言（中部方言），以前述的标准来衡量，都是不合理的，因为徽语明显属于南部方言。王福堂（2004）在比较了各种处理方案后，认为把徽语归入吴方言的处理大概是比较合适的。

附　注

①除转引的地图外，本文方言地图中的中国轮廓线及方言点位置依据《中国语言地图集》A1 图"中国语言图"绘制。

②本文方言分布区的界线依据《中国语言地图集》A1 图绘制，但将十分方案折合为七分方案，即晋语归入官话方言，徽语、平话分别归入吴方言和粤方言，另外为了制图方便把分布面积较小的多方言分布区都视为单一方言区。

③本文的重点是从语言特征的地理分布考察汉语方言的宏观分组趋势，并从而确定官话在汉语方言分类框架中的位置。所用的标准不一定是本文首先提出来的。例如丁声树、李荣（1956:82）提到的官话语言特点中有"古[-m]尾韵现在不收[-m]尾"，袁家骅等（1960/1983:23—24）提到的官话共同点中有"平分阴阳，全浊上声归去声，绝大部分地区只有阴平、阳平、上声、去声四个调类，调类分派情况相当一致"，何大安（1988）对浊上归去与现代方言有非常深入的讨论，罗杰瑞（Norman 1997/2004）把日母、微母非鼻音化作为官话方言充分而必

要的条件之一。本文作者从音韵现象的计量分布角度也曾先后提到古微母字、古日母字的今读可以用作区分南北的标准(项梦冰 2002/2003；项梦冰 2004/2006；项梦冰、曹晖 2005：116—120)。官话方言的不同界定方案需要专门讨论，本文从略。

④本文所说的"存古"是一个相对的概念，不一定指完全保留古音，如古微母字今读 m ᵐb b 声母的方言，只有 m 跟古音一致，而 ᵐb 和 b 都发生了演变，但三种读法的共同点是保持双唇音(即古微母字和明母字的今声母相同)，跟不读双唇音(即古微母字和明母字的今声母不同)的演变对立，因此都可以归在存古的类型里，即明微不分是存古，明微有别是创新。

⑤请注意本文采用的是对现有语料的穷尽性统计，统计单位是字音而不是字(一个字有文白异读就按两个字音计算)。凡有对照字音的语料，例如北京、济南(北京大学中文系语言学教研室 1989)和香港、澳门(詹伯慧、张日昇 1987)，都完全按其收字进行统计；只有同音字表的语料，通常是以《方言调查字表》中收的字(超出这一范围的字一般很少)为准进行穷尽性统计，例如杭州话古微母字今读 m- 的百分比是这么算出来的：先从钱乃荣 1992a 的同音字表中摘出所有《方言调查字表》中的微母字音 39 个，其中读 m- 的字音有 6 个，因此今读 m- 的百分比为 15%(即 6 除以 39 的商)。由于各方言点的语料丰满度不尽相同，而统计过程中也难免会出现个别失误，但这对观察方言现象的宏观变异趋势并不会造成明显的影响，例如项梦冰(2002/2003)尾注 18 和 19 曾比较过以同一方言的不同语料做统计基础(语料丰满度相同和不同的都有)，统计结果虽有差异，但不影响归类问题。

⑥"曼"、"蔓"在《集韵》里实际上有四个音韵地位，除谟官切(相当于《广韵》的母官)、无贩切、莫半切外，"曼"字还见于母伴切，"蔓"字还见于谟还切。

⑦唇音分化为重唇、轻唇指非敷奉微四母从帮滂並明中分化出来。由于非敷奉母和微母的产生并不完全同步，在汉语方言的今读表现中也不完全相同，因此在汉语方言分类中的地位也不相同(项梦冰 2002/2003；项梦冰 2004/2006；项梦冰、曹晖 2005：112)。

⑧笔者将另文讨论晋语分立的问题。

参考文献

鲍厚星 (1998) 湖南汉语方言概况(《湖南方言研究丛书》代前言)，见李维琦 (1998)。

北京大学中文系语言学教研室 (1989)《汉语方音字汇》，文字改革出版社，北京。

曹志耘 (1996)《严州方言研究》，好文出版，东京。

陈昌仪 (1991)《赣方言概要》，江西教育出版社，南昌。

陈鸿迈 (1997)《海口话音档》，上海教育出版社，上海。

陈章太、李行健(1996)《普通话基础方言基本词汇集》,语文出版社,北京。
丁邦新(1982/1998)汉语方言区分的条件,丁邦新著,《丁邦新语言学论文集》,商务印书馆,北京,166—187页。
丁声树、李荣(1956)汉语方言调查,现代汉语规范问题学术会议秘书处编,《现代汉语规范问题学术会议文件汇编》,科学出版社,北京,80—88页。
丁文江、翁文灏、曾世英(1933/1934/1948)《中国分省新图》,上海申报馆,上海。
高葆泰、张安生(1997)《银川话音档》,上海教育出版社,上海。
广西壮族自治区地方志编纂委员会(1998)《广西通志·汉语方言志》,广西人民出版社,南宁。
贵州省地方志编纂委员会(1998)《贵州省志·汉语方言志》,方志出版社,北京。
郭锡良(1986)《汉字古音手册》,北京大学出版社,北京。
何大安(1988/1994)"濁上歸去"與現代方言,《声韵论丛》第二辑,学生书局,台北,267—292页。
贺凯林(1999)《溆浦方言研究》,湖南教育出版社,长沙。
李维琦(1998)《祁阳方言研究》,湖南教育出版社,长沙。
李新魁(1991)《中古音》,商务印书馆,北京。
刘丹青(1997)《南京话音档》,上海教育出版社,上海。
刘纶鑫(1999)《客赣方言比较研究》,中国社会科学出版社,北京。
卢甲文(1992)《郑州方言志》,语文出版社,北京。
罗常培(1940/1999)《临川音系》,罗常培著,《罗常培文集》第一卷,山东教育出版社,济南。
罗杰瑞(Norman 1997/2004)关于官话方言早期发展的一些想法,《方言》2004年第四期,北京,295—300页。
毛玉玲(1997)《昆明话音档》,上海教育出版社,上海。
南京大学中文系(1983)《休宁话记略》(油印稿),南京。
平·田昌司等(1998)《徽州方言研究》,好文出版,东京。
钱惠英(1997)《屯溪话音档》,江苏教育出版社,南京。
钱乃荣(1992a)《杭州方言志》,好文出版,东京。
—— (1992b)《当代吴语研究》,上海教育出版社,上海。
王福堂(1999)《汉语方言语音的演变和层次》,语文出版社,北京。
—— (2004)徽州方言的性质和归属,《中国语文研究》第一期,香港,1—7页。
王 力(1985)《汉语语音史》,中国社会科学出版社,北京。
王 森(1997)《兰州话音档》,上海教育出版社,上海。
项梦冰(2002/2003)客家话古非组字的今读,《语言学论丛》第二十七辑,商务印书馆,北京,214—263 页。

项梦冰(2004/2006)客家话的界定及客赣方言的分合,《语言暨语言学》第七卷第二期,台北,297—338 页。

——(2006)客家话古日母字的今读——兼论切韵日母的音值及北方方言日母的音变历程,《广西师范学院学报》(哲社版)第一期,南宁,83—91 页。

项梦冰、曹晖(2005)《汉语方言地理学——入门与实践》,中国文史出版社,北京。

谢留文(1998)《于都方言词典》,江苏教育出版社,南京。

邢向东(1998)《呼和浩特话音档》,上海教育出版社,上海。

杨耐思(1981)《中原音韵研究》,中国社会科学出版社,北京。

杨时逢(1974)《湖南方言调查报告》,中央研究院历史语言研究所,台北。

袁家骅等(1960/1983)《汉语方言概要》,文字改革出版社,北京。

詹伯慧、张日昇主编(1987)《珠江三角洲方言字音对照》,广东人民出版社,广州。

张成材(1997)《西宁话音档》,上海教育出版社,上海。

张光宇(1990)《切韵与方言》,台湾商务印书馆,台北。

张振兴(1983)《台湾闽南方言记略》,福建人民出版社,福州。

赵元任(Chao 1928)《现代吴语的研究》,清华学校研究院,北京。

——(1948/1952) *Mandarin Primer*(《国语入门》),Cambridge,MA:Harvard Univ. Press.[本文根据李荣编译的《北京口语语法》,开明书店,1952年;又收入李荣《语文论衡》,商务印书馆,1985 年,北京,187—215 页。]

——(1967/1985)吴语对比的若干方面,叶蜚声译、伍铁平校,《赵元任语言学论文选》,中国社会科学出版社,北京,60—72 页。

中国社会科学院、澳大利亚人文科学院(1987,1990)《中国语言地图集》,香港朗文(远东)有限公司,香港。

钟明立(2004)江西武宁礼溪话音系,《方言》第四期,北京,371—382 页。

周 磊(1998)《乌鲁木齐话音档》,上海教育出版社,上海。

Chambers,J. K. & Trudgill,Peter(1998/2002) *Dialectology*(second edition),北京大学出版社,北京。

(100871 北京,北京大学中文系 北京大学汉语语言学研究中心
E-mail:xiangmb@pku.edu.cn)

香港地名中的闽语和客语成分*

郭必之　张洪年

提要　本文通过辨识在香港地区找到的闽语和客语地名，结合移民史等文献资料，尝试追寻操闽语和客语的先民在香港境内的分布以及他们和其他族群(围头、广府等)互动的情况。辨识地名方言系属的方法有以下三个：一、考察通名中的"特征词"；二、考察专名中的"特征词"；三、检验各种古地图所提供的讯息。我们发现，和闽语有关的地名主要分布在新界东部沿岸地区，数目较少，可能是由粤东一带的渔民带来的。客语地名的分布则广泛得多，新界大部分地区(尤其是新界北部)、大屿山，甚至是市区，都可以找到踪迹。18世纪60年代一张由欧洲人绘制的地图就曾经以客语拼音 *Fanchin Chow*(饭甑洲)来命名香港岛。当时客语在香港的地位由此可见。

关键词　香港　地名　闽语　客语　移民史

1　研究方法

地名是探索某地区语言变迁其中一扇窗口。在没有太多书面文献可资参考的情形下，地名研究的意义尤其显得重要。以今天香港为例，超过百分之八十的人口都以香港粤语作为家庭语言(邹嘉彦

---

* 本文为香港中文大学 Direct Grant for Research 资助项目 "Naming Hong Kong: The Story of Linguistic Heterogeneity"(编号 2010267)的部分成果。初稿曾经在第 38 届国际汉藏语会议(38- ICSTLL, 厦门大学, 2005 年 10 月)上宣读。感谢李如龙教授在本文操作期间惠赐大着(李如龙 1993)，使我们在辨认地名的语源时获得很大的启发；也要谢谢韩哲夫(Zev J. Handel)、中西裕树和两位匿名审稿人，他们先后提供了一些相当宝贵的意见。文中的观点如果有什么错误，当由笔者负责。

等 2001:183)。这个压倒性的比例容易给人一个错觉,以为香港地区的语言史就等于香港的粤语史。但事实上,不少香港地名都带有闽语或客语的色彩。这说明,闽语和客语也曾经在香港地区广泛地流行过。其牵涉范围之大,一点也不比粤语逊色。

本文从词汇的层面出发[①],辨识香港地名中的闽语和客语成分,再配合书面文献的记录,尝试追查说闽语和客语的先民在香港地区的分布以及他们跟其他族群(围头、广府)互动的情况。下面简单介绍一下本文具体的研究方法和筛选词汇的准则:

我们首先根据最新出版的《香港街》(Hong Kong Guide 2005)[②],把2 800余个香港地名(不含街道名、建筑物名)输进数据库中,按照笔画顺序排列,并把它们分割为"通名"和"专名"两部分。接着的工作是拿这些资料跟已确认的闽、客地名特征词作比较[③]。李如龙的作品(1993,1998)是我们立论最主要的依据。所谓"闽、客地名特征词"只是一种宽式的叫法。严格来说,这些"特征词"可以分为几个小类:

第一类,只见于闽语或只见于客语的地名词。例如"厝"、"埕"、"兜"等通名只见于闽语区;"塅"、"径"、"岃"等通名则只可以在客语区里找到。这种内部一致、对外又具有高度排他性的特征词,是辨别地名方言系属最重要的标准。李如龙(1993:152—174)考察过24个通名在福建省内的分布,"可以看出福建境内闽、客赣等大方言区之间的界线,还可以看出一些小区间的差别"(李如龙 1993:152—153)。"常用地名用字的分布和方言区的分布往往是相应的"(李如龙 1998:119)。

第二类,闽语、客语共有的地名词。一些地名词同时见于闽、客两种方言中,我们不能判别它们到底是因经常接触而产生借用还是共同存古(shared retention)的结果。例如把大片较平坦的田地称作"洋"、把洼地或者小盆地称作"湖",都广泛地存在于闽语区和客语区中。虽然不能明确地分辨这些地名词的方言系属,但由于仍然拥有排斥其他方言的特性,所以本文会把它们包括在讨论的范围内。

第三类，普遍见于南方方言（包括闽、客、粤）的地名词。有些地名词在大部分南方方言里都可以找到，例如指"小池塘"的"塘"、指"小海湾"的"澳"等。这种排他性不强的词，对于了解地名的来源没有太大的帮助，所以本文不会详细讨论。

上述这种分类，其实突显了我们在筛选具"闽客成分"的地名时的两大准则：（一）必须普遍见于闽语区或客语区中，或者只能通过闽语或客语去理解；（二）具有高度的排他性，尤其要排斥粤语。下文我们将逐个检验这些特征词的词义，并列出它们在香港境内的分布。

除了地名本身的词性外，西方人绘制的古地图也能提供很多有用的讯息。中国人制作地图已经有不下于 2 500 年的历史[④]。我们从这些地图中可以观察地名的更革甚至山川的变迁。对于研究中国历史地理的学者来说，它们无疑拥有极崇高的价值。可是，囿于汉字不善表音的特质，我们根本无法知道地图上各地名的实际读法，当然也不能根据这条线索去追寻地名的方言属性。至于西方人绘制中国地图，则主要是明末以后几百年间的事。Empson(1992) 就收录了几十幅和香港有关的古地图。西方人一方面拥有较先进的测量仪器，绘制的地图往往比中国人的来得更加精密[⑤]；另一方面他们用拉丁文标写地名（有时还附注汉字），我们可以根据读音来判断它们的方言属性，特别是早期还没有用标准语规范地名的时候[⑥]。这种做法背后的精神，跟利用对音、译音材料去研究古音并无二致。而本文所着重考察的，是意大利籍的和神父（Simeone Volonteri，1831—1904）在 1866 年制成的 Map of the San-On District (Kwangtung Province)，也就是新安县的地图[⑦]。

Volonteri 单单在观测地形方面，就用了四年时间。地图覆盖的范围包括整个新安县（包括今香港全境以及深圳的一部分），以及归善县（今东莞、惠州的一部分）的南境，面积约相当于香港的两倍（Empson 1992:31）。我们之所以选择它作为考察的重点，有几个原因：（一）地图的制作十分严谨，其精密程度足以和现代的地图相比。

读者在辨认每个地名的位置时,不会有什么困难;(二)它是首张同时列出中文地名及拉丁文拼写,并以新安县为中心的地图(Ng 1969:232);(三)图中地名的转写大部分以粤语(当中个别是围头话和蛋家话)为基础,但也有相当数量明显来源于客语[8]。那些用客语拼写的地名,毫无疑问代表那里是客家人聚居的地方[9]。这对于我们研究香港地名中的客语成分,有很大的助益。

考察地名的语源和方言系属时,有三个需要注意的地方。

首先是本字问题。有些地名无法通过字面去理解。这可能是它们本来并不是这样写,只是后来因为某些原因——记录偏差、忌讳和雅化、简化和复合以及行政原因等(参阅饶玖才 2003:62—67)——而改换了写法。类似的例子在香港境内为数不少,其中部分更跟我们的主题有直接关系。解决的办法,是多参考古文献,以及跟其他方言／语言作比较。

第二点也跟地名的用字有关。我们说两种方言的地名中拥有同一个通名,通常是指它们用同一个汉字。但同一个"字"不代表它们是同一个"词":它们或许有不一样的来源,甚至连读音、语义都不对应。例如以"埔"为通名的地名在闽语区、客语区和粤语区都非常普遍,单是广东省就有接近 1 500 个例子。有趣的是,闽语和客语都把"埔"念成阴平调,但粤语却读作阴去调。

厦门(闽南语)[po^1][10]　　　　　　香港(粤语)[pou^5]
福州(闽东语)[puo^1]
大埔(客语)[p^hu^1]

这种不对应的现象还显示在词义上:闽语和客语的"埔"都是指大片的平地,其中闽南语的"埔"还可以用来构词。粤语的"埔"则主要指水边(李如龙 1993:70—71)[11]。可见闽语、客语和粤语的"埔"不是同源词。这告诉我们,在实际考察时,应该把注意力集中在语音和词义的对应方面,不能只局限于地名的字形。[12]

第三点,我们不能完全排除地名特征词互相借用的可能性。好像位于美国佛罗里达州的杰克逊维尔(Jacksonville)和田纳西州的诺克斯维尔(Knoxville),其实都是英文地名,分别纪念美国第七任总统杰克逊(Andrew Jackson 1767—1845)和首任陆军总司令诺克斯(Henry Knox 1750—1806),地名中的-ville只是刻意模仿法国表"城市"的语尾(二十一世纪研究会 2002:148—149),并不表示它们都是法裔移民居住过的地方。李如龙(1998:121)在考察福建省闽、客的地名分布时也指出:"邻近的方言区有时也有地名用字分布上的共同点,这可能是相互间影响的结果。"借用的地名特征词毕竟属于少数。如果我们从大方向出发,个别的例外将不会影响总体的结论。

2 香港地名中的闽语成分

福佬人[13]移居香港及邻近地区,历史上至少有三波。第一波发生在六朝时期。当时由于战乱,很多操江东方言——当时南方的通语——的人逃难到岭南一带去,而江东方言正是今天南部吴语和闽语的前身(郭必之 2004)。但香港地名中的闽语成分相信与古江东方言无关。一般认为这些地名都是由最近两波的移民遗留下来的。清代陈伦炯(活跃于 1703—1730 年间)《海国闻见录·沿海全图》中出现了一个叫"福建头"的地方,位于佛堂门东面不远的海域中[14]。据饶玖才(2003:197)的考证,"福建头"就是今天的火石洲[15](西贡区)[16]。明明是广东领地,却偏叫作"福建头",使人怀疑它是由福建人命名的。事实上,北宋年间,莆田人林氏正是从福建经佛堂门而入居香港的(萧国健 1995:60,67)[17]。这代表了第二波。清初迁海令使华南沿岸的人口急剧下降[18],居住在香港地区的福佬人当然也大受影响。现代在新界土生土长的福佬人,大部分都是最近 100 年才从粤东地区迁移过来的渔民,这是移民史上的第三波。1911 年的人口调查显示,福佬人占香港整体人口约百分之二(Lau 2005:24)。目前新界东北端还保存了一些零零星星的闽语方言岛(李如龙等 1999;张双庆等 2003a:4)。

在香港和闽语相关的地名数量较少,主要都集中在新界的东北部。我们只能依赖个别有特色的词语去作辨认。为了醒目起见,每一段开始前会先列出将要讨论的地名词、它在《香港街》中的标音以及香港粤语实际的念法(分别用【】号和[]号标示),然后再分析它的地理分布、具体语义和语源等。

2.1 茄、企【*Ke*】[kʰɛ³],【*Kei*】[kʰei⁴](<岐):清嘉庆年间编成的《新安县志》(1819)中记录了一个名为"龙岐"的地方,位置在香港东部沿岸地区。"岐"是非常常用的闽语地理通名,有时也写作"崎"。"崎"是本字。《广韵·微韵》渠希切:"崎,曲岸。"福州音[kie²],厦门音[kia²]。据福建省55县市的资料统计,带"岐"或"崎"的地名多达670处(李如龙 1993:144,1998:130)。"龙岐"是今天的什么地方呢?萧国健(1995:77)认为它位于大鹏半岛上,饶玖才(2003:197)则联系到西贡的"浪茄"[13],但都没有作详细解释。从地理位置来看,"浪茄"在西贡区的最东处,是一个弯曲的海滩;就读音而言,"浪茄"和"龙岐"的确颇有相近的地方。这种"相近"可不可以在语音演变的层面上获得解释呢?为了方便论证,让我们先假设"浪茄"、"龙岐"是同一个地方。因为"岐"本身属于闽语特征词,所以"龙岐"应该是个由福佬人命名的地名。而迁居香港的福佬人中,又以闽南人为大宗。"龙岐"所涉及的音变,应该从闽南语出发去理解。用闽南语念出来,"龙岐"的读音大概是[lioŋ² kia²][20]。闽南语有连读变调。"龙"作为前字,要改念为33调。"岐"是后字,读本调24。假使这个读音真的存在过,那么当它被折合为粤音时,lioŋ 的 -i- 介音很可能因为香港粤语没有 -ioŋ 韵母而丢掉,变成[loŋ][21]。粤语次浊字一般只配阳调,所以33调(阴去)也会被改为22调(阳去)。就这样,闽南语的"龙"就变成了香港粤语的"浪"[loŋ⁶]。闽南语"崎"的24调跟香港粤语"茄"的35调相当吻合[22],问题倒是怎么样为两种方言的声母和韵母挂钩。先谈韵母。中古麻韵三等字在粤语中经历过一个-ia> -ɛ 的音变(李新魁等 1995:132)。当碰到带 -ia 韵母的借词时，香港粤语很多时候也会把它们整合为 -ε 韵。这种做法一方面把香港粤语所不能接受的 -iV 型复元音简化为单元音，另一方面又保持了 i 和 a[+前]的征性（feature）。我们将在下一节提到的"崋"和"㘵"，本来都是客语的地名特征词，早期的文献分别标作[tsʰia]和[kʰiak]。借入香港粤语后，它就被整合为[tsʰε]和[kʰεk]。在这里我们看到"岐"、"崋"、"㘵"有着完全一样的音变：

岐 kia（闽语）＞ kʰε（粤语）

崋 tsʰia（客语）＞ tsʰε（粤语）

㘵 kʰiak（客语）＞ kʰεk（粤语）

韵母的问题虽然解决了，可是粤语[kε]这个音节包含的字极少，而且根本没有阴上字。声母由不送气的 k- 改念送气的 kʰ-，似乎纯粹是为了迁就香港粤语音节的缘故。碍于材料所限，我们上述的解释不免有些猜测的成分，但至少每个环节都可以在音理上说得通。下面的图表概括了上文的分析：

原来读法		liɔŋ24-33	kia24	"龙崎"
规律一	-iɔŋ ＞ -ɔŋ	lɔŋ24-33		
	-ia ＞ -ε		kε24	
规律二	k- ＞ kʰ-		kʰε24	
规律三	声调整合	lɔŋ22	kʰε35	"浪茄"

现在至少有两点，同时支持我们先前的假设：（一）"浪茄"无论是地理位置抑或是地形，都跟文献上记述的"龙岐"相当吻合；（二）"龙岐"演变为"浪茄"，在音韵上得到了解释。《新安县志》的"龙岐"，应该就是今天的"浪茄"。

Volonteri（1866）在浪茄的位置标示了另一个地名——龙脚，转写为 *Long K'et*。"龙脚"早见诸明代陆应阳（约 1572—1658）的《广舆图》，饶玖才（2003：197）把它当成浪茄的别名处理。从 Volonteri 的转写来看，"龙脚"的确就是浪茄（＜ *Long K'et*）[②]。我们怀疑"龙脚"是由"龙岐"经雅化产生出来的[㉓]。福佬人把"脚"称作[kʰa¹][㉔]。[kʰa¹]脱胎读音相近自"岐"[kia²]。"龙脚"这个地方在

19世纪晚期就从文献中消失了。我们手头上有一份 List of Villages in the Northern District of the New Territory,是港英政府在1900年代编制的,表中已经没有龙脚或龙岐,而只有浪茄了。

大埔区有个海湾叫企岭下海,南岸有企岭下新围和企岭下老围。Volonteri(1866)的地图把企岭下(可能相当于企岭下老围)写作"岐岭下",标音 K'i Ling Ha。这个"岐"不是指"曲岸",而是"陡坡"。《集韵·纸韵》巨绮切:"崎,峉崎,山貌。"平声的"崎"和上声的"崎"都是闽语地名的特征词。在福建省,平和县有崎岭,闽侯、永安县有岐头,福清甚至有个崎岭下(李如龙 1993:144,1998:130),和大埔那个地名一样。Volonteri 的地图把"岐"转写为 K'i,是按照香港粤语念出来的字音(kʰi > kʰei)⑳。说粤语的人大概不明白"岐岭"的意思,于是就把"岐"改为"站立"义的"企"。这个替换早在1900年代就已经完成了(Anonymous 1900s. b)。

在这个例子中,我们首先观察到香港粤语如何折合闽语地名原来的读音,把"龙岐"改为"浪茄";但另一方面,在"岐岭下"拼写为 K'i Ling Ha,再转换为"企岭下"的过程里,汉字则发挥了重大的参照作用。由此可以归纳出香港地名两种被"粤语化"的途径:(一)依照字音念出来;(二)折合原来方言的读音。

2.2 埕【Tsing】[tsʰŋ²](< 庭):"埕"在粤语中是指装盛液体(例如酒或醋)的瓦质容器。打烂埕顶山(南区)之所以得名,正是因为它像一个顶部给打破了的坛子。但位于北区的咸鱼埕,作为通名的"埕"却不能理解。饶玖才(2003:165)指出"咸鱼埕"的"埕"源自闽语,指"海边饲养蚝类的田地或为晒渔具和渔获物的石地"。他的意见基本上是对的,但有两点需要补充:(一)"埕"是福建民间使用的俗字,福州音[tiaŋ²]、厦门音[tiã²],在清代编成的闽语韵书《戚林八音》和《汇音妙悟》中都有所记录。用作地名时,既可作"埕",亦可作"庭"或"呈"。"埕"的本字应该是"庭"㉒。在不知本字的情况下,"咸鱼埕"这个地名顺理成章地被标写为粤化的 Ham Yue Tsing,

"埕"、"庭"的关系于是便变得模糊不清了。我们试用下图来解释这种关系：

闽语　　　　庭[tiã²]　＝　埕[tiã²]

粤语　　　　庭[tʰɪŋ²]　≠　埕[tsʰɪŋ²]

（二）《广韵·青韵》："庭，门庭"，闽语引申为远处的场子。"庭"在闽南语中可以构成"门口庭"（门庭）、"曝粟庭"（晒谷场）、"盐庭"（晒盐场）等词汇（李如龙 1993:133—134,1998:130—131；周长楫 1998:310），不一定如前述饶氏所说，指"晒渔具和渔获物的石地"。

2.3 汀【*Ting*】[tɪŋ¹]：汀角位于大埔区。饶玖才（2003:157）指出："汀，小岛或海边平地。源自福佬语。如汀角。"查《玉篇·水部》："汀，水际平沙也"，地名沿用了这个意思。以"汀"为通名的地方，主要见于福建闽语区，如长乐的云汀㉑。汀角在早期的文献中或作"定角"（嘉庆《新安县志》），或作"锭角"（杜臻[1658年进士]《闽粤巡视纪略》），而 Volonteri（1866）则采用了汀角一名。

2.4 兜【*Tau*】[tɐu¹]：北区鸭洲附近有一处礁石群叫鸭兜排。"鸭兜"[ap⁷ᵇ tɐu¹]似乎不能用粤语去理解。我们认为这个"兜"来源于闽语。"兜"在闽语中是个方位词，福州音[tau¹]、厦门音[tau¹]，是"旁边"意思。据福建省 55 县市的材料，带"兜"字的地名共 579 处，包括"树兜"、"南门兜"、"军兜"、"店兜"等（参阅李如龙 1993:148,168;1998:135）。"鸭兜排"是指鸭洲旁边近潮水线的岩石㉒。

2.5 礵【*San*】[san⁵]（＜ 汕）：汀角东南方不远有一个汕头角，近年易名为礵头角。饶玖才（2003:158）认为"汕"是闽语词："汕，暗礁，海边安设捕鱼器具的陆地，源自福佬语。""汕"本身在古汉语里就是指渔具。《尔雅·释器》："翼谓之汕"，郭璞《注》："今之撩罟"。

闽语是否由此把"汕"引申为海边安置渔具的陆地,我们没有具体的证据。但可以肯定的是,带"汕"的地名的确集中出现在闽语区。广东的汕头、汕尾,早已为人所熟知;台湾也有青山港汕、网子寮汕、顶山额汕等地名(崔恒升 2003:302)。香港以"礅"为名的地方还有好几个,包括"礅头"、"礅头窖"等,可惜早期文献都未见著录。是否来源于"汕",就不得而知了。

2.6 香港带闽语成分的地名,数目不多,基本上每个词都只有一个例子。它们集中在香港东部沿岸地区,这和萧国健(1995:12)所说"鹤佬(按:即福佬)大多水上居民,宋朝时,已自闽潮南迁香港东部沿岸地区"是完全吻合的。

3 香港地名中的客语成分

客家是香港的四大民系之一。两宋年间已经有客族移居新界一带。但今天香港大部分客家人的祖先,却主要是康熙八年(1669)"复界"以后迁入的。在清政府的鼓励下,大批客家人由粤北、福建、江西移居到香港地区发展。萧国健(1995:21)比较过两种分别在康熙年间和嘉庆年间编成的《新安县志》,指出:"复界初时,该区内共有村落一百二十七条,但自邻近地区客族大量入迁后,村落增至三百三十六条,其中纯本地人或本地人与客家人合建村庄共二百零八条,而客家村落则有一百二十八条。"1911 年香港进行了一次人口调查,新界地区共有客家人 44 374 人,只比"本地人"[③]少大约 3 400 人。新界北部客家人的数目甚至比"本地人"更多(Lau 2005:24)。关于客家人在香港的历史,还可以参考丁新豹(1988)、萧国健(1991)、Leong(1998:60)、刘镇发(1999a)、张双庆等(2003a:2—3)等人的论述。

在香港,客语地名特征词的分布非常广泛,尤其是新界北部地区,几乎每一个角落都可以找到踪影。另外我们会根据几份早期地图的转写,指出"樟树滩"、"相思湾"这些看来没有明显方言特征的地名，其实也跟客语有关。

先谈作为通名的客语地名特征词。

3.1 岃、应、颜【*Yan*】[jɐn⁶],【*Ying*】[jɪŋ¹],【*Ngan*】[ŋan²]：香港有四个以"岃"为通名的地名，分别是大刀岃（大埔区）、北大刀岃（大埔区）、打铁岃（大埔区）和范刀岃（离岛区）。饶玖才（2003：157）对"岃"有这样的介绍："为客语俗字。形容险峻似刀刃的山岭。"此字福建客语区一般写作"岌"，如长汀有东桃岌、猴子岌、马头岌和洋背岌等，音[ieŋ⁵]，李如龙（1993：171）认为这是"刃的误写"。看来"岃"是由"刃"的锋利义引申而来的，是客语独有的语义演变。

Volonteri（1866）的地图收录了两个含"岃"字的地名：打铁岃（*Ta T'it In*）和黄毛岃（*Wong Mau In*）。把"岃"标作"*In*"，充分反映出客语语音的特征。同属中古日母臻摄三等的"认"㉛，在今天荔枝庄、杨小坑的客语读[ᵑgin⁵]，在麻雀岭、赤泥坪的客语读[gin⁵]（张双庆等 2003a：217），韵母就和地图所标写的一模一样。至于声母，香港客语的ᵑg- 和 g- 在一百年前都念 ŋ-（张双庆等 2003b：448—449）。Volonteri 绘制地图时，可能没有注意到这个陌生的辅音声母㉜，于是就把"岃"标写为"*In*"。"黄毛岃"今天作"黄毛应"，属西贡区管辖。Barnett（1974：154—155）早就指出"应"、"岃"是同一个词，但他以"异读"（also pronounced）释之，却不尽正确。"应"[jɪŋ¹]是折合客语"岃"的读音而来的。两者除了韵母有高度的相似性外，声调的对应也是不能忽略的：香港客语的去声，或念 53、或念 55（参张双庆等 2003a：18—21 的说明）。当香港粤语要去模仿它的时候，自然会用阴平调。这也解释了为什么粤语选用了阴平的"应"字去代替"岃"。

饶玖才（2003：157）又认为红花颜（离岛区）的"颜"和"岃"有关。查 Anonymous（1900s a），的确录有"红花岃"一名。由"红花岃"改名"红花颜"，应该是一种雅化的表现。

3.2 嶂【*Cheung*】[tsœŋ¹]：嶂上位于大埔区内，是香港唯一以

"嶂"作为通名的地名。一张在1915年出版的地图已有所著录（Great Britain. Ordinance Survey 1915）。李如龙（1993：146—147）对"嶂"有如下解释："客家方言地区常见山名用字。长汀音[tʃɔŋ⁵]。方言口语中崬、嶂都可单说，嶂比崬陡，崬比嶂大……《广韵》之亮切：'嶂，峰嶂'，是为本字。"由于粤语不用"嶂"，所以一般香港人只会根据偏旁把它念成[tsœŋ¹]，不知道原来应该读阴去调。

3.3 径【Keng】[kɪŋ⁵]：香港地名的"径"有三种不同的含义。第一种是指市区内较短窄而且是单向的道路，如罗富国径；第二种是专门开辟给郊游人士远足的小路，如凤凰径；第三种是山间的路径，引申指路旁的村庄，是客语特有的演变（李如龙1993：169；饶玖才2003：165），粤北英德县的高道径、南雄县的乌径都属这类例子⑧。当中的"径"都不是指小路，而是村庄的意思。《香港街》把第一种和第二种"径"视为"街道"，把第三种"径"处理为地名，所以很容易就可以识别出来。我们要讨论的是第三种。资料册中记录了13个以"径"为通名的地名⑨，包括九华径（葵青区）、下径（离岛区）、牛径（元朗区）、赤径（大埔区）、庙径（北区）等，主要见于新界地区。"径"在早期的文献中或作"迳"。在Volonteri（1866）的地图中，可以找到赤迳（*Ch'ik Kang*）、蕉迳（*Tsiu Kang*）、迳口（*Kang Hau*）、茜迳（*Sai Kang*）等地名。"*Kang*"[kaŋ⁵]正是"径"在客语中的念法⑩。McIver（1926/1992：216）的客语词典收录了"径顶"（*Kàng táng*）一词，解释是："上坡路的顶端"（the top of the ascent）。"径顶"的"径"和地名的"径"应该同出一源。虽然港英政府在20世纪初已努力以香港粤语来统一地名的拼写，但把"径"标写为"*kang*"这种做法，却一直沿用至1950年代（Barnett 1974：143—144）。

3.4 窝【Wo】[wɔ¹]（＜窠）：《粤大记》中有一个叫"梅窠"的地名，位置在香港西部的海域中。"梅窠"就是今天离岛区的梅窝（饶玖才2003：196）。"窠"是典型的客家地名特征词，"是一种地形的名称,指大山间的小块坳地"(李如龙 1993:169)。"窠"为什么会变成"窝"呢？从字面上看,两字写法、语义都颇为相近,具备了混同的条件;读音方面,两字同属中古果摄合口一等。杨小坑客语更把"窠"念作[fɔ¹]㉚、把"窝"念作[vɔ¹]（张双庆等 2003a:70）,差别只表现在声母的清浊上。加之广府人根本不懂什么是"窠",于是很自然地便会把它改为自己熟悉的"窝"了㉛。香港有 17 个以"窝"为通名的地方,但有明文记载来源于"窠"的,却只有"梅窝"一个。

3.5 肚【To】[tʰou⁴]:客家人似乎特别喜欢借用身体不同部位的名称作为地名词。"肚"是其中一个典型的例子。饶玖才（2003:158）指出:"山窝的平地,尤指其中隆起部分。相信源于客语。"台湾的客语区就有麻园肚、窝肚、葫芦肚、龙肚和石孔肚等地名。在香港,以"肚"作为通名的地名一共七个:塘肚（北区）、寮肚（葵青区）、大湾肚（离岛区）,还有新界东北部、谷埔附近的二肚、三肚、四肚和五肚（俱属北区）㉜。后面几个例子,"肚"前面冠以数词二、三、四、五而又没有夹杂其他成分,表示"肚"已经发展为一个相当成熟的通名。这点跟我们稍后会提到"背"不一样。"背"前面一般要带通名,所以只能把它视为方位词。

香港的客家人把"肚子"称作"肚胈"（张双庆等 2003a:485）。值得注意的是,他们的"肚"是念不送气的:荔枝庄、麻雀岭、赤泥坪、杨小坑四个点都读[tu³]。相对而言,香港粤语"肚"却只有送气一读[tʰou⁴]。究竟这种分野有没有反映在古地图上呢？Volonteri（1866）的地图标示了几个带"肚"的地名,其中至少两个在香港境内。"狗肚"即今天的狗肚山（沙田区）,它的标音是 Kau To;"蓝房肚"在大帽山南麓,它的标音为 Lam Fong T'o,今天已经淹没在城门水塘中㉝。乍看之下,Kau To 的 To 没有送气符号,似乎比较贴近客语。但事实上,把"肚"的韵母标为 o（即国际音标的-ou）就清楚地说明了 Volonteri 所根据的是粤音。我们相信,Kau To 的送气符号只是作者一时大意没有加上去而已,并不表示这是客语的念法。

Kau To 和 *LamFong T'o* 都属于用粤音来标写客语地名的例子。

3.6 輋【*Che*】[tsʰɛ²]："輋"作为地名背后的意义长久以来都是学术界关心的课题。"輋"是"畲"的俗字,而"畲"是中国南方一个少数民族。所以当学者们看到带"輋"或"畲"字的地名时,顺理成章地就会联想到那是古代畲族聚居过的地方。黄小华等（2004:130）的一番话,大致可以代表这种观点："香港的畲族地名主要分布在客语区,包括新界东部和东北部,多在平原低地……畲族作为少数民族而没有被迫迁徙到荒凉的山区,反而能在肥沃的平原开村立业,这可能是他们汉化程度较深的结果,这也表明他们的地名应是晚的。"

需要指出的是,畲族人——不论汉化有多深——都从不自称为"畲"。住在广东东部现在还用畲语（一种苗瑶语）来沟通的一群,自称"活聂"[hɔ²² ne⁵³]（惠东方言,据毛宗武等 1986:5）,意思是"山人";而分布在中国东南部其他地区,以一种类似客语的语言来沟通的畲族人,则自称"山哈"（张光宇 1988,1996）。"畲"其实是闽语系的人和客家人对这个少数民族的称呼。翻查文献,我们知道"畲"是一个地地道道的汉语词,原来解作"火耕"。晋代陶渊明（372?—427）《和刘柴桑》就有"茅茨已就治,新畴复应畲"这样的句子。后来这个词在共同语中丢失了,只保留在闽语和客语中,语义也产生了变化。Douglas（1873）记录了130年前的厦门话,当中有 *siâ* [sia²]这个词："山边缺水的田地（fields on a hill-side with little water)"（Douglas 1873/1990:424）。虽然没有标写汉字,但从音、义的对应来看,相信就是"畲"。客语方面,McIver（1924/1992:938）的词典说:"輋 *Tshiâ*. 高地、山地（uplands. hill ground.）"。*Tshiâ* 转换为国际音标是[tsʰia²]。书中又有"輋禾"一词,指"在那些没水的山地上生长的稻米（rice grown on such land[without water])"。归纳起来,"輋"带有两个鲜明的特征:"干旱的"和"多山的",其中前一个特征仍然保留在今天的香港客语中（张双庆等 2003a:337,"旱地"条,书中写作"畲"）。福佬人和客家人管那些自称为"活聂"、"山哈"的少数民族为"畲",大概是因为他们都在山边的旱田中干活。按照这种理解,地名中的"畲"只能视为闽语或客语的特征词,跟畲族先民的分布没有直接的关系。换句话说,即使没有畲族没有活动的地区,也可以出现带"畲"("輋")字的地名。

香港共有 20 个带"輋"字的地名,主要见于新界东部沙田、西贡一带,如上禾輋(沙田区)、下禾輋(沙田区)、大輋岭墩(大埔区)、菠萝輋(西贡区)、輋脚下(大埔区),但也有若干见于新界西部(上輋、下輋,在元朗区),甚至九龙东部(輋顶村,在西贡区)等地区。这些地名的"輋"一律拼写为 Che,像客语一样读塞擦音声母。前面引述Douglas(1873)的话时提过,闽语的"畲"是读擦音声母的。凭这一点可以推知香港地名中的"輋"来源于客语,而不是闽语。

Volonteri(1866) 有多个带"輋"字的地名,如南輋(Nam Tsia)、大芒輋(Tai Mong Tsia)、坪輋(P'ing Tsia)等。Tsia 明显是客语的读音,但我们不明白为什么这些转写都没有加上送气符号,也许是制作者大意所致[45]。另一个问题是,"輋"在客语中的念法怎么样会折合为粤语的 Che[tsʰε²]呢?查 20 世纪初的新界乡村名册(Anonymous 1900s. b),"輋"当时标作 Tse,到了 50 年代才在不知道什么原因的情况下被改为 Che(Tregear 1958)[46]。结合种种资料,我们认为早期的香港客语把"輋"念作[tsʰia²],和 McIver(1924) 的记录相当。当折合为香港粤语时,声母 tsʰ- 可以维持不变,韵母 -ia 则改为 -ε,道理和 2.1 节提过的"龙茄"以及下文将会讨论的"凹"完全一样,是迁就粤音没有介音这个特点的表现。[tsʰε²]转写出来就是 Tse。"輋"的拼写在一百年间经历过两次变化,这在香港地名中是十分罕见的:

  Tsia (1866) ＞ Tse (1900) ＞ Che (1959)

3.7 屋【Uk】[uk⁷ᵃ]:客语的"屋"不单指"房子",还可以引申为村落的通名,这是客语的"屋"和粤语的"屋"差异最大的地方(刘镇发 1995/2001:21)[47]。福建西部的客语区有谢屋、周屋(俱在长汀)、林屋（武平），台湾有头屋（苗栗）（李如龙 1993：154；崔恒升 2003：90）。据我们统计，香港地名以"屋"为通名者多达 49 处。这个数字还不包括一些在"屋"后加上另一个通名"村"的地名，如"潘屋村"、"蔡屋村"⁴⁰。以"屋"为通名的地名集中在新界地区，专名一般采用该村居民的姓氏，像王屋（沙田区）、曾大屋（沙田区）、沙罗洞张屋（大埔区）、船湾陈屋（大埔区）、邹屋（大埔区）、南涌李屋（北区）、洪屋（西贡区）、胡屋（屯门区）和苏屋（深水埗区）等。客语另有"屋下"（或写作"屋家"）一词，意思是"家"，香港荔枝庄、麻雀岭、赤泥坪、杨小坑四个客语方言点都读［vuk⁷ kʰa¹］（张双庆等 2003a：411）⁴¹。"屋下"和"屋家"都可以作地名通名用，如谷埔新屋下（北区）、新屋下（北区）和新屋家（大埔区）。

3.8 家【*Ka*】[ka¹]：客语也用"家"作为地名通名（李如龙 1993：157），意思和"屋"相同（饶玖才 2003：166）。闽西客语区有吴家、陈家（俱在宁化）、温家和姚家（俱在清流）等。香港以"家"为通名的地名只有一个，即位于离岛区的莫家。

3.9 迊【*Kek*】[kʰɛk⁷ᵇ]："迊"是客语的方言字，意思是"废墟（ruins）"（McIver 1924/1992：268）、"墙基（ruins, especially the foundation left after a building has been removed）"（Barnett 1974：143），音[kʰiak⁷]。粤语把它折合为[kʰɛk⁷ᵇ]，和"茄"、"峯"的情况完全平行。香港有两个以"迊"为通名的地名，分别是位于元朗区的大迊和大埔区的寨迊。其中寨迊的历史相当悠久，Volonteri(1866) 的地图就已经有所记录。但地图把"迊"拼写为 *kiap*，既没有送气符号又收-p 尾，并不符合语言事实。此外葵青区有一条围迊街。"围迊"作为村名，曾经出现在 20 世纪初的新界乡村记录名册中（Anonymous 1900s. b）。围迊街正是以前围迊所在的地方。

3.10 背、贝【*Pui*】[pui⁵]："背"在客语中的本义是"背脊"。和第 3.5 节讨论过的"肚"一样，是以人体部位作为参照物来确定方位，从而引申为方位词(张双庆等 2005:4)[30]。"背"经常出现在客语区的地名中。至于它的具体语义,李如龙(1998:135)指出:"背"……相当于普通话的'面'……用作地名时的意义往往是'下'、'后'或'XX 那里'。"饶玖才(2003:162)则说:"背……地理实体的上面或后面",和李说稍有不同。我们介绍过香港带"背"的地名后,会以香港客语的材料为基础,仔细检验他们的说法。

香港一共有 14 个以"背"作为方位词的地名。例如山背(元朗区)、禾堂背(大埔区)、横岭背(大埔区)、庙背(离岛区)等,而北区、大埔区和沙田区不约而同都有个叫"河沥背"的地方。出现在地名专名中的"背"也有不少[31],包括川背龙(大埔区)、东丫背村(南区)、坳背岭(北区)、澳背塘(北区)[32]等。要了解"背"的语义,就必先知道"背"作为客语方位词时有什么特别的用法。下面列出四种香港客语的材料(根据张双庆等 2003a:323—325 重排,标音略):

表一

	后面	下面	里面	外面
荔枝庄	背后	下背、下边	里背、内肚	门背、出背
麻雀岭	背后	下背	里背、内肚	门背、出背
赤泥坪	背后	下背、下便	里背、内肚	门背、出背
杨小坑	背后	下背、下边	里背、内肚	门背、出背

这四个词汇可以粗略分为两组:(一)"门背"和"背后"的"背"仍然带有清楚的实义。其中前者的"门"被人格化了。依我们的理解,在客家人的心目中,"门"的"里"是向着房子内部的;相对地,"门背"在房子之外,进一步引申为"外面"。既然要表达"外面"的概念,那么说话者一定要在房子里。由此推知:一件事物,面向说话者的一边是"里",而事物的另一边——不管说话者看得到看不到——就是"背"。(二)"下背"、"里背"的"背"已经相当虚化。它们表面上和普通话的"面"没有两样,但翻阅资料,便发现"前面"在这些方言中都只能说成"前面","上面"除麻雀岭可说成"上背"外,其他方言只说"顶高"或"上边"。至于"旁边"、"对面"、"左边"和"右边",也统统都不能用

"背"。从词汇的组合来看,"背"的虚化还远远不及普通话的"面"来得彻底。

庙背、山背应该分别代表"庙的后面"和"山的后面",这都不难理解。但河的形状明显不同于山和庙,"河背"到底是怎么样的一回事呢?假设有一条南北走向的河,说话者在河的东岸,那么"背"应该落在西面,"河背"也就是河的西岸,即"河对岸"(李如龙 1993:167)。

香港个别带"背"的地名被雅化为"贝"。"背"、"贝"两字在香港粤语中都读[pui⁵]。最有名的例子是"石梨贝"(沙田区)。这个地名用字很优雅,但并不成词。原来它的本名是石篱背,见 Volonteri(1866)。同类的例子还有山贝河(< 山背河,元朗区)[33]和澳贝村(< 澳背村,西贡区)。

3.11 除了考察地名的通名外,我们还需要注意出现在专名中的客语特征词。客语"牯"是个名词性后缀,一般指雄性动物,但也可以出现在"石头"、"拳头"、"膝盖"这些名词的后头(刘镇发 1999b/2001:131)。相反,粤语口语多用"公",少用"牯"。香港有五个带"牯"的地名,包括牛牯角(元朗区)、牛牯塱(离岛区)和马牯缆等(大埔区)等,它们毫无疑问都是客家人留下来的地名。

客语中和"牯"相对的雌性动物词缀是"嫲"。大埔区有个鸡麻峒,北区则有个狗麻石。专名中的"麻"是由"嫲"演变而来的。"鸡嫲"、"狗嫲"相当于粤语的"鸡乸"、"狗乸"。

"伯公"是客家人"保护农作物的神灵(name often given to the spirits supposed to protect the crops)"(McIver 1924/1992:584)。香港有四个以"伯公"为专名的地名:伯公咀(大埔区)以及三个伯公坳(北区、西贡区、离岛区)。它们的命名应该都跟客家人有关。

刘镇发(1995/2001:23)认为"油麻地"(油尖旺区)中的"油麻"(芝麻的意思)以及"火炭"(木炭的意思,沙田区)都是客语的词汇,并把这两个地名归入"客方言词直接构成之地名"一类中。但其实"油麻"、"火炭"这两个词也可以在粤语系的围头话和蜑家话里找到[34]。我们不能光看词汇表面就认定油麻地和火炭属于客语的地名。

3.12 现在我们尝试利用古地图去发掘香港地名中的客语成分。其中讯息最丰富的,当然是本文反复提到的 Volonteri(1866)。绘制这张地图时,虽然香港岛已经割让给英国 20 多年了,但图中地名的拼写方法却似乎还没有统一。但正因为没有受到粤语化的干扰,我们才有机会知道哪些香港地名本来并不是属于粤语的。

这里先把用客语拼写的地名用字罗列出来,并拿它来跟现代香港的粤语和客语比较。【】号中的拼写直接采自 Volonteri(1866),"香港市区"即香港普遍流行的粤语,三个客语方言点的资料参考张双庆等(2003a)。

表二

	例子	香港市区	荔枝庄	麻雀岭	赤泥坪
赤【Chak】	赤柱	tsʰɪk⁷ᵇ(文) tsʰɛk⁷ᵇ(白)	tʃʰak⁷	tʃʰak⁷	tʃʰak⁷
樟【Chong】	樟树滩	tsœŋ¹	tʃɔŋ¹	tʃɔŋ¹	tʃɔŋ¹
瓜【Ka】	土家(瓜)湾	kʷa¹	ka¹	ka¹	ka¹
惊【Kiang】	黄惊坳	kɪŋ¹(文) kɛŋ¹(白)	kiaŋ¹	kiaŋ¹	kiaŋ¹
峡【Kiap】	禾鹏夹(峡)	hap⁸	kʰiap⁸	kʰiap⁸	kʰiap⁸
老【Lau】	老围	lou⁴	lau³~lau⁵	lau³~lau⁵	lau³~lau⁵
槟【Ping】	槟榔湾	pɐn¹	pin¹	pin¹	pin¹
树【Shu】	樟树滩	sy⁶	ʃu⁵	ʃu⁵	ʃu⁵
相【Siong】	相思湾	sœŋ¹	ʃiɔŋ¹	ʃiɔŋ¹	ʃiɔŋ¹

位于南区的赤柱,图中的拼写是 *Chak Chü*,转换为国际音标应该是[tʃak tʃy]。和现代粤语不同,这两字都没有标示送气符号。前文说过,Volonteri 对于送气符号的标示似乎并不特别在意。我们比较关心的,是地图把"赤"的韵母拼写为 *ak*。"赤"今天香港粤语有文白异读,但都不符合地图上的标写。我们怀疑 *Chak* 所反映的是客语的念法。在上表所列的三个客语方言点中,"赤"都无一例外地读[tʃʰak⁷]。至于"柱",香港粤语读[tʃʰy⁷]、香港客语读[tʃʰu¹],地图

上的 *Chü* 应该是根据粤语的读音来拼写的。一个两个字的地名,前字用客语音、后字用粤语音,这种"合璧"的情况㊱,在古代的地图中并不罕见,1960年代以前所有带"径"字村名的拼写都是这样的。参考第3.3节。

樟树滩属大埔区,Volonteri(1866)的标音是 *Chong Shu T'an*。把"樟"的韵母标写为 *ong*,清楚地反映出客语的特征。"樟"在香港三个客语方言点中都念[tʃɔŋ¹]。至于把"树"拼写为 *Shu*,显然也是参照了客语的读法。

在 Volonteri(1866)中,九龙半岛东部有一个名为"土家湾"的地名,标音 *To Ka Wan*。汉字和以粤语为底子的拼写完全对应,看起来好像没有什么可以讨论的余地。问题是"土家湾"的位置正好是今天的土瓜湾(九龙城区)所在之处,"土家湾"和"土瓜湾"是同一个地方,那么究竟为什么"土家"会变成"土瓜"呢?香港客语有一个很突出的音韵现象,就是把中古假摄合口二等的见组字都读为开口,例如"寡"读[ka³]、"夸"读[kʰa¹],还有"瓜"读[ka¹]。知道了这样的背景,我们可以作出以下推测:"土瓜湾"原来是由客家人命名的地名㊲。由于客语"瓜"的读音和粤音"家"的读音相仿佛,所以当地名被"粤语化"时,"土瓜湾"就变成了"土家湾"——尽管拼音上仍然保留了客语的特点。后来"土瓜湾"获得了恢复原来的地名,但 *Ka* 却无可避免地要跟随粤音被改为带合口介音的 *Kwa*。正因为看到地图把"土瓜湾"写成"土家湾",而且把"家"(<"瓜")拼写为 *Ka*,我们才知道"土瓜湾"这个地名源自客语。下图是我们对上述分析的归纳:

土瓜(1860年前)>   土家(1866)>   土瓜
To Ka   *To Ka*   *To Kwa*

1866年西贡井栏树东边有一个黄惊坳,地图的拼写是 *Wong Kiang Au*。这个地名今天已经不复存在了㊳。"惊"字的拼写完全是以客语为基础的。比较一下上述图表的数据,就不难明白个中道理。

禾鵬夹即现在的和宜合㊴,属荃湾区。Volonteri(1866)把它拼写为 *Wo Li Kiap*。把"夹"标成 *Kiap* 并不好解,因为粤语、客语都读[kap],没有 -i- 介音;而且我们没有见过其他以"夹"作为地名通名的例子。"夹"很可能是"峡"的误写。理由有两个:(一)"峡"是常用的地名通名,指"两山间的信道或山谷的出口"(饶玖才 2003:164)。正好禾鵬夹就是位于山间。(二)查张双庆(2003a:165),荔枝庄、麻雀岭、赤泥坪三个客语方言点"峡"都读[kʰiap⁸],跟 Volonteri(1866)的拼写比较接近。*Kiap* 反映了"峡"字在客语中的读音。

位于北区的老围,在地图中写作 *Lau Wai*。*Lau* 是客语的读音。如果采用粤语的念法,应该写成 *Lo*(参考"将军澳"的拼写。"澳"粤音[ou⁵],拼写作 *o*)。

槟榔湾在清水湾半岛上,属西贡区。Volonteri(1866)把它拼写为 *Ping Long Wan*。粤语"槟"读[pɐn¹],很难和 *Ping* 扯上关系;倒是客语的读音比较接近地图的拼写。表中三个客语方言点都把"槟"读作[pin¹]。这个字应该收舌尖鼻音韵尾 -n,但地图中却标收舌根鼻音韵尾,大概和记录者不能清晰分辨这两个辅音有关。

槟榔湾偏南不远有个相思湾,地图拼写为 *Siong Sz Wan*。"相"今天香港客语念[ʃiɔŋ¹],和地图上的 *Siong* 相呼应。

3.13 和 Volonteri(1866)比较,Dalrymple(1760—1770)和 Hayter(1780)㊵的绘制技术显得十分粗糙。这两幅地图都出现了一个很值得注意的地名:*Fanchin Chow*㊶。根据 Hayter(1780)的注释,*Fanchin Chow* 的别名是 *He-ong-Kong*,也就是香港岛。在我们接触过的中文文献中,香港岛或称"香港",或称"红香炉"、"群带路"、"赤柱"等,但从来没有 *Fanchin Chow* 这样的记载。因此它可能只是洋人对香港岛的称呼,而不是一个正式的官方名字。明代郭棐《粤大记》记录了一个叫"饭甑洲"的地方,它大概就是今天位于西贡区最东端那个毫不起眼的饭甑洲。*Fanchin Chow* 应该是"饭甑洲"的转写。一来是两者在时代上没有矛盾,因为"饭甑洲"一名早在 Dalrymple 制作地图前的 200 年就已经通用了。二来是读音相当接近。 *Fanchin* 是用客语念出来的。香港客语到现在还把"甑子"称作"饭甑"[fan^5 $tsɛn^5$]（张双庆等 2003a:433）。如果我们的论证属实，"饭甑洲"就相当于"香港岛"。这虽然不是正式的名字，但也多多少少反映出客语当时在香港地区的地位。

3.14 在香港，和客语相关的地名，数目相当可观，其中新界东部和北部尤其密集，而且很多时候都是连成一整片的。例如飞鹅山（西贡区）以南十几公里的范围内就有伯公坳、壁屋、大牛湖、莫遮輋等充满客语特色的名字。除此之外，元朗东部、荃湾、葵青、离岛区的大屿山，甚至香港岛的南区，都不难找到和客语有关的地名。从地名反映出来的客家人人口分布，和历史文献所记载的没有太大出入。

4 香港地名中闽、客共有的特征词

香港地名中有几个通名，是闽语和客语共有的。虽然它们的性质和前述十几个通名稍有分别，但由于都具备了排斥粤语（也就是，它们肯定不是来自粤语的地名）的作用，所以本文也会把它们包括在讨论的范围内。

4.1 洋【*Yeung*】[$jœŋ^2$]：香港陆上有八个以"洋"为通名的地名，大部分见于新界东部地区，如上洋、下洋（西贡区）、高塘下洋（大埔区）和黄竹洋（大埔区）等。广府人的"洋"只能指"海洋"（如独鳌洋），因此陆上的"洋"肯定另有来源。李如龙（1993:110）指出："不论是客方言或闽方言，大片的较为平坦的田地都可以说成洋、田洋或洋田。""洋"具有"广阔"之义，《尔雅·释诂》即把"洋"训为"广也"。作为地名通名的"洋"，相信由此进一步引申而来的。

4.2 湖【*Wu*】[wu^2]：粤语的"湖"只能解"湖泊"，但闽语、客语的"湖"却可以指"河谷地带的低洼地形或山间的小盆地"（李如龙

1993:150),由水域通名引申为陆地通名。由于香港境内缺乏天然的湖泊,所以新界地区15个以"湖"为通名的地名,全都指陆地上的"湖"。它们包括大牛湖(西贡区)、鲫鱼湖(西贡区)、木湖(北区)、牛屎湖(北区)和深圳特区接壤的罗湖(北区)以及打石湖(元朗区)等。

4.3 陂【Pei】[p^hei^2]:"陂"指"拦河水坝,是人工水利设施"(李如龙 1993:78),在闽语区和客语区可以以地名通名的形式出现。香港有两个例子:一个是陂头(西贡区),另一个二陂圳(荃湾区)。

4.4 这批含"闽、客共有特征词"的地名,主要散落在新界东部和北部。这跟我们对早期福佬人和客家人在香港分布的认识,非常吻合;也有个别例子处于较内陆的山区,例如打石湖、二陂圳。我们知道,早期居住在香港的福佬人都是渔民,沿海谋生;客家人既有住在海边的,然而也有不少在内陆地区生活。所以几乎可以肯定地说,像打石湖那些位于山区又带"闽、客共有特征词"的地名,都是由客家人命名的。

5 从地名和人口分布看闽语和客语在香港的地位

当知道了一个地名的方言系属后,我们自然地会想到当地居民大部分都说那种和地名相应的方言。例如香港地名中的"輋"都来自客语,那么绝大多数住在上禾輋、下禾輋、莫遮輋、菠萝輋等地的人,应该都是说客语的。但事实并不如此单纯。地名命名初期的确很可能出现过上述情形,但经过几百年来的人口变动以及权威方言的干扰,地名的方言系属和当地居民方言之间的必然关系已经不存在了。观察这种变化,可以使我们知道人口迁徙的方向以及各种方言地位的消长等等。

张双庆等(2003a:10—15)罗列了新界631个村庄的名字,并指出村内使用的方言。地名和村内使用方言相对应的例子固然很多,如九**肚**村（沙田区）、坳**背**湾村（沙田区）、吴**屋**村（北区）、寨**乪**（大埔区）、大芒**崠**（又名大阳崠，大埔区）、新**屋**家（大埔区）、**崠径**笃（西贡区）、河沥**背**（元朗区）、河**背**村（荃湾区）等名字具有客语特征词（用粗体表示）的村落，住的都是客家人；但地名和居民所操方言不相应例子的例子也有不少。下面这张表只列出了部分例子：

表三

地名	位置	地名方言系属	居民使用方言
礤头角	大埔区	闽语	客语
汀角	大埔区	闽语	几种方言混用
浪茄	西贡区	闽语	客语
上径口村	沙田区	客语	围头话
下径口村	沙田区	客语	围头话
蕉径	北区	客语	围头话
木湖	北区	客语	围头话
大塘湖	北区	客语／闽语	围头话
西径	大埔区	客语	几种方言混用
崠下	大埔区	客语	几种方言混用
莫遮崠	西贡区	客语	围头话
大蓝湖	西贡区	客语／闽语	围头话
相思湾	西贡区	客语（3.12节）	几种方言混用
上崠	元朗区	客语	围头话
牛径	元朗区	客语	围头话
山贝村	元朗区	客语	围头话
莫家	离岛区	客语	围头话
蛋家湾	大埔区	蛋家话	客语

先看三个以闽语命名的地名。礤头角和浪茄，今天都已经变成说客语为主的乡村了。汀角则同时流行着多种方言，但书中未有交代当中是否包括闽语。其他含闽语特征词的地名都属于景观性质，根本没有人居住。可以说，以闽语为主要通话语言，而地名又带闽语特征的村子，在香港连一个也没有。在香港四大民系中，福佬人的比例最少，势力最弱。现在闽语名字的乡村竟然住了客家人，证明香港的福佬人曾经一度受过客家人比较重大的影响[②]。

"崠"、"径"、"背"这些具有浓厚客语色彩的地名词，出现在十几个以说围头话为主的村名中。我们当然不能完全排除围头人借用客语词汇来命名自己村子的可能性[⑧]，但更多的情况相信是和村民所使用的语言以及自我身份发生了改变有关——一些原来操客语的人改操围头话，身份上也觉得自己是围头人（或"本地人"）而不是客家人。萧国健（1995：21）说："其时，迁海前（按：即清康熙初年的"迁海"）居住香港境内的客人因已长久定居，已不知其为客，变成反客为主，称'本地人'，而展界及复界后迁入的客人，才称为'客家人'。"新界"本地"的所谓"五大氏族"中，廖姓本身就是来自福建汀州的客语区的（萧国健 1991：67；张双庆 2003a：2）。据陈丽华（2005：8）的描述，廖姓族人的方言的确是客语，"但是以官话和广东话与周围人交流"。他们早就被"本地化"了。廖姓只是其中一个文献记载得较详细的例子，其他较小的族姓相信也有过类似的经历。可以推想：他们到达新界初期用客语命名地名，但稍后他们改操围头话，身份上也变成了"本地人"，于是便出现了地名系属和村民使用语言不配搭的局面。

随着粤语在香港的地位日益提高，香港客语使用的范围便变得越来越狭窄。特别是 1950 年代以后，客语呈现出快速流失的趋势。年青一代，几乎全都改习粤语。这点我们可以在刘镇发（1999a，Lau 2005）的文字中看得很清楚。此外由于都市的发展，新界许许多多村落——不论是由客家人、福佬人，抑或是围头人建成的——都遭到废弃。现在仍然住在客家名字的村落里而又能说流利客语的，大概只剩下老人家了（张双庆等 2003a：16）。总括而言，香港客家人在历史上曾经受过两波大规模"粤化"浪潮的冲击：（一）清初迁海前后，部分客家人受到围头人的影响，成了"本地人"的一分子；（二）最近 50 年在香港粤语的强大压力下，大部分年青的客家人都已经放弃了自己的语言而改操粤语。

上述的讨论主要是环绕新界地区。至于苏屋、土瓜湾，久已成为市区的一部分。和香港其他大部分地方一样，住在那里的人极大多数都是操香港粤语的。我们甚至很难想象昔日客家人在那里生活、用客语交谈的情形。

香港的客家人和福佬人在不久的将来便会被彻底"粤化"。到时那些反映客语、闽语特色的地名，就会成为凭吊历史的一种印记。

6 结论

通过考察香港地名中闽、客成分，我们可以了解福佬和客家两个族群以往在香港地区的分布情形，以及他们和其他族群（围头、蛋家）之间互动的痕迹。就语言学的贡献来说，本文提出根据地名通名的词义去划分特征词，注意地名词的各种引申义，希望跳出字型表面的窠臼。事实上，这个方法证明是相当有效的。例如第 3.3 节讨论过的"径"，在粤语里只能指小路，但客语却能引申为路旁的小村。由此可以区分出"径"在不同场合的方言属性。粤语是香港地区最流行的汉语方言。在粤语强大的压力下，香港许多原来来自闽语或客语的地名，都流露出"粤化"的倾向。上文的论述中，我们已经看过不少通过"语音折合"和"直念字音"两种办法把闽语和客语的地名词转化为粤语读音的例子。地名词的整合，是研究语言接触很好的素材，但可惜一直乏人问津。我们也注意到 Volonteri（1866）等人制作的古地图，并根据图中的拼写，把地名中的客语成分提炼出来。这种做法，在芸芸香港地名的研究中大概还是首次。最近有些学者大力提倡利用由早期西洋传教士编写的文献去研究古代的汉语方言[64]。我们认为，古地图上的资料，其价值绝对不亚于那些由教会出版的教科书和词典。

李如龙（1998:9）说过："地名学是独立的学科，这就意味着它并不是某一学科的分支，因为不论是语言学、历史学或地理学、测绘学，都无法独立地穷尽地透视各种地名现象。相反，只有综合地运用这几种相关学科的理论和方法，才能对地名现象进行透彻有效的研究。"本文只着重语言学的角度思考香港地名的问题，挂一漏万在所难免。我们期待将来有机会和其他领域的专家合作，共同发掘香港地名背后的种种讯息。

附　注

①饶玖才（2003:23）留意到专名和通名的排列方式在不同的方言区里有不同的表现："专名和通名的排列方法,中国地名学上可分齐尾式和齐头式两种。把专名放在通名之前,如张屋、南湾,称为齐尾式。若专名放在通名之后,如圳边、盐灶下,则称为齐头式。后者在蛋家及福佬聚居的地方较多采用。"但书中没有给出具体的证据。是否真的可以利用语法结构去辨别地名的方言系属,还需进一步讨论。

②《香港街》由香港特别行政区地政总署测绘处编制和出版,收集的资料比一般地图集详尽,是研究香港地名最佳的标准。

③关于"特征词"的定义和特点,李如龙（2001:105）提出："方言特征词是一定地域里一定批量的、区内大体一致、区外相对殊异的方言词。方言特征词是方言之间的词汇区别特征。"

④有关中国人绘制地图的历史和特点,海野一隆（2002:26—33）有扼要的介绍。

⑤Empson（1992:30）对一张在 1864 年制成的《新安县图》作了这样的评价："本图是另一幅与其他早期中国地图迥异的制作,我们只能凭图上的地名认出那是什么地方。图上注明的日期倘属正确无误,将会令人失望。"在这张地图出版后的两年,Volonteri 就制作了 Map of the San-On District（Kwangtung Province）（见下文的说明）。可以说,在 19 世纪中期,中国人和西洋人在绘制地图技术上的分野还是相当明显的。

⑥港英政府在 1900 年左右就根据 Eitel 和 Ball 的方案,以粤语为基础把所有香港的地名都拼写出来。我们现在看到两份在 1900 年代编成的乡村名称资料册（Anonymous 1900s a, b）,里面大部分名字的拼写都跟今天无异。

⑦香港地区自明万历元年（1573）起,至清道光二十二年（1841）割让与英国止,200 多年间都由广州府新安县管辖（元邦建 1987:40—49）。新安县大体上包括今天的深圳和和香港。

⑧传教士 Emilio Pozzi 在一封 1895 年写回家的信中提到 Volonteri 的地图（见夏其龙 2005:160）,指出地图上所用的拼写都是本地话（粤语）。可能是 Pozzi 本人不谙客语（信中隐约提到这一点）,所以才有这样的误会。

⑨Ng（1969:234）留意到图中新安县东部的地名（西贡一带）比西部的（元朗一带）多,而东部是客家人集中的地区。Ng 推测这可能是因为客家人比较愿意接触基督教,所以 Volonteri 也自然地容易熟悉当地的环境。

⑩本文标示调类的方式如下:1:阴平;2:阳平;3:阴上;4:阳上;5:阴去;6:阳去;7:阴入;8:阳入。粤语阴入分两种,我们用 7a 表上阴入,7b 表下阴入。

⑪香港地名中的"埔"有的来源于"步"[pou⁶]。例如"大埔"在明代郭棐

(1562年进士)的《粤大记》中记作"大步头"。"步"是指"水旁的村庄设有大小码头"(李如龙 1993:77—78),亦作"埠"。

⑫最近汪锋等(2005)尝试通过词汇语义演变的轨迹去考索汉语方言分群(sub-grouping)。他们这个理论也适用于鉴别地名词的方言系属。例如"径",粤语只能指小路,但客语除了这个意思外,还引申指村庄。可惜详细记录方言的古文献实在太少了,我们实在很难确定每个地名词语义发生变化的时间。

⑬为了行文方便,这里把所有说闽语(包括闽语的祖语)的人都称作福佬人。

⑭"福建头"其后也出现在 The Islands SE of Lantao by Pilot Yafou (1760)、A Map of the Coast of China Before 1840(1840年前)等地图中,参考 Empson(1992:89,102)。

⑮萧国健(1995:93)另有一番见解。他认为"福建头"是今天的佛堂洲(西贡区)。按:佛堂洲在佛堂门以西,不符合陈伦炯在地图上的描绘。

⑯香港区议会把香港分为18个地区:中西区、东区、湾仔区、南区、油尖旺区、深水埗区、九龙城区、黄大仙区、观塘区、荃湾区、屯门区、元朗区、北区、大埔区、西贡区、沙田区、葵青区、离岛区。每个地区管辖的范围,见《香港街》的最末页。本文在提及每个地名时,都会同时列出它所属的地区,以资参照。

⑰林氏后人在九龙建立了莆岗这条村子,即今天新莆岗(黄大仙区)所在的位置(萧国健 1995:67)。

⑱为了打击沿海居民和郑成功的联系,清政府在康熙元年(1662)至康熙三年(1664)连续三年下了三道迁界令,要求山东、浙江、福建、广东等东南沿海居民全部内迁50里,房屋焚毁,土地废弃。但由于效果不显著,遂于康熙八年废除这道命令。参阅萧国健(1986)。

⑲粤语"浪茄"并不可解。我们肯定它有个非粤语的来源。

⑳"龙岐"来自闽南语,而厦门话在闽南语中又具有典型的意义,所以这里采用了今天厦门话的读音(参考北京大学 1995,2003)作为参照。注意第二波(宋代)流入香港地区的福佬人中,颇有一部分是来自漳泉和莆田地区的(萧国健 1995:12)。

㉑我们找到一个类似的例子:北方话的"老兄"[lau ɕiuŋ],香港粤语把它折合为[lau sʊŋ]。

㉒"茄"虽然是中古平声字,但香港粤语只有阴上(变调)一读,不念本调。

㉓但我们不清楚为什么"茄"会带 -t 尾。又,Volonteri 的地图中常常会找到中英文不对应的例子。例如"蔡坑",地图把它转写为 Ts'a-hang。实际上 Ts'a-hang 是由"蔡坑"的别名"叉坑"转写而来的。如果不作深究,很容易会误会"蔡"有 Ts'a 的读法。

㉔"龙脚"也许有寓意吉祥的意思。由"龙岐"演变为"龙脚",可以算是一种雅化的手段。

㉕本字是"骹"。《广韵·肴韵》:"胫骨近足细处。"

㉖"岐"在19世纪的香港粤语中念[kʰi]。后来韵母经历了一个 -i > -ei 的复元音化过程(李新魁等 1995:148—149;高田时雄 2000),才演变为今天的[kʰei]。

㉗闽语知组、端组不分,所以"埕"和"庭"同音。

㉘"汀"作为地名通名,还见于吴语的领地(崔恒升 2003:301—302)。由于香港不太可能有源于吴语的地名,而且考虑到汀角和其他带闽语特征词的地名连在一块,所以这里把"汀"视为闽语成分看待。

㉙根据地形,鸭兜排的"排"应该是指礁石(饶玖才 2003:167)。

㉚"本地人"是指比客家人更早迁入新界地区、以粤语(主要是围头话)为交际语言的群体。参看萧国健(1995:10)。

㉛"岃"和"刃"张双庆等(2003a)都没有收录,所以这里只能参考"认"字的读音。

㉜以舌根鼻音作为一个音节的起首部分,对于外国人来说,辨认的时候的确会有相当困难。其中一个旁证,是 Morrison(1828)把粤语所有作为音节起首部分的 ŋ 都标为 g。

㉝崔恒升(2003:395)交代了高道径命名的由来:"在英德县西部、西牛镇高道村白马山麓的高道径。按因为西牛墟信道村的主要路径,故名。"

㉞沙田区有个叫"孖指径"的地方,英文名是 Smugglers' Ridge(走私者的山脊)。这个地名大概不是来自客语,所以我们的统计没有把它包括在内。

㉟Barnett(1974:143)认为把"径"读作[kaŋ]是南头话的读音,但没有提供这个说法的出处。

㊱张双庆等(2003a)没有收录"窠"字的资料。这里我们选择参考声韵地位和"窠"完全相同的"科"字。事实上,闽西地区就有人把地名的"窠"写作"科"(李如龙 1993:140)。

㊲用"窝"指山间凹陷处,普遍见于中国各地。见崔恒升(2003:470)。

㊳较为人熟知的"狗肚山"(又名"九肚山",在沙田区),其中"肚"只以专名的形式出现,所以我们没有把它计算在通名之内。

㊴参看"香港地方"网页的介绍:http://www.hk-place.com/view.php?id=143。

㊵词中的"22"和"53"是实际的调值。

㊶畲语的汉语借词甚多,但偏偏就没有"畲"这个词。

㊷张光宇(1988/1990:56)早就说过:"畲人称'畲'首见于刘克庄《漳州谕畲》,乃是他称……杨澜提到'汀人呼曰畲客',显系他称。"

㊸黄雪贞(1995:58)也收录了"畲禾"这个词:"一种稻种,据说是少数民族传入的。"她把"畲"联系到少数民族,似乎不是客语的本义。

㊹林天蔚(1985:141)考证过若干香港地区族谱中的"輋"字,说:"'輋田'

有类梯田,又称‘旱田’,较为瘦瘠。黄佐《香山县志》‘土田’,谓横琴附近有輋田,租率最低。”

㊺Volonteri (1866) 漏标送气符号的例子多有,如“石排湾”的“排”标作 *Pai*、“衙前围”的“前”标作 *Tsin*、“东涌”的“涌”标作 *Chung*、“川龙”的“川”标作 *Chün* 等。

㊻据张双庆 (2003a:337),“輋”(书中作“畲”) 在四种香港客语中都读 [tʃʰia²],念舌叶塞擦音声母。它们的音系中都没有相对的舌尖塞擦音。

㊼粤语的“屋”可以指“整座的房屋”、“家”或“专卖某种商品的店”(白宛如 1998:505),但没有“村落”的意思。

㊽刘镇发 (1995/2001:21) 说:“客语的屋字本来就有村子的意思,后来广府人硬把‘村’字加在后面,广府话念起来是顺口了,但客语的味道也因此而消失了。”

㊾Sagart (2002:142) 认为梅县客语[vuk⁸ kʰa¹] (“家”的意思) 的本字是“屋下”。McIver (1924)、张双庆等 (2003a) 等则把这个词写作“屋家”。我们同意 Sagart 的看法。具体理由有两个:(一) 客语不少方言都把“下”读为阴平调,如梅县、揭西、长汀等 (资料据李如龙等 1992,下同);(二) 声母方面,与“下”同属中古匣母的“蟹”,在宁都念[kai³]、在赣县念[kʰæ³];“厚”也是匣母字,武平念[kʰəɯ¹]。这有力地说明了中古匣母字在客语里有读为舌根塞音的可能。在这个情况下,“下”在客语中读 kʰ-,也就不是孤例了。

㊿就我们搜集到的资料看,香港地名中的“背”一律都是以“通名 + 背”的形式出现,从来没有“专名 + 背”这样的例子。李如龙 (1993:167) 说:“‘背’……是方位词,严格地说并非地名的通名。”我们认同他的处理方法。

(51)下述这些专名本身已经是一个完全的地名,例如“东丫背村”,可分析为[[[东丫]背]村]。饶玖才 (2003:23) 把这种专名称为“二次地名”。

(52)“塘”蛋家话解“海面”(饶玖才 2003:168)。“澳背塘”拥有一个来源于客语的专名,但它的通名却是蛋家话的词语。这种由不同方言的词语所结合组成的地名,在语言接触频繁的地区十分常见。

(53)有趣的是,山贝河附近的山背村并没有同样被雅化为“山贝村”。

(54)例如蕃田、泰亨 (俱属围头话) 都把“木炭”称作“火炭”;蕃田、三门仔 (蛋家话) 则管“芝麻”为“油麻”。参考张双庆等 (2003a:431, 361)。

(55)张双庆等 (2003a) 没有收录“槟”字的读音。这里参考了与它同音的“宾”字。

(56)“合璧”一词是由游汝杰 (2003:98) 首先提出的,本来是指语源不同的词素所构成的复合词。这里借用了他的概念。

(57)“土瓜湾”这个名字最早见于宋代,见萧国健 (1995:69—70) 的论述。由此可以证明“土家湾”一定比“土瓜湾”晚出。

(58)今天井栏树西边不远处有个叫“黄猄仔”的地方,未知是否和黄惊坳有关。但至少两者在地理位置上并不配合,肯定不是同一个地方。

(59)饶玖才(2003:65)记载了一则"和宜合"命名的故事:"荃湾的和宜合村,在最初开拓的时候,由刘姓的叔侄分别建成和宜及华合两条小村,后来为了集体安全,合成一条较大的村落,并将名称合成'和宜合',既达简化目的,亦反映了联村后和洽共处的愿望,更取代了当地原日同音的土名狐狸峡。"这段话有两点相当重要:(一)禾鹏夹(或狐狸峡)易名为和宜合,是一种利用音近字进行雅化的行为;(二)"禾鹏夹"的"夹"应该就是"峡",因为它有狐狸峡这个别名。

(60)Dalrymple(1760—1770)全名为 A Chart of Part of the Coast China and the Adjacent Islands,而 Hayter(1780)则是 A Chart of the China Sea from the Island of Sanciam to Pedra Branca with the Course of the River Tigris from Canton to Macao,分别收录在 Empson(1992)92 页和 94—95 页。

(61)"*Fanchin Chow*"是 Dalrymple(1760—1770)的写法,Hayter(1780)写作"*Fanchin Cheo*"。为了方便讨论,本文一律采用前一种拼写。

(62)香港的闽语向客语借用了若干词汇,例如"包粟"(玉米)、"滑哥"(鲶鱼)等(张双庆 2003a:47)。但反过的例子,却几乎没有。这可以间接说明客语对闽语的影响是单向性的。

(63)围头话的确有向客语借用词汇的例子:"西贡濠涌的'围头话'和大埔三门仔的'蛋家话'因为离客家居住区比较近,所以来自客家话的借词要多一些。"(张双庆等 2003a:42)

(64)关于西洋传教士编写的文献对研究汉语方言的贡献,游汝杰(2002)有系统性的论述。

参考文献

(1) 历史文献

陈伦炯(清)《海国闻见录》,《四库全书》珍本 5 集,台湾商务印书馆,台北,1974。

杜臻(清)《闽粤巡视纪略》,《四库全书》珍本 4 集,台湾商务印书馆,台北,1973。

郭棐(明)《粤大记》,黄国声、邓贵忠点校,中山大学出版社,广州,1998。

靳文谟(清)(1688)《新安县志》。

陆应阳(明)《广舆图》,学海出版社,台北,1969。

舒懋官(清)(1819)《重修新安县志》,成文出版社,台北,1972。

Anonymous (1900s. a) *List of Villages in New Kowloon in the Southern District*. Hong Kong: publisher unknown.

—— (1900s. b) *List of Villages in the Northern District of the New Territory*. Hong Kong: publisher unknown.

Douglas, Rev. Carstairs (1873/1990) *Chinese-English Dictionary of the Venacular or Spoken Language of Amoy, with the Principal Variations of the Chang-chew and Chin-chew Dialects*. Taipei: SMC Publishing Inc.

Original edition published by London: Trübner and Co.
Great Britain. Ordinance Survey (1915) Hong Kong New Territories [Map]. Southampton: Printed at the Ordinance Survey Office.
McIver, Donald (1926/1992) *Chinese-English Dictionary: Hakka-Dialect as Spoken in Kwang-Tung Province*. Taipei: SMC Publishing Inc. Original edition published by Shanghai: Presbyterian Mission Press.
Morrison, Robert (1828) *Vocabulary of the Canton Dialect*. Macao: East India Company's Press.
Volonteri, Simeone (1866) Map of the San-On District (Kwangtung Province). Leipzig: Engr. by F. A. Brockhaus.

(2) 近人论著
白宛如(1998)《广州方言词典》,江苏教育出版社,南京。
北京大学中国语言文学系语言学教研室(1989)《汉语方言词汇》(第二版),语文出版社,北京。
—— (2003)《汉语方音字汇》(第二版重排本),语文出版社,北京。
陈丽华(2005)香港客家研究综述,《香港客家》,广西师范大学出版社,南宁,1—18页。
陈 龙(1993)福建"畲"字地名和畲族历史研究,李如龙著《地名与语言学论集》,福建省地图出版社,福州,228—241页。
崔恒升(2003)《中国古今地理通名汇释》,黄山书社,合肥。
二十一世纪研究会编(2002)《地名的世界地图》,洪郁如译,时报文化出版企业股份有限公司,台北。
高田时雄(2000)近代粤语の元音推移と表记,《東方學報》第72册,京都,754页。
郭必之(2004)从虞支两韵"特字"看粤方言跟古江东方言的联系,《语言暨语言学》第5卷第3期,台北,583—614页。
海野一隆(2002)《地图的文化史》,王妙发译,中华书局(香港)有限公司,香港。
黄小华、邹嘉彦(2004)从地名探索香港地区先民的族属来源,《中国社会语言学》第1期,北京,125—131页。
黄雪贞(1995)《梅县方言词典》,江苏教育出版社,南京。
李如龙(1993)《地名与语言学论集》,福建省地图出版社,福州。
—— (1998)《汉语地名学论稿》,上海教育出版社,上海。
—— (2001)《汉语方言学》,高等教育出版社,北京。
李如龙、张双庆(1992)《客赣方言调查报告》,厦门大学出版社,厦门。
—— (1999)香港沙头角新村的福佬话记略,《第五届国际闽方言研讨会论文集》,暨南大学出版社,广州,50—59 页。
李新魁、黄家教、施其生、麦耘、陈定方（1995）《广州方言研究》,广东人民出版社,广州。
林天蔚（1985）论香港地区的族谱与方志及其记载的畬字,《地方史资料研究论文集》,香港大学亚洲研究中心,香港,132—145 页。
刘镇发（1995/2001）香港的客方言地名,《客家研究辑刊》第 7 期；又收入《香港客粤方言比较研究》,暨南大学出版社,广州,16—24 页。
——（1999a/2001）香港的客家人和客家话,《客家文化研究通讯》1999 年第 2 期；又收入《香港客粤方言比较研究》,1—15 页。
——（1999b/2001）带性别后缀"公、婆、哥、牯、嬷"的客方言词,Journal of Chinese Linguistics 1999.2,又收入《香港客粤方言比较研究》,127—133 页。
马金科（1998）《早期香港史研究资料选辑》,三联书店（香港）有限公司,香港。
毛宗武、蒙朝吉（1986）《畬语简志》,民族出版社,北京。
饶玖才（2003）《香港地名探索》,天地图书有限公司,香港。
汪锋、王士元（2005）语义创新与方言的亲缘关系,《方言》第 2 期,北京,157—167 页。
夏其龙（2005）香港客家村落中的天主教,《香港客家》,广西师范大学出版社,南宁,154—177 页。
香港特别行政区政府地政总署测绘处（2005）《香港街》(Hong Kong Guide 2005),香港特别行政区政府地政总署测绘处,香港。
萧国健（1986）《清初迁海前后香港之社会变迁》,台湾商务印书馆,台北。
——（1991）《香港新界家族发展》,显朝书室,香港。
——（1995）《香港古代史》,中华书局（香港）有限公司,香港。
游汝杰（2002）《西洋传教士汉语方言学著作书目考述》,黑龙江教育出版社,哈尔滨。
——（2003）《中国文化语言学引论》（修订版）,上海辞书出版社,上海。
元邦建（1987）《香港史略》,中流出版社有限公司,香港。
张光宇（1988 / 1990）福建畬字地名与畬语,《国立成功大学历史语言研究所论文集》第 1 辑；又收入《切韵与方言》,台湾商务印书馆,台北,50—75 页。
——（2001）客家与山哈,《中国语文研究》总第 12 期,香港,68—81 页。
张双庆、庄初升（2003a）《香港新界方言》,商务印书馆,香港。
——（2003b）一百多年来新界客家方言音系的演变,《中国文化研究所学报》新 12 期,香港,441—451 页。
——（2005）一百多年前新界客家方言的方位词,"中国东南部方言比较研究计划"第 11 届研讨会宣读论文,上海。
周长楫（1998）《厦门方言词典》,江苏教育出版社,南京。
周振鹤、游汝杰（1986）《方言与中国文化》,上海人民出版社,上海。

邹嘉彦、游汝杰（2001）《汉语与华人社会》，复旦大学出版社，上海。

Anonymous (1960) *A Gazetteer of Place Names in Hong Kong, Kowloon and the New Territories*. Hong Kong: Government Printer.

—— (1973) "Another Volonteri Map?" *Journal of the Hong Kong Branch of the Royal Asiatic Society* 13:146-150.

Barnett, K. M. A. (1974) "Do Words Extinct Pre-Chinese Languages Survive in Hong Kong Place-names?" *Journal of the Hong Kong Branch of the Royal Asiatic Society* 14:136-159.

Empson, Hal (1992) Mapping Hong Kong: A Historical Atlas. Hong Kong: Government Information Services.

Hayes, James (1970) "The San-On Map of Mgr. Volontieri." *Journal of the Hong Kong Branch of the Royal Asiatic Society* 10:193-197.

—— (1984) "HongKong Island Before 1841." *Journal of the Hong Kong Branch of the Royal Asiatic Society* 24:105-142.

Lau, Chun Fat (2005) "A Dialect Murder Another Dialect: The Case of Hakka in Hong Kong." *International Journal of the Sociology of Language* 173: 23-35.

Leong, Sow-theng (1998) *Migration and Ethnicity in Chinese History: Hakka, Pengmin, and Their Neighbors*. Taipei: SMC Publishing Inc.

Ng, Peter Y. L. (1983) *New Peace County: A Chinese Gazetteer of the Hong Kong Region*. Hong Kong: The Hong Kong University Press.

Ng, Ronald C. Y. (1969) "The SanOn Map of Mgr. Volonteri: On the Centenary of the Copy in the R. G. S. Collection." *Geographical Journal* 135.2: 231-235.

Sagart, Laurent (2002) "Gan, Hakka and the Formation of Chinese Dialects." Papers from the Third International Conference on Sinology (Linguistic Section): Dialect Variations in Chinese, ed. by Dah-an Ho, 129-153. Taipei: Institute of Linguistics(Preparatory Office), Academia Sinica.

Tregear, T. R. (1958) *Hong Kong Gazetteer to the Land Utilization Map of Hong Kong and the New Territories*, with Chinese and English Names, 1957 ed., scale: 1:80 000. Hong Kong: Hong Kong University Press.

Tregear, T. R. and L. Berry (1959) *The Development of Hong Kong and Kowloon as Told in Maps*. Hong Kong: Hong Kong University Press.

（郭必之，香港城市大学中文、翻译及语言学系；
张洪年，香港中文大学中文系）

北方方言和粤语中名词的可数标记*

司 马 翎(Rint Sybesma)

提要 本文假设各种语言的可数名词都必须用显性形式的手段来标记其指称意义上的可数性。在这个假设的基础上还提出北方方言和粤语跟一般语言一样也标出可数名词指称义里的可数性,可是两个方言里用的可数标记的形式很不一样:当代粤语是用量词作为可数标记,而当代北方方言作为可数标记的其实就是"子"后缀。

关键词 粤语 可数名词 量词 北方方言 "子"后缀

0 可数名词和可数标记

本文讨论北方方言和粤语[①]在名词上的一个基本不同点:即两个方言中虽然都有可数名词[②],也都有标记名词可数性的显性形式,但标记形式却并不一样。讨论这一点需要承认两个基本前提:一是可数名词都有特定的指称意义。可数名词的名称就表明其指称义里有离散的单位,即单个的和可分离单位的事或人。因此像"人"和"房子"这样的名词在指称意义上就是可数的,而"水"就是不可数的[③]。二是可数名词都有特定的表现形式。即各种语言的可数名词都必须用显性形式的手段来标记其指称意义上的可数性。这是我们考察了

---

* 本项研究是由 NWO, Universiteit Leiden, IIAS 共同资助的关于中国南方语言比较语法研究项目的一部分。本文部分内容曾在湖南大学、香港理工大学、巴黎第七大学等报告过,在此要特别感谢邀请单位和各地听众。此外还要对给本文提出过宝贵意见的《语言学论丛》的两位匿名审稿人,以及沈阳教授、宁春岩教授、李行德教授和郑礼珊教授,表示感谢。本文作者的本名为 Rint Sybesma。

一些不同类型的语言资料后提出的一个主要观点。

事实上有些语言的名词在这两点上表现得很明显。以英语"furniture(家具)"这个词为例:"furniture"的指称义里有可分离的单位,即可以指单个的桌子、椅子、柜子等;可是如果在某些语用条件下,要用"furniture"这个词来指称单个桌子、椅子、柜子等,就需要加上"piece(片)"这个词。这个现象可以看作是"furniture"这个词需要一个"语子"在形式上标出其指称义里的可数性。当然也可以这样来解释:"furniture"这个词虽然在指称义上是可数的(也就是说指称义里有可分离的单位),可是在语法上这些单位却是看不见的,是没有活力的。"Piece"这种成分的作用就是把"furniture"在指称义里的单位在语法上标示出来,也就是说使这些单位在语法上活起来。有了"piece"这种词,"furniture"这种指称义上的可数名词在语法上(或形式上)也才是一个可数名词。我们把"piece"这种词叫作"语法可数性标记",简称"可数标记"。

我们说各种语言的可数名词都需要可数标记,不过可数标记却并不都是"piece"这类成分。英语的不定冠词也可看作可数标记。正像Borer(2004)提到的,英语"dog"可能是可数名词也可能不是可数名词,但一旦加上不定冠词"a",就肯定是可数名词了。例如:

(1) a. I saw a dog.(我看见了一只狗)

b. He eats some dog every morning.(他每天早晨都吃一点狗肉)

所以我们说英语中的不定冠词"a"也是可数标记,其作用是把"dog"指称义里的可数性在形式上标示出来。需要强调的是,我们并没有说是"a"把"dog"变成了可数名词,因为"a dog"里的"dog"在词汇上本来就已经是可数名词。或许可以说在英语的词汇里有两个"dog","dog$_1$:可数名词"和"dog$_2$:不可数名词"(这一点本文不详谈)。我们只是说指称意义上可数的名词都需要某种形式在语法上标示出其可数性,如果没有可数标记也就不能当可数名词来用。或者说,如果没有可数标记,这种名词就很像是个黏着语素——没法单独用。

我们还要介绍另外一种可数标记,即荷兰语中指小词缀的一种用法。荷兰语有不少由 N 和"(t)je"组成的名词,如"houtje(小木头块)"、"vleesje(肉丁)"、"elastiekje(橡皮圈)"、"krijtje(粉笔)"等。其中"(t)je"就是荷兰语中的指小词缀,且非常能产。如"tafel(桌子)"—"tafeltje(小桌子)"、"hond(狗)"—"hondje(小狗)"、"steen(石头)"—"steentje(小石头)"等。"(t)je"虽然一般情况下确实是纯粹地起"指小"作用的词缀,可是在"houtje"、"vleesje"等词中却并没有明显的小称意思。我们建议把"(t)je"这种词缀也看作是一种可数标记。Doetjes(1997)曾主张荷兰语中指小词缀的作用就是把不可数名词"变成"可数名词,比较在(2)中列出来的两组例子:

(2) 甲组　　　　　　　乙组

hout(木头)　　　　　houtje(木头块)

plastic(塑料)　　　　plasticje(小块塑料)

vlees(肉)　　　　　　vleesje(肉丁)

slaap(觉)　　　　　　slaapje(小睡)

boter(奶油)　　　　　botertje(小块奶油)

elastiek(橡皮)　　　　elastiekje(橡皮圈)

wijn(葡萄酒)　　　　wijntje(一杯葡萄酒)

bier(啤酒)　　　　　biertje(一杯啤酒)

krijt(白垩)　　　　　krijtje(粉笔)

telefoon(电话机)　　 telefoontje(来电)

不过我们跟 Doetjes 的看法不完全一样,(2)中甲组的词语在词汇意义上其实跟上文提到的"dog"一样,本来就既是可数的,又是不可数的,或者说这个词的词汇里有两个词目(如"$hout_1$:可数"和"$hout_2$:不可数"),而其中可数的词(即 $hout_1$)只是个黏着语素,因此没法单独用,只有靠某种标记形式标示出其可数性,才能够单独用。也可以说,词缀"(t)je"在这种情况下的作用不在于把不可数名词"变成"可数名词,而只是"解放"了这个本来就有可数性但却是黏着的语素:没有后缀时不自由,加上后缀才变得自由了。也就是说,只有把可数性标示出来以后,这种黏着语素才能当可数名词用。

仅从以上几个语言事实,我们似乎就可以得出两个结论:第一,可数名词必须有可数标记。指称义上可数的名词从来不单独用,必须有可数标记来"解放"它才能当可数名词来用。第二,可数标记可能有不同形式。上文介绍了三种可数标记,虽然在语法作用上都一样,但在词类方面并不相同:英语中的"piece"是一种类似量词的词,"a"属于冠词类,而荷兰语中的指小词缀"(t)je"则是黏着词缀。

下文主要讨论汉语的两种方言(即北方方言和粤语)用什么样的手段来标示可数名词指称义里的可数性。从总的情况看,两种方言中都有某种可数标记,但是可数标记的形式很不一样:当代粤语是用量词作为可数标记,而当代北方方言作为可数标记的其实就是"子"后缀。为了充分证明这一点,本文将主要从以下的几个方面来讨论:粤语[量+名]短语的分布大致上跟北方方言中光杆名词的分布一样;北方方言中的量词离不开数词,粤语中的量词则可以没有数词;量词重叠现象在粤语里很普遍,在当代北方方言里很少;粤语(常)用的量词比北方方言(常)用的量词多;北方方言带"子"后缀的名词极多,粤语里带"子"后缀的名词却极少。

1 [量+名]短语的分布和量词的语法功能

先看两种方言中有定名词的情况。一般都承认这样一个语言事实:北方方言用光杆名词来表示有定,粤语却用[量+名]短语来表示有定;反过来说就是,粤语不能用光杆名词来表示有定,而北方方言却不能用[量+名]短语来表示有定。例如:

(3)a. 北/*粤:书在桌子上

b. 粤/*北:本书系台上面

由此就可以发现,如果看表示有定名词短语的形式,粤语[量+名]短语和北方方言光杆名词的分布是一样的(Chao 1947:42;张炼强 1961；Cheng & Sybesma 1999；周小兵 1997）。

再看两种方言中无定名词的情况。据我们的考察，其实在表示无定名词短语的形式上，北方方言和粤语也有所不同，而这一点似乎至今还没有人提出来讨论过。事实上表示无定的名词短语，有时候粤语反而必须用量词，而北方方言在同样情况下却可以不用量词。不过这就需要再区别两种"无定"。

第一种无定可以说是"深刻无定"（或者叫作"非特指"）。深刻无定的名词或名词短语的指称性质是"类指"或者"指物"，甚至有时看起来什么都不指。这种无定名词的特点是分别不出单个的、离散的、可数的单位。有时虽然可以分，但是分不分其实无所谓，或者说根本就不需要分。例如：

(4) 吸尘，抽烟，读书，走路，买菜，吃饭，喝汤

第二种无定可以叫作"特指无定"。虽然这种无定也是纯粹的无定（即用来指称上文中没提过的人或事），但其实说话人已知是哪个人、哪件事。跟"深刻无定"正好相对的是，"特指无定"的所指肯定要分别出单个的、离散的、可数的单位。例如：

(5) 我给你买了一本书

仔细分析粤语量词的用法就可以发现，在特指无定的情况下，粤语必须得用量词；北方方言在这种情况下却可以用也可以不用。以下几个例句就可以证明这种情况（这几个句子基于施其生 1996 的一些例句）。比较：

(6) a. lo² * (tiu⁴) sing² bong² sat⁶ leung⁵ zek³ geok³

攞 * (条) 绳绑实两只脚

用（根）绳子把两只腿绑上

b. ngo⁵ bong¹ ge³ hok⁶ saang¹ hai² gong² zau¹ wan² dou² * (fan⁶) gung¹

我帮个学生喺广州揾倒 * (份) 工

我给一个学生在广州找到了（一份）工作

c. zik¹ hak¹ pai³ * (go³) din⁶ gung¹ lei⁴

即刻派*(个)电工来

马上派(个)电工来

d. gaan¹ uk¹ ge³ uk¹ deng² cap³ zyu⁶ *(zi¹)kei⁴

间屋嘅屋顶插住*(支)旗

那间房子的房顶上插着(一面)旗子

在(6)中几个粤语句子里标出来的量词非有不可,而翻译成北方方言的句子在这方面显然要自由一些,虽然有的句子中偏向于有量词,可也并非必须有。如果粤语和北方方言在使用无定的名词短语时确实呈现出这个区别,就可以推断:如果要指向有个体化和离散单位的事或人,不管是有定还是特指无定,粤语必须得用量词;而北方方言在表示有定时用光杆名词,表示特指无定时也可以用光杆名词。这个事实进一步证实了粤语[量+名]短语的分布跟北方方言光杆名词的分布大致相同的说法。

最后来看两种方言中指示代词的情况。北方方言和粤语在使用量词上还有一个值得注意的不同点:北方方言的名词可以不用量词而直接同指示代词组合,而粤语的名词却不能(施其生1996)。虽然在北方方言中这也主要是一种口语和网上书面语的现象,可是在粤语里任何情况下使用指示代词都不能没有量词。比较:

(7) a. 北:你这信得称一下

这茶不好喝

我不喜欢你那车

b. 粤:*呢书,*呢茶

跟上文说的情况一样,其实并不是说在北方方言中指示代词的后边不能用量词,关键的区别是北方方言可以不用量词而粤语里非用不可。这是粤语[量+名]短语和北方方言光杆名词的分布规律一致的又一个证据。

从上面说的两种方言中有定名词、无定名词和指示代词的情况,我们就可得出一个基本结论:北方方言光杆名词的分布和粤语中[量+名]短语的分布大致是一样的。粤语中只有一种情况例外,即没有个体化的无定名词是用光杆名词表示;除此之外都倾向用[量+名]短语。由此可以推论,粤语的量词跟表示名词指称义里的可数性可能有关系,就是说,量词是粤语的可数标记。量词把粤语可数名词指称义里的可数性在形式上标出来,没有量词,粤语中的名词就不能当可数名词用。而北方方言中的量词却显然没有这种可数标记的作用。

2 数词和量词以及量词的重叠

如果上面这个结论是正确的话,我们就又似乎可以得出第二个结论:北方方言中量词的语法功能和粤语中量词的语法功能不一样。上面说北方方言的量词并不是"可数标记"。那么北方方言中量词的功能又是什么呢? 上节列出了粤语中有大量的[量+名]短语,而北方方言中纯粹的[量+名]短语则几乎完全没有。即使表面看很像是[量+名]短语的"买了本书"、"丢了辆车"一类用法,也可以认为其底层结构其实还是[一+量+名]结构,只不过或者由于语法原因或者由于语音原因,数词"一"在有些情况下不(用)发音。所以 Cheng and Sybesma(1999)得出的结论是:北方方言中的量词离不开数词。

稍微换个角度也可以这样来解释这个说法:不是说北方方言中的量词离不开数词,而是说有了数词,才用量词。北方方言中量词的主要功能是为了便于数数(或者说为了便于把数词和名词连在一起),不数数,就不需要量词。

认识到了北方方言和粤语的量词在语法功能上的这种不同,我们也就能用来解释另外一些语言现象。第一个现象就是量词重叠的语法过程在粤语里很普遍,而当代北方方言里倒不是(杨凯荣 2004,杨雪梅 2002)[①]。比较:

(8) a. 北:*个个人都应该有自己的理想(杨凯荣 2004:6)
　　 b. 粤:个个人都应该有自己唧理想

如果说北方方言确实只是为了便于把数词和名词连在一起才用量词,那么也就能了解北方方言量词重叠的过程其实并不是一个语法活跃的过程。而因为粤语里的量词有标出名词可数性的功能,即把名词的可数单位分出来,所以它能重叠而表示"各"的意思的事实并不出所料。

第二个能解释的现象关系到两个方言在语用上使用量词的数量。Erbaugh(2002)做了所谓"Pear stories"的诱发试验,发现了两个对我们的研究有重要意义的事实。Erbaugh 的第一个发现是,说粤语的人用量词的频率比说北方方言的人用量词的频率高。上文已提到,粤语单个单位在一般情况下都要用量词,北方方言却是在数数的时候才需要用量词,所以粤语使用量词的频率当然就比较高。这个发现也支持我们以上的结论。

Erbaugh 的第二个发现是,说北方方言的人使用"一般量词"(即"个")的频率比说粤语的人要高得多,而粤语则偏向使用"专用量词"(如"本"、"条"等)。这一点也支持我们以上的结论。因为根据我们的结论,北方方言中的量词主要是起数数的作用,量词本身的意思倒是次要的,因此用一般量词"个"也不成问题。而因为粤语量词的功能是要把名词意义上的单位标示出来,所以不难想象粤语量词跟名词意义的关系就要比北方方言更密切一些。正因为如此,粤语才更多需要用意义区分更细致的量词,而不能仅用一般量词。

3 "子"词缀与名词的可数性

以上讨论北方方言和粤语在几方面的区别还只是从量词上来看。讨论的结果也都一致,即北方方言和粤语中的量词在功能上很不一样:北方方言的量词主要是为了数数;而粤语的量词则是一个可数标记,把可数名词指称义里的离散单位标示出来,把意义上的可数名词标示为语法上的可数名词。下面再来看看北方方言和粤语在名词领域里另一种好像跟量词没有关系的区别:"子"词缀。

从南方人的角度看,北方方言词汇有一个很有意思的特点,即很多名词都带有"子"词缀。"子"词缀除了对少数词语有名词化的作用以外(如"聋—聋子"、"盖—盖子"),一般好像没有什么太大的作用。事实上大多数带"子"的名词[N+子]的意义跟名词本身[N]的意义完全一样(如"孩—孩子"、"房—房子"等)。正因为"子"词缀基本上没有形成新的词汇意义的作用,所以我们推断"子"词缀应该更多是起语法上的作用。那么这又是什么样的作用呢?我们认为,"子"的语法作用可以看作是"解放者",即把黏着语素(非自由语素)变成自由语素。有了"子"词缀,"孩子"、"房子"等词才能够自由使用;没有"子"词缀,"孩"、"房"等就只能作为不自由的黏着语素在复合词里出现。

可是马上提出的问题就是:"孩"、"房"等语素为什么需要解放?我们假设"孩"、"房"等语素需要"解放"是因为它们本身是可数的名词性语素。用上文曾提到的说法,凡可数名词都必须用显性形式标示出其在指称义上的可数性,因此这些语素也就需要有可数标记,而"子"词缀恰恰就是北方方言中的可数标记。我们提出的这一假设可以从以下三个方面找到支持性的证据或者值得注意的线索。

第一方面是从"子"词缀的历史来看"子"的作用。王力(1980:225—227)指出:"我们至少可以说在上古时代'子'字已经有了词尾化的迹象",而"在中古时期,名词词尾'子'字已经很发达了"。太田辰夫(1987:85)说:"到唐代,'子'就成了几乎所有名词的接尾词。"对我们来讲最有意思的是王力接着说的下一句话(1980:226):"小称就是它的词尾化的基础"。我们上文讨论荷兰语"houtje(木头块)"等名词的时候(见上文例(2)中乙组的词语)已经指出,原本是指小词缀的语素也可能成为一种可数标记[5]。而汉语中的"子"和荷兰语"houtje(木头块)"里的"(t)je"的语法功能看起来几乎一样。汉语北方方言的"子"词缀解放了"孩"而构成"孩子",荷兰语"(t)je"解放了"hout$_1$"而构成"houtje(木头块)":"hout$_1$"和"孩"都是需要显性的可数标记才能独立使用的可数名词。荷兰语的"(t)je"和汉语的"子"的共同点大概不是偶然的:两个成分最初都是指小的词缀。

第二方面值得注意的是带"子"词缀的名词的性质。我们基本上可以认定,带"子"词缀的名词绝大多数都是可数名词(也就是说名词的指称义里有离散的单位)。虽然我们还没有做系统的考察,不过仅从《倒序现代汉语词典》(1987)列出的一千个以上带"子"词缀的名词看,其中就只有不到30个不是可数名词(如"绸子"、"料子"、"呢子"等),剩下的带"子"词缀的名词则全都是可数名词。这一事实对本文的结论有重要的意义,即大致上可以确定"子"词缀有作为名词可数标记的可能性(至于个别例外还要进一步研究[6])。

第三方面是通过北方方言和粤语在"子"词缀上的区别看两种方言中量词作用的差异。王力(1980:229)指出:"南部方言(粤、闽、客家)基本上维持着上古汉语的情况,很少或完全不用词尾'儿'和'子'。"曾子凡(1995)也说,带不带"子"是北方方言和粤语之间的令人瞩目的区别[7]。曾文中举了很多例子(144),例如:"裤"、"鞭"、"裙"、"凳"、"刷"、"杯"、"孙"、"蚊"、"鸭"等词,北方方言中都有"子"词缀,粤语都没有。其实从本文前面得出的结论看,粤语中几乎没有带"子"的名词并不出所料。因为如果北方方言中的"子"词缀真的是可数标记而粤语里的量词才起到可数标记的作用的话,粤语自然也就不需要通过"子"词缀来标示名词指称义里的单位。

4 名词可数标记的操作层面

本文讨论了北方方言和粤语的名词在几个方面的不同特点。基本结论是,两个方言都采用显性的标记在语法上标示出名词在词汇意义上已存在的可数性,可是二者标记形式不一样:粤语中用的是量词,北方方言用的是"子"词缀。虽然两个方言中使用的标记形式不一样,但是基本原则上没有区别。比如"裤"这个语素在两个方言里(除了一种情况,详下)都不能自由地使用,只有加上可数标记以后才能自由使用:北方方言的可数标记是"子"词缀(如"裤子"),粤语的可数标记是量词(如"条裤")。

不过北方方言用词缀(黏着语素)而粤语用量词(自由语素)这个事实又呈现出一个重要的区别。即虽然基本原则一样(两个方言都需要通过某种显性形式标示名词的可数性),可是两个方言在标示名词可数性时的操作层面不一样。北方方言是在词汇层里处理,粤语则是到了句法层才处理。所以像"裤"这种语素,在北方方言里是黏着语素,在粤语里倒不是。前面说过,"裤"这个语素除了一种情况外在两个方言里都不能自由地使用,这种例外情况就是名词的所谓"深刻无定"的用法。比如"买书",粤语可以用光杆语素,不需要可数标记:这是因为在这种用法中名词单位的有无实际上并不重要,所以在句法层里可以不加处理。而北方方言中平常带"子"词缀的名词,在这种情况下也要带上"子"词缀,比如"生孩子":这是因为可数标记(即"子"词缀)在词汇层里就已经处理完成了。

本文根据汉语两个方言之间的两种不同现象(量词的用法和有无"子"词缀的现象)提出了一种一致性的假设。这一假设还涉及很多值得讨论的题目,对此我们将作进一步深入研究(如北京话的儿化现象和附注⑥提到的问题)。

附 注

①本文所说的"北方方言"指当代中国北部、东北部使用的北方方言,"粤语"则主要指当代香港话。

②本文并不全面讨论名词"可数/不可数"这个概念,可以认定汉语的北方方言和粤语中都有指称义上的"可数名词"。

③本文不讨论可数名词和不可数名词的区别,也不涉及不可数名词的指称意义。

④杨雪梅(2002)作了统计调查,得出的结论是:"'个个'修饰名词的能力很弱"(第 27 页)。其实当代的真实语料里这种用法的频率也特别低,大约不到 1%。

⑤"子"在现代汉语中还遗留有指小的痕迹:比如说"机子"往往只指小的"机器",如电话机和缝纫机。

⑥其实还有一种例外,即不带"子"的可数名词。如果可数名词需要有可数标记而"子"是北方方言的可数标记,那么北方方言中为什么还存在有不带"子"的可数名词呢?不带"子"的可数名词有两种:复合词和意义上跟平日生活有亲密的关系的单音节常用词,如身体的部分和家养的动物和畜类。复合词为什么不需要可数标记,我们还不完全清楚。对于常用的单音节名词为什么不用可数标记的原因,可能跟 Laura Pirani 指出的现象有关。她发现语言的历史发展中

经常发生的事情是,有什么创新的、规则化的形态学规则或过程,常用词语经常排除在规则的范围之外。比如欧洲语言的日常生活常用动词一般偏向于不规则变化,不常用动词一般倒是符合规则的。

⑦粤语中不是完全没有"子"词缀,比如"筷子"、"狮子"等,不过这可能确实是例外。王力(1980:230)指出:"像'筷子'一类的词,在粤语里是非常罕见的,而且也不普遍(如广西南部有些地方就只有'筷',不说'筷子')。"当然,这些例外也需要仔细研究。此外还要指出,粤语中也有真正的指小词缀,如"仔[zai^2]":"单车[daan^1 ce^1]—单车仔[daan^1 ce^1 zai^2]"(参看曾子凡 1995)。

参考文献

施其生(1996)广州方言的"量+名"组合,《方言》第 2 期,北京,113—118 页。
太田辰夫(1987)《中国语历史文法(中文版)》(蒋绍愚、徐昌华译),北京大学出版社,北京。
王　力(1980)《汉语史稿》,中华书局,北京。
杨凯荣(2004)量词重叠句式与"每"句式在语义功能及句法上的异同,《现代中国语研究》第 6 期,日本,1—8 页。
杨雪梅(2002)"个个"、"每个"和"一个(一)个"的语法语义分析,《汉语学习》第 4 期,延吉,26—31 页。
曾子凡(1995)《广州话、普通话语词对比研究》,香港,香港普通话研习社。
张炼强(1961)广州话量词的语法特点,《中国语文》第 1 期,北京,30—32 页。
周小兵(1997)广州话量词功能,《方言》第 1 期,北京,42—47 页。
中国社会科学院语言研究所(1987)《倒序现代汉语词典》,商务印书馆,北京。
Borer, Hagit (2004) *Structuring sense* Volume 1: *In Name Only*, Oxford University Press.
Chao, Yuen Ren (1947) *A Cantonese primer*. Cambridge, Mass.: Harvard University Press.
Cheng, Lisa L. S. and Rint Sybesma (1999) Bare and not-so-bare nouns and the structure of NP. *Linguistic Inquiry*. 30, 509-542.
Doetjes, Jenny (1997) *Quantifiers and selection. On the distribution of quantifying expressions in French, Dutch and English*. Doctoral dissertation, Universiteit Leiden.
Erbaugh, Mary (2002) Classifiers are for specification: complementary functions of sortal and general classifiers in Cantonese and Mandarin. *Cahiers de linguistique Asie Orientale* 31/1, 33-69.

(荷兰莱顿大学汉学院;100871　北京,北京大学汉语语言学研究中心)

动词重叠三种特殊语法格式的地理分布及相关问题研究

王 健

提要 VVCR(动词重叠加结果补语)、VVCD(动词重叠加趋向补语)、VV+PP(动词重叠加介词结构)这三种特殊语法格式在吴语、徽语和江淮方言中有广泛的分布,而在其他地方则很少见到。这跟动词重叠的来源有关。一般认为,动词重叠来源于唐末的"动词+同源动量词"的结构,所以今天多数方言区动词重叠后不能跟上其他补语性成分。而在吴语等方言中,动补结构有相对较强的递归能力,而且,吴语动词重叠语法化程度更高。这就造成了今天吴语等方言中动词重叠式后仍可带其他补语性成分的情况。结合历史文献考察,VVCR、VVCD最早出现于元代,据此我们推测古吴语分化为现代吴语、徽语和江淮方言的时间上限为宋元之际。

关键词 动词重叠 语法格式 吴语 徽语 江淮方言

方言学界多数学者接受这样的看法:古吴语区的范围比今天要大,徽语和江淮方言中有吴语的底层。对此论点,鲁国尧(1988,1996,2002,2003/2003)从历史文献和语音上展开论证;李小凡、陈宝贤(2002)通过考察地名通名"港(河流)"的分布区域来判定古吴语的北界应在淮河一线;赵日新(1998)则通过语音、词汇、语法等多方面的必较,判定徽语和吴语有极为密切的关系,徽语的底子是吴语;袁毓林、王健(2005)独辟蹊径,通过对动词重叠的若干特殊句法格式分

---

* 本文是笔者博士论文《苏皖区域方言语法共同特征研究》的一部分。博士论文在写作过程中得到了业师袁毓林教授、李小凡教授的悉心指导,本文在修改过程中还吸收了两位匿名审稿专家的意见,谨在此一并致以深深的谢意。本文的研究还得到了江苏省高校优秀中青年骨干教师"青蓝工程"专项经费的资助。

布区域的共时和历时考察,得出江淮方言中有吴语底层的结论。

不过由于时间和篇幅的关系,袁毓林、王健(2005)的文章有很多相关问题没有涉及。比如,南部吴语的情况跟北部吴语是否一致?除了吴语和江淮方言外,还有哪些方言有这几种特殊句法格式?这几种格式分布的地域到底有多大? 如果说,江淮方言和徽语中都有古吴语底层成分的话,这三大方言是什么时候分道扬镳,走上了各自发展的道路呢?

本文拟在袁毓林、王健(2005)研究的基础上,扩大考察范围,并试图回答上面提出的问题。我们重点调查的方言点包括:苏州、上海、常州(以上吴语太湖片)、湾址(吴语宣州片)、永康(吴语婺州片)、绩溪、歙县、祁门(以上徽语)、泰州、兴化、东台、南通(以上江淮方言泰如片)、扬州、涟水、阜宁、灌南(以上江苏境内的江淮方言洪巢片)、合肥、枞阳、六安(以上安徽境内江淮方言洪巢片)。本文所举例句尽量用本字;写不出本字的用同音字代替;找不到同音字的用"□"代替,并用国际音标注出其实际读音。

一 动词重叠三种特殊句法格式分布的地域

其实,不光北部吴语存在 VVCR(动词重叠加结果补语)、VVCD(动词重叠加趋向补语)、VV+PP(动词重叠加介词结构)这三种跟动词重叠有关的特殊句法格式,南部吴语也有类似的格式。下面我们以永康话为例加以说明。[①]

1. 动词重叠后加结果补语的 VVCR 式:

(1)件衣裳替我洗洗□□[ȵi¹¹ȵi⁵⁵]干净。

(2)头发扎扎好望点。

(3)尔你食食饱啊。

(4)杯盖盖盖紧点。

2. 动词重叠后加趋向补语的 VVCD 式:

(5)堆垃圾扫扫出去。

(6)张嘴桌_桌子_搬搬归去。

3. 动词重叠后加介词结构的 VV+PP 式：

(7)本书替我放放落屋里头去。

(8)袋肥料撒撒落田唻。

(9)外甥送送落外婆唻。

(10)尔嬉嬉落十二点再归□[əi^{22}]_回来_。

除了永康话以外，寿永明（1999）介绍了兼具南北吴语特点的绍兴话也有 VVCR 和 VVCD 格式。根据我们的调查，吴语宣州片的芜湖湾沚话中也有上述四种格式。可见，这些跟动词重叠有关的特殊句法格式在吴语区是普遍存在的。[②]

除了吴语区外，徽语区的一些地方也有这些特殊格式。下面我们以绩溪话为例加以说明。

(11)把门关关好再睡。

(12)尔_这_只猪供供壮再杀。

(13)把尔个许在_地方_腾腾出来。

(14)要落雨了，把物事搬搬进来。

(15)把碳氨撒撒到田里。

(16)把细鬼_小孩_送送到家。

上面例(11)、(12)是 VVCR 格式；例(13)、(14)是 VVCD 格式；例(15)、(16)是 VV+PP 格式。根据我们的调查，徽语区除绩溪外，歙县也有这四种格式。而在我们调查的徽语祁门话中则没有 VVCD 和 VV+PP 格式，而且祁门话 VVCR 格式所包含的实例也很少，新派祁门的发音人甚至否认祁门话中有 VVCR 格式。根据孟庆惠(2005:209)提供的材料，徽语休黟片最起码有 VV+CR 格式。

在我们重点调查的 19 个方言点中，枞阳根本就没有动词重叠式，它主要用"V 一下"来表示其他方言用"VV"表示的意思；VVCR 格式分布范围最广，除了枞阳、六安、泰州、兴化没有这种格式，其他点都有；而 VVCD 和 VV+PP 分布的范围相对比较窄，VVCD 主要集中在吴语和徽语东部的绩溪、歙县，江淮方言中只有南通话有这种格式;VV+PP 分布的范围还要小一些,只有永康、上海、苏州、湾址、绩溪、歙县等六个点有这种格式。而且,就一个方言内部来看,新老派也是有差别的。我们在南通、睢宁、灌南、盐都、湾址、歙县都找了新老派两位调查人,用了苏州话能说的 100 例 VVCR 作调查素材,结果各方言能接受的数字如下。南通:老派 95,新派 73;睢宁:老派 50,新派 34;灌南:老派 57,新派 45;盐都:老派 85,新派 13;湾址:老派 85,新派 60;歙县:老派 87,新派 83。6 个点无一例外都是老派能接受的比新派多。③

从上面的概括我们大体可以得出一个蕴涵系列:VV+PP/VVCD＞VVCR,即有"VV+PP"或者"VVCD"的方言一定有"VVCR",反之则不成立。

从共时分布来看,这四种跟动词重叠有关的特殊句法格式以吴语为中心,辐射到徽语区、江淮方言区。而在这三大方言区以外,只有昆明有这几种格式(荣晶、丁崇明 2000):

"VVCD"格式:你挨那本书拿拿来/你挨那把剪刀拿拿过来

"VVCR"格式:安安好、切切碎、抖抖松、晒晒干

"VV+PP"格式:你挨这幅画挂挂在墙上/你挨我给这件衣服放放在柜子首里

二 动词重叠特殊格式分布地域的历时共时解释

对于现代表示短时、少量的动词重叠式的来源,学界多数人认为其产生跟晚唐五代时期动词借用作动量词的用法兴起有关。根据张赪(2000)的研究,到了宋代,这种现象已经很普遍了,如:

(17)师乃拈一枝柴吹两吹,度与百丈。(《五灯会元》卷九)

(18)又喝一喝,拍手众归。(《五灯会元》卷十一)

(19)以主丈画一画。(《宋代卷·虚堂和尚语录》399 页)

例(17)"吹两吹"中后面一个"吹"、例(18)"喝一喝"中后面一个"喝"、例(19)"画一画"中后面一个"画",都是作为动词的计量单位使

用,是典型的动量词用法,所以前面的数词还可以是"两"。这种动量词可以称之为"同源动量词",构成"V+数词+V"的格式,如果数词是"一",就形成了"V一V"的格式。后来,"V一V"用法扩展,有时不一定实指动作的次数,而是极言动作次数少,或指动作持续时间不长,比如:

(20) 觑一觑,教半万贼兵做硬血。(董解元《西厢记诸宫调》卷二)

(21) 臣愿说他,则恐未必便从,故且将去吓他一吓。(《朱子语类》卷一百三十四)

(22) 且歇一歇了,去坐地。(《宋代卷·张协状元》519页)

(23) 但于这道理久后,略断一断,便接续去。(《朱子语类》狈二十九)

(24) 大抵学到说时,已是进一进了。(《朱子语类》卷二十)

例(20)、(21)中的"觑"和"吓"所指称的动作虽然可以明确记数,但在例(20)、(21)中"一觑"和"一吓"并不是实指动作的次数,只是说明动作次数少;例(22)—(24)中的"歇、断、进"本身就不能明确地计算出次数,用在数量结构中只是表示动作持续时间短、事情进展程度轻或是缓和语气。

当"V一V"并不是实指具体的动作次数时,"一"就有省略的可能。在《张协状元》中有一例:"歇歇了去"。张赪(2000:14)认为这大约是最早表"短时"的"VV"的用例。[①] 到了宋末元明之际,"VV"的用例明显增多,比如:

(25) 儿子去去便归,不从张员外门前过便了。(《京本通俗小说·至诚张主管》)

(26) 你也打扮打扮。(《元曲选·秋胡戏妻》)

(27) 若略住住声儿,定打二十个孤拐。(《西游记》第3回)

在宋元以来的近代汉语中,动词重叠式的基本语义是表示小量(包括动量少和时量短);在未然语境、祈使语气中,也可以表示尝试意义。例如:

(28)试定精神看一看,许多暗昧魍魅各自冰散瓦解。(《朱子语类》卷十二)

(29)也到员外家看看去。(《元曲·看钱奴》二折)

(30)我倒请教请教,这番道理安在?(《儿女英雄传》第30回)

从对动词重叠式历时发展的论述中我们可以知道,表示短时、少量的动词重叠来源于"动词+同形动量词",其本身就是动补结构。汉语动补结构的递归能力是比较差的,一般不允许动补结构之后再加补语,所以在多数方言中,动词重叠后也不允许再出现其他补语性成分。但是吴语动补结构的递归能力似乎比其他方言要强,一个有力的证据就是,在吴语中动补结构之后还可以跟上一个处所介词结构。比如[5]:

(31)一只小牛拨汽车撞杀脱勒公路浪哉。

(32)大爷冻杀来朵关王庙里了!

(33)物事绑牢勒车子浪哉。

(34)花瓶放好勒盒子里向哉。

(35)部自行车撞坏脱勒马路浪哉。

(36)只杯子打碎勒地浪向哉。

因为吴语动补结构递归能力相对较强,这就为吴语动词重叠式后加各种补语成分提供了可能。

张伯江、方梅(1996:150—151)认为动词重叠式在苏州话中用途太广,句法语义负荷过重,所以不能再让它单独表示尝试义,必须在动词重叠后再加上"看"才能表示尝试义。我们基本同意这种看法。正是由于以苏州话为代表的吴语动词重叠比其他多数方言使用频率更高,运用更广泛,相应的语法化程度也更高,其表示量的方面受到一定的抑制,语用效应得到凸显,动词重叠成为变换说话语气的一种手段。这样,动词重叠就比较容易跟上一些补语性的成分。

我们认为,正是在上述两方面原因共同作用之下,吴语动词重叠后可以跟上诸如结果补语、趋向补语和处所时间性介词结构等成分。徽语和江淮方言因为跟吴语有共同的底层,所以也具有上述特殊结构。⑥

　　从共时地域分布来看，VVCR 分布的范围最广，VVCD 和 VV+PP 分布的范围最小。这其中的原因可能是，动词重叠表示的是有固定终止点的"定时动作"，但这个终止点究竟在何处，又有一定的模糊性，这种终止点的模糊性本原上是由动量的模糊性造成的。(李宇明 1998/2002)这样的话，动词重叠跟趋向补语和处所介词结构在语义上是互相排斥的，因为趋向补语和处所介词结构表示的动作行为终止点是明确的。而结果补语多由形容词充当，其本来就具有模糊性的特点，所以跟动词重叠在语义上并不排斥。因而"VVCR"格式分布的范围就比较广泛，VVCD 和 VV+PP 分布的范围当然最小。另外一个事实似乎也可以证明我们的猜测，一些普通话文学作品中也出现了"VVCR"格式，却没有"VVCD、VV+PP"格式。⑦

　　历史的因素也不能不考虑。古吴语内部本来就有差异。安徽的江淮方言区历史上是吴楚文化激烈竞争的区域，古吴语和古楚语在这片区域都有深刻的影响。我们调查的枞阳没有动词重叠式，用"V一下"来表示动作的短时少量义，这跟西南官话的多数地点情形是一致的。这不应该是巧合。合肥和六安这几种动词重叠的特殊句法结构也比较少见，跟古楚语的影响不能说没有关系。从官话影响的角度来看，江淮方言北部和徽语西部处于跟官话交锋的前线，受官话的影响比较严重。从我们的调查来看，每个地方每种特殊句法格式都是老年人的实例更多，就说明了这种影响。这几种特殊格式越往北，越往西分布的种类(type)就越少，每个种类里的实例(token)也越少，就是这种影响的结果。

　　有一个事实我们还没有想到合理的解释。VVCR 格式是分布范围比较广的，但同样在江淮方言泰如片内部，南通、东台有⑧；泰州和兴化没有。泰如片方言(南通话除外)，动词和结果补语之间总要出现一个后附性成分，其读音随着前面一个音节韵尾的不同而有变化：在阴声韵后读"a"；在阳声韵后读"ŋa"；在入声韵后读"ka"。比如"吃 ka 饱/看 ŋa 清楚"。这个后附性成分可能阻挡了 VV 后直接带补语。不过,东台方言也有这个后附成分,它却可以有 VVCR 的格式。

还有一个事实需要解释,为什么远离古吴语的昆明话也有 VVCR、VVCD、VV+PP 这几种格式。我们认为,这跟历史上的移民有关系。据张映庚(1997)的研究,历史上汉族移民进入云南有两次高潮。一次是汉晋时期,还有一次是明代。明代的这次移民对昆明话的形成有直接影响。明代汉族移民主要包括军屯移民、民屯移民还有商屯移民。由于移民的大量涌入,从洪武年间到万历年间,约 180 年,云南汉族人口竟增长了 5 倍。考察这些移民的来源,以江南、江西、湖广、南京一带为多。张映庚(1997)从词汇、语法两个角度证明了昆明话的基础是江淮方言。词汇层面,昆明话存在大量的江淮方言和吴方言词汇;语法层面,昆明话跟多数江淮方言一样,反复问句用"K+VP"的形式。我们认为,正是明代来自江淮地区的移民造成了昆明话动词重叠在句法组配上存在不同与其他西南官话的特点。⑨

三 古吴语分化的时间上限

从文献来看,动词重叠后带补语性成分出现的时代比较晚,崔山佳(2004)列举了一些近代汉语文献中出现的例子:

(37)我脱了这衣服,我自家扭扭干。(元·杨显之《潇湘雨》第 4 折)

(38)八戒道:"我又不曾大生,左右只是个小产,怕他怎的?洗洗儿干净。"(《西游记》第 53 回)

(39)那酒鬼犹在醉乡,这腊梨是贼的,瞧见这个光景,心暗气道:"……不要慌,让我搅搅臭着!"(《一片情》第 14 回)

(40)苏锦衣道:"……但则明白,我叫了他的家人,当面与他说说明白。"(《醒世姻缘传》第 5 回)

(41)小二道:"作昏了!认认清人头着!"(《金台全传》第 3 回)

"V — VCR"的例子也有,比如:

(42)(生入介)夜饭整治些来吃,衣服与我烘一烘干,明日五更,便要起身。(《霞笺记》第17出)

(43)富尔谷道:"我说叫先生阿爱也晓得有才,二来敲一敲实。"(《清夜钟》第13回)

(44)且说仇七妈对邬云汉道:"这财礼的话,待咱进去讲一讲定。"(《闪电窗》第4回)

(45)素臣出院,寻见鞋子,带湿穿着,提那夹被,却水浸透了,递与何氏道:"快替我烘一烘干。"(《野叟曝言》第15回)

(46)那静空僧把衲缀卸去,里边元色布密门钮扣的紧身,把头上金箍捺一捺紧,将刀倒插在背后腰内。(《七剑十三侠》第7回)

崔山佳文中提到的作品共15部,从这些材料看,"VVCR"和"VVCD"有鲜明的南方方言,尤其是吴语色彩。这15部作品,作者籍贯在淮河以南的有7位:吴承恩(淮安人,《西游记》的作者)、沈懋德(浙江桐乡人,《红楼梦补》的作者)[10]、陆云龙(浙江钱塘人,《清夜钟》的作者)[11]、陆士谔(青浦朱家角镇人,《十尾龟》的作者)、夏敬渠(江苏江阴人,《野叟曝言》的作者)、唐芸洲(苏州人,《七剑十三侠》的作者)、李宝嘉(江苏武进人,《官场现形记》的作者)、陈栩(杭州人,《泪珠缘》的作者)。《霞笺记》选自常熟人毛晋选编的《六十种曲》,本身就是南戏作品。《金台全传》是由弹词《金台传》改编的,内含大量一如弹词的苏白。《闪电窗》作者酌玄亭主人生平不详,但其作品中有大量江淮方言词汇。《姑妄言》作者曹去晶虽非南方人,但也久居南京。《一片情》清朝初年产生于杭州,作者不可考,但内含大量吴方言词汇。《醒世姻缘传》作者尚未有定论,但其反映的大体是山东南部方言,其情形类似袁毓林、王健(2005)提到的《金瓶梅》。15部作品中唯有《潇湘雨》,作者杨显之,元大都(今北京)人,是属于黄河以北的。我们考虑大都作为首都,肯定有不少南方人,杨显之在创作的时候很可能受到他们语言习惯的影响。这跟今天普通话文学作品中开始出现"VVCR"格式道理可能是一样的。

崔山佳还举了一些近代汉语中"V(一)VCD"的例子，比如：

(47)这举子写得不上半个时辰，用不了一个砚角，墨早写完了，把卷递与小孝廉，道："兄已措思许久，经艺必佳，写一写来。"（《清夜钟》第8回）

(48)便把一手搭在于伦臂上，把鞋跟扯一扯上，上了岸。（《型世言》第3回）

(49)宗师道："……与他查一查上来。"（《醒世姻缘传》第39回）

(50)如云：轻轻抱一抱起，随手一撒，打入地下一尺来深。（《第五才子书施耐庵水浒传卷之三十二》，见《金圣叹评点才子全集》第512页）

(51)佩珩便把暑衣袖捋一捋起，走向前双手拿着那磨儿，好似拿块方砖的光景，毫不着意。（《快心编》二集卷之二第3回）

(52)曹小姐道："……我现在想出去拍照，你最好一只大兜一条勒扣先替我拿一拿回来，横竖你十四这日要送利息过来，就那日来听回话罢。……"（《十尾龟》第23回）

《清夜钟》《醒世姻缘传》《十尾龟》我们刚才已经讨论过了。《型世言》的作者跟《清夜钟》的作者是同一个人，浙江钱塘人陆人龙。《水浒传》作者施耐庵是江苏兴化人，而且本人曾在苏州生活了很长时间。《快心编》的编者天花才子生平不详，姑且存疑。

从崔山佳的研究来看，VVCR出现的时代不早于元代，VVCD出现的时代更晚一些。这很自然，因为表示短时少量的动词重叠直到宋代才真正发展起来。如此说来，宋元之际，苏皖两省的大部分地区出现了新兴的语法格式，而在其他方言区没有出现。这说明，最起码在宋元之际，现代吴、徽、江淮三大方言区还保持着十分密切的联系，进而言之，它们在当时还是同一方言。

一般认为，东晋王室南渡时带来的大量北方移民改变了江淮之间乃至徽语区的语言面貌。（鲁国尧1988/2003）不过，从动词重叠的几种特殊语法格式的历时演变和共时分布来看，古吴语的彻底分化不应早于宋元,否则它们不可能经历这样一场共同的语法创新,毕竟语言演变是一个长期缓慢的过程。把徽语、江淮方言跟湘语做个比较是非常有意思的事情。一般认为,现代吴语和湘语都是从中古吴语发展来的。(王福堂 2005:92)现代老湘语跟吴语一样,中古全浊声母仍读浊音音值。不过,根据我们看到的材料和自己的调查,无论是新湘语还是老湘语,都没有我们提到的几种特殊语法格式。历史语言学的原理告诉我们:经历了共同创新(Shared innovation)的语言(方言)比共同存古(Shared archaism)的语言(方言)关系更密切,因为经历了共同创新说明它们分化的时间更晚。(Trask2000:182)根据这个原理我们判定,湘语跟吴语分化的时间要早于宋元。

事实正是如此。桥本万太郎(1985:31)认为,吴语和湘语的分化是由于客家人南下造成的。据近人的研究,客家人的祖先是由古代中原地区躲避战乱南迁的汉人,他们的迁徙分为三期,西晋末年(306年)以后是第一期。他们顺颍水南下,在东晋南朝 300 年间陆续迁到今长江下游皖南、苏北,以至苏南、赣北、赣中一带的江南地区。第二次迁徙在唐末,由于黄巢起义,赣北、赣中西部以及赣南处在战火之中,客家人祖先不得不再次向赣东南、闽西迁徙。再以后到南宋末年,元人南下,又有大量客家人祖先向南迁徙到今广东东部北部,这是第三次迁徙。造成吴语和湘语分化的应该是第一期的客家移民,大概在西晋末年。(王福堂 2005:75—76)也就是说,大概从那个时候起,吴语和湘语就开始分化为两种不同的方言了,到唐末短时少量的动词重叠式发展起来时,吴语和湘语的分化很可能已经完成,所以在此之后古吴语区产生的跟动词重叠有关的特殊语法格式在湘语中就没有出现。

我们认为,东晋王室南渡带来的大量北方移民深刻地改变了江淮地区和现代徽语区的语言面貌,使之开始官话化,但这种变化是缓慢而长期的;直至唐末表示短时少量的动词重叠开始出现,它们仍有很大的一致性;直到"靖康之难",南宋王朝南下,再次将大量北方移民带入今江淮流域和安徽中南部,才最终形成了吴、徽、江淮三分的格局。

附 注

①感谢北京大学中文系研究生杨灵叶同学为我提供了永康话的材料。

②由于寿永明先生的文章里没有介绍,我们也没有调查绍兴话,所以我们不知道绍兴话中是否有 VV+PP 格式。

③盐都新老派差别太大,可能是因为新派发音人年龄太小(21岁),而且在外地求学时间太长,材料有些问题。

④不过,我们在唐代的文献里也发现了"VV"表示"短时"的例子,比如:
    a. 更试一回看看,后功将补前过。(《降魔变文一卷》,《敦煌变文集》卷四)
    b. 趁行移手巡收尽,数数看谁得最多。(张籍《美人宫棋》诗)

⑤比起其他方言来说吴语递归性更强的观点,袁毓林(2002)首先提出,例(31)即引自袁毓林(2002)。

⑥匿名审稿人提出一个很有趣的问题:宋元之际的南方文献,如《张协状元》中"V一下"也很常用,为什么"V一下"没有发展出"V一下 CR、V一下 CD、V一下+PP"的格式。我们的回答是,正是因为"V一下"中的"一下"是典型的动量词,其表示量的方面很难受到抑制,所以难以像"V(一)V"那样构成特殊的语法格式。这也从另一个侧面说明我们的分析是有道理的。

⑦现在用普通话写成的一些文学作品中也可以见到少量的"VVCR"格式,比如"你的头发有点乱了,让我替你做做好。"(徐卓人《秀发》,《小说月报》1996年第8期100页)

⑧据南京大学顾黔博士告知,她的家乡泰兴也有 VVCR 格式。

⑨顾颉刚《浪口村随笔》(辽宁教育出版社,1998年)记录:"及来昆明闻蔡希陶先生言,云南保山县人完全说南京话。又陆良一带之铜铁匠则于普通语言外别说一种行话,按其实竟是苏州话,惟有小变耳。"(220页)从这里也可以看出不独昆明话,云南很多地方的方言跟吴语和江淮方言都有密切的关系。据赵日新先生告知,动词重叠的几种特殊语法格式在云南保山也存在。另外,一些闽南方言(比如台湾话和漳州话)也有"VVCR、VVCD"格式。不过闽南话一般 VR 是合成词,VVCR 和 VVCD 表示"某种动作行为将全部完成"(漳州)或者"某种动作行为快速完成"(台湾)。闽南话 VVCR 和 VVCD 表示的语法意义跟吴语、徽语、江淮方言不同。我们认为闽南话动词重叠的性质跟其他方言也不同,证据有:1. 闽南话动词重叠中间不能加"一",不存在"看一看"之类的说法,说明它们不是由同源动量词发展来的;2. 动词重叠不能单独作句子成分,必须后附"le?"(看)或者补语才行;3. 动词重叠不能带宾语。闽南话动词重叠一般表示一种动作的样式。我们认为闽南话动词重叠式可能来源于《诗经》时代就有的叠用式动词。以上闽南话材料来源于郑良伟(1988)、马重奇(1995)、Feng-fu Tsao (2001)。

⑩《红楼梦补》的作者"归锄子"根据徐恭时先生考证,本名沈懋德,浙江桐乡人。(《红楼梦学刊》1998 年第 2 期)

⑪详见井玉贵《〈警世阴阳梦〉、〈清夜钟〉作者新考》,载于《中国典籍与文化》2002 年第 4 期。

参考文献

崔山佳(2004)《近代汉语语法历史考察》,崇文书局,武汉。

李小凡、陈宝贤(2002)从"港"的词义分布和地域分布看古吴语的北界,《方言》第 3 期,商务印书馆,北京,201—216 页。

李宇明(1998/2002)动词重叠的若干句法问题,《语法研究录》,商务印书馆,北京,99—119 页。

鲁国尧(1988/2003)泰州方音史与通泰方言史研究,《鲁国尧语言学论文集》,江苏教育出版社,南京,12—122 页。

——(2003)客、赣、通泰方言源于南朝通语说,《鲁国尧语言学论文集》,江苏教育出版社,南京,123—135 页。

——(1996/2003)《徽州方言研究》序,《鲁国尧语言学论文集》,江苏教育出版社,南京,253—262 页。

——(2002/2003)"颜之推谜题"及其半解,《鲁国尧语言学论文集》,江苏教育出版社,南京,136—180 页。

马重奇(1995)漳州方言重叠式动词研究,《语言研究》第 1 期,华中理工大学出版社,武汉,124—131 页。

孟庆惠(2005)《徽州方言》,安徽人民出版社,合肥。

桥本万太郎(1985)《语言地理类型学》,余志鸿译,北京大学出版社,北京。

荣晶、丁崇明(2000)昆明话动词重叠的句法组配,《方言》第 1 期,商务印书馆,北京,61—67 页。

寿永明(1999)绍兴方言中的动词重叠句,《浙江师大学报(人文社会科学版)》第 5 期,88—90 页。

王福堂(2005)《汉语方言语音的演变和层次》(修订本),语文出版社,北京。

袁毓林(2002)方位介词"着"及相关语法现象,《中国语文研究》第 2 期,香港吴多泰中国语文研究中心,香港,1—27 页。

袁毓林、王健(2005)吴语的动词重叠式及相关的类型学参项——从几种语法格式的分布地域看古吴语的北界,《吴语研究——第三届国际吴方言研讨会论文集》,上海教育出版社,上海,12—22 页。

张伯江、方梅(1996),《汉语功能语法研究》,江西教育出版社,南昌。

张　赪(2000)现代汉语 VV 与 V—V 的来源,《语言教学与研究》第 4 期,10—17 页。

张映庚(1997)《昆明方言的文化内涵》,云南教育出版社,昆明。

赵日新(1998)《徽语研究》,山东大学中文系博士论文。
郑良伟(1988)台湾话动词重叠式的语义和语法特点,《中国语文》第 6 期,中国社会科学出版社,北京,439—444 页。
Feng-fu Tsao (2001) Semantics and syntax of Verbal and Adjective Reduplication in Mandarin and Taiwanese South Min, In Hilary Chappel (ed.) *Sinitic Grammar*, Oxford University Press.
Trask (2000) *Historical Linguistics*,外语教学与研究出版社,北京;爱德华·阿诺德出版社,伦敦。

(215500 常熟,常熟理工学院人文系 E-mail:wkg18@163.com)

山东栖霞方言的体貌
助词"儿"及相关问题*

刘 翠 香

提要 栖霞方言动词的儿化我们把它看作附着于动词后的"儿",其中有些大致相当于普通话表完成的"了₁",是体貌助词。但与普通话的"了₁"在用法上存在着一些差异,本文描写栖霞方言的这种体貌助词"儿",着重比较其在五种"V₁V₂"格式中同普通话"了₁"用法上的差异,并指出造成这些差异的原因在于普通话和栖霞方言的动结式和动趋式处于演变过程的不同阶段。

关键词 栖霞方言 体貌 儿 连动式 动结/动趋式 句式演变

栖霞市地处胶东半岛腹地,东临牟平、海阳,西襟招远、龙口,南与莱阳毗邻,北与福山、蓬莱接壤。栖霞方言属北方官话,是山东方言东莱片的一个方言点。

"儿"是栖霞方言相当活跃的成分,出现的频率极高,可以附着于名词、指示代词、副词、量词、形容词以及动词之后,表示不同的语法意义。本文主要讨论附着于谓词之后的体貌助词"儿"[①]。"儿"的此种用法大致相当于普通话表完成的"了₁",但与普通话的"了₁"在用法上存在着一些差异,本文描写栖霞方言的这种体貌助词"儿",详细地比较其与普通话"了₁"所存在的差异,并探讨形成这些差异的原因。

全文分三大部分,第一部分描写"儿"的基本用法;第二部分指出

---

* 本文根据笔者的博士学位论文《山东栖霞方言虚成分研究》(2005年6月)下篇第一章修改而成。曾在第二届国际汉语方言语法学术研讨会(2004年12月,武汉)上宣读。论文得到了导师施其生教授的悉心指导和李如龙、唐钰明、麦耘、周磊、张双庆、张树铮等先生的指正和鼓励。论文吸收了审稿专家的重要意见。在此一并致谢。失误之处,当由本人负责。

"儿"与普通话"了₁"用法上的差异,并具体分析与上述差异有关的五种"V₁V₂"格式;第三部分探讨形成上述差异的原因。

1 体貌助词"儿"的基本用法

体貌助词"儿"黏附在谓词(包括动结式)之后,语音上与前面的音节融合,构成儿化韵,例如"救儿个人"的"救儿"说成[ciou^r45],"救活儿个人"的"活儿"说成[xuo^r45]。这种"儿尾"的意义和普通话的"了₁"相同,表示动作的完成或变化的实现,前面的谓词可以是动词,也可以是形容词。例如:

(1)他说儿好几回儿(了)。他说了好几次(了)。

(2)他头发白儿一大半儿。他的头发白了一大半儿。

(3)毒品不知道害死儿多少人(了)。毒品不知道害死了多少人(了)。

(4)门口儿站儿乜么些人。门口儿站了好多人。

(5)树上的梨掉儿一地。树上的梨掉了一地。

(6)你把衣裳脱儿它!你把衣裳脱了!

(7)苹果你明天得摘完儿它。苹果你明天得摘完它。

(8)这块儿电影儿,老李看儿两遍,老王看儿三遍。这部电影,老李看了两遍,老王看了三遍。

(9)我们把作业写完儿吧!我们把作业写完吧!

(10)我叫他去买儿桶油。我叫他去买了一桶油。

从以上例句可以看出,本文所讨论的"儿"是个形尾(助词),一定黏附在谓词上,语音上也已经和谓词化为一体。通常不出现在句末,后头或者有体词性宾语(例1—8),或者有语气词(例9),或者为复杂谓语的后半部(例10)。

2 "儿"与"了₁"用法上的差异

从上节可以看出栖霞方言"儿"的意义和用法同普通话的"了₁"基本对当,但是细加考察,仍然可以发现某些差异,在一些句式中,普通话不出现"了₁",而栖霞方言要用"儿",例如:

普通话　　　　　　　　　栖霞方言

(11)老师把几个小流氓赶跑了。老师把几个小流氓儿赶儿跑□[·ə]了。

(12)他连家具都搬来了。　　他连家器都搬儿来□[·ə]了。

(13)他把广告撕下来烧了。　他把广告撕儿烧[·ə]了。

以上例句中栖霞方言与普通话的差异表现在:栖霞方言在两个动词之间多了一个"儿",形成"V₁儿V₂"格式。

同属官话,两个对当的语法成分为什么用法会有差异,值得探究,下文分别讨论上面所列句子中的三种"V₁儿V₂"格式以及与例(11、12)格式相近的另外两种格式。

2.1 "赶儿跑"之类

例(11)普通话"赶跑",栖霞方言要说成"赶儿跑",在普通话是个动结式,在栖霞方言因为前一动词之后一定要加"儿",已经不是典型的动结式。

栖霞方言中,也有由动词后加动词或形容词所构成的动结式,这种动结式两个谓词之间的结合非常紧密,属黏合式[②],不能插入任何成分,例如:

(14)他把鞋都跑掉□[·ə]了。他把鞋子都跑掉了。

(15)小猪儿拱翻儿好几个凳□[·ə](凳子)。小猪拱翻了好几个凳子。

(16)你自己能看懂儿[·lei]地方我就不啰嗦□[·ə]了。你自己能看懂的地方我就不啰嗦了。

(17)王杰把眼都哭红□[·ə]了。王杰把眼睛都哭红了。

与普通话相同,栖霞方言的这种动结式可以作谓语(例14),带宾语(例15),也可以作定语(例16)。

当动结式后面又有复指受事成分的"他/它"或语气助词时,大部分动结式后面应出现体貌助词"儿",例如:

(18)你得把这个问题弄懂儿它!你得把这个问题弄懂它!

动结式前半部的动词,其语义总是指向施事,后半部的语义既可指向施事,又可指向受事。例如:

(19)他把题目看懂□[·ə]了。→他看+他懂

(20)他把墙推倒□[·ə]了。→他推+墙倒

而且此类句式中两个动词的地位并不平等,往往代表一先一后两个行为,后一个行为通常是前一个行为的结果。比如"看懂□[·ə]了"中的"懂"是"看"导致的结果。

在栖霞方言中,当后半部的动词(V_2)为具有"消失义"的动词"跑、丢、走、飞、没有"等时,"V_1"之后必须出现体貌助词"儿",形成"赶儿跑"类格式。当整个格式位于句末作谓语时,"V_2"之后可出现"□[·ə]了",请看例句:

(21)老师把几个小流氓儿赶儿跑□[·ə]了。老师把几个小流氓赶跑了。

(22)小王儿把老刘□[·lei]书弄儿丢□[·ə]了。小王儿把老刘的书弄丢了。

(23)老六把水鸭子赶儿飞□[·ə]了没有?老六把水鸭子赶飞了没有?

(24)老王是不是叫同事给挤儿走□[·ə]了?老王是不是叫同事给挤走了?

(25)你再吹,傛家儿□[·lei]牛都叫你给吹儿没有□[·ə]了。你再吹,你家的牛都叫你给吹没了。

以上例句陈述的为已然的事件,句中的主语或为施事,或为受

事。"赶儿跑"类格式在句末做谓语时,句末可出现"□[·ə]了";即使句子陈述的是未然事件,第一个动词后的"儿"也必须出现,当第二个动词后也出现"儿"时,句末或出现复指受事成分的第三人称代词"他/它",或出现句末语助词(吧、么)等等。请看例句:

(26)他连孩子都待领儿走儿他。他连孩子都要领走。

(27)不稀吹吧,你想□[·ə]把傣家儿□[·lei]牛都吹儿跑儿(它)么?别吹了,你想着把你家的牛都吹跑么?

(28)管[·ə]别把我□[·lei]书弄儿没有儿它!千万别把我的书弄没有了!

(29)咱把他□[·lei]东西弄儿丢儿吧!咱把他的东西弄丢吧!

以上例句均表示未然的事件,或为陈述句(例26),或为疑问句(例27)或为祈使句(例28、29)。

栖霞方言的"赶儿跑"类格式还可以带宾语、作定语,两个动词都可带体貌助词"儿",形成"赶儿跑儿○"(例30—32)和"赶儿跑儿□[·lei]○"(例33、34)类格式。

(30)他自己就弄儿丢儿好几本。他自己就弄丢了好多本。

(31)我赶儿飞儿三个,你干儿点儿什么?我赶飞了三个,你干了点什么?

(32)你要是能打儿走儿他,你要什么我给你什么。你要是能打走他,你要什么我给你什么。

(33)傣儿拿儿跑儿□[·lei]东西关我什么事儿?你儿子拿跑的东西关我什么事?

(34)老王收拾儿没有儿□[·lei]东西还有找儿么?大意:老王整理而不见的东西还能找得到么?

"赶儿跑"类格式中"赶"类动词的语义只能指向施事,"跑"类动词的语义可以指向受事,也可以同时指向施事和受事。例如:

(35)她把小孩儿给领儿跑[·ə]了。→她领+(她+小孩儿)跑

(36)老王是叫同事给挤儿走□[·ə]了。→同事挤+老王走

此类句式中两个动词的地位并不平等,往往代表一先一后两个行为,后一个行为通常是前一个行为的结果。比如"赶儿跑□[·ə]了"中的"跑"是"赶"导致的结果,类似于动结式所表示的语法意义。

我们再看看栖霞邻近方言的情况,"赶儿跑"之类的格式在东莱片③方言中的分布相当复杂,有的方言点只能说"赶儿跑",有的方言点只能说"赶跑",有的方言点"赶儿跑"与"赶跑"都能说。"赶"和"跑"类动词之间必须出现体貌助词"儿"的方言点有文登(小观镇)、牟平、福山、栖霞和莱阳。例如:

(37)老师把几个小流氓儿赶儿跑了④。

(38)小王儿把老刘的书弄儿丢了。

"赶"和"跑"类动词之间不可出现体貌助词"儿"的方言点有文登(高村镇)、蓬莱、龙口和招远。例如:

(39)老王是叫同事给挤走了。

(40)老六把几个水鸭子都赶飞了。

"赶"和"跑"类动词之间既可出现体貌助词"儿",又可不出现体貌助词"儿"的方言点有威海、乳山、海阳、招远(毕郭镇)和荣成。例如:

(41)小王儿把老刘的书弄(儿)丢了。

(42)老王是叫同事给挤(儿)走了。

普通话说"赶跑",不说"赶了跑",已经最后完成了由连动式发展为动结式的过程,栖霞只说"赶了跑",不说"赶跑",这个过程还没最后完成,东莱片有的点处于普通话的阶段,有的点处于栖霞方言的阶段,有的点二者兼之,地理上的混杂分布正是历时演变过程的反映。

2.2 "搬儿来"之类

例(12)普通话"搬来",栖霞方言要说成"搬儿来,在普通话是个动趋式,在栖霞方言因为前一动词之后一定要加"儿",已经不是典型的动趋式。

A. 并非普通话所有的动趋式栖霞方言都要在前半部加"儿",加"儿"的格式,趋向动词必须是单音节的"来"或"去"。

(43)他连家器都搬儿来□[·ə]了。他连家器都搬来了。

(44)叫他来他不来,不叫他来他自己跑儿来□[·ə]了。叫他来他不来,不叫他来他自己跑来了。

(45)我把苹果皮儿削儿去□[·ə]了。我把苹果皮削去了。

(46)树皮叫他剥儿去□[·ə]了。树皮叫他剥去了。

(47)他把从侎家儿拿儿来□[·lei]东西给儿我了。他把从你们家拿来的东西给我了。

(48)侎妹背儿来□[·lei]东西你能不能送给我看看?你妹妹背来的东西能不能送给我看看?

以上例句都为表已然事件的陈述句,其中的"搬儿来/去"或作谓语或作定语,动词与"来"、"去"之间的"儿"必须出现;即使陈述未然事件的句子,动词与"来"、"去"之间的"儿"也必须出现,否则不合语法。例如:

(49)钱别叫小偷儿给偷儿去!钱别叫小偷儿给偷去!

(50)赶快去把医生叫儿来给侎妈看看(病)!赶快去把医生叫来给你妈看看病!

(51)我去把老人给背儿来。我去把老人给背来。

(52)他□[·lei]书还得我给送儿去,架□[·ə]够儿大了。他的书还得我给送去,架子够大了。

(53)送儿去就送儿去,有什么了不起□[·lei]。送去就送去,有什么了不起的。

(54)你就不能把电视给我捎儿来么?你就不能把电视给我捎来吗?

例(49、50)为祈使句,例(51—53)为陈述句,例(54)为疑问句,动词后、"来、去"前的"儿"也都必须出现。

B. 栖霞方言的单音节趋向动词"来、去"与普通话单音节趋向动词用法上的不同还表现在普通话的"搬来/去"类格式可以带宾语,栖霞方言的"搬儿来/去"类格式却不能带宾语,因此普通话的下列句子栖霞方言都不成立。试比较:

山东栖霞方言的体貌助词"儿"及相关问题　267

　　　　　普通话　　　　　　　　栖霞方言
(55)a.他带来了两本书。　　b.*他带儿来(儿)两本书。
(56)a.这些小事占去了他　　b.*这些小事占儿去(儿)他
　　　不少时间。　　　　　　　不少时间。

此类句式栖霞方言只能用"把"字将受事宾语提前(例57)或将宾语插在动词和趋向补语之间(例58—60),动词后必须加"儿",例如:

(57)他把书给捎儿来□[•ə]了。他把书给捎来了。
(58)姥爷送儿些苹果来□[•ə]了。姥爷送了些苹果来。
(59)他拿儿些衣裳去□[•ə]了。他拿了些衣裳去。
(60)老王从咱家儿搬儿口大柜去□[•ə]了。老王从咱们家里搬了一口大柜去。

C.普通话的"搬来/去"格式位于句末时,有时不加任何成分即可成句,栖霞方言的"搬儿来/去"用法与之相同,如"把书拿儿来/你为什么把我的东西拿儿去"。但栖霞方言与普通话的不同表现在:复指受事成分的"他/它"既可位于单音节趋向补语的后面(句末,例61、62),也可以位于"V儿"和单音节趋向补语之间(例63—64)。例如:

(61)他怎么把孩□[•ə]也领儿来他?他怎么把孩子也领来?
(62)你怎么把好□[•lei]也掐儿去它?你怎么把好的部分也掐去?
(63)你把东西拿儿它去!你把东西拿去!
(64)我想□[•ə]把书拿儿它来。我想把书拿来。

"搬儿来/去"类格式中"搬"类动词的语义只能指向施事,"来/去"的语义可以指向受事,也可以同时指向施事和受事。例如:

(65)我把苹果皮儿削儿去□[•ə]了。→我削+皮儿去
(66)书包他自己背儿来□[•ə]了。→他背+(他+书包)来

栖霞方言的"搬儿来/去"与普通话的"搬来/去"相比,语法形式并不相同("搬"和"来"之间多了一个"儿"),语法功能也并不完全相

同,栖霞方言的"V儿来/去"虽可作谓语和定语,但不可带宾语,并且复指受事成分的第三人称代词可以插入"搬儿"和"来"之间。

为什么会有普通话"搬来"类格式和栖霞方言"搬儿来"类格式的差异,要看清这个问题,眼光还不能局限在栖霞方言的"搬儿来"类格式。

看看其他地方的类似现象:

"搬儿来/去"类格式普遍存在于山东方言的东区东莱片,"搬"类动词和"来/去"之间的语音形式无一例外全为"儿",其中有威海、文登、荣成、乳山、海阳、牟平、福山、栖霞、莱阳、蓬莱、龙口、招远等。

在"搬来/去"类格式的动词和"来/去"之间可加完成体标记的现象并非东莱片方言所独有,这种现象遍布全国很多方言点,其中有陕北晋语沿河方言[⑤]、苏州方言、惠州方言等。

陕北晋语沿河方言(邢向东 2003):沿河方言表达完成体的手段主要是"了",也有"得"。"得"[⑥]用于动趋式中间,表示趋向动词所表结果已经实现,"得"不能用"了"替换。如:

(67)走得来,跑得来,拿得去,叫得去

苏州方言(石汝杰 1996):苏州方言的完成体标记"仔"也可位于谓语动词和趋向动词之间。例如:

(68)耐走吧,耐个行李自家拿仔去。

(69)作兴拨勒骗子骗仔去哉。

惠州方言(陈淑环 2006):"抛"和"□[ei^{55}]"直接依附在谓词后,表示动作的完成或变化的实现,"抛"和"□[ei^{55}]"可出现在动词和单音节趋向动词"来/去"之间,构成"V+抛/□[ei^{55}]+单趋"和"V+□[ei^{55}]+单趋+抛"格式。例如:

(70)阿思连家私都搬抛/□[ei^{55}]来。阿思连家具都搬来了。

(71)阿思连家私都搬□[ei^{55}]来抛。阿思连家具都搬来了。

再看看趋向动词不是"来/去"时候的情况,栖霞方言当主要动词后面出现双音节趋向动词的时候,(例如"搬+过来")"儿"的出现与否同普通话相比也同样存在着差异,具体表现在:

A. 普通话在动词和趋向补语之间可出现"了₁",栖霞方言两者之间却不能出现"儿",试比较:

    普通话   栖霞方言

(72) a. 他把所有的东西都   b.* 他把所有□[·lei]东西都
   搬了过来。   搬儿过来。

(73) a. 香味儿远远地飘了过来。 b.* 香味儿老远传儿过来。

与例(72、73)中 b 句相同的句式栖霞方言只能说成:

(74) 全部儿学生都叫我叫进来□[·ə]了。全部学生都叫我叫进来了。

(75) 他把雪扫出去□[·ə]了。他把雪扫出去了。

B. "搬过来"类格式在句中可以作定语,用法与普通话相同(老王送出去□[·lei]狗又跑回来□[·ə]了)。当"搬过来"类格式带有宾语时,普通话通常不加"了₁",栖霞方言"搬过来"类格式后一定要加"儿",否则不能成立。如:

(76) 从东面走过来儿两个小孩儿。从东面走过来(了)两个小孩子。

(77) 儿子跟儿门缝儿塞进来儿一把钥匙。儿子从门缝儿塞进来(了)一把钥匙。

宾语可以是施事宾语(例76)也可以是受事宾语(例77),受事宾语也可以位于"赶"类动词和"过来"类趋向动词之间,例如:

(78) 老刘跟儿家儿搬儿三张凳子过来□[·ə]了。老刘从家里搬了三张凳子过来了。

(79) 他俩抬儿桶啤酒上去□[·ə]了。他俩抬了桶啤酒上去了。

C. 以上例句均陈述已然的事件,当句子陈述未然事件时,栖霞方言"叫过来"类结构的用法与普通话大致相同,例如:

(80) 你明天把东西拿回来!你明天把东西拿回来!

(81) 叫他搬些凳□[·ə]出去!叫他搬些凳子出去!

但也存在着差异,主要为:复指受事成分的"他/它"既可位于"叫过来"类格式的后面(句末),如例(82、83);也可以位于"叫"类动词和

"过来"类趋向补语之间,如例(84、85)。例如:

(82)你去把老人背过来他!你去把老人背过来!

(83)把车□[·ə]推进去它!把车子推进去!

(84)你去把老人背他上去!你去把老人背上去!

(85)我想□[·ə]把东西搬它过去。我想着把东西搬过去。

"叫过来"类格式中"叫"类动词的语义只能指向施事,"过来"类趋向动词的语义可以指向受事,也可以同时指向施事和受事。例如:

(86)你怎么会把钱给再寄回来。→你寄+钱回来

(87)叫他把桌□[·ə]搬出去。→他搬+(他+桌子)出去

栖霞方言的"叫过来"与普通话的"叫了过来/叫过来"相比,语法功能相同,可以在句中作谓语,带宾语,还可以作定语;语法形式并不相同,"叫过来"类格式之间虽不可加"儿",但能插入宾语或复指受事成分的"他/它"。

2.3 "撕儿烧"之类

(88)他把广告撕儿烧□[·ə]了。他把广告撕下来烧了/他把广告撕了,烧了。

(89)他把药渣倒儿丢□[·ə]了。他把药渣倒出来丢了/他把药渣倒了,丢了。

(90)乜块肉我切儿包儿馄饨了。那块肉我切了包成馄饨了/那块肉我切了,包了馄饨了。

(91)刘伟把苞米剥儿馇儿稀饭了。刘伟把玉米剥开,馇成稀饭了/刘伟把玉米剥了,馇了稀饭了。

这种格式一般出现在把字句和受事主语句中,如果带宾语,都是结果宾语,例如"切儿包儿馄饨"是"切了包成馄饨"的意思,"馄饨"是"包"的结果宾语。这种句式若说成普通话不能照搬。如例(88)普通话只能说成"他把广告撕下来烧了"或"他把广告撕了,烧了",例(90)普通话要说成为"那块肉我切了包成馄饨了"或"那块肉我切了,包了馄饨了"。

这种格式符合连动式的标准,上述例句中"V_1"、"V_2"均表示先后发生的两个动作,语义均指向施事,即两个动作都是由同一个主语发出的。

此种格式也广泛存在于东莱片方言的其他方言点中,如文登(高村镇)、荣成(大疃镇)、海阳、栖霞、莱阳、蓬莱、招远:

(92)他把地刨儿种儿菜了/他把地刨了,种儿菜了。他把地刨了,种了菜了。

(93)他把乜棵树砍儿做儿个大柜/他把乜棵树砍了,做儿个大柜。他把那棵树砍了,做了个大柜。

东莱片方言的其他点则和普通话相同,只有一种表达形式。其中有威海、文登(小观镇)、荣成(崂山村)、乳山、牟平、福山、龙口:

(94)他把地刨了,种儿菜了。他把地刨了,种了菜了。

(95)他把树砍了,做儿个大柜。他把树砍了,做了个大柜。

河北省东部即宁河、宝坻、丰润等京东地区也同样存在着这样的连动式(以下例句摘自李思敬《汉语"儿"[ɚ]音史研究》):

(96)这两块钱,你就拿儿花儿去吧!

(97)那块布,我早撕儿当儿抹布了。

广东惠州方言(陈淑环 2006):□[ei^{55}]为表动作完成和变化实现的助词。

(98)□[kok^{21}]饼畀老鼠偷□[ei^{55}]食□[moi^{22}]抛。那饼干被老鼠偷了吃完了。

(99)□[koi^{55}]报纸唔好畀阿妈捆□[ei^{55}]卖抛□[ə^{55}]。那报纸可别让妈妈捆了卖了。

(100)你去捉翻被拆□[ei^{55}]洗啊佢!大意:你去把被子拆了,洗一洗!

3 余论

栖霞方言"V_1儿V_2"格式中的"儿"为表完成或实现的助词(参

见刘翠香 2005），即是"了₁"[7]。"V₁儿 V₂"表示的是前一个"动"实现以后，才出现"V₂"这一结果。例如"拿儿去""带儿来""赶儿跑""弄儿没有"分别是说"先拿了然后才会使东西去的结果实现""先带了才能使东西来的结果实现""先赶了才使跑的结果实现""先弄了才使东西没有的结果实现"。"赶儿跑"/"搬儿来"类格式所表示的语法意义和所具有的语法功能都分别与动结式/动趋式大同小异（差异表现在：结构松散，"V₁儿"和"V₂"之间可以插入宾语），但形式并不相同，两个动词之间多了一个助词"儿"，因此"赶儿跑"/"搬儿来"类格式既不等同于连动式也不能等同于动结式/动趋式。我们认为，这两种格式应是连动式向动结式/动趋式发展过程的遗留。下文探讨"儿"与"了₁"用法差异的成因及与之相关的问题。

3.1 "赶儿跑"类格式应为动结式的前身

众所周知，汉语的动结式是由连动式发展而来的，总结本文 2.1 的讨论我们可以得出如下的结论。栖霞方言的"赶儿跑"类格式与典型的动结式相比，表现形式有所不同：两个动词之间多了一个"儿"，并且两个动词的关系较松散，"V₁儿"和"跑"类动词之间可以插入宾语（不可以插入其他成分），但所具有的语法功能却是相同的：可以作谓语，带宾语，还可以作定语；从句型角度看也是相同的，可以出现在陈述句、祈使句和疑问句中；其间的语义关系也相同，表示的是前一个"动"实现以后，才出现"V₂"这一结果。二者显然有密切的语源关系，"赶儿跑"之类的格式应是动结式的前身。

但这种有关历史演变的判断因缺少文献的支持而说服力不强。目前我们尚未发现有关东莱片方言之外的其他方言同样存在着"赶儿跑"类格式的报道，但学者们有关动结式、助词的虚化过程以及曹广顺先生（1990，1995）关于"动＋将＋趋"格式的产生、发展和消亡的考证却为我们提供了很好的类型学上的参考。

动结式应该是从双核心的连动式（serial verb construction）和并动式（coordinate verb construction）通过后核心的虚化演变而来的，

而不是从核心在后的状中结构核心前移转变而来的。(沈家煊，2003:21)栖霞方言的"跑掉"类和"赶儿跑"类格式中的表达中心都在"V_1",即第一个动词上，它有突出动作行为的作用，强调前一个"动"实现以后，才出现后一个"动"所表示的结果。

曹广顺(1990,1995)认为：

魏晋南北朝时"携带"义的动词"将"出现于连动式。例如：

(101)晋唐遵……晋大元八年，暴病而死，经时得苏，云：有人呼将去，至一城府。(冥祥记，古小说钩沉)

(102)行至赤亭山下，值雷雨日暮，忽然有人扶超腋经曳将去，入荒泽中。(颜之推：还冤志)

连动式的"动+将"间关系较松散，可以插入宾语或连词：

(103)有二人录其将去，至一大门，有一沙门据胡床坐。(冥祥记，古小说钩沉)

连动式的"将"在某种程度上依附于前面的动作，两者之间的地位，稍有差异。同时，魏晋时"将"前的动词，又大都是与"将"近义，这种情况减弱了"将"的动词义，使之向表示动向或动作结果的方向发展。

唐代"将"开始表示动作的结果：

(104)收将白雪丽，夺尽碧云妍。(白居易：江楼夜吟元九律诗成三十韵，《全唐诗》，4896页)

进一步，从表示动作结果，又发展成表示动作的完成(表示动作完成的"将"已经是动态助词了)：

(105)输将虚白堂前鹤，失却樟亭驿后梅。(白居易：花楼望雪命宴赋诗，《全唐诗》，4955页)

宋代由于趋向补语"来""去"的虚化，"将"字在部分句子中可有可无。例如：

(106)读书理会道理，只是将勤苦捱将去，不解得不成。(《朱子语类》，卷一一)

(107)如此逐旋捱去，捱得多后，却见头头道理都到。(同上，

卷一〇)

宋以后经过元代的反复,终于随着助词系统的调整和助词"了"的发展,"动+将+趋"格式逐渐走向消亡。(以上有关"动+将+趋"格式的讨论及例子均转引自曹广顺(1995:3—4,46—61),即"动+将+趋"被"动+趋"和"动+了+趋"所取代。

总结曹先生的论证,可以概括为"将"的产生、发展和消亡经历了四个阶段,即:

动词——结果补语——助词——Ø(消亡),那么"动+将+趋"格式的四个发展阶段为:

动+将(动词)+趋——动+将(结果补语)+趋——动+将(助词)+趋——动+趋

栖霞方言"赶儿跑"类格式中的"儿"为表完成或实现的体貌助词,是由助词"了"虚化而来的。(参见刘翠香、施其生 2004)助词"了"是由义为"终了、完结"的动词"了[liau^{214}]"虚化而成的,这是语言学界公认的结论,但"了"的虚化过程到底是由宾语"挪前",还是"动+了"之后"加宾"学界却尚无定论。

吴福祥(1998:452)认为:"了"先在"动+了"格式里虚化为动相补语,然后带上宾语就形成了"动+了+宾"格式,最后,"动+了+宾"格式中的动相补语"了"进一步虚化成完成体助词。

石毓智、李讷(2001:142)也持同样的观点,认为:"了"的形态化过程,跟其他指动补语一样,是在同样的机制之下独立发展出来的。

"却""着""将""取""得"这几个助词都是从动词虚化而来的,其虚化的第一步都是跟在与其动词义相近或相关的另一个动词之后,充当连动式的第二个动词,再由连动式发展成表示动作结果的补语。(参见曹广顺 2005:82)

"了"的虚化(形态化)过程与"却""着""将""取""得"相同,那么栖霞方言的"赶儿跑"类格式也可与近代汉语的"动+将+趋"格式的产生、发展和消亡的过程相同,即现为"儿"的助词同样应经历与"将"

相同的"动词——结果补语——助词⑧——∅(消亡)"的四个阶段,也就是"赶+了(动词)+跑→赶+了(结果补语)+跑→赶+了/儿(助词)+跑→赶+跑"。显而易见,栖霞方言"赶儿跑"类格式处于"赶+跑"格式的前一阶段,即动结式的前身。

地理上的混杂分布正是历时演变过程的反映,"赶儿跑"类格式在东莱片各方言点的分布情况也为我们的结论提供了佐证。此类格式在东莱片各方言点的分布情况并不一致:有的点"儿"已完全不用;有的点"儿"为强制性成分,必须出现;有的点"儿"并非一个强制性成分,是否出现对意义的表达不产生影响(参看本文 2.1"赶儿跑"之类)。

3.2 "搬儿来/去"比"赶儿跑"格式松散

本文第二部分所探讨的五种"V_1V_2"格式,"撕儿烧"是标准的连动式,"跑掉"是标准的黏合式动结式,"搬过来"因中间不能加"儿",因此结构同样比较紧密。唯有"搬儿来/去"与"赶儿跑"两种格式的松散程度难以确定,但通过细加考察,我们认为"搬儿来/去"比"赶儿跑"格式松散。理由如下:

两种格式虽有共同的特点(参见本文 2.1 及 2.2),但也存在着细微的差异,其差异主要表现在以下几个方面:

其一,表未然的句子中,"赶儿跑"后必须出现体貌助词"儿"和复指受事成分的代词"他(它)"或语气助词"吧"(例 108a)。"搬儿来/去"的情况则非常复杂:①"搬儿来/去"之后不出现任何成分即可成句(例 109 a);②当句末出现语气助词"吧/么",或复指受事成分的代词"他(它)"时,"来去"后的"儿"不可出现(例 109 b);③复指受事成分的"他/它"不仅可以位于句末(例 109 a),还可以位于"来/去"之前,"V 儿"之后(例 110 b)。

(108)a. 你把这些东西搬<u>儿</u>走<u>儿</u>吧(它)。你把这些东西搬走吧。

b. *你把这些东西搬<u>儿</u>走。你把这些东西搬了走。

(109)a. 你把东西给他送<u>儿</u>去(吧/它)! 你把东西给他送去吧!

　　　　　　b. *你把东西给他送儿去儿它（吧）！你把东西给他送去吧！

　　（110）a. *你去把孩□[·ə]领儿他走。你去把孩子领走。

　　　　　　b. 你去把孩□[·ə]领儿他来。你去把孩子领来。

其二，"赶儿跑"类格式可以带宾语，形成"V_1儿V_2儿O"（例111a)格式，"搬儿来/去"格式不可以带宾语（例112a)；两种格式"V_1儿"之后都可以带宾语（例111b和112b)。

　　（111）a. 老师轰儿走儿两个地痞。老师轰走了两个地痞。

　　　　　　b. 老师领儿些学生走□[·ə]了。老师领了一些学生走了。

　　（112）a. *他捎儿来两本书。他捎来两本书。

　　　　　　b. 他给我捎儿本儿书来□[·ə]了。他给我捎来了一本书。

动补结构由连动的句法关系演变成形态关系之后，整个结构是一个单一的句法单位，因此可以带宾语。（石毓智、李讷 2001:138）栖霞方言的"搬儿来"类格式不能带宾语，而"赶儿跑"类格式可以带宾语，因此"搬儿来"类格式尚不能算作一个单一的句法单位，"赶儿跑"类格式却已是一个单一的句法单位。

两种格式的"V_1儿"和"V_2"之间都可以插入宾语，说明两种格式的松散程度相同，但"搬儿"和"来"之间也可以插入复指受事成分的"他/它"，"赶儿"和"跑"之间却不可以，因此两者相比而言，"搬儿来"类格式比"赶儿跑"类格式松散。

东莱片方言其他点同样可为我们的结论提供佐证，东莱片方言中"搬儿来"格式之间的"儿"各点均不可省略，而"赶儿跑"格式之间的"儿"，有的方言点已不再出现。

3.3 "儿"与"了₁"用法差异成因的探讨

本文所讨论的三种"V_1了V_2"格式在全国各方言出现了发展极不平衡的现象。"赶了跑"类据现有材料得知，仅在东莱片方言的很多方言点发现了此类格式（参见2.1）；"搬了来/去"类格式全国很多方言都存在(东莱片方言、陕北晋语沿河方言、苏州方言及惠州方言),并且很多方言存在着与"动+了+趋"类似的"动+将+趋"式(参见陈刚 1987;乔全生 2000;王国栓 2004);"撕了烧"类格式虽不及"搬了来"类格式普及,但也有不少方言存在(东莱片方言、河北省东部即宁河、宝坻、丰润等京东地区),我们甚至在归属仍扑朔迷离的惠州方言⑨也发现了类似的现象。

"动+了+趋"及"动+将+趋"这两种格式,目前学界关注较多,陈刚(1987)、曹广顺(1990,1995)、杨德峰(2001,2002)、乔全生(2000)、王国栓(2004)等众多学者都有专文讨论,对我们探讨栖霞方言的"V_1 儿 V_2"格式启发很大,但学者们的讨论都只局限于"动+将+趋"或"动+了+趋"一种格式,若把栖霞方言的三种"V_1 儿 V_2"及相关格式放在一起,再借鉴汉语史及其他方言的研究成果,我们认为栖霞方言的"V_1 儿 V_2"格式都是连动式向动结/动趋式演变过程的产物。

如果按照两个谓词之间紧密的程度把普通话和栖霞方言的有关格式排个队,情况如下:

```
松------------------------------------------>紧
     1      2      3     4      5      6     7
普通话  —      —      —   搬了过来  搬过来  搬来  跑掉
栖霞方言 撕儿烧  搬儿来  赶儿跑  —     搬过来  —    跑掉
连动式---------------------------------------->动结式
```

左端的"撕儿烧"是典型的连动式,右端是典型的动结式,整个构成一个链条,随着两个谓词关系的紧密化,结构的性质由连动式过渡到动结式。换一个角度,是普通话和栖霞方言的这些格式,处于这一链条的不同环节。这个链条可看作一个历时演变过程在现时平面上的投影,也就是说,本文论及的普通话和栖霞方言的格式都是连动式向动结/动趋式演变过程的产物,1—7 可看作其中的环节。普通话有 4、5、6、7 四种,没有 1、2、3,栖霞方言有 1、2、3、5、7,没有 4、6。栖霞方言的"儿"和普通话的"了$_1$"表面上看只有用法上的一些微小差异,放在这个链条上看,却是很有价值的现象。这些差异的原因在于从连动式向动结/动趋式的演变过程在不同方言中的发展是不平衡的,总的说来普通话的发展快一些,基本上已经完成了这个过程(还留着"搬了过来"的尾巴),栖霞还保留着由连动式向动结/动趋式演变过程中一些较早环节的说法(1、2、3等环节)。

附　注

①体貌助词"儿"是"了"语音上弱化的结果,请参见刘翠香、施其生(2004)。本文讨论的"儿"在句中一律下加单划线,作"儿",避免与其他用法的"儿"相混。

②"由结果补语组成的述补格式是一种黏合式述补格式。结果补语可以是形容词,也可以是动词。"(朱德熙 1999:126)

③文中所运用的东莱片方言的全部语料,均为笔者调查所得。

④东莱片方言用在谓词后,相当于普通话"了$_{1+2}$"的标记各地并不相同,有的方言点为"了",有的方言点为"□[·ə]了",为了论文的简洁,凡是东莱片方言的比较部分一律标记为"了",余文类推,恕不一一赘述。

⑤沿河方言指的是陕北晋语沿河七县方言:府谷、神木、绥德、佳县、吴堡、清涧、延川。

⑥府谷话除外,府谷话用"将",不用"得"。

⑦承蒙张树铮先生告知:笔者所讨论的"赶儿跑""搬儿来"和"撕儿烧"格式中,栖霞方言的"儿"寿光方言中 80%—90% 的用例都用"□[·lɔ]",其语音形式与寿光方言表示动作完成或实现的助词"□[·lɔ]"相同,在此谨向张先生表示诚挚的谢意。

⑧栖霞方言的体貌助词"儿"是由助词"了"虚化而来的,因此助词阶段应包括"了"和"儿"。

⑨关于惠州方言的归属,学术界一直众说纷纭。一说认为惠州方言属于客家方言;一说认为惠州方言属于粤方言;一说惠州方言仍归属未定。(参见陈淑环 2006)

参考文献

曹广顺（1990）魏晋南北朝到宋代的"动+将"结构,《中国语文》第 2 期,中国社会科学院出版社,北京。

——（1995）《近代汉语助词》,语文出版社,北京。

陈　刚（1987）试论"动—了—趋"式和"动—将—趋"式,《中国语文》第 4 期,中国社会科学院出版社,北京。

陈淑环（2006）惠州方言助词研究,中山大学博士论文,广州。

范晓主编（1998）《汉语的句子类型》，书海出版社，太原。
李思敬（1986）《汉语"儿"[ɚ]音史研究》，商务印书馆，北京。
刘翠香（2005）山东栖霞方言虚成分研究，中山大学博士论文，广州。
刘翠香、施其生（2004）山东栖霞方言相当于普通话"了"的虚成分，《语文研究》第 2 期，语文研究编辑部，太原。
陆俭明（1989）"V 来了"试析，《中国语文》第 3 期，中国社会科学院出版社，北京。
乔全生（2000）《晋方言语法研究》，商务印书馆，北京。
沈家煊（2003）现代汉语"动补结构"的类型学考察，《世界汉语教学》第 3 期，北京语言文化大学出版社，北京。
施其生（1996）汕头方言的"了"及其语源关系，《语文研究》第 3 期，语文出版社，北京。
石汝杰（1996）苏州方言的体和貌，张双庆主编《动词的体》香港中文大学中国文化研究所吴多泰中国语文研究中心，香港。
石毓智、李讷（2001）《汉语语法化的历程——形态句法发展的动因和机制》，北京大学出版社，北京。
王国栓（2004）"动+将+趋"式中"将"的性质，《语文研究》第 3 期，语文研究编辑部，太原。
吴福祥（1998）重谈"动+了+宾"格式的来源和完成体助词"了"的产生，《中国语文》第 6 期，商务印书馆，北京。
邢向东（2003）陕北晋语沿河方言得体貌范畴，第二届语义功能语法讨论会论文（鞍山）。
杨德峰（2001）"动+趋+了"和"动+了+趋"补义，《中国语文》第 4 期，商务印书馆，北京。
—— （2002）用于将来的"动了趋"初探，《语言研究》第 2 期，《语言研究》编辑部，武汉。
张伯江、方梅（1996）《汉语功能语法研究》，江西教育出版社，南昌。
朱德熙（1982）《语法讲义》，商务印书馆，北京。

(510275 广州，中山大学外国语学院
E-mail:flslcx@mail.sysu.edu.cn)

西方的历史比较语言学与汉藏语的比较研究

龚 煌 城

提要 汉藏语的比较研究,其目的乃是透过各亲属语言的比较,来探索各个别语言演变发展的历史,它在本质上是属于语言的历史研究,至于其理论与方法则借鉴于西方的印欧语历史比较语言学。本文回顾印欧语历史比较语言学发展的历史,并与汉藏语比较研究发展的历史比较,认为汉藏语比较研究所以落后,乃是由于汉语古音的研究迟迟未上轨道所致。另一个原因是由于汉藏语乃是属于单音节的语言,词身很短,加上词义的演变,造成同源词辨认的困难。本文指出,汉藏语比较研究今后的发展,唯有严格依据在印欧语的比较研究中所发展出来的理论与方法进行,才可能有成果。

关键词 汉藏语 印欧语 比较语言学 汉语上古音

1 引言

汉藏语的比较研究,其理论与方法系借鉴于西方的印欧语历史比较语言学。回顾西方印欧语比较语言学发展的历史,并与汉藏语比较语言学的历史对照,便可以看到两者在进展上有极大的差异。印欧语历史比较语言学发源于 1786 年,英国派往印度的司法官琼斯(Sir William Jones),在印度加尔各答亚洲学会成立三周年的纪念会上,发表了一篇题为《关于印度人》的演讲,其中有一段话现在还经常被引述,被认为是象征历史比较语言学的萌芽。他提到梵语与希腊语、拉丁语在动词词根及语法形式上有显著的类似,并不像是巧合,认为任何一个语言学家,把三者加以比较,便不得不相信这三种语言是来自现在已不存在的共同的语言(Lehmann 1967:15)。把不同的语言认为是来自一个共同的原始语言,而这一原始语言已经消失不存在,这正是历史比较语言学的观点。比较语言学的目的即在于根据同源语言的比较,重建(即构拟)已经消失的原始语言。

印欧语历史比较语言学三位创始人,其中一位是丹麦学者拉斯克(Rasmus Rask),他于1814年发表了《古代北方语即古冰岛语起源研究》,德国学者博普(Franz Bopp)于1816年出版了《梵语动词系统与希腊、拉丁、波斯、日耳曼等语言动词系统的比较》一书[①],而另一位德国学者格林(Jakob Grimm)则于1822年出版了他《德语语法》[②]第一卷的修订版。著名的"格林定律"即在此书中以明确的方式被提出。而实际上,"格林定律"的主要内容在更早时拉斯克就曾经指出,格林只是使它更系统化而已。

欧洲比较语言学快速发展,格林定律有些例外,以今日很多人的做法,只要发现有例外,便认为足以推翻理论,但这样的做法很容易忽视更重要的,更基本的语言演变的一般通则。以当时的情况,能发现如此重要的对应规律,已经是难能可贵,而对一些例外并不太在意,而这些例外在后来的研究中也都一一获得解释。1863年德国的梵语学家格拉斯曼(H. Grassman)发现,在希腊语与梵语中两个送气音如果连续出现,第一个送气音会被异化而丢掉送气成分,这种变化造成了格林法则例外的一个原因,这一法则现在被称为"格拉斯曼定律"(Grassmann's law)。这个发现显示,即使是例外也仍有其法则存在。1875年,丹麦的语言学家维尔纳(Karl Verner)发表了他著名的论文《第一次音变的一个例外》(Eine Ausnahme der ersten Lautverschiebung)。他发现"格林定律"的另一个例外,原来与原始印欧语的重音位置有关:原始印欧语的清塞音 p、t、k 只有在词首的位置或紧跟着有重音的元音后才变为清擦音 f、θ、x,在其他位置则变为浊擦音 β、ð、γ。这个法则称为"维尔纳定律"(Verner's Law)。这些发现导致雷斯金(A. Leskien)于1876年提出著名的"语音规则无例外"(Ausnahmslosigkeit der Lautgesetze)的假设。当德国语言学家保罗（H. Paul）在 1880 年出版《语言史原理》时,"青年语法学派"（Junggrammatiker）已隐然形成当时历史语言学的主流。我们回顾这一段历史,看到从 1814 年拉斯克奠定历史比较语言学的基础到 1880 年,中间只不过六十六年,欧洲的历史比较语言学快速的发展,再回头看看汉藏语历史比较语言学的发展情况究竟如何。

汉藏语言的比较研究,至今已有将近两百年的历史。1808 年英国学者 John Leyden 发表《论印度支那语言和文学》一文,指出汉语、藏语、缅甸语、泰语等语言有类似之处。1820 年法国学者 Abel Rémusat 写了一本研究鞑靼语言的书,提出它对满语、蒙语、回语与藏语的文法及文学异同的研究,其中就提到许多今日一般所共认的汉藏语同源词,如"日、月、水、父、母、心、名"等。1851 年德国学者 Schiefner 写《藏文研究》一文,也指出了藏文和汉文之间不少的同源词。但是从 1808 年至 1851 年经过了四十多年,汉藏语的比较研究却仍毫无进展,直到 1874 年法国学者 Rosny 指出,要作比较研究必须从汉语古音研究开始,而英国学者 Edkins 也于同时发表了他对汉语古音的研究。1881 年德国学者甲柏连孜（Georg von der Gabelentz）出版了《汉文经纬》(Chinesische Grammatik)一书,他在书中说:"印支语言（即汉藏语）科学的比较研究是语言学许多课题之一,但对于解决这一问题,却连第一步都还没踏出"。又过了一百多年,在 1983 年李方桂先生访问北京大学作学术演讲,会后开了一个座谈会,其间当时的中国社会科学院语言所的所长李荣还说:"汉藏语的比较,现在还处在'貌合神离'的阶段,看着藏文有点儿像,就凑上了。目前,汉藏语的研究还在起步时期,我们不能过分苛求。要依据汉藏语的比较来研究上古音,现在恐怕为时尚早"。（李方桂等 1984）

印欧比较语言学自 1814 年在欧洲发端,在六七十年之内就把印欧语各重要语言之间的对应关系厘清,发现对应的例外也受规律的支配,到了 1876 年,青年语法学派的学者甚至主张语音变化毫无例外。回顾汉藏比较语言学从 1808 年同源关系被指出,至 1881 年甲柏连孜的《汉文经纬》出版,历经七十多年,却连第一步都没有踏出,甚至经过了一百七十多年,到了1983年,汉藏语的比较研究还停留在起步时期。汉藏语比较研究发展所以迟缓,原因固不止一端,但汉语古音的研究迟迟未能上轨道,以及汉藏语同源词的认定不容易,应该是主要的原因。

2 汉语上古音的构拟

汉语虽然拥有悠久的文化传统,然而古代语言的记录却是借助于表意文字达成。与西方的表音文字最大的不同在于,表意文字并不直接标示语音。高本汉在他《中国音韵学研究》的绪论(1940:3)中曾说:"中国文字的构造完全不能,或几乎不能,告诉我们字的读音。"罗莘田(1935:35)也说:"中国的造字方法最后虽然演进到了'谐声',可是谐声字所用的声符仍然离不了方块的汉字,从方块字的本身是分析不出什么'音素'来的。所以根据方块字来研究中国音韵学当然要比根据标音文字的事倍而功半。"

在汉藏语比较语言学发展的初期,比较词形时,汉语的部分只能根据现代汉语方言进行,其情形与无文字的语言状况相似。[3]现代方言去古已远,与上古音差异很大,根据现代方言实无法建立汉藏语言的对应关系。由于汉藏语的比较研究一直没有什么进展,才开始领悟到汉藏语的比较研究必须从汉语的古音研究开始的道理。汉语历史音韵学的开创者,瑞典的汉学家高本汉(Bernhard Karlgren)在西方历史比较语言学的潮流中,从1915年着手研究汉语中古音,随后又从中古音上溯上古音,到了1934年完成了上古音的构拟(Karlgren 1954:211),其间经过将近二十年的岁月。在他著名的《汉语词族》(Karlgren 1933:1)一文中,他开宗明义指出汉语历史音韵学的主要目的之一,是要为汉藏比较语言学准备基础。由他这一句话我们可以看到,在他心目中汉语古音的研究与汉藏比较语言学的关联。

高本汉在1923年出版了他对中古音研究的成果《中文分析字

典》,1930年西门华德(Walter Simon)便以高本汉的研究为基础,做汉藏语的比较研究。他举出他所认为的汉藏语同源词共338组,将藏语与汉语的声母和韵母做全面性的比较。但是他的尝试可以说是完全失败,因为他未能发现汉语与藏语之间的语音对应关系。这篇文章发表后不久,高本汉(Karlgren 1931:29)就著文批评西门的研究。他说:"乍看一下西门的比较有点令人感到沮丧。他所提出的可能的语音对应,数目非常多:每一个语音似乎可以对应每一个语音。汉语的每一个元音似乎可以对应藏语一系列不同的元音,反过来说,这些藏语的元音各个都对应一长串的汉语元音。关于声母和韵尾,情形也是一样。"

西门的研究所以归于失败,有一个原因是,汉语上古音的研究尚未真正开始,西门所根据的是汉语中古音,元音相当复杂,而古藏语则只有五个元音,比较的结果无法确定语音的对应关系,乃是势所难免,加上西门所选择的字例不严谨,他所举的汉语与藏语同源词,很多都只是在词形上有些相似而已,并不是真正的同源词。从错误的比较不可能得出任何对应关系,乃是必然的结果。

高本汉在完成中古音的研究以后,便以中古音为基础,上溯上古音。1940年他出版了《汉文典》,1957年出版了《修正汉文典》,白保罗(Benedict 1972)《汉藏语言概论》一书内所作的汉藏语的比较,便是根据高本汉的上古音构拟而作。然而高本汉的上古音构拟仍然有很多缺陷,其元音系统相当复杂,元音数目多达十五个,白保罗(Benedict 1972:179)在书中提到高本汉所构拟的上古汉语元音系统时也说:"显然这个元音系统比藏缅语要丰富得多,在进行比较分析时,的确会产生严重的困难"。因此,尽管白氏所引用的同源词大致都相当可靠,可是所呈现的汉藏语的对应关系仍然是很凌乱。

汉语上古音的研究历经董同龢(1944)、王力(1957)、雅洪托夫(Yakhontov 1960)等人的研究,到了李方桂(1971)集其大成,建立了四个元音的上古音系统,汉藏语比较研究的时机才真正成熟。我曾根据李先生的上古音构拟,进行汉藏语元音系统的比较研究,检讨了前贤所提出的同源词,留其确切不移而去其可疑的,发现汉、藏、缅三个语言之间,明显存在严整的对应关系,于是在 1980 年发表了《汉、藏、缅元音系统的比较研究》一文。然而关于声母的对应关系却仍无法掌握,汉语上古音的声母系统,在学者之间意见相当分歧,尤其复声母的构拟迄无共识。汉语上古音的研究,在韵母部分因为有诗韵与谐声字两种资料,可以互相印证,比较容易建立可靠的系统,而声母部分则仅有谐声字可资利用。由于谐声关系容许各种不同的解释,研究者之间见仁见智,意见相当分歧。根据这样的构拟所作的汉藏语比较研究,声母的对应关系呈现复杂的景象,正显示我们所构拟的汉语上古音,声母部分仍有许多问题。白保罗(Benedict 1972:153)提到高本汉所构拟的复声母时,也说:"高本汉所构拟的汉语上古音最严重的缺陷是复声母部分,这是学者认为他巨著中最不确定的地方。"王力(1985:24—25)评介高本汉拟测的复辅音声母,曾指出其杂乱无章,表示他不能接受高本汉上古复辅音的拟测。

  上古汉语的声母系统,过去学者曾从各种不同的角度加以研究,其中也包括从汉藏语比较研究的观点提出来的,王力(1985:18)曾说:"有人引用汉藏语系各族语言的同源词来证明汉语上古声母,这应该是比较可靠的办法。这种研究工作我们做得还很不够。上古声母问题的圆满解决,只能寄望于将来。"我从 1990 年代起,开始尝试利用汉藏语的比较来解决汉语上古音的声母问题,所发表的论文大都冠以"从汉藏语的比较看……"的标题,主要的目的无非是要从汉藏语比较语言学的观点,针对汉语上古音的研究进行检讨,这是以具体的研究实践王力所说的"引用汉藏语系各族语言的同源词来证明汉语上古声母"的研究工作,这些研究相信已经为汉藏语的历史语言学消除了若干阻碍。

3 汉藏同源词的认定

  汉藏语比较研究中较特殊的问题是:汉藏语不同于印欧语,它是属于单音节的语言,词身很短,在对应关系不明的状况下,要分辨真正的同源词有时并不容易。真正的同源词不能确定,汉藏比较语言学这门学问就无从建立。

梅耶(Antoine Meillet 1966:39)在《历史语言学中的比较方法》一书中曾指出:

> 在一种像印欧语这样的语言里,每个词经常至少有两个或三个音节,而它的形式变化又很复杂,所以作完备的词源上的证明很便利。……反过来,有些语言的词很简单,通常是单音节的,词里又没有什么特殊的词形变化,它们的结构就不容许我们作出严格的词源上的证明。对于这些语言如果要想得到真正的证明就非另找新的方法不可。①

梅耶这句话容易使人误以为,在印欧语的研究中发展出来的方法,只适合于印欧语的研究,而不能适用于汉藏语的比较研究。许多学者经过不成功的比较研究后开始质疑比较语言学的方法,而试图改弦更张,寻找所谓的"新的方法"。例如邢公畹(1993,1995)便创造了"语义学比较法",试图证明汉台与汉苗之间的关系词乃是同源词,而非借词。我个人认为打开僵局最有效的方法并不是另起炉灶,找寻新的方法,而是更加严密的适用"比较法"(comparative method),因为比较法乃是我们重建语言历史最重要、最有效的方法。比较法适用的对象乃是同源的语言,其基本假设是由一个共同的原始语言(proto-language)演变而来的各语言,由于语音的演变有规律,所以我们可以借着比较法去发掘各语言所发生的语音变化,并借以构拟原始语言。如果适用比较法后仍然找不出各语言之间成系统的对应关系,便无法构拟原始语言。这表示这些语言并不是从一个共同的语言演变而来。汉语与壮侗、苗瑶语之间适用比较法的结果无法找到成系统的对应关系,只是表示这些语言并不是同源的语言,别无更好的解释。⑤主张汉语与壮侗、苗瑶语是属于同源的语言的人,似乎没有人认真想构拟原始的语言,并借此合理解释各语言所发生的语音变化。汉台与汉苗之间有不少借词,如果是同一时期,从同一语言借来的词汇，通常也有成系统的对应关系，而辨别这些词汇究竟是同源词或是借词，最好的方法是从词汇的性质来判断，并且从语言整体的观点，看看这些词汇是属于语言中不容易移借的部分，还是容易移借的部分。

关于汉语与藏缅语之间的同源词，历经劳佛(Laufer 1916)、西门(Simon 1930)、白保罗(Benedict 1972)、龚煌城(Gong 1980)、包拟古(Bodman 1980)、柯蔚南(Coblin 1986)、俞敏(1989)等人的研究，已经累积了相当多的成绩，虽然各人所提出的同源词未必全部可靠，然而也足够供我们从中去做辨别甄选。兹举一例来说明可靠的同源词所呈现的汉藏对应关系。以下是汉语 s- 与藏语 s- 的对应，这些语词都是单音节词，词身很短，但是任何人看了都不会怀疑其为同源词。

1. 汉语：死　　*sjidx > si　　'die, death'(558, a)[6]
   藏语：འཆི་　N-chi < *N-syi　'to die, death'
   　　　ཤི་བ　shi-ba < *syi-ba　'to die, to expire'
   缅语：သေ　se < OB siy　'to die'
   西夏语：　*sji¹　'to die' (1.30, S.5480)
   　　　　*sji²　'to die' (2.10, S.3144)
   原始汉藏语：*sjid　死

2. 汉语：息　　*sjək > sjək　'breathe, sigh, rest'(925, a)
   缅语：အသက်　ə-sak　'breath, life'
   原始汉藏语：*sjək　息

3. 汉语：心　　*sjəm > sjəm　'heart'(663, a)
   藏语：བསམ　bsam　'soul, heart' 心, 心灵
   原始汉藏语：*sjəm　心

4. 汉语：鲜　　*sjan > sjän　'fresh fish, fresh meat'
   　　　　　　　　　　　　　　(209, a)
   藏语：གསར　gsar　'new, fresh'
   缅语：သ　sa'　'to make anew, do afresh'

		သၢ：	sâ		'fresh'
	原始汉藏语：		*sjar		新鲜
5.	汉语：薪		*sjin > sjěn		'firewood'（382，n）
	藏语： ཤིང		shing < *sying		'tree, wood'
	缅语：သစ်		sac < *sik		'wood, timber'
	载瓦语：		sik⁵⁵		'tree'
	西夏语：		*sji¹		'tree, timber, firewood' (1.11, S.0881)
			*sjɨ¹		'tree, plant'(1.30, S.0849)
	原始汉藏语：		*sjing ~ *sjik		树木，木材
6.	汉语：新		*sjin > sjěn		'new, renew'（382，k）
	缅语：သစ်		sac < *sik		'new, not old'
	载瓦语：		a³¹-sik⁵⁵		'new'
	藏语： ཤིང		śing < *sying		'tree, wood'
	西夏语：		*sji²		'new' (2.10, S.1764)
			*sjɨ²		'renew, new' (2.28, S.1113)
			*sjiw¹		'new' (1.46, S.1465)
	原始汉藏语：		*sjing ~ *sjik		新

根据上面的同源词组，可以构拟各字的原始汉藏语词形（上面的构拟只包括词根，不包括词头与词尾），并借以解释各语词在汉、藏、缅、西夏各语言演变的情形。由此可见汉藏语词身虽短，仍然可以经由反复检讨，审慎判断，来确立汉藏同源词，借以探索汉藏语语音演变的历史。

4 汉藏语的比较研究

汉藏语的比较研究有助于解决构拟汉语上古音所产生的问题，

这是有很多具体的例子可以证明的。例如：确定中古来母字(l-)乃是来自上古 *r-音，而喻四(j-)则来自上古 *l-音，便是从汉藏语的比较研究所得到的结论。这两个声母的构拟，现在已经为研究上古音的学者所普遍接受而成为定论。关于这一问题，就汉语内部的证据而言，无论是现代的汉语方言或是中古音，都只有一个流音 l-，另外并没有 r-音。所以如果只根据汉语内部的材料，根本是不可能构拟上古汉语的 *r-声母。李方桂先生(1971:10—11)曾根据谐声现象与借字或译音而推测喻四很近 r 或者 l，提议"暂时以 r 来代表它"。我们知道，与汉语同源的藏缅语大都有 r-与 l-两种流音，汉藏同源词比较研究的结果确认，汉语的来母 l-字所对应的是藏缅语的 r-，而汉语的喻四 j-则对应藏缅语的 l-。所以唯一可能的解释是：汉语内部曾发生了 *l- > j-的语音变化，而在上古汉语的 *l-音消失以后，*r-音才演变为中古的 l-音。谐声字的证据显示，这样的变化是发生在汉语内部，是发生在上古汉语与中古汉语之间，可见是属于汉语音韵史的范围。由此可见，如果没有汉藏语言的比较研究，我们无法推知在汉语内部曾经发生过这样的变化。

汉藏语的比较研究对汉语上古音的构拟有很大的贡献，最典型的例子是关于中古喻三 jw-的上古来源问题。这是汉语音韵史研究中曾引起很多争论的问题。喻三的上古音，王力(1957:70)构拟为 *ɣĭw-，李方桂先生(1971:14)构拟为 *gwj-。汉藏语的比较研究显示：汉语喻三对应藏语 gro-，据此构拟原始汉藏语，则无论是采用王力的构拟或是李先生的构拟，原始汉藏语一定得构拟为 *gwrj-或 *grīw-的音。据此我们回头检讨，上古汉语时代-r-音到底是已经消失，或是仍然存在。从汉语内部语音的结合与分布状况以及后来的语音演变来判断，可以推测-r-音在上古汉语中应该是仍然存在。上古汉语喻三构拟为 *gwrj-，可以合理解释汉语内部所呈现的各种现象，也能解释汉藏语的对应关系，并有系统的解释汉语从原始汉藏语分出以后的语音发展。以下是关于喻三字的汉藏同源词，以及各字原始汉藏语词形的构拟：

1. 汉语：佑　　　*gwrjəgs > ɣjəu　　《广韵》"佐也,助也"
   藏语：གྲོགས　　grogs　　　　　　'to help' 帮助,援助
   原始汉藏语：　*gwrjəg　　　　　佐,助
2. 汉语：友　　　*gwrjəgx > ɣjəu　'friend·associate'
   　　　　　　　　　　　　　　　　(995e)
   藏语：གྲོགས་པོ　grogs-po　　　　'friend·companion'
   　　　　　　　　　　　　　　　　朋友,助手
   原始汉藏语：　*gwrjəg　　　　　友
3. 汉语：胃　　　*gwrjəts > ɣjwěi　'stomach' (523a)
   藏语：གྲོད　　grod　　　　　　'belly, stomach' 腹,
   　　　　　　　　　　　　　　　　胃
   原始汉藏语：　*gwrjət　　　　　腹,胃
4. 汉语：于　　　*N-gwrjag > ɣju　往 'to go, go to'
   　　　　　　　　　　　　　　　　(97,a)
   藏语：འགྲོ　　N-gro　　　　　'to walk, to go' 行
   　　　　　　　　　　　　　　　　走,往来,去来
   缅语：ကြွ　　krwa'　　　　　　来,去
   原始汉藏语：　*N-gwrjag　　　　往
5. 汉语：羽　　　*gwrjagx > ɣju　'a feather' (98a)
   藏语：སྒྲོ　　sgro　　　　　　'feather' 翎,有茎鸟羽
   原始汉藏语：　*gwrjag　　　　　羽
6. 汉语：芋　　　*gwrjags > ɣju　'taro' (97o)
   藏语：གྲོ་མ　gro-ma　　　　　'potato'
   原始汉藏语：　*gwrjag　　　　　芋
7. 汉语：越　　　*N-gwrjat > ɣjwɐt 'transgress, extend'
   　　　　　　　　　　　　　　　　(303e)
   藏语：འགྲོད　N-grod　　　　　'to go, to travel'
   原始汉藏语：　*N-gwrjat　　　　越过去

以上所举的"佑、友、胃、于、羽、芋、越"诸字,在现代汉语方言中都是属于零声母的字。如果没有古代的文献资料,我们无从得知,这些字在古代曾有过合口的喉擦音。而如果没有汉藏语的同源词,我们也无从猜测这些字来源于圆唇舌根音复声母 *gwrj-。梅耶在上引书(Antoine Meillet 1966:11)指出:

要确定过去的语言状况,语言学家应该利用最正确、最精密的语文学;每当语文学在精密性上有一次进步,语言学家才能有一次新的进步。……但是单有语文学却是连语言史的开端也无从着手的。

比较研究是语言学家用来建立语言史唯一有效的工具。我们要观察的是变化的结果,而不是变化本身。所以只有把这些结果结合起来才能追溯语言的发展。[①]

5 结语

汉藏语的比较研究,其目的乃是透过各亲属语言的比较,来探索各个别语言演变发展的历史,它在本质上是属于语言的历史研究。这门学问起源于十九世纪的欧洲,随着研究的进展而发展出一套完整的理论与精密的方法,因而获得了辉煌的成就。人类的语言有共同的性质,语言的演变也有普遍的原则,西洋发展的历史比较语言学的理论与方法,所以能供汉藏语比较研究借鉴,其根本原因就是在这里。

本文回顾印欧语历史比较语言学发展的历史,并与汉藏语比较语言学发展的历史比较,认为汉藏语比较研究所以落后,乃是由于汉语古音的研究迟迟未上轨道所致。另一个原因是由于汉藏语乃是属于单音节的语言,词身很短,加上词义的演变,造成同源词辨认的困难。汉语古音的研究,由于汉语有不同的历史背景、特殊的材料,而有其独特的研究方法。虽然如此,汉语古音的构拟,在本质上仍然是根据语音发展的普遍原理而进行。至于汉藏语的比较研究则唯有根据在印欧语的比较研究中所发展出来的方法进行,才可能有成果。这一套方法运用在许多印欧语以外的语言的研究,已经证明其有效性,运用在汉藏语的比较研究也依然有效。

上古汉语以及原始汉藏语音韵系统的构拟,是汉藏语音韵的历史研究,我们借此来解释原始汉藏语如何演变成上古汉语与原始藏缅语。我们所构拟的汉语上古音,不但要能解释上古汉语中押韵、谐声、假借等等现象,同时也必须能合理说明上古汉语如何演变成中古汉语,也必须能合理解释上古汉语是如何从原始汉藏语演变而来。汉藏语的比较研究扩展了我们的视野,也使汉语的历史往古推溯了几千年。

附 注

①叶斯泊森(1959:47)曾指出在德国通常以此书之出版为比较语言学的诞生年。

②他的"德语语法"实际上是指"日耳曼语言的语法"。

③例如 Laufer(1916)讨论西夏语系属问题的论文,当中汉藏语比较所引用的汉语仍然都是现代汉语方言。在他之前的研究更不用说了。

④以上引文系根据岑麒祥(1992:31)的翻译。

⑤关于汉语与苗瑶语系属关系的讨论,请参看龚(2006)。

⑥括号中的数字表示高本汉《修正汉文典》(Karlgren 1957)一书中的字号,英语翻译系采自该书。

⑦以上引文系根据岑麒祥(1992:11)的翻译。

参考文献

王 力 (1957)《汉语史稿》,科学出版社,北京。
—— (1985)《汉语语音史》,中国社会科学出版社,北京。
李方桂 (1971) 上古音研究,《清华学报》1971 年新第 9 卷第 1,2 期合刊,1—61 页,台湾。
李方桂、李荣、俞敏、王力、周祖谟、季羡林、朱德熙 (1984) 上古音学术讨论会上的发言,《语言学论丛》第 14 辑,商务印书馆,北京,3—20 页。
邢公畹 (1993) 汉台语比较研究中的深层对应,《民族语文》第 5 期,北京。
—— (1995) 汉苗语语义学比较法试探研究,《民族语文》第 6 期,北京。
俞 敏 (1989) 汉藏同源字谱稿,《民族语文》第 1 期 56—77 页,1989 第 2 期 48—64 页,北京。

董同龢（1944）《上古音韵表稿》（1967 年重印本），中央研究院历史语言研究所单刊甲种之廿一，中研院史语所，台北。

罗莘田（1935）中国音韵学的外来影响，《东方杂志》32 卷 14 号，35—45 页。

龚煌城（1990）从汉藏语的比较看上古汉语若干声母的拟测，《西藏研究论文集》第 3 辑，台北，1—18 页。

—— （1993）从汉、藏语的比较看汉语上古音流音韵尾的拟测，《西藏研究论文集》第 4 辑，台北，1—18 页。

—— （1997）从汉藏语的比较看重纽问题——兼论上古 *-rj-介音对中古韵母演变的影响，《声韵论丛》第 6 辑，台湾，195—243 页。

—— （2000）从汉藏语的比较看上古汉语的词头问题，《语言暨语言学》第一卷，第二期，台北，39—62 页。

—— （2001）上古汉语与原始汉藏语带 r 与 l 复声母的构拟，《台大文史哲学报》第 54 期，台北，1—36 页。

—— （2002）《汉藏语研究论文集》，中央研究院语言学研究所筹备处，台北。

—— （2003）从原始汉藏语到上古汉语以及原始藏缅语的韵母演变，《古今通塞：汉语的历史与发展》（第三届国际汉学会议论文集）语言组，中央研究院语言学研究所（筹备处），台北，187—224 页。

—— （2006）汉语与苗瑶语同源关系的检讨，《中国语言学集刊》1.1，台北，255—270 页。

Benedict, Paul K.（白保罗）(1972) *Sino-Tibetan: a Conspectus*. Contributing Editor, James A. Matisoff. New York: Cambridge University Press. 本尼迪克特著，马提索夫编，乐赛月、罗美珍译，瞿霭堂、吴妙发校，《汉藏语言概论》，1984。中国社会科学院民族研究所语言室。

Bodman, Nicholas C.（包拟古）(1980) Proto-Chinese and Sino-Tibetan: data towards establishing the nature of the relationship, In Frans van Coetsem and Linda Waugh, eds., *Contributions to Historical Linguistics*, pp. 34—199. Leiden: E. J. Brill. 包拟古著，潘悟云、冯蒸译，原始汉语与汉藏语——建立两者之间关系的若干证据，《原始汉语与汉藏语》46—241，1995 年，中华书局，北京。

Coblin, Weldon South（柯蔚南）(1986) *A Sinologist's Handlist of Sino-Tibtan Lexical Comparisons*. Monumenta Serica Monograph #18. Nettetal: Steyler Verlag.

Edkins, Joseph. (1874) The state of the Chinese language at the time of invention of writing, Transac. 2d Congr. Or., London, 98-119.

Gabelentz, Georg von der.（甲柏连孜）(1881) *Chinesische Grammatik, mit Ausschuss des Niederen Stiles und der heutigen Umgangssprache*. Halle (Saale): Veb Max Niemeyer Verlag.

Gong, Hwang-cherng（龚煌城）(1980) A comparative study of the Chinese, Tibetan, and Burmese vowel systems. *BIHP* 51.3:455-490.

———— (1995) The system of finals in Proto-Sino-Tibetan. In William S.-Y. Wang, ed., *The Ancestry of the Chinese Language*, 41-92. Berkeley: POLA.

Jespersen, Otto.（叶斯泊森）(1959) *Language, its Nature, Development and Origin*. London: George Allen & Unwin LTD.

Karlgren, Bernhard（高本汉）(1915—1926) *Études sur la phonologie chinoise*. Uppsala: K. W. Appelberg. 高本汉著. 1915-1926.《中国音韵学研究》,赵元任、罗常培、李方桂合译,1940年,商务印书馆.

———— (1923) *Analytic Dictionary of Chinese and Sino-Japanese*. Paris: Librairie Orientaliste Paul Geuthner. Reprinted (1966) by Ch'eng-wen Publishing Company, Taipei.

———— (1931) Tibetan and Chinese. *TP* 28:25-70.

———— (1933) Word families in Chinese. *BMFEA* 5:9-120.

———— (1940) Grammata Serica: Script and Phonetics in Chinese and Sino-Japanese. *BMFEA* 12.

———— (1954) "Compendium of phonetics in Ancient and Archaic Chinese," *BMFEA* 26:211-367.

———— (1957) Grammata Serica Recensa. *BMFEA* 29:1-332.

Laufer, Berthold（劳佛）(1916) The Si-Hia Language, a Study in Indo-Chinese Philology. *TP* 17:1-126.

Lehmann, Winfred P (1967) *A Reader in Nineteenth-Century Historical Indo-European Linguistics*. Bloomington and London: Indiana University Press.

Leyden, J. (1808) On the Languages and Literature of the Indo-Chinese Nations. *Asiatic Society of Bengal*. Vol. 10:158-289.

Meillet, Antoine（梅耶）(1966) *La methode comparative en linguistique historique*. Paris: Librairie Honoré Champion, Éditeur. 岑麒祥译. 1992.《历史语言学中的比较方法》,《国外语言学论文选译》. 语文出版社,北京.

Rémusat, Abel (1820) *Recherches sur les Langues Tartares*. Paris: L'imprimerie Royale.

Rosny, Léon de (1874) Sur la reconstitution de la langue chinoise archaïque. résumé, Transac. 2d Congr. Or., London, 120-131.

Schiefner, Anton (1851) Tibetische Studien. *Bulletin des Séances de la Classe des Sciences Historiques, Philologiques et Politiques de l'Académie Impériale des Sciences*, 212-222, 259-272, 292-304, 333-334, 337-352.

Simon, Walter（西门）(1930) Tibetisch-Chinesische Wortgleichungen: ein Versuch. Berlin, Leipzig: Verlag von Walterde de Gruyter & Co.

Yakhontov, S. E.（雅洪托夫）(1960) Яхонтов С. Е. Сочетания согласных в древнекитайском языке. Труды двадцать пятого международного конгресса востоковедов. 汉译本：叶蜚声、陈重业、杨剑桥译，伍铁平校《上古汉语的复辅音声母》，谢·叶·雅洪托夫著，唐作藩、胡双宝选编《汉语史论集》，1986年，北京大学出版社，北京，42—52页。

（台北，中央研究院语言学研究所）

"美"字能归入微部吗？*
——与梅祖麟商榷

郭锡良

提要 21世纪初古音学研究中发生了一场争论，梅祖麟最近发表文章，承认他的两次文章"都不怎么成功"，并改变了对王力先生的态度，本文表示欢迎。在文章中梅氏提出王先生和诸家列在古韵脂部的"美"字应归入微部，本文作了辨正，分析了错误所在及产生错误的原因。

关键词 脂微分部 楚简 异体字 古音通假 谐声系统

从海南回来，看到了梅祖麟教授的《从楚简"散（美）"字来看脂微两部的分野》（《语言学论丛》第三十二辑，2006年）。梅氏在文章中说："我们（梅祖麟 2000:488;2002:215）两次连带着董先生的《上古音表稿》来叙述王先生的功业，两次都不怎么成功。这回自己做了些'脂微分部'方面的研究，又重读《中国音韵学》（1936）里面王先生当时对拟构上古韵母的音值的看法，也许第三次的叙述可以比前两次更全面一些。"（188—189页）还说："按我们现在的看法，《上古韵母系统研究》里面的'脂微分部'之说在当时有继往和开来两种作用。"（189页）这里的态度和看法显然同那两次有别，表明梅氏对这些年来古音学研究中我们的一场争论有了某种认识；尽管他对许多问题采取了回避的方式，对"脂微分部"的解说也难令人苟同，但是我们仍然是表示欢迎的。然而梅氏这篇文章的主旨是要把王力先生和其他诸家列在脂部的"美"字归入微部，这却是无法让人首肯的；我们不得

---

* 本文2006年9月24日在南京中国音韵学会第十四届学术讨论会暨汉语音韵学第九届国际学术研讨会上宣讲。

不花点笔墨,指出问题所在,以正是非。

"美"字和"散"字早在甲骨文中就已出现。李孝定《甲骨文字集释》:"羊大二字相连,疑象人饰羊首之形……又作𦍋,上不从羊,似象人首插羽为饰,故有美义。"(1323 页)但甲骨文中多用作人名或地名,无用作"美丑"之义者。李学勤则认为两个形体是不同的两个字,他在《〈古音通晓〉简评》中说:"按金文'敉'字左半,下皆从'人'作𣲶,像人披发之形,当即'鬏(髦)'之本字。甲骨文另有与'敉'字左半相似而下从'大'的字,系方国名,也应释为'髦'。"(150 页)李学勤的说法是很有道理的。《说文》:"美,甘也。从羊从大。"段玉裁注:"甘者五味之一,而五味之美皆曰甘。"《孟子·尽心下》:"脍炙与羊羹孰美?"这就是说,依据《说文》,"美"的本义是味道好,而与"丑"相对的形貌好,与"恶"相对的"善"义,是"味美"的引申。至于"散"字,甲骨文写作𢾰,只用作人名,又有"甲散",据陈邦怀《甲骨文零拾考释》此即"上甲微"(转引自徐中舒《甲骨文字典》887 页)。《说文》:"散,妙也。"段玉裁注:"眇,各本作妙,今正。凡古言微眇者,即今之微妙字。眇者,小也,引申为凡细之称。微者,隐行也。微行而散废矣。"再从音来说,"美"及从美得声的字"媄"在《广韵》上声旨韵,"无鄙切";"散"及从微得声的字"微、薇、溦"等字都在平声微韵,"无非切"。总的来看,无论从形、音、义哪方面说,"美"和"散"都是不同的两个字。这应该是材料翔实,学界鲜有异议的共识。

可是,经过梅氏的一番研究,"美"和"散"却成了异体字;他说:"'美'字在先秦有几个以散字为声符的异体字:《周礼》写作'媺',楚简写作'散''散''㪟',金文写作'散'"。于是他据此作出结论:"按照段玉裁'同声必同部'的原则,'媺(美)'字与'微'字同声,'微'属于微部,所以'美(媺、散)'字也该入微部。"(174 页)我们不知道梅氏为什么要抹杀上面提到的有关"美""散"形、音、义的诸多材料。是有意吗?那可是做学问的大忌。无意吗? 只能说明作者对传统文字、音韵、训诂之学过于生疏。梅氏要把"美"字归入微部的主要依据是出土文献楚简《老子》中的两条材料:

天下皆智散之为散也,亚已。(廖名春《郭店楚简老子校释》570 页)

(对应今本《老子》:"天下皆知美之为美,斯恶已。"2 章)

兴与亚,相去可若。(《校释》573 页)

(对应今本《老子》:"善之与恶,相去何若。"20 章)

大家都知道,出土文献通假现象很多,郭店楚简《老子》中这两条材料的"美"字写作"散""散""兴",明显地是古音通假现象,怎么到了梅氏的手里,却变成了异体字,这不是有点像变戏法吗?按照梅氏的办法,"亚"与"恶"、"可"与"何"也都可以认作异体字。这样是会把汉字的系统弄得天下大乱的。

梅氏还有两条辅助材料,一条是陈初生《金文常用字典》对"散"字的分析:

[析形]

散字甲骨文作𣬉𣬊,从长从攴,金文并同,像人梳理头发。发经梳理则美,故散有美妙意,当为"媺"之初文。《周礼·地官·师氏》:"掌以媺诏王。"疏:"媺,美也。"又《大司徒》:"一曰媺官室。"……

[释意]

(一)同"媺",美也。召尊:"甲午白懋父赐(赐)召白马,每(拇)黄髦散(媺)。"

(二)古国名,文献作"微"。墙盘:"青幽高且(祖),才(在)散(微)霝处。"(174 页)

这本字典对散字做出了新的分析解释,提出了"散""当为'媺'之初文"的观点。作者说"当为"乃是不能肯定的意思。在[释意]部分出了两个义项,一义"同'媺'",那么就当读《广韵》无鄙切,在上声旨韵,今读 měi;二义"古国名,文献作'微'",那么就当读《广韵》无非切,在平声微韵,今读 wéi。其实一义《召尊》的用例,也是古音通假现象,应说"通'媺'",而不应该说"同"。正因为如此,才会有陈梦家先生的不同意见,他在《西周金文断代》中就认为它是通"黴"(32 页),那么就应读《广韵》武悲切,在平声脂韵,今音 méi。还有前面我

"美"字能归入微部吗？ 299

们引过的李学勤先生的意见，《金文常用字典》认为"当为'媺'字之初文"的甲骨金文形体，都"应释为眉"。因此陈初生自己都不十分肯定的说法，实际上是靠不住的。

再一条辅助材料就是陈初生引用的《周礼》的"媺"字用例，《周礼·地官·师氏》："掌以媺诏王。"郑玄注："告王以善道也。"贾公彦疏："媺，美也。"陆德明《经典释文》："媺，音美。"《周礼》是用"媺"字最多的一部著作，共有九次，大多用作"善"义，其中"媺恶"对举的就有六次；《楚辞·九歌》中也有几例，如："望媺人兮未徕。"（少司命）朱熹集注："媺，一作美。"《广韵》上声旨韵无鄙切小纽首列"美"字，紧接着下列"媺"字，注云"上同。"这两个字倒真是被前人认作异体字了，但是不能因为异体字与别的字同声，就认定这个字也与别的字一定同声。恕我不得不旧话重提，我们曾在《历史音韵学研究中的几个问题》中说："从讲话可以看出批评者确实没有全面弄过谐声资料，对谐声字系统了解得非常肤浅。"（445 页）应该知道，异体字的产生，有古今南北问题，还有声符跨部的特例。正如先秦的诗文押韵，同部相押是规律，却不能排除邻部相押的合韵；谐声字也一样，"同声必同部"是谐声的一般规律，却也不能排除跨部谐声的现象。自段玉裁以来，古音学家都是这样处理的。我们考察从"散"得声的谐声字，它有两个系列：

微韵系：散　微　溦　薇　䁕（无非切，明微合三平，微部 mǐwəi）
　　　　徽　㣲（许归切，晓微合三平，微部 xǐwəi）
脂韵系：黴（武悲切，明脂开三平，脂部 mǐei）
　　　　媺（无鄙切，明旨开三上，脂部 mǐei）

微韵系的字古韵自然要归微部，脂韵系的两个字也归入微部，就将出现矛盾。因为微部开口三等字一般是到中古的微韵，同条件应该变化相同；既然不到微韵，就可以据中古音归部，列在脂部，看成跨部谐声。这样一来，"美"字归入微部就一点可靠依据也没有了。即使将"媺"字归入微部，也没有理由将"美"字也硬塞进微部。这里不妨比照一下"黴"字，它也有一个后起的异体字"霉"，我们能不能根据

"霉"字的声符就断定"黴"字要归入之部呢？那显然是荒谬的。谐声系统要考虑时地问题，"媺"字的出现早不过春秋战国时期，把它拉到相差近千年的甲骨文时代就已经出现的"美"字摆在同一个谐声系列，这恐怕也太轻率吧！

上面是对梅文提出的第二条辅助材料进行分析，我们是从语音系统的角度来讨论"美""媺""黴"的读音的，也可以说是针对梅文第四节《从审音的角度看"美"应归微部》的论点提出不同看法。梅氏的结论是："脂开三至少有'美（媺）'、'黴'这两个来自上古微部的字"；我们分析了他的结论的不可信，尤其是论证他把"美"字归入微部没有根据。

梅文第四节还进行了另一方面的分析，他说："王力先生(1937)给脂微分部定的标准，其中丙条说'《广韵》的脂皆两韵是上古脂微两部杂居之地；脂皆的开口呼在上古属脂部，脂皆的合口呼在上古属微部'。"又引用了王先生在《古音脂微质物月五部的分野》(1963)中的结论："我们认为：齐韵应划入古音脂部；微灰两韵应划入古音微部；脂皆两韵是古音脂微两部杂居之地，其中的开口呼的字应划归古音脂部，合口呼的字应划归古音微部。"接着，梅氏引用了董同龢先生在《上古音表稿》中的一段话，提出："王先生的丙项标准须要稍微改正一下。我们不能说脂皆的开口字全属脂部而合口字全属微部。事实上脂皆两韵的确是上古脂微两部的杂居之地，他们的开口音与合口音之中同时兼有脂微两部的字。"然后把他在文章中将"黴""媺(美)"归入微部作为根据，判定"王先生的丙项标准要改成董先生所说的样式"(179页)。这里必须指出，王力先生1963年写《古音脂微质物月五部的分野》时，并没有采纳董同龢先生的意见，这不是没有考虑的。王先生的结论，是从语音系统、发展规律来说的，如果"改成董先生所说的样式"，那么人们不禁要问：杂居有没有标准？发展有没有规律？要知道，王先生不是没有看到那少数越轨的字（不是梅氏提出的"黴""媺"），只要查看一下《汉语史稿》脂微两部的发展就清楚了。

《汉语史稿》脂部合口三等列有脂韵合口的喉音，例字有："夔"和从"癸"得声的三个字"癸、葵、揆"。微部开口二等列有皆韵开口二等唇音字:"排、俳"(109 页)。从字面看,这显然与王先生的标准矛盾。原因何在呢?从脂微两部的整个系统来看,我们就会发现:微部合口三等喉唇音中古是到了微韵,舌齿音才到脂韵;如果脂韵喉音合口三等字也列微部,那么就与微韵合口三等字发生了冲突。特别像"鬼"和"癸"在上古将变成同音字,怎么到中古一个在尾韵,一个又在旨韵呢?这是不合发展规律的。从"癸"得声的字中古进入脂、旨、至三韵的在十个以上,不宜以不规则变化处理;为脂部保留一个合口韵母,不仅解决了脂韵合口三等喉音的问题,也解决了与齐韵协调的问题(齐韵也有从"癸"得声的合口字,齐韵是脂部的归宿)。"夔"字是单个儿的,到了《王力古汉语字典》中,王先生却把它列入了微部,那就是把它跟"悲"一样,作为"不规则的变化"了。至于皆韵开口二等从"非"得声的"排、俳"两字,当然是微部字。但是唇音的开合口本不易分,所以王先生在《古音脂微质物月五部的分野》中加注说:"这两个韵的唇音字算开口呼";其实算作合口,也没关系,因而并不与王先生的结论矛盾。总之,在这里王先生是从系统性出发来谈问题,看重一般和个别、规律和特殊的区别。如果说要在王先生的结论方面有什么改动的话,也只能在最后加个附注:"脂韵合口三等喉音列脂部。"

回头来我们再谈谈梅文对自己这篇文章的期许:"也许第三次的叙述可以比前两次更全面一些。"恕我直言,经过上面的分析,我们很难苟同梅氏的自许。在我看来,梅氏及其崇拜者,都有一个毛病,对前贤和时人的著作,没有深究,甚至没有读懂,就好师心自用,妄下雌黄,还不时把别人打进落后保守派,这样的心态,不出纰漏,恐怕也是很难的。

参考文献

陈初生 (1987)《金文常用字典》,陕西人民出版社,西安。
郭锡良 (1986)《汉字古音手册》,北京大学出版社,北京。
—— (2002) 历史音韵学研究中的几个问题,原载《古汉语研究》2002 年第三期,收入《汉语史论集》(增补本),商务印书馆,2005 年,北京。

李孝定(1965)《甲骨文字集释》,史语所专刊之五十,1970年再版,台北。
廖名春(2002)《郭店楚简老子校释》,清华大学出版社,北京。
梅祖麟(2006)从楚简"散(美)"字来看脂微两部的分野,《语言学论丛》第三十二辑,商务印书馆,北京。
王 力(1937)上古韵母系统研究,原载《清华学报》12卷3期,收入《王力文集》第十七卷,山东教育出版社,济南。
——(1957)《汉语史稿》上册,原由科学出版社出版,收入《王力文集》第九卷,同上。
——(1963)古韵脂微质物月五部的分野,原载《语言学论丛》第五辑,收入《王力文集》第十七卷,同上。
——(2000)《王力古汉语字典》,中华书局,北京。
徐中舒(1990)《甲骨文字典》,四川辞书出版社,成都。

(100871 北京,北京大学中文系 北京大学汉语语言学研究中心)

从语言角度论一卷本
《般舟三昧经》非支谶所译*

汪 维 辉

提要 现存的两种《般舟三昧经》(一卷本和三卷本)究竟为谁所译,众说纷纭,莫衷一是。本文只讨论一卷本的译者问题。通过与支谶译经语言的比较,可以肯定一卷本不应该是支谶所译,国内现行的种种误说应予纠正;它是否出于竺法护之手,则尚需进一步探讨。

关键词 《般舟三昧经》一卷本 译者 语言特征 佛经翻译 中古汉语

引 言

《般舟三昧经》是大乘禅法的重要经典,最早由支娄迦谶①介绍入中土,梁僧祐《出三藏记集》卷七载《般舟三昧经记》(未详作者):"《般舟三昧经》,光和二年(公元 179 年)十月八日,天竺菩萨竺朔佛于洛阳出。菩萨法护②。时传言者月氏菩萨支谶,授与河南洛阳孟福字元士、随侍菩萨张莲字少安笔受。令后普著。在③建安十三年(公元 208 年)于佛寺中校定,悉具足。后有写者,皆得南无佛。又言,建安三年,岁在戊子④,八月八日于许昌寺校定。"(268 页)同书卷十三《支谶传》(附竺朔佛、支曜)云:"支谶,本月支国人也。……汉桓

---

* 本文初稿曾在"第二届汉文佛典语言学国际研讨会"(2004 年 9 月,湖南师范大学)上宣读,承蒙与会专家指教;两位匿名审稿专家提出了许多非常中肯的意见,笔者根据他们的意见对原稿作了大幅度的删改;文章修改过程中曾得到好友储泰松教授、方一新教授和友生陈祥明博士、真大成博士的帮助。在此一并致以深切的谢意。文中错误概由笔者本人负责。

帝末,游于洛阳。以灵帝光和、中平之间,传译胡文,出《般若道行品》《首楞严》《般舟三昧》等三经。……沙门竺朔佛者,天竺人也。汉桓帝时,亦赍《道行经》来适洛阳,即转胡为汉。……朔又以灵帝光和二年,于洛阳译出《般舟三昧经》,时谶为传言,河南洛阳孟福、张莲笔受。"(511页)⑤从这两段文字来看,支谶曾翻译过《般舟三昧经》是没有疑问的,而且翻译的时间、地点和合作者都有明确的记载。"般舟三昧"和"首楞严三昧"是极其繁多的大乘般若禅法中最有代表性的两种,支谶也翻译了《首楞严三昧经》。这两部经在魏晋南北朝时期曾十分风行。但《首楞严三昧经》久已失传,因此《般舟三昧经》就成了研究支谶禅法思想及当时大乘禅学的唯一资料,可见其重要性。可是现存的两种《般舟三昧经》究竟何者为支谶所译,却成了聚讼不息的问题,至今没有定论。笔者试图在保罗·哈里森(Paul Harrison 1979/1990)研究的基础上再从语言角度作一个较为全面的考察,希望能为译者问题的最后解决做一点添砖加瓦的工作。本文是整个研究工作的一部分,只讨论一卷本是否为支谶所译。在依据经录和外部资料无法有效确定译者的情况下,从语言角度进行探索不失为一种可行的办法,学者们已经作了不少努力⑥,尽管这个方法本身还有难以克服的弱点,以目前的研究水平,要想靠它来最终论定译者多少还是一种奢望。

一 异译本及译者诸说

现存的《般舟三昧经》⑦共有四个异译本⑧:

A.《佛说般舟三昧经》一卷,旧题"后汉月支三藏支娄迦谶译",《大正藏》编号为0417,本文称"一卷本",本文所要讨论的就是这个译本;

B.《般舟三昧经》三卷,旧题"后汉月支三藏支娄迦谶译",一名《十方现在佛悉在前立定经》,《大正藏》编号为0418,本文称"三卷本";

C.《拔陂菩萨经》一卷,《大正藏》题"《僧祐录》云:安公古典,是《般舟三昧经》初异译",编号为 0419;

D.《大方等大集经贤护分》五卷,隋阇那崛多译,《大正藏》编号为 0416。

其中 D 内容最详,B 次之(共 16 品),A 又次之(共 8 品),C 最略。

除 D 译者明确,C 不可知[⑨]外,A、B 两本的译者究竟是谁,众说不一,下面是有代表性的几种[⑩]:

1. 各二卷,一为支谶出,一竺法护出。一经异译(但不知与今存本如何对应)。【梁僧祐《出三藏记集》卷二"新集条解异出经录第二":"《般舟三昧经》:支谶出《般舟三昧经》二卷[⑪],竺法护出《般舟三昧经》二卷。右一经,二人异出。"(73 页)这是目前所见最早的经录记载。】

2. 均为支谶译。【《大正新修大藏经》;《中华大藏经》;任继愈《中国佛教史》第一卷"附录一:东汉三国译经目录"(466 页)。】

3. 一卷本为支谶译,三卷本可能为竺法护译。【任继愈《中国佛教史》第一卷:"据近人研究,三卷本可能是竺法护译。"(366 页)按,任氏此说与上说自相矛盾。刘保金《佛经解说辞典》:"3 卷本可能是西晋竺法护译,支谶译 1 卷本。"(414 页)吕澂《新编汉文大藏经目录》"0066《般舟三昧经》"(三卷本):西晋竺法护译〔祐录〕。后误支娄迦谶译〔开〕(19 页)。】

4. 三卷本为支谶译,一卷本为竺法护译。【吕澂为《中国佛教》第二辑"中国佛教人物"所撰的"支娄迦谶"条和"竺法护"条。按,吕氏此说与上说自相矛盾。林屋友次郎[⑫]、许理和(1977/1987:225,1991/2001:308)、俞理明(1993:50)也认为三卷本为支谶所译。】

5. 三卷本(高丽藏本)相当于藏译本 1—6 章的部分应为支谶所译,相当于 7—26 章的散文部分可能也是支谶所译(但不能十分确定),但宋元明三本的 1—26 章、高丽藏本 7—26 章的偈颂部分是后来的人所译。【保罗·哈里森(Paul Harrison)《现在诸佛悉在前立

三昧——藏译本〈般舟三昧经〉的英语译注》附录 A。】

上列诸说中,第一种是最早的说法,所记卷数与今本不同,不知如何对应。2—4 说基本上是依据的历代经录,各有取舍,或完全相反,或自相矛盾,不一而足。原因是历代经录本身的复杂性。只有保罗·哈里森是把经录和经文的内部风格特征结合起来研究的,而且以风格特征为主,研究比较深入,所以我们着重介绍一下他的研究结果。哈里森的主要观点有:

(1)三卷本实际上有两个异本,即高丽藏本(《大正藏》以此为底本)和宋元明三本(《大正藏》在校勘记中引用)。[13]这两个版本相当于藏译本第 7 章以后的部分是相同的,但 1—6 章则属于两个不同的译本,不仅散文部分存在很大的差异,而且 nidāna[14] 的开头部分详略也大不相同:高丽藏本很简短,而宋元明三本则很详尽。他认为这是所据梵文原本不同造成的。此外,4、5、6 三章[15]的偈颂高丽藏本均用散文体翻译,而宋元明三本则译成诗体(verse)(四行一节,每行五、六或七字),用套语"佛尔时颂偈曰/言"引出。哈里森认为这是支谶以后的人所改的。(许理和(1975)[16]认为缩略的 nidāna 和散文体偈颂是支谶译经风格的特征。)两种版本有约 235 个异文[17](不包括上文提到的 nidāna 和偈颂部分的差异),如[18]:泥洹:涅槃;譬若:譬如;曰:言;汝曹:若曹;等等。其中约一半异文出现在全经的前三分之一部分(即相当于藏译本的 1—6 章),说明这部分两种版本差别较大,高丽藏本比宋元明三本更接近时代较早的 T419(约译于 3 世纪)。

(2)哈里森全面比较了三卷本《般舟三昧经》(高丽藏本)和《道行般若经》[20]的术语(包括音译和意译),共 76 个(237—247 页)。我统计了一下,两者完全一致的有 52 个,不一致的有 24 个。他认为两者的音译词几乎是完全相同的,大部分意译的术语也显示出两者之间的密切关系,特别是被认作支谶译经显著特征的"本无""天中天""本际"等;虽然也有一些不一致的地方,但几乎不足以动摇大局,使我们把三卷本《般舟三昧经》(高丽藏本)归属于别的译者。他也对竺法护译《正法华经》的术语作了一个简单的调查，如果此经的风格能够代表竺法护译经的整体风格的话，那么他不可能是三卷本《般舟三昧经》(高丽藏本和宋元明三本)的译者，因为他的翻译与三卷本《般舟三昧经》和《道行般若经》是如此的不同。哈里森的结论是，三卷本《般舟三昧经》(高丽藏本)相当于藏译本1—6章的部分应为支谶所译，相当于7—26章的散文部分可能也是支谶所译(但不能十分确定)，但宋元明三本的1—26章、高丽藏本7—26章的偈颂部分是后来的人所译(此人是谁目前尚不清楚)。

(3)一卷本是三卷本(宋元明三本)的节缩本。林屋友次郎《经录研究》(560页以次)曾举出很多例子证明这一点。它频繁地将支谶的翻译"现代化"，如总持、涅槃、夜叉、世尊、转轮王、如恒河沙、舍利弗、等正觉无上士道法御天人师佛世尊。一卷本可能改作于净土理论引入中国之后，大约在竺法护时代(约公元300年)或更晚，因为那些"现代的"形式是直到那个时代才开始使用的。但没有足够的证据来明确地断定它的确切年代。

二　一卷本与支谶译经的语言差异

据记载，支谶译经的年代是在东汉灵帝光和、中平年间(178—189)。据汤用彤(1938：66—69)研究，可确指为支谶所译的经唯有《道行般若经》(T224，本文简称"道")一部。故此经语言可作为支谶译经的标准语言。[①]哈里森(1979/1990)就是拿《道行般若经》作为支谶译经的标准来跟三卷本《般舟三昧经》进行比较的。此外，据僧祐《出三藏记集》等记载，下面7部经可能也是支谶所译，我们作为辅助资料来使用：《阿阇世王经》(T626，简称"阇")、《伅真陀罗所问如来三昧经》(T624，简称"伅")、《阿閦佛国经》(T313，简称"閦")、《兜沙经》(T280，简称"兜")、《内藏百宝经》(T807，简称"内")、《文殊师利问菩萨署经》(T458，简称"问")、《遗日摩尼宝经》(T350，简称"遗")。

本文所用的方法是：通过通读一卷本和《道行般若经》(参考支谶

其他译经),提取两经的语言差异,然后分析这些差异的性质,并据以推定一卷本非支谶所译。这种方法从总体上说是可行的,因为每位译者都会有自己的语言特点和用词习惯。但由于汉译佛经本身的复杂性,研究中也碰到不少困难,主要有两点:一是语言差异的偶然性,二是译者内部风格的不一致。因此本文考察的结果只是在前人的基础上再提供一些新的证据,不敢说就是定论。

下面分"音译词"、"同词异用"、"同义异词"和"语法"四类,逐一列出一卷本和《道行般若经》的语言差异并进行分析。冒号前为一卷本用词,后为《道》用词。凡是哈里森已论及的前标 * 号。

2.1 音译词

音译词的用字差异能反映时代特点或译者用字习惯的不同。

1) * 夜叉(3)[22]:阅叉[23]

"夜叉"和"阅叉"都是梵语 yakṣa 的音译。一卷本只用"夜叉",共出现 3 次;支谶则只用"阅叉",其中《道》(5)、《伅》(4)和《阇》(3)都有用例,而未见"夜叉"。可见一卷本与支谶用词习惯不合。

2) * 涅槃(2):泥洹[24]

一卷本用"涅槃",三卷本用"泥洹"(8),分用划然,绝不相混。支谶 8 部译经中均见到"泥洹",共出现 95 次,其中《道》31 次;而未见"涅槃"。"涅槃"在西晋以前的译经中见于以下各经:支谦译《菩萨本缘经》、《撰集百缘经》(旧题支谦译)、《须摩提长者经》,竺律炎共支谦译《摩登伽经》,失译《菩萨本行经》,失译《大方便佛报恩经》,误题安世高译《十支居士八城人经》、《阿难同学经》、《罪业应报教化地狱经》、《八大人觉经》、《犯戒罪报轻重经》,误题康孟详译《佛说兴起行经》。由此可见,"泥洹"要早于"涅槃","涅槃"在可靠的译经中应始见于支谦,而未见于东汉译经。据此,则一卷本不可能是支谶所译。

3) * 般涅槃(2):般泥洹

一卷本用"般涅槃"而未见"般泥洹",三卷本用"般泥洹"(9[25]),两本分用划然。支谶"般涅槃"未见,"般泥洹"则多见。可见一卷本与支谶不合。

2.2 同词异用

"同词异用"就是同一个词在一卷本和支谶译经中意义或用法有差异。下面是几个例子。

1) 妻子(2)

一卷本"妻子"共 2 见:"不得有恩爱于妻子男女。""不贪妻子及财色。"前一例指"妻","子"已无义,"男女"才是指儿女;后一例理解成"妻"和"妻子儿女"两可。支谶译经中"妻子"共 4 见,都指"妻子儿女",其中《道》2 见,均为"父母妻子"连言;《内》1 见,与"父母"对言;《阇》1 见:"其有索者,无所贪惜,其求妻子,即持施与,无有异心。"(卷上)也是指妻子和儿女,"子"都有实义。也就是说,在支谶译经中"妻子"还是一个词组,而一卷本中已可用作一个词,"子"不再单独表实义。

2) 男女

一卷本指"儿女"(不得有恩爱于妻子男女)㉕;支谶仅《道》中 1 见,指"男人与女人"(令一国中男女,当不见其形,不闻其声)。

3) 除去(3)

一卷本共 3 见,均带宾语:"除去睡眠志开解。""除去瞋恚自高贵。""除去杀盗及嫉妒。"支谶译经共 7 见(其中《道》5 见),均不带宾语,用于句末,如:"若中热,持摩尼珠著身上,其热即除去;若中风,持摩尼珠著身上,其风不增,即除去;若中寒,持摩尼珠著身上,其寒不复增,即除去。"(《道》卷二)一卷本与支谶差异明显。

2.3 同义异词

"同义异词"是指表达同一个意思一卷本和支谶译经用了不同的词。这种情况数量最多,又可以分成"音译与意译之别"和"用同义或近义形式"两小类,下面分别举例说明。

2.3.1 音译与意译之别

1) * 等正觉:阿耨多罗三耶三菩阿惟三佛

一卷本两种形式都用。在支谶译经中,"等正觉"仅见于《阅》(26),《道》则用"阿耨多罗三耶三菩阿惟三佛"(8)。可见一卷本与支谶不甚相合。

2) * 等正觉无上士天人师佛世尊/等正觉无上士道法御天人师佛世尊(2):怛萨阿竭阿罗诃三耶三佛

一卷本用前两种形式,支谶不用。支谶所译的《道》只用后者(5)。可见一卷本与支谶不合。

3) * 转轮王:遮迦越王

一卷本两种形式都用。支谶译经中,"转轮王"仅见于《阅》(4),"遮迦越王"则见于《道》(2)。

4) * 衣钵:钵震越[②]

一卷本未见"震越",跟三卷本"钵震越"相对应的有一处是"衣钵"。"震越"为音译词,"衣"为意译。支谶译经中,"震越"见于《道》(4)、《伅》(2)、《问》。

5) 地狱:泥犁

一卷本用"地狱":"常当怖畏于地狱痛苦,远离于谄谀,是为清净。"支谶不用"地狱"而一概用"泥犁"(字或作"泥黎"),仅《道》中就出现了15次。

支谶译经的特点是"辞质多胡音"(即多用音译),这也成为后人辨别他的译文的标准。[③]上述各组词都是一卷本取意译(或意译与音译并用)而支谶所译《道》均用音译,没有发现相反的情况,这说明一卷本不可能出于支谶之手。"等正觉"和"转轮王"这两个意译形式也见于《阅》,看来《阅》是否支谶所译值得怀疑。

2.3.2 用同义或近义形式

表达同一个概念或意思,一卷本和支谶采用不同的说法。这种情况数量最多,也最能体现两者的差异,下面挑选其中一部分来讨论。

1) 白佛(8):白佛言

一卷本未见"白佛言",跟三卷本"白佛言"相对应的都是"白佛";三卷本则两者都用。支谶译经中两者都见,但有一点值得注意:有三部经只用"白佛言"而无"白佛"——《道》(145)、《閦》(16)、《遗》(3),无一例外。[⑳]这不应该是偶然现象,特别是《道》中共出现了145次,竟不见一例"白佛",不能不说是译者的语言习惯使然。其余四部经"白佛"和"白佛言"的出现次数分别是:《阇》16:2,《内》1:0,《问》44:7,《伅》13:1。这四部经都以用"白佛"为主,与《道》完全相反,它们是否支谶所译,令人怀疑。[㉑]此条是一卷本非支谶所译的一个力证。

2)告(25)/白(8):语/谓

佛经中有一种常见的叙述语"A告/白/语/谓B(言)",出现频率很高。处于A和B之间的动词,一卷本用"告"和"白",两者分工明确:"告"用于上对下,共见25例,A都是"佛",B绝大多数是"颰陀和"("佛告颰陀和"共22例),还有"阿难、颰陀和等五百人/比丘、比丘尼、优婆塞、优婆夷/舍利弗、目揵连比丘、颰陀和等";"白"则用于下对上,共见8例,A都是"颰陀和",B都是"佛"。一卷本在叙述语中不用"谓"和"语"[㉚]。

支谶译《道》中,"告"只有5例,用法同,但所占比例很小,与一卷本主要用"告"差异明显;"白"约有160例,用法基本同一卷本,B大都是"佛",但也有少数例外,如:"释提桓因白须菩提言。"(卷一)"舍利佛白弥勒菩萨。"(卷六)"萨陀波伦菩萨白昙无竭菩萨言。"(卷九)除"告"和"白"外,《道》还大量使用"语"和"谓"。[㉜]"语"有约181例,"谓"39例。这两个词的特点是:"语"主要用于上对下,有时也用于平辈之间;"谓"主要用于平辈之间,偶尔也用于上对下;但两者都不能用于下对上——B的位置上绝对不出现"佛"。

这四个词的出现次数如下表:

	告	白	语	谓
一卷本	25	8	0	0
《道》	5	160	181	39

可见一卷本和支谶译经在这组词的使用上存在很大差异。这

也是一卷本非支谶所译的一条力证。

3) 助欢喜(9):助欢欣

一卷本用"助欢喜",如:"我助其欢喜,过去当来今现在佛皆助欢喜。""菩萨于是三昧中,将有四事助其欢喜。过去佛持是三昧,助欢喜自致得阿耨多罗三耶三菩阿惟三佛,其智悉具足。今现在十方无央数佛亦于是三昧中,四事助欢喜得。当来亦当从是四事助欢喜得。我悉助欢喜。""当知是助欢喜福甚尊大。""佛知其意,便为说是三昧。其王闻之助欢喜,即持珍宝散佛上。"支谶译经只用"助欢欣",仅见于《道》,如:"释提桓因问佛言:'新发意菩萨劝人助其欢欣,得何等福?随次第上菩萨劝人助其欢欣,得何等福?乃至阿惟越致上至阿惟颜劝人助其欢欣,得何等福?'"(卷八)"为魔所乱,闻是不助欢欣。魔官属人闻是不助欢欣者,从魔天上来下。闻是不助欢欣者,何以故?"(卷八)在支谶译经中,"欢欣"仅见于《道》,而未见于他经。《道》也用"欢喜",但不跟"助"连用,如:"便与共好语,与共谈言,与共笑欢喜。"(卷二)"何用知诸天人来时?或时善男子善女人欢喜踊跃意喜时,知诸天人来。"(卷二)"用净洁身体故,鬼神皆大欢喜。"(卷二)就"助欢喜:助欢欣"这一组合而言,一卷本和支谶译经分用划然。

4) 了(5)/知(19)/解(6):晓

这四个字都可以表示"知道;明白;懂得;通晓"的意思,是同义词,除单用外,还常常两字连用或三字连用。支谶译经四者皆用,且多"晓了知"连用,以《道》为例:"菩萨何因晓般若波罗蜜?"(卷一)"亦不知,亦不晓,亦不了法。"(卷一)"悉晓了知诸经法,尔故字菩萨。"(卷一)"用慈于法中故,其人即自了知,诸天所不解者便自解。"(卷二)"不晓将护,不晓诵读,不晓中事,不能解知。"(卷三)"自不晓知深般若波罗蜜,转复坏他人。"(卷三)"少有信般若波罗蜜者,不晓了是法故。"(卷三)一卷本则只用"了、知、解"而不用"晓"㉝,例如:"诸经法悉受持,皆了知而不忘。""悉了是,知本无。""博达众智,所闻悉解而不疑。"

5) 计(11):量

支谶译经既说"不可计",也说"不可量",以《道》为例:"佛在罗阅祇耆阇崛山中,摩诃比丘僧不可计。"(卷一)"我当度不可计阿僧祇人悉令般泥洹。"(卷一)"衍与空等,如空覆不可复计阿僧祇人,摩诃衍覆不可复计阿僧祇人。尔故呼摩诃衍。"(卷一)"是事都卢不可计,正使计倍复倍。"(卷一)"波罗蜜无底复无无底,亦无有中边,亦无有本端,了不可量,了不可逮知。"(卷一)"从法中得福极多,不可复计,不可复议,不可复称,不可复量,不可复极。"(卷二)"三十不可量波罗蜜无有小法。"(卷四)"佛语须菩提:'汝所问者,有何因使色痛痒思想生死识不可计不可量?'须菩提问佛:'何等为不可量?'佛言:'于空中计之为不可量。无想无愿计之,如是不可量。'"(卷六)"佛语释提桓因:'须弥山称之尚可知斤两,从劝助代初发意菩萨欢欣,其福不可量。'"(卷八)一卷本则只说"不可计",如:"佛告颰陀和:'善哉,汝所问多所过度,不可复计。'""书、学、诵、持、守之一日一夜,其福不可计。""乃久远不可计阿僧祇,尔时有佛。""教不可计人民皆求佛道。""但闻其功德不可计,何况学持者。"一卷本未见单用的动词"量(liáng)"。

6) 此间(3):是间

一卷本用"此间",三卷本用"是间",两本分用划然。支谶习惯于用"是间":《道》(18)、《阇》(21)、《伅》(3);"此间"只在《道》中出现过1次。一卷本多用"此间",与支谶不甚合⑧。

7) 亲族(2)/亲属:亲属

一卷本两者皆用。支谶只用"亲属"(《道》、《伅》各2见),不用"亲族"。一卷本用"亲族"与支谶不合。

8) 譬如(10)/喻如:譬如/譬若

这组词中一卷本和三卷本最常用的都是"譬如",但一卷本有一例"喻如",支谶译经中未见。支谶用"譬如"和"譬若",出现频率都很高。但一卷本不用"譬若"。可见一卷本用"喻如"和不用"譬若"均与支谶不合。

9) 想愿:想念

支谶"想念"3见(其中《道》2)而不用"想愿",一卷本与支谶不合。

10) 称举/赞誉/称誉(2)：称誉

支谶不用"赞誉"，"称举"也仅在《阇》中1见，"称誉"则常用。可见一卷本用"赞誉"和"称举"均与支谶不合。

11) *恒河沙：恒边沙/恒中沙/恒沙

一卷本用"恒河沙"，支谶则主要用"恒边沙"(《道》23、《阇》12)，也用"恒中沙"(《道》5)⑱和"恒沙"(《道》1)。

12) 睡眠(3)：睡卧

一卷本用"睡眠"，不用"睡卧"；支谶用"睡卧"(《道》《伅》各1见)，"睡眠"则仅在《閦》中见1例。一卷本不太符合支谶的用词习惯。

13) 百千万亿倍：百倍千倍万倍亿倍

一卷本："其福过布施者百千万亿倍。"支谶译经未见这样的表述法，而是用"十倍百倍千倍万倍亿亿万倍、百倍千倍万倍亿倍巨亿万倍、百倍千倍万倍亿倍若干巨亿万倍、百倍千倍万倍亿万倍巨亿万倍、百倍千倍万倍、百倍千倍万倍亿万倍、百倍千倍万倍亿倍巨亿万倍、百倍千倍万倍亿百千倍巨亿万倍"，见于《道》和《閦》两经，这些表述法的共同特点是数词后的"倍"字均不省。一卷本与支谶不合。

14) 好：善

一卷本："当好书是三昧著素上。"《道》卷十："与好长素卷，善书，令经上下句相得。"一卷本"好"作状语，相当于"好好地；小心仔细地"。这是汉代产生的一种新用法，目前所知的最早用例是《齐民要术》卷五"种桑、柘"引《氾胜之书》："治肥田十亩，荒田久不耕者尤善，好耕治之。"魏晋南北朝时期用例多见，如：汝若为选官，当好料理此人。(《世说新语·德行47》)周侯独留，与饮酒言话，临别流涕，抚其背曰："阿奴好自爱。"(又《方正26》)太傅李延实者，庄帝舅也。永安年中，除青州刺史。临去奉辞，帝谓实曰："怀甄之俗，世号难治。舅宜好用心，副朝廷所委。"(《洛阳伽蓝记》卷二)摘时必令好接，勿令损伤。(《齐民要术》卷四"插梨")好择之，以蟹眼汤煮之，盐薄洒，抑著燥器中,密涂。(又卷十"五谷、果蓏、菜茹非中国物产者·蒋"引《食经》)支谶译《道》中未见此类"好"字,而是用文言同义词"善";仅在《伅》和《閦》中见到这样两例:"佛者难值,譬若华优昙钵,今已得之,当好供养。"(《伅》卷中)"譬如绞露精舍坚闭门,风不得入,好细涂,以白垩之。"(《閦》卷上)

15) 爱敬:敬爱

一卷本用"爱敬",三卷本用"敬爱"。"爱敬"支谶译《閦》1 见,"敬爱"《道》2 见,可见支谶可能更喜欢用"敬爱",一卷本用"爱敬"与支谶不合。

16) 巨海:大海

前者支谶未见,后者则常见。一卷本也用"大海",但用"巨海"与支谶不合。

上述 16 条中,有些条目出现频率不高,不能排除偶然性,看作辅助证据比较合适。

2.4 语法

2.4.1 人称代词及复数形式

1) 汝(13):若

第二人称代词一卷本用"汝"(共 13 见,其中"汝等"3 见),不用"若";支谶译《道》中一般用"汝",但也用"若",如:佛言:"我故自问,若随所报之。"(卷一)佛语舍利弗:"若乐闻者,佛当为若说之。"(卷一)却后若当为人中之导,悉当逮佛智慧。却后无数阿僧祇劫,汝当作佛,号字释迦文。(卷二)佛语须菩提:"如若所言,新发意者所知甚少,其心不入大法。"(卷五)佛言:"如须菩提所说,皆持佛威神,使若说是耳。"(卷五)不用我言者,终不复来视汝。若莫复说是事,我不复欲闻。(卷六)复有弊魔化作异人,往到菩萨所作是语:"若所求为勤苦耳,不求佛法也。若空负是勤苦为?用是勤苦之难为求乎?若在恶道中以来大久,适今得为人,汝不当于是中思惟,不当自患厌耶?"(卷六)弊魔不能动转,舍去,更作方便,化作若干菩萨在其边住,因指示言:"若见不耶?是悉菩萨,皆供养如恒中沙佛。"(卷六)便复更作佛形,往语菩萨言:"若何不于是间取阿罗汉证?若未受决得阿耨多罗三耶三菩,若不得是比,不得是相。"(卷六)一卷本不用"若",与《道》有异。

2)等(3):曹

表示人的复数,一卷本用"辈"和"等":"是辈"、"我辈"各1见,"汝等"3见。支谶译《道》则用"辈"和"曹",有"是辈"、"我辈"、"诸阅叉辈"、"无有辈"、"诸天辈"、"馀他辈"、"新学菩萨辈"、"是菩萨辈"、"是坏菩萨辈"、"五百女人辈"、"人民辈"和"是曹"、"我曹",还常常"曹辈"连言,有"是曹辈"、"我曹辈"等。其他经中还有"汝曹"、"卿曹"(《遗》)和"若曹"(《阇》)等。也就是说,"辈"是两者共用的词,而"等"和"曹"则分别是一卷本和支谶所特有的。"等"《道》未见,其他经中则有,如"吾等"、"我等"(《佛》)、"诸菩萨等"、"我等"、"我曹等"、"我曹等辈"、"弟子等辈"、"是等"(《兜》)、"吾等"(《问》)、"刹者等辈"、"若干百千等辈"(《阅》)、"我等"、"吾等"、"汝等"、"是等"、"文殊师利等辈"(《阇》)。这些"等"的用法与《道》不合,进一步加深了我们对这些经是否确为支谶所译的怀疑。

2.4.2 句尾语气词

我们对一卷本和支谶所译《道》中的"耶""乎""也"三个句尾语气词作了调查统计,如表:

	耶		乎		也	
	选择问句	一般问句	选择问句	一般问句	陈述句	疑问句
一卷本	0	0	0	3	11	4
《道》	6	25	6	26	111	0

从上表不难看出,一卷本和《道》在句尾语气词的使用上差别甚为明显:

第一,支谶多用"耶",《道》中就有31例,有两种用法:

(1)用于选择问句,与"乎"搭配使用,共6例,如:舍利弗心念言:"今使须菩提为诸菩萨说般若波罗蜜,自用力说耶?持佛威神说乎?"

（卷一）弥勒言："如我字弥勒,当解乎？当以色痛痒思想生死识解慧乎？持是身解耶？"（卷六）

(2) 用于一般疑问句。共 25 例,如：释提桓因白佛言："如是阎浮利人,不供养承事般若波罗蜜者,是曹之人为不知其尊耶？……"（卷二）释提桓因言："但行般若波罗蜜,不行馀波罗蜜耶？"佛言："都卢六波罗蜜皆行。……"（卷二）舍利弗问佛："最后世时是般若波罗蜜,当到北天竺耶？"佛言："当到北天竺。"（卷四）佛言："空处可计尽不耶？"须菩提言："空不可计尽。"（卷五）佛经实难得,何况乃闻耶？（卷九）

一卷本表示疑问语气不用"耶",而是用"乎"和"也"。

第二,一卷本"乎"共 3 见,都用于一般疑问句,出现在一段话里："反作轻戏言：'佛亦有深经乎？亦有威神乎？'反相形言：'世间亦有比丘如阿难乎？'"而在《道》中,"乎"除 26 例用于一般疑问句外,还有 6 例用于选择问句（例见上）。

第三,《道》中 111 例"也"全部用于陈述句,而一卷本除 11 例用于陈述句外,还有 4 例用于疑问句："云何？宁有影从外入镜麻油水水精中不也？""云何？是尘数宁多不也？""是为清净,云何为缺戒也？""若去百里千里,有是三昧当求之,何况近而不求学也？"

2.4.3 "有……不/无"问句

一卷本有这样两例："宁有影从外入镜麻油水水精中不也？""宁有能计其道里不？"用的是"有……不"句式。支谶译《道》中也有这一句式,如：须菩提言："……正使怛萨阿竭阿罗呵三耶三佛,寿如恒边沙,劫尽度人,人展转自相度,其所生者宁有断绝时不？"释提桓因言："无有断绝时。"（卷一）"……本无字宁有尽时不？"须菩提白佛言："不。"（卷八）但《道》中还有几例"有……无"句式,这是一卷本所没有的：佛言："我故自问,若随所报之。于须菩提意云何？幻与色有异无？幻与痛痒思想生死识有异无？"须菩提报佛言："尔天中天,幻与色无异也。色是幻,幻是色,幻与痛痒思想生死识等无异。"（卷一）佛言："……譬如幻师于旷大处化作二大城,作化人满其中,悉断化人头,于须菩提意云何？宁有所中伤死者无？"须菩提言："无。"（卷一)——也就是说,《道》可用"(有)……无"表疑问(询问),而一卷本则无。

三 结语

上节所论列的差异共 27 条,大致可以分为两类。一是规律性较强、对推定译者有重要意义的。如"夜叉:阅叉""涅槃:泥洹""般涅槃:般泥洹""等正觉:阿耨多罗三耶三菩阿惟三佛""等正觉无上士天人师佛世尊/等正觉无上士道法御天人师佛世尊:怛萨阿竭阿罗诃三耶三佛""地狱:泥犁""白佛:白佛言""告/白:语/谓""助欢喜:助欢欣""了/知/解:晓""计:量""汝等:若曹""句尾语气词""'有……不/无'问句"等。二是说服力虽不如第一类,但仍可作为辅助证据的。如"衣钵:钵震越""想愿:想念""此间:是间""好:善""爱敬:敬爱""巨海:大海""汝:若"等。

当然,一卷本和支谶译经相同的词语及句式也是大量存在的。本文的目的只在求异,所以相同的部分没有论列。

综合上文的比较和分析可以看出,一卷本不大可能是支谶所译,本文的考察为此提供了一些新证据,国内现行的种种误说到了应该纠正的时候了。它是否出于竺法护之手?应该说有这种可能性,但需要另文再作详细的考察。

从语言角度推断古籍的年代或作(译)者,要想做到绝对准确几乎是不可能的,特别是像《般舟三昧经》这样流传过程十分复杂的翻译佛经。所以我们只能看主流而舍小节,从总体上作出判断。我们不能因为无法做得十全十美而放弃探索的努力,只要能在前人的基础上取得些许进展,总比原地踏步好。

附 注

① 又作"支楼迦谶"(见高丽藏本《高僧传》)。以下简称"支谶"。
② 汤用彤《汉魏两晋南北朝佛教史》云:"此四字疑衍文。"(68 页)
③ 有一位匿名审稿专家认为"在"应属上,笔者觉得属上文意难通,所以姑

依旧读。

④汤用彤上引书认为"戊子"应作"戊寅",建安三年是公元198年;苏晋仁、萧炼子点校本《出三藏记集》谓戊子为建安十三年,"三"上当脱"十"字(282页)。维辉按,似以后说更合理:这篇记文"令后普著"前是记载光和二年译出《般舟三昧经》的情况,之后则是说后来校定之事——有两种说法,故加"又言"以别之。两说的差异不在年份(都应该是建安十三年,即戊子岁),而是细节。

⑤《高僧传》卷一"支楼迦谶传"略同(汤用彤先生认为即录自《祐录》,稍有增删),唯"竺朔佛"作"竺佛朔",未知二者孰是。从下文单称"朔"推之,似以作"竺佛朔"为是。

⑥参看:梁晓虹(1996),遇笑容、曹广顺(1998),曹广顺、遇笑容(2000),方一新(2003a,2003b),方一新、高列过(2003),史光辉(2005),辛岛静志(2006),陈祥明(2006)等。

⑦其中有两种译本(下文所列的C、D)经名有异。为行文方便起见,本文统称为"《般舟三昧经》"。

⑧见刘保金《佛经解说辞典》(414页)等。王文颜《佛典重译经研究与考录》谓此经共有七译,三存四阙,"然今本《大正藏》则收有二部支娄迦谶译本,一为一卷本,一为三卷本,品目文字均有不同,何以如此,尚待详考。"(109—110页)

⑨保罗·哈里森(1979/1990)对此经有专节讨论,请参看。

⑩【】内是说法的出处。日本学者在这方面的研究成果颇多,笔者未能直接阅读,只能从哈里森(1979/1990)的引述中了解一些。

⑪但同卷"新集撰出经律论录"归入支谶名下的《般舟三昧经》高丽藏本题作"一卷",宋元明三本、碛砂藏本及《长房录》卷四则皆作"二卷"。

⑫许理和《佛教征服中国》中译本第118页注释[95]云:"此经(指《般舟三昧经》)第一个汉译本经文的历史很复杂,诸多研究这一主题的日本学者意见分歧很大。林屋友次郎(《经录研究》第544—578页)考查了前辈专家(主要是境野和望月)的见解,通过对两种版本的仔细对比,得出结论:三卷本(《大正藏》No.418)是支娄迦谶的原译,一卷本(《大正藏》No.417)是从更早更全的本子中摘要出来的。"

⑬这一点最早由日本学者樱部建提出,见其《〈般舟三昧经〉管见》,载《桥本博士退官记念研究论集》,1975年。

⑭意为"因缘,原因,原由",这里指全经的开头语。下同。

⑮藏译本的四、五章相当于汉译三卷本的"四事品第三",第六章相当于汉译本的"譬喻品第四"前半部分。

⑯即后来正式发表的《关于初期汉译佛经的新思考》一文。

⑰大部分异文仅仅是流传过程中产生的个别文字的差异(有些是明显的形误或音讹),没有什么意义。

⑱冒号前为高丽藏本,后为宋元明三本。

⑲宋元明三本通常也用"泥洹",但出现了一处"涅槃"(918页校勘记21)。"涅槃"是后起的形式,详下文。

⑳他认为这是唯一一部能确认为是支谶所译的经。

㉑有一位匿名审稿专家指出:"佛经翻译的情况很复杂,作者……却将《道行般若经》作为支译标准语,其实支译的笔受情况只会比竺译更复杂更难以把握。"这种情况可能确实存在,但限于资料,把《道行般若经》作为支谶译经的标准语言是目前通行的做法,也是唯一可行的做法,除非我们放弃这类研究。

㉒括号中是出现的次数,只出现1次的则不注。下同。

㉓参看季琴(2004:85—86)"夜叉"条。

㉔参看季琴(2004:84)"涅槃"条。

㉕其中有1处宋元明三本作"般涅槃"。

㉖按,"男女"此义较早的用例见于《后汉书》、《三国志》及《三国志》裴注所引晋人著作等,参看蒋礼鸿《敦煌变文字义通释》(增补定本)"男女 女男"条,上海古籍出版社,1997年,26页。

㉗丁福保《佛学大辞典》"震越"条云:"(衣服)Civara,译曰卧具,又曰衣服。玄应音义三曰:'真越或作震越,此应卧具。'同十二曰:'震越梵言也,此译云衣服也。'"

㉘参看《中国佛教》第二辑"中国佛教人物·支娄迦谶"条,吕澂撰。

㉙《道》中有一处高丽藏本作"白佛":须菩提白佛:"愿乐欲闻。"(8/442c)但宋元明三本及宫内省图书寮本、圣语藏本均作"白佛言",显然是高丽藏本偶脱了"言"字。

㉚史光辉(2005)通过一些词语的比较,认为《伅真陀罗所问如来三昧经》不是支谶所译。

㉛一卷本中有3例"语":"佛告颰陀和:'今我故语汝如是。……'""佛言:'我故语诸菩萨,若有善男子善女人……'""佛告比丘、比丘尼、优婆塞、优婆夷:'我故语汝等,疾取是三昧,无得忘失。……'"都是对话中佛所说的话,与这里所讨论的叙述语不同。

㉜辛岛静志(2001:316)曾指出:"在《道行般若经》及它的异译里,支娄迦谶偏爱'谓',而其他译者一般不太用这个词,甚至在《大明度经》和鸠摩罗什译《小品》中这个意思的'谓'都几乎没有出现。一般说来《摩诃般若经钞》的译者袭用《道行般若经》的读法,但往往用别的词替换了'谓'。"可见多用这样的"谓"可能是支谶译经用语的一个特点。

㉝三卷本也用"晓",与支谶一致。

㉞许理和(1977/1987)曾指出:第二人称代词"尔"在佛经译文中完全没有出现是和'此'的极端少见同样使人费解的"。(中译本208页)不过三卷本中"此"并不少见。

㉟5例"恒中沙"集中出现在第五、六两卷中,其中卷五的一处圣语藏本作

"恒河沙"(8/453c16),卷六有两处宫内省图书寮本作"恒河沙"(8/455a23—24)。

参考文献

曹广顺、遇笑容(2000)从语言的角度看某些早期译经的翻译年代问题——以《旧杂譬喻经》为例,《汉语史研究集刊》第三辑,巴蜀书社,成都,2000,1—9页。

陈祥明(2006)从语言角度看《撰集百缘经》的译者及翻译年代,待刊。

储泰松(2002)"和尚"的语源及其形义的演变,《语言研究》第1期,武汉,83—90页。

方一新(2001)《大方便佛报恩经》语汇研究,《浙江大学学报》第5期,杭州,50—56页。

——(2003a)翻译佛经语料年代的语言学考察——以《大方便佛报恩经》为例,《古汉语研究》第3期,长沙,77—83页。

——(2003b)《兴起行经》翻译年代初探,《中国语言学报》第11期,商务印书馆,北京,276—284页。

方一新、高列过(2003)《分别功德论》翻译年代初探,《浙江大学学报》第5期,杭州,92—99页。

胡敕瑞(2005)中古汉语语料鉴别述要,《汉语史学报》第五辑,上海教育出版社,上海,270—279页。

慧 皎(梁)(1992)《高僧传》,汤用彤校注,中华书局,北京。

季 琴(2004)三国支谦译经词汇研究(第五章《撰集百缘经》的作者及成书年代考辨),浙江大学2004年博士论文,杭州,78—104页。

梁晓虹(1996)从语言上判定《旧杂譬喻经》非康僧会所译,《中国语文通讯》第40期,香港中文大学吴多泰中国语文研究中心;收入其《佛教与汉语词汇》,佛光文化事业有限公司,台北,2001年,133—147页。

刘保金(1997)《佛经解说辞典》,河南大学出版社,开封。

吕 澂(1981)《新编汉文大藏经目录》,齐鲁书社,济南。

任继愈主编(1981、1985)《中国佛教史》(第一、二卷),中国社会科学出版社,北京。

僧 祐(梁)(1995)《出三藏记集》,苏晋仁、萧炼子点校,中华书局,北京。

史光辉(2001)东汉佛经词汇研究,浙江大学博士论文,杭州。

——(2005)从语言角度判定《佛真陀罗所问如来三昧经》非支谶所译,《汉语史学报》第五辑,上海教育出版社,上海,280—286页。

汤用彤(1938)《汉魏两晋南北朝佛教史》,商务印书馆,上海。

王文颜(1993)《佛典重译经研究与考录》,文史哲出版社,台北。

辛岛静志(2001)《道行般若经》和"异译"的对比研究——《道行般若经》与异译

及梵本对比研究,《汉语史研究集刊》第四辑,巴蜀书社,成都,313—327页。
辛岛静志(2002)《道行般若经》和"异译"的对比研究——《道行般若经》中的难词,《汉语史研究集刊》第五辑,巴蜀书社,成都,199—212页。
—— (2006)《撰集百缘经》的译者问题,《汉语史学报》第六辑,上海教育出版社,上海,35—37页。
俞理明(1993)《佛经文献语言》,巴蜀书社,成都。
遇笑容、曹广顺(1998)也从语言上看《六度集经》与《旧杂譬喻经》的译者问题,《古汉语研究》第2期,长沙,4—7页。
中国佛教协会编(1982/1996)《中国佛教》(二),东方出版中心,上海。
保罗·哈里森(Paul Harrison)(1979/1990)《现在诸佛悉在前立三昧——藏译本〈般舟三昧经〉的英语译注》(*The Samadhi of Direct Encounter with the Buddhas of the Present : An Annotated English Translation of the Tibetan Version of the Pratyutpanna-Buddha-Sammukhavasthita-Samadhi-Sūtra*), A Thesis submitted for the Degree of Doctor of Philosophy in the Australian National University(原题: *The Pratyutpanna-Buddha-Sammukhavasthita-Samadhi-Sūtra : An Annotated English Translation of the Tibetan Version with Several Appendices*)/Tokyo: The International Institute for Buddhist Studies。
许理和(Erik Zürcher)(1959/1972/1998) *The Buddhist Conquest of China : The Spread and Adaptation of Buddhism in Early Medieval China*, E. J. Brill, Leiden, Netherlands, 1972.《佛教征服中国》,李四龙、裴勇等译,江苏人民出版社,南京,1998。
—— (1977/1987) Late Han Vernacular Elements in the Earliest Buddhist Translations, *Journal of the Chinese Teachers Association* XⅡ-3,1977.《最早的佛经译文中的晚汉口语成分》,蒋绍愚译,《语言学论丛》第十四辑,商务印书馆,北京,1987,210—211页。
—— (1991/2001) A New Look at the Earliest Chinese Buddhist Texts, *From Benares to Beijing : Essasys on Buddhism and Chinese Religion in Honour of Prof. Jan Yun-hua*, edited by Koichi Shinohara and Gregory Schopen, Oakville, Ontario: Mosaic Press, 1991.《关于初期汉译佛经的新思考》,顾满林译,《汉语史研究集刊》第四辑,巴蜀书社,成都,2001,286—312页。

(210093 南京,南京大学中文系 E-mail:wwihui@jlonline.com)

《老乞大》几种版本中"和"类词的使用情况*
——兼及《老乞大新释》的语言性质

赵 川 兵

提要 《老乞大新释》的语言性质一直备受关注,本文尝试从四种《老乞大》中"和"类词的使用特点并结合明清其他文献中"和"类词的使用情况来讨论《老乞大新释》的语言性质,说明其带有南方官话的色彩。

关键词 《老乞大新释》 "和"类词 南方官话

《老乞大新释》的语言性质一直备受关注,本文试图窥其一斑。

四种《老乞大》是朝鲜时代最重要的汉语口语教科书之一,对研究 14 世纪中叶至 18 世纪末期这四百多年间汉语的发展具有独特的价值。[①]从词汇史的角度看,四种《老乞大》对考察这四百年间的一些基本词的更替尤为珍贵。但个中情况复杂,并非全是新词替换旧词,"和"类词就是一个例外。[②]我们先用表一列出四种《老乞大》"和"类词的使用情况。

表一 四种《老乞大》"和"类词的使用情况

	原本老乞大	老乞大谚解	老乞大新释	重刊老乞大
与	1	1	10	8
和	10	10	0	2

从表一我们可以看出:四种《老乞大》在"和"类词使用上从《新释》(《老乞大新释》的简称,其他三种仿此,下文皆同)开始发生了根

---

* 本文写作得到了汪维辉师的指导,匿名审稿人亦提出了宝贵的修改意见,在此谨致谢忱。文中错误概由本人负责。

本的转变,之前是"和"的天下,之后"与"基本替换了"和"。我们用表二列出《谚解》和《新释》"和"、"与"对应情况。

表二 《谚解》跟《新释》"和"、"与"的对应情况

	和类词	直接替换	无对应	新增	合计
谚解	和	7	3[3]		10
新释	与	7		3	10

很明显,除了内容变动的部分外,"与"对"和"的替换基本上是直接替换,即对《谚解》中原句"和"的直接改动,如:

(1)你这马和布子到大都卖了时,却买些甚麽行货,回还高丽田地里卖去?(《原本》)

(2)你这马和布子到北京卖了时,却买些甚麽货物,回还高丽地面里卖去?(《谚解》)

(3)你这马与布,到北京卖了,却买些甚麽货物,回到朝鲜去卖呢?(《新释》)

《重刊》的语言比《新释》要保守,有些地方又回改成《谚解》的旧貌,有意思的是,在"和"类词的使用上,《重刊》与《新释》多数地方保持一致,约举例:

(4)马的价钱与布的价钱,同往常一样;人参价钱近来十分好。(《新释》)

(5)马的价钱与布的价钱往常一样,人参价钱近来十分好。(《重刊》)

有清一代北方方言无疑居于强势,但从《新释》和《重刊》中"和"类词的使用来看,北方方言中"和"强劲的发展势头在该二书中丝毫没得到反映,然而,早在12世纪的带有北方官话色彩的《刘知远诸宫调》中"和"便已雄居"和"类词的霸主地位。[4]《新释》、《重刊》在"和"类词使用上"开倒车"的现象(这里主要指改新词"和"为旧词"与"的现象)从历时的角度来解释恐怕不行,为便于说明这个问题,我们又考察了明清时期其他的一些文献,见表三。

表三　明清八种语料中"和"类词的使用情况

	元朝秘史				三遂平妖传				西游记				二拍			
	名词	动词	形容词	主谓	名词	动词	形容词	主谓	名词	动词	形容词	主谓	名词	动词	形容词	主谓
及	6				6	1			23	4			63	6		5
与	17				16	1			263	15	6	2	203	15	8	2
共					3				9		1					1
和					42				27	7			34			
同	3				2				13				33			

	红楼梦(前80回)				儒林外史				儿女英雄传				官场现形记			
	名词	动词	形容词	主谓	名词	动词	形容词	主谓	名词	动词	形容词	主谓	名词	动词	形容词	主谓
及	35	1			10								36			
与	67	3	3	1		4			4	4		1	2	10	2	
共	1									1	1					
和	189				141	2			257	1	1		3			
同	10				43				41				52			

(说明:《儿女英雄传》中"和"多以"合"的形式出现)

我们先来看看和《新释》时代相近的《红楼梦》(指前80回,下文不再说明)中"和"类词的使用情况。《红楼梦》中的"和"类词主要使用的是"与"跟"和"两个。从出现的频率来看,"和"高"与"低,从功能上比较,"与"强"和"弱,似乎到了《红楼梦》时代,在北方,"与"尚占据着"和"类词的一席之地。我们再来考察一下两者出现的语言环境。189例"和"出现在口语中的有108例,而口语中"与"的用例仅有8次,且明显仿古,如:

(6)宝玉擎茶笑道:"前儿所说的'幸与不幸'之事,我昼夜悬想,今日一闻呼唤即至。"(28回)

(7)贾母道:"六桥梅花香彻骨。"鸳鸯道:"剩得一张'六与幺'。"(40回)⑤

很显然:清初之前,在北方汉语中,"与"基本上被清理出了"和"类词,清末带有北京话色彩的《儿女英雄传》延续了这种趋势,不要说是口语,除了仿古外,就是在叙述语中"与"也已罕见。这样看来,《新释》用"与"替换"和"的现象所反映的应当不是北方话的特点,更不可能是北京话⑥,而是北方话以外某个方言区的口语情况,而且这种方言的地位不低。如果仅是偏于一隅毫无影响的弱势方言,学习汉语的朝鲜人是没有必要作这样的改动。我们将《新释》和稍前的《二拍》作个比较发现:二书中"与"无一例外地都占据了统治地位。一般认为《二拍》带有南方官话色彩⑦,如果确实如此,单从"和"类词的使用特点来看,《新释》的语言接近于南方官话。⑧那么南方官话中"与"的优势地位维持到何时呢?《官场现形记》提供了"与"引退的下限,在"和"类词最核心的功能连接名词性成分上《官场现形记》的"与"基本上完全丢失,这么看来,大概清末前后"与"在南方官话中已没有了地位。现代汉语方言中作为单音节词,"与"已不再使用,作为构词语素,南方某些地区仍然使用,如广州,"与"常以"与及"的形式出现,它们的作用等同于"和"。

随着"与"在南方官话中由盛而衰,"和"的地盘却不断地在扩大,同样具有江淮方言色彩的明清两部小说《西游记》、《儒林外史》很好地说明了这种现象。《西游记》中"和"难以跟"与"抗衡,到了《儒林外史》中,形势逆转,"和"超越"与",很显然,清中叶之前江淮方言中已是"和"的天下。这样看来,《新释》反映的亦不大可能是江淮方言的色彩。

那么明清之际南方官话的基础方言或是说主要通行地域究竟在哪里?意大利传教士利玛窦的《利玛窦中国札记》为我们提供了一条重要信息:1600年利玛窦再次由南京去北京,新来的庞迪我神父是他的助手,他们乘坐由一个姓刘(意大利文为 Leupusie)的太监率领的马船船队沿运河北上,到了山东省西北的临清,"负责远航队的太监被放走了,并得到允许不付税就离开这个港口……负责远航队的太监高高兴兴地乘船走了,并把他在南京买的一个男孩作为礼物留给了神父们。他说他送给他们这个男孩是因为他口齿清楚,可以教庞迪我神父纯粹的南京话"(391页)。如果在明代,南京话是有别于官话的一种方言,那庞迪我就没有必要,至少不值得花力气在一开始学中国话的时候就去学纯粹的南京话。⑨由此可知,南京话在明末仍有很高的地位,与南方官话关系紧密,即使到了19世纪中叶,南京话仍有很大的优势。《语言自迩集·第一版序言》:"他(埃德金斯)把官话划分为三个主要系统,南方官话(the Southern)、北方官话(the Northern)和西部官话(the Western),他以南京、北京和成都——四川省省会,分别代表各个官话系统的标准。他认为南京话(Nangking mandarin)在更大的范围被理解,尽管后者更为时髦。"(14页)显然,到了清末,北京话比南京话的优势只是在"时髦"上,同时 从"与"的强势来看,这跟中古金陵地区"与"的强势是一致的。以上这些情况可能是造成同南京临近的吴语区多用"与"的一个重要因素,也是《新释》的修订者改"和"为"与"的一个外在动力。

结 语

尽管《新释》中很多用词北方话中(如《红楼梦》)也常用,但我们并不能肯定南方官话区一定不用,所以我们不能单从《新释》和《红楼梦》的共同点出发去讨论《新释》的性质,而要找到真正体现其性质的用词。不过本文仅从一组基本词"和"类词的历史演变来讨论一部作品的语言性质,说服力尚嫌薄弱,这只能说是个尝试,尚需搞清更多组有特点的基本词的历时更替方能说明问题(据笔者初步调查,伴随介词"与"对"和"的替换也是值得深究的一组),同时我们可将语言本体研究和历史文献考证结合起来,本文也作了这方面的尝试。

附 注

①详细情况参看汪维辉(2005)《朝鲜时代汉语教科书丛刊》解题部分。
②我们把连词中连接结构或类别相似的并列成分、表平等联合关系的一个小类称作"和类词"。(参看《现代汉语八百词》"和"字条的解释,265页)上古主要有"及、与、并"几个,中古新生了"共、将",近代汉语阶段又出现了"和、同、跟、连"等几个。近代汉语阶段最为常用的是"和"、"与"两个。

③1例《新释》中无任何此对应词,1例改变了句法,1例被"併(并)"取代,"併(并)"在4种《老乞大》中用例很少,本文不作单独统计。

④太田辰夫称《刘知远诸宫调》为"同时资料",它的语料价值不容置疑。在《刘知远诸宫调》中,"和"13例,可连接名词、动词、形容词,"与"不见使用。(还有一个"共",不过不论是在使用频率还是功能上都无法跟"和"匹敌。)

⑤在程乙本里头这里的"与"是写作"合"的,"合"即是"和",这也能说明"与"在口语中的实际地位可能比字面上反映的要低。

⑥北京话是金元以来的强势方言,它何时取得官话资格目前尚难确定,据目前所知,这一时间大致在19世纪中叶前后。《语言自迩集·第一版序言》:"可他(埃德金斯)又承认'那些想说帝国宫廷语言的人一定要学习北京话,而净化了它的土音的北京话,就是公认的"帝国官话"'"。据此我们只能说北京话取得了官话资格,至于通行的范围如何尚难肯定,因为"他(埃德金斯)认为南京官话(Nanking mandarin)在更大的范围被理解",而北京话只是"更为时髦"。(14页)

⑦像《二拍》、《官场现形记》等同样带有明显吴语色彩的文献在"和类词"的使用上多选用南方官话的用词(前者多用"与",后者多用"同"),并不是说吴语中没有别的更口语化的词,这一点从《山歌》、《海上花列传》等更具有吴语口语特色的明清文献中可得到证明。在《山歌》、《海上花列传》里头口语中较为常见的"和类词"是"搭",可能"搭"过于土、俗,故上述文献不用,这种说法从现在的苏州话也可得到证明,在苏州话中"搭"仍是个十分口语化的词。成书于明末的《利玛窦中国札记》也说了类似的问题:"在风格和结构上,他们(指明末)的书面语言与日常生活中所用的语言差别很大,没有一本书是用口语写成的。一个作家用接近口语的体裁写书,将被认为是把他自己和他的书置于普通百姓的水平。"(27页)

⑧地域分布差异明显是"和类词"的一个重要特点,我们以"与"为例来说明。"与"的地域特色在汉语中由来已久,先看上古的情况,以《睡虎地秦简》和《包山楚简》为例。"初步调查表明,秦简(《睡虎地秦简》)和楚简(《包山楚简》)并列连词使用情况完全相反,秦简用'及',楚简用'与',例外极少。"(大西克也1998)笔者也调查了《论语》、《孟子》等上古文献中"和类词"的使用情况,得出的结论和大西克也一致:六国多用"与","及"少用。中古以南朝刘宋的《世说新语》和北魏的《齐民要术》为例。《世说新语》中"与"23例,"及"17例,"与"有连接形容词用例,"及"没有;《齐民要术》中"与"14例,"及"有其8倍之多,共113例,在连接形容词用例上,与《世说新语》截然相反,"及"有"与"没有。鲁国尧《颜之推谜题及其半解》(上)云:"到了南北朝后期,即梁与北齐、北周鼎峙时,中国已形成了两个通语,黄河流域以洛阳话为标准,而江淮地区则以金陵话为标准。"这说明南北双方的基础方言是不同的,从"及"、"与"的个案来看,南北双方在常用词的使用上亦是各自有别,金陵地区多用"与"。近代汉语阶段"与"仍

是如此,且有向南方方言区扩展的势头,五代带有南方方言色彩的《祖堂集》中"与"在功能上已超出"及",但北方的情况截然不同,基本是"和"的天下,如文中提到的《刘知远诸宫调》。

⑨上述文字可参看鲁国尧(1985)《明代官话及其基础方言问题——读〈利玛窦中国札记〉》,引文部分笔者据《利玛窦中国札记》(何高济、王遵仲、李申译,何兆武校)作了改动。

参考文献

郭锡良主编(1998)《古汉语语法论集》,语文出版社,北京。

蒋绍愚(1994/2005)《近代汉语研究概要》(原名《近代汉语研究概况》),北京大学出版社,北京。

李　荣主编(2002)《现代汉语方言大词典》(6卷本),江苏教育出版社,南京。

鲁国尧(1985)《明代官话及其基础方言问题——读〈利玛窦中国札记〉》,南京大学学报(哲学社会科学)第4期,南京。

——(2002)"颜之推谜题"及其半解(上),《中国语文》第6期,北京。

吕叔湘(主编)(1999)《现代汉语八百词》(增订本),商务印书馆,北京。

汪维辉(2005a)《〈老乞大〉诸版本所反映的基本词历时更替》,《中国语文》第6期,北京。

——(2005b)《朝鲜时代汉语教科书丛刊》(全4册),中华书局,北京。

威妥玛著,张卫东译(2002)《语言自迩集——19世纪中期的北京话》,北京大学出版社,北京。

(210093　南京,南京大学中国语言文学系　E-mail:pitaca@126.com)

《马氏文通》研究在新世纪的新成果
——宋绍年《〈马氏文通〉研究》研究

孙 良 明

改革、开放迎来科学的春天,《马氏文通》这部百年前出版的著作研究也出现了空前的蓬勃、繁荣。其成果除单篇文章外,专著有吕叔湘、王海棻《马氏文通读本》(1986;2000 重印),张万起《马氏文通研究资料》(1987),王海棻《马氏文通与中国语法学》(1991),蒋文野《马氏文通论集》(1995)。1998 年是《马氏文通》出版一百周年,江苏省语言学会在马氏故乡丹徒(归属镇江市)召开有全国语言学家参加的"纪念《马氏文通》出版一百年周研讨会",编辑出版纪念专集、该学会会刊《语言学集刊》(第七揖,2000);《中国语文》开设"纪念《马氏文通》发表 100 周年"专栏,编辑出版《马氏文通与汉语语法学》(2000年)。

前贤发微,后学转精。宋绍年先生的《〈马氏文通〉研究》(北京大学出版社,2004.11)是在继承前人《文通》研究成就的基础上在新世纪的新成果:该书语料新,视角新,观点新,分析新,写法新。具体说来有下列几个方面。

一 从广阔的社会历史文化背景论说马氏其人、其书

本书分上下两编,上编"马建忠——中国近现代知识分子的先驱",以新的翔实语料说明马氏是"放眼世界的爱国思想家""维护民族利益的外交家""学贯中西的学者"。指出马氏所处的 19 世纪后半

叶,世界风云激荡,中国"多次几乎遭受灭顶之灾";以马氏为代表的中国知识分子的先驱,"肩负起了引领中国的航船冲破中世纪迷雾,驶向现代化彼岸的历史使命"。马氏以55岁的短暂生命,倾注全力为此奋斗。其学术著作《马氏文通》充满了对国家、对民族深切的人文关怀,"是中国传统文化向现代转变征途上的一个里程碑"。《文通》不仅构建了第一个完整的汉语语法系统,也开辟了汉语言学现代化研究的大门。

本书下编"《文通》——中国现代语言学的奠基之作",首章(全书第四章)指出,《文通》的理论基础,不单纯是传统认为的印欧语葛郎玛,而且有内含更为深刻的普通语言学理论——普遍唯理语法。据信实语料说明马建忠在巴黎阅读了不少语言学著作,"对马氏影响最大"的就是普遍唯理语法。此理论所创立的语言共性理论及其所揭示的人类语言的共同规律,为马氏"提供了观察汉语的新的视角和分析汉语的有力工具"。这样使得马氏认识到"各国皆有本国之葛郎玛,大旨相似;所异者,音韵与字形耳"。著述《文通》一书能够"因西文已有之规矩,于经籍中求其所同所不同,曲征繁引以确知华文义理之所在"。

二 提出学习《文通》方法

《文通》是汉语语法学的"经典",为研究汉语语法学必读之书;但囿于体系、术语、章次、文风等特点,《文通》又是一部难能读懂、读透的书。作者提出了学习《文通》的方法:抓纲挈领、明确概念、贯通全书、细审例证。

《文通》全书十卷,"论句读"位末篇十;篇幅约占全书百分之十三。本书下编介绍、解析《文通》,首章是"《文通》的理论基础";第二章就是"《文通》句读研究",指出:句读理论"是《文通》的核心","是统摄各部分的关键"(68)。又明确指出"论句读"卷前的"导语"是对全书各卷的内容作出的概括,"字类八卷实际上都是为句读理论服务的"(68);这个"导语"可以作为"阅读《文通》全书的指导线索"(69)。句读论是《文通》"核心""统摄各部分的关键",这就说明作者介绍《文通》将句读研究列为第二、仅次于理论基础研究的原因。

作者非常注意解析清楚、明白《文通》术语概念的内涵与外延,并注意跟现今通用语法体系对照。《文通》的"次",过去均沿用马氏自己的定义,解为名、代字在句读中的"词序之位";本书解为名、代字"在句法结构中的位置和分布"(70),这比笼统地说"词序之位"就明确多了。指出:偏次和正次是用来"分析名词性偏正结构",偏次相当今说的定语,不限于名、代字,也有静字、读(71)。《文通》的状字概念有"狭义和广之分":广义的状字"相当于状语";狭义的状字包括"状态形容词、副词以及一部分时间名词和处所名词"(117)。马氏的句和读"有严格的区别"(260),读"实际上指非叙述性谓语核心位置上的各类谓词性句法结构"(75),句"除了包括一般的简单句外,主要指与读相对立的复杂句的句法核心"(81)。又特别指出,读和散动"本质上是指指称化了的谓词性成分"(103);二者"没有实质性的差别",具有"同等价值"(195)。读的定义包括起词和语词,但实际上"这个结构有没有起词并不重要"(286);散动词除了已为人们认可的相当英文法的动词不定式、分词、动名词外,"还包括英文法中从句里的动词"(189)。《文通》中三个极其重要术语"句""读""散动"概念的内涵、外延及其相互关系讲清楚了。

作者指出:"研读《文通》必须通观全书,各部分相互比较印证……"(100)。指名代词的"其",应该"在指示代字里讲"(91);接读代字"其",应该"移入指名代字"(97)。把"有""无"归入指代字只是一种"权宜之计",归入同动字中才是马氏的"本意"(93)。卷三"三之五"的象静司词的处所用法从语法性质来看应该跟"三之八"论比合并(110);象静司词的意动、对动用法例应该跟动字假借"有假借静字为动字者"合并(112)。动字卷总论说:"外动行之及于外者,不止一端。"(138)马氏所说的止词与(双宾语之一的)转词,当是两"端"。至于充当状语的名词成分是否是"端"马氏未明显谈及,可另外有"三处"名词作状语的论述与"端"的概念有关(138);宾次节认为"作状语的名词属于宾次"(138);介字节谈"之"字用法"把作状语的名词同前置宾语作了类比"(139);内动字节"把名词作止词、转词同作状语并提"(139)。马氏实际上是将名词作状语看为转词,是"外动行之及"的一"端"。

作者指出:"读《文通》切忌只注意其论述部分,推敲《文通》的举例及其分析会使我们得到很多启发。"(164)《文通》的例句是一座宝贵的语料库,我们在研读《文通》时要注意发掘"。(179)事实确切如此;某些句法规则、句式特点的说明和虚词用法的分析不存在于"论述部分"而蕴藏在据统计有 7326 个例句的"语料库"中。马氏分析"不尔""果尔"两例是"两字为读";从而看出《文通》的读不一定具备起词(286)。从马氏所列读的例中有"彼贤人之用天下也……",说明《文通》的起词"非专指施事",也可以是受事(209)。马氏分析例句"不有废也""以君之灵,不有宁也"说;"不有"在句首,"解若'若无'之意";"不有"二字非在句首,"则无'若无'口气矣"。对此指出:"马氏的语感以及对语言现象观察的深度令人钦佩。"(174)马氏分析"吾斯之未能信"变换为"吾未之能信"两前置宾语例说"文义虽同,而辞气迥异";指出:马氏的观察相当准确,"代词复指宾语前置,具有强调宾语的作用,包含较强的修辞意味;而否定句代词宾语前置更像是早期上古汉语句法本身的要求"(147)。又如《文通》辨别了"归心焉""归心矣"例中"焉""矣"用法的差异,指出:"马氏的分析很精辟,在比较中阐发了两个助字的不同的特点。"(290)

三 阐述《文通》所分析、表现的汉语语法规则和特点

《文通》一书除共认是模仿印欧语语法体系外,注意"华文所独"也为共识;如提出"助字",指出语句可无起词(卷十、象一、系一)、可有话题(非施事)起词(同上系七)。本书作者则在继承前人指出的马氏发现的诸汉语语法特点如疑问代词宾语前置、"吾""我"区别说明是马氏对古汉语研究的一大贡献(93)、两字用法确实"不尽相同"(89)外,还从更高视野、更深层次、更广范围挖掘、阐述《文通》所分析、表现的汉语语法规则和特点。

作者指出:马氏"掌握住了汉语的本质特点","构建了我国第一个完整的汉语语法系统"(69);这个系统"以句法为核心"(69),句法"以语序为核心"(85)。马氏对汉语语序有精确论述;说:"盖句读所集之字,各有定位,不可易也","凡起词必先乎语词,语词而为外动者,则止词后焉","语词而为表词也者,亦必后乎起词","凡状词必先其所状"(85)。

作者指出:马氏的研究是依据语法学学理的"创新",不是"模仿"、套用。根据马氏对"然而""然则""然且"等"然……"结构形成的"全面、细致、深入和准确的分析",指出:"绝不能再说《文通》仅仅是一部模仿之作,《文通》确实是一部深深植根于语法学学理的伟大著作。"(259)根据马氏所说"动静两类字,古人于遣词造句,视同一律,并无偏重也",指出马氏认识到"在汉语里,形容词和动词同属谓词";并说"这不是单纯的模仿,而是掌握了语法学的精髓,在汉语语法研究中的创新"(241)。针对马氏关于介字以及"之"字归入介字的论述,指出:"在介字问题上,马氏并不是机械地模仿拉丁语法或印欧语法,而是在透彻地了解对方基础上,模仿中有调整、有创新。百年前的汉语语法研究达到了如此的深度,实属难能可贵。""实""虚""名"

"动""助"诸"字"之名,是马氏继承中国传统语文学,加以改造而取;"介字问题上可以说马氏无所依傍,是完全意义上的创新"(204)。

作者指出:马氏对西方语法学是灵活的"移植"与"借鉴",用以分析汉语语法结构。马氏"紧紧抓住汉语谓词无形态变化的特点,深入研究了汉语谓词性成分可以较自由地充任各种句法成分这一现象",创立"读"的名称及其概念;"'读'概念的建立对分析结构繁复的汉语句子是非常必要的,它是引进西方学理论研究汉语的成功范例,可以说是对西方语言学的成功移植、运用或曰拿来"(76)。马氏提出"动字连书";说"一句一读之内,有二三动字连书者,其首先者,乃记起词之行,名之曰'坐动';其后动字,所以承坐动之行者,谓之散动"。马氏关于"动字连书"的论述"抓住了汉语的特点";"动字连书"后人称之为"动词连用","汉语语法的一系列演变都是由此产生,马氏是提出这一问题并研究这一问题的第一人"(188)。马氏"借鉴西方语法学,创立了汉语语法学'坐动'和'散动'这对概念。它的意义十分重大,可以说,正是这对概念提供了构建汉语句法系统的基础"。(189)

作者指出:马氏认识到古代汉语不同于现代汉语的语法特点。据马氏所说"秀外而惠中"的"外""中"为象静司词而非止词(110),从而提出"不能根据现代汉语的语法系统来建立古汉语的语法系统";应当承认"古代汉语名词性成分作补语的现象存在"(110)而不能视作宾语。根据马氏对于转词记"所在之处"的处理,指出"在古代汉语里确实存在单个体词成分作转词(补语)的事实,而不能简单套用现代汉语的语法体系,把动字后的体词成分一律处理为宾语"(162)。又指出"不同时代的汉语的词类系统是不完全相同的";马氏将滋静字(数词)归入形容词是"很有见地"。"在上古汉语里,作谓语是数词的基本语法功能之一","中古以后数词一般不再单独作谓语"(107)。作者特别"注意"马氏对"使动""意动""为动"跟"受动""重合"的认识:"信齐沮"马氏分析是"使齐沮见信"(167);"楚不国矣"(太子)建可室矣",马氏解读是"楚就不再被认为是国家了""(太子)建可以(被大王您允许)为他娶妻了"(181、182)。作者认为这是马氏分析"透露出来的对汉语观察的闪光点"(168);"我们应该以马氏的解读和分析中汲取合理的东西,进一步丰富古代汉语语法的动词理论"(182)。

四 揭示《文通》所蕴含、显示的现代语法观点和分析方法

作者指出,"在《文通》的许多论述里确实不乏可贵的现代性"(101),马氏有"全方位观察语言的眼光"(217);读经典的意义之一,就是要"充分发掘经典的现代意义","从中汲取启示和灵感"(145)。

作者指出:马氏"掌握了语法学的精神""以自己的汉语语法研究实践同传统训诂学的研究方法划清了界限"(178、208);"马氏有鲜明的语言学意识,他超越了训诂学,进入语法学领域"(236)。马氏多处纠正了"经生家"混淆虚字用法的解释,如"勿、毋、无"(131)、"以、与"(230)、"也、矣"(285)、"与、也、乎"(291)等。马氏用很大篇幅"批评高邮王氏关于'焉始'两字的连读";"王氏的问题就在于用训诂学方法去解决语法学的问题"(289)。马氏对同处于句末的助字"也"和"矣"用法差异的说明,表现出"精湛的语法分析和深刻的语法学意识","令人赞叹"(281)。

作者指出:"《文通》历来备受批评的一点就是缺乏历史观点,忽视语言的发展;其实这是一种误读和误解",这有马氏说明"然可"犹云"然后可"为"唐人公文语"可证(176)。马氏"对语言的观察有敏锐的历史眼光""感受到了汉语的语气词在周秦以后有了很大变化"(307)。《文通》说明《史记》用"始"字,与左氏用"初"字、《汉书》用"前"字同;表现出"马氏已经在用历时的眼光观察语言演变的问题了"(128)。《文通》还揭示出一部分连字是来源于动字(180)和转捩连字"然"语法化的语义基础和形式标记(258)。

关于词类划分,作者指出马氏已树立三个观念:一、分布和位置观念,二、同一性观念,三、指称和陈述转化观念;"认为《文通》完全根据意义划分词类是不妥当的"(130)。马氏"具有初步的语法分布观

念"(130),"有很强的语法位置意识"(239);马氏认识到"不"有时等于动词"无","以其先乎名字故"(130);"盖"在句中是状字,在句首是连字(239);"'甚'字本状字也,以煞句读,则用如静字而为表词矣"(120)。"《文通》分析了一字两词现象",比较"攻乎异端"和"攻城"中"攻"字的差别:前"攻"是内动字,治理义,下由"乎"引起转词;后"攻"是外动字,攻击义,下带止词。"《文通》的论述很有意义,涉及到语法单位的同一性问题"(163)。马氏"已经领悟到了在汉语里指称和陈述间的转化是比较自由的,并且试图去发掘其中的规律"(105):谈论马氏陈述转化指称所列例证有"贵贵""尊贤"和"心之精微""言之微眇""天之苍苍"。前两例后"贵"和"贤"发生了转指,指贵者、贤者,已经名词化;"精微""微眇""苍苍"仍属谓词性成分,但已指称化,不过未发生转指只是自指名物化(87)。马氏所列充任主宾语成分的"读"和"散动","本质上是指称化了谓语性成分,它们已经不是典型的陈述,而转变为指称"(103);但指称化"是否转变成了名词性成分,要看它指称化的程度"(76)。

作者指出:马氏语法分析重视语义以及语义特征跟句式特点的关系。马氏依据语义指向区别内动与外动,说"凡外动字概有止词而其意始伸,以其行之必及乎外也;内动字皆无止词,以其行不通乎外也"(137)。马氏意识到状态形容词和副词的区别,即使都在状语位置上,"表达的语义也不相同"(123)。马氏列出大量名字作状语例句,归纳其语义类型可有时间、方位、缘由、工具、依据、比喻等(121)。马氏分析"吾于武成取二三策而已矣",认为"于十司词""于武成"也可位"取二三册"之后,但位前、位后"在表达语义上是很不相同的"(213);而"引介施事和引介比较对象"的"于十司词"只能位谓语后(214),"与起词同发"的"与十司词"只能位动字前(166)。马氏认为"善为不龟手之药"跟"新发于硎"结构不同,"前者是象静字(善)带司词,后者是象静字(新)假借为状字修饰动字";原因是"善""新"意义实、虚程度不同(112)。说明"'类'字后如系名字,可介'于'字;若(为)静字、若(为)读,介以'于'字则不顺也"(175)。

作者指出：马氏有"企图揭示表层结构与深层语义之间关系的追求"(145);《文通》表现出深层语义成分"施事""受事"概念并跟表层句法成分起词、止词对应(137)。马氏具备了转换思想因素,说明转词可转换为止词,止词可转换为转词(145)。马氏发现同一句法中,《史记》有用不用"于"字以及《史记》用"于"而《汉书》删去的现象;"揭示了在共时平面上二者之间的转换关系"(161)。马氏通过"事其大夫之贤者""告夫三子者""如棠观鱼者"跟"事其邦大夫之贤者""其告诸所称三子者""如棠以观渔人"句式变换,说明"者"是代词而非句末助词(305)。

作者指出：马氏具有层次观念并认识到同形结构。马氏分析了助字三合助一句,例有"泰伯可谓至德也已矣",说"'也'贴'至德',而'已矣'两字……仍谓之双合助字可也";"也已矣"层次分析"准确"(304)。马氏分析"天将降大任于是人也"结构说："'降',外动字,'大任'其止词也。而'是人'则'降大任'之所归也,故以'于'字介焉。"这种分析"鞭辟入里,同今人的层次分析完全相合。"(212)马氏分析了"动+而+动""动+而+(动+之)""(动+止词)+而+(动+止词)"一系列"而"字的分布,提出切分层次的名称"截",并认为"'截'有层级性","截"下有"截"(242)。马氏分析转词起"缘起之故"例"原庙起以複道故",说："'複道'记'原庙'缘起之故,故介'以'字。"此例从"原庙起"切分,三字作主语也通;这样"以複道故"就是谓语、"以"为动词了。马氏是从"原庙"切分,两字作主语;可见马氏分析结构是以层次切分为基础的(166)。马氏认为"有以国斃"和"有以异"是不同的结构："有以国斃"的"有以"二字不连,"没有直接的语法关系","以国斃"作为整体受"有"修饰;"有以异"的"以"兼有连字作用,"连接两项谓词性成分"(172)。马氏分析了同形结构"已矣"："赐也,始可与言诗已矣"中的"已矣"是双合助字;"……吾弗能已矣"中的"已矣"非双合助字,"'已'动字,解止息也",句意是"弗能止矣"(304)。

五　说明《文通》跟当今语法分析现实的联系

作者说,"重读经典的意义之一就是要建立现实与历史的联系"(145),"应该着重理解前人和今人之间的联系"(199)。

作者指出今人的分析在诸多问题上是对《文通》的继承。"在中国语言学史上,是《文通》首先提出了'施事''受事'的概念,并以施事对应起词,以受事对应止词。"马氏"通过起词,止词与动字的联系去认识动字"而分同动字、无属动字、外动字、内动字的;我们今天正是沿着马氏开辟的"把作为句子核心的动词同受控于动词的其他成分结合起来""这样一条研究的道路","取得了丰硕成果"(136、137)。"马氏假借静字、动字、状字为名字的观点,""正是百多年来汉语研究中挥之不去的'名物化'理论的最初源头",马氏"是发现汉语中陈述可以转化指称的第一人"(88);"20世纪80年代中期,指称与陈述相互转化的理论观点被提出并迅速发展",是马氏"提供了'指称与陈述转化'理论的基础"(105、106)。今人在这个理论问题上"达到的高度""正是在马氏构建的基础上不断攀登的结果"(103)。《文通》关于"转词可先于止词,并且不用介字"的观点,"至今我们对这类语言现象的认识与处理仍基本沿袭",只是"说法改成了动词带双宾语"(140)。"马氏对'者'字结构语法功能的论述","基本上被今人全面继承"(104)。"《文通》把条件标记词全部归入连字",后人极少对此提出疑义,直到现代汉语主流的语法系统仍然沿袭这一传统(263)。

作者指出今人研究对《文通》的"继承""沿袭",又指出今人未注意《文通》的"闪光"分析而较之"落后"。马氏已认识到"动词带有使动意的受动用法",后人"在西方语法理论的影响下只注意汉语主动用法与被动用法的对立,而忽视了马氏上述分析透露出来的对汉语观察的闪光点","抛弃了这种分析"(168)。《文通》对特指代字的论述"实际上已经包含了一部分谓词性代词","《文通》以后的一些研究者从英语的传统语法出发,坚持代词指名的定义,这无疑比马氏后退了许多"(92)。马氏"明确区分指名代字'其'和接读代字'其',认为两个'其'不具有同一性,这一理论观点至今还没有引起足够的重视"(100)。《文通》的句子分析具有"层次观念","首先是起词、语词两分",对起词之后的谓词性成分"看做一个整体","把宾语、状语、补语都包含在谓语中";"这比起后来有些语法著作不分层次地排列'句子成分'的做法也要好得多"(74)。

作者指出《文通》也给后人提出继续研究的课题。马氏说"'何'字合'也''哉''者'诸字为助"("何也""何哉""何者"),但马氏又说"'者也''者矣'……皆为接读代字,而不能以助字目之";这就说明"为助"的"诸字"不应理解为"都是助字"。"一百多年过去了,我们对于《文通》还没有做到彻底的理解,我们应当努力"(306)。马氏"对动字相连和动字相承作出了明确的区分";"一百年过去了,在今天的古汉语语法研究中,'动字+动字'在什么条件下是述宾结构或谓词性偏正结构(基本对应马氏的"坐动+散动"),什么条件下是连谓结构或联合结构(即马氏之"两动字意平而不相承者"),我们还不能给出一个圆满答案"(201)。马氏区分转词"记行之处"(记行为的处所)和"记行之效所归"(记行为的对象);但是这两类转词"不易分辨清楚"。"要彻底分化这两种转词,就必须给不同语义特征的动词找出明确的形式标志,真正建立起动词的小类;目前的古汉语语法研究还远未做到这一点,我们还必须为此作出努力。"(164)马氏"用一种通达的眼光"看待"偏之正""主之谓""宾之述"组合,"把它们都放在介字'之'的项目下来讨论";这一做法启发我们思考"是否可以对'偏之正''主之谓''宾之述'三种结构作出更高层次上的概括"(211)。

六 历史地、辩证地看待《文通》的缺陷和失误

《文通》是百年前的著作,按现在的语法科学标准要求,会指出其缺陷、失误多多;但作者不是简单的一味批评,而是以高出一般的眼光,历史地、辩证地看待、分析。一方面指出是由于开创初期、汉语语

法复杂,"不可苛求";一方面从马氏的缺陷、失误中发觉其"合理""有意义"成分。

作者指出:马氏"具有一定的语言层次观念……但书中有些地方又显出了层次观念模糊;这也是汉语语法学开创阶段不可避免的现象"(95)。马氏说"也"字既可助句,也可"助实字";例句分析也有误;"这种前后不一致的疏漏在草创汉语语法系统的时期大概是难以避免的"(276)。马氏一处讲"所字常位读领",一处又讲"所字常位领读";二说是矛盾的。不过在这个问题上"至今仍存在不同意见","可见问题的复杂性";"马氏的缺失在汉语语法的开创阶段是不可避免的"(78)。马氏列举的内动字例也有形容词;"汉语的不及物动词和形容词的界限不是十分清楚,容易混淆,故马氏有此之误"(138)。马氏"意识到字类研究的前提是同一性研究";但是通观《文通》全书,"这个问题解决得并不好。""直到今天,古汉语语法研究仍时时受到同一性问题的干扰;可见解决这个问题并不容易,我们不应该苛求于马氏"(185)。马氏"把散动看做名字不妥,散动只是指称化(自指化)的动词性成分,并没有名词化"。《文通》对散动的论述已经对汉语语法学贡献良多,"我们不应苛求于马氏"(207)。

作者指出:"《文通》的语义分析虽然还有欠缺,但语义分析本身是十分必要的;马氏的语义分析实践也是有意义的。"(216)马氏把"微"字归入介字不妥;"微"否定的是判断句的名词谓语,它的性质同状字。但马氏"把'微'归入介字比归入连字要合理"(233)。今人一般认为古汉语的谓语有三类;即"动词谓语、形容词谓语、名词谓语"。马氏"把形容词谓语和名词谓语放在一起观察",这是"模仿泰西语法";但"的确也抓住了形容词谓语和名词谓语的共同点"。"我们完全可以不接受《文通》谓语二分的结论",可"应该清楚地把握马氏观察问题的视觉和对古代汉语细腻的体验"(114)。学者对马氏分析"使之逐鱼盐商贾之利"中的"之"为"承读起词",多有批评;认为混淆了承读起词和兼语成分的界限。"其实,后代'兼语式'的提出正是建立在马氏此项分析的基础之上";《文通》"把'使'字提出单论","指出了'使''令'诸字的特点,奠定了建立兼语动词小类的基础"(198)。马氏说:"执(而)不言所于地"为什么用"所"不用"之",是因为"'之'字惟用于宾次,而'于'字所司概非宾次"。《文通》的解释"不能成立";本质原因在于"主之谓"组合里,"'之'只能使谓词性成分自指化,而不能使之转指化"。"尽管我们不同意马氏的解释,但马氏提出的问题本身已经表明,他对汉语语法的研究已经不仅仅局限于对语言现象的描写与归纳,而且开始进入了对语法规律的解释"(219)。

七 提示一般语法研究的基础方法

作者发现、展示出了马氏语法研究的基础方法,即:语料第一,重视语感,细致观察。

作者指出:《文通》说"之"复指的宾语前置出现在否定句和疑问句里,但"马氏的举例同结论"有不完全配合之处;这反映了马氏"认为语言事实是第一位的,而不屑按照自己既定的结论去剪裁语言事实的优良学风"(148)。马氏"对特指代词的具体论述已经超出了他自己关于代字'指名'的定义,实际上已经包含了一部分谓词性的代词";这表现出了马氏"从语言事实出发,没有歪曲语言事实以适应语法教条的毛病"(92)。马氏说"有""无"两字用以决事之有无,"惟有止词而无起词";但举了有起词的例句如"枉己者未有能直人者也";这说明马氏"不怕暴露理论上的矛盾"(173)。马氏解释"动+止词+以+名"格式说,止词"概为代字";用"以"引介的转词"长于止词"。但举的例句有"杀人以梃与刃""夫大块载我以形,劳我以生……",前例止词是名字而非代字,后例转词并未长于止词;这说明马氏"不隐瞒与自己的解释相反的例句","值得学习"(221)。

作者指出:马氏说"不有"在句首有"若无"口气,非在句首则无;马氏的"语感","令人钦佩"(174)。马氏分析《左传》"鲁虽无与立,必有与毙"说等于"鲁虽无人与立,必有人与毙",意思是"鲁国没有人干什么,但却有人干什么";"马氏的语感是正确的"(171)。马氏分析

"民之不能忘也""此以没世不忘也"说前者"是一个叙述",后者"只能是一个判断";"马氏的语感很准确"(222)。马氏分析"不有博弈者乎,为之犹贤乎已"中"乎已",说两字非助字,"一为介字","一为动字",等于说"其为博弈也,犹贤于其闲居而无所为";"马氏的语感和对句子分析都是准确的"(306)。

作者指出:《文通》评论了"之、其、此、是……"的语法功能。马氏"观察细致入微","是、此"二字确有不可互易之处;"凡提前文事理,不必历陈于前,而为心中可意者,即以是字指之;前文事物有形可迹,且为近而而指者,为此字指之。"(91)马氏说有时重复名词可起到逐指作用,例如"封三子为侯,侯千三百户";"这一观察也是很细致的"(92)。词义相对的两个象静(如大小、轻重)共同修饰单音节名字、"率参'之'字";修饰双音节名字,"概无参焉"。举例有"通古今学,有文武长材",分析说"古今""文武"皆对待字;一附单名,一附双名;皆无"之"字,是"是两句平列,故一之";马氏"观察是很准确的"(108)。"而"字的用法说,"'而'字后状以'方''适'等字,书不概见,状以'后'字者,则不胜书矣";马氏"观察是准确的"(251)。

作者发现、展示出的马氏研究的基础方法,也是一般语法研究的基础方法。首先,语料第一,广泛搜集例句;不能为了适应"既定结论"和"语法教条"而回避或不顾语言事实。其次,重视语感;感悟自然语言背后所能有的某种规律现象。再其次,仔细观察;探究语言现象所可能反映的语法规律。这三点,可以说是从实践到认识、从感性到理性的认识论规律在语法研究上的表现。

以上从七个方面论说本书是《马氏文通》研究在新世纪的新成果;与之俱来的需要谈谈本书表现出来的作者的治学精神与学业素养值得学习(特别是对青年同行来说)的几点。一是谦虚:"有以"结构,马氏认为"以"是介词,今人可认为"以"是连词。两种分析"似乎都可以成立";"哪一种分析更符合汉语实际","不作评论"(171)。连接谓词性成分归入连字,连接名词性成分归入介字;指出"这一观念显然不是来自英语",英语的等立连词完全可以连接名词性成分。"马氏所本何自","由于水平所限,不得而知"(256)。又特别明确表示:"我们不能凭借站在前人肩膀上取得的成就去否定前人。"(199)二是潜心、精心攻读:这突出表现在对《文通》全书7326个例句逐个审查;评析所列每一例及其结构分析的正误。转捩连字"第、但、独、将、惟"一节,列例15,马氏说"统观五字,皆承上文";指出例有"一处不当":《史记·陈涉世家》"公等遇雨……藉第令勿斩……"中"藉第令"为一个整体,不是"承上文",而是用于"起下文"(260)。散动用如起词,列例15,其中一例"六鹢退飞,记见也";指出"'六鹢退飞'是一个标准的读"(191)。状字"甚","煞句读,则用如静字而为表词",列例8。马氏分析"丞相言灌夫家在颍川横甚"一例结构是:"灌夫家在颍川横"为起词、"甚"为表词;指出分析"有失误","'甚'字只是'横'的表词"(121)。介字"之"字用于代字、名字之间,列例有"如是甚""若是其贤""若是其几";指出"这一结构的论述应该单列一项,不应与'代字+之+名字'格式混在一起"(207)。三是深厚的学业素养与功底:通晓现代汉语、古代汉语语法及其研究历史和现状,并掌握现代语法理论、分析方法。本书能阐述《文通》所分析、表现的汉语语法规则和特点,能揭示《文通》蕴含、显示的现代语法观点和方法,以及能说明《文通》跟当今语法分析现实的联系,根本原因在于作者有这些方面深厚的素养与功底。四是高度悟性:对自然语言内部所蕴含的规律能够自觉认识与察悟,在一般中发觉有非一般,在成说中看出有疑点;从而提出自己的主张。今人一般将"偏之正""主之谓""宾之述"中的"之"作不同处理,前二归入连词,后一归入代词。马氏"把它们都放在介字'之'的项目下来讨论";指出这启发我们思考"可否对'偏之正''主之谓''宾之述'三种结构作出更高层次上的概括"(211)。对于"静字+于+司词"(如"金重于羽")结构,"今人一律把第一切分点设在静字之后"(将"于+司词"看作介名短语作补语)。马氏"把'于'处理为一条扁担,前面担着静字,后面担着比较对象";指出"从语音停顿的角度观察,似乎'于'字后的停顿更长一些",不同处理,应该考虑"哪一种更符合古代汉语自然语言的层次"(212)。《文通》推拓连字列"虽……(犹)""纵……""(尚)……况""假定……",说"推拓连字,要皆用以连读而已"(262);即推拓连字皆为表示条件的"读之记"(读的标记)。按马氏"读""句"标准,此类句的后一半是"句"非"读";这样连字就既连"读"又连"句"。据马氏连字功能的不统一和"读"等同于指称化谓词性结构以及介词可以司"读"的特点,据金兆梓的介词联结"主从连合"、连词联结"衡分连合"主张,又据现在通行语法体系偏正复句、联合复句之分,作者认为所谓偏正复句的偏句,实是"介宾结构"作状语,修饰后面的"句法核心";当取消偏正复句,"重新认定为首层为状中结构的单句"(266)。马氏认为"大臣有坐不廉而废者""坐"字后的动词是受动用法;王海棻、吕叔湘《马氏文通读本》提出异议,说"'坐'与被动义毫无关系"。作者说此句意为"因被认为不廉而定罪"或"因不廉而被判为有罪",是古汉语特有的意动、受动融为一体的"重合"现象(152)。作者能在马氏解释、前人论述、时人分析中有所发现,有所新解;是悟性高的原因,也是高悟性的结果。

最后说明,"金无全赤,文无完文";本书也非无可议之处,简说两点。第一,关于系统性问题:作者说"语法有极强的系统性,牵一发而动全身"(265);这样,自己的"研究"也当有"系统性"。这里谈三个问题:其一,偏正复句取消了,就应该(不能回避)谈及偏正复句、联合复句这个矛盾统一体的另一面联合复句的处理。不外两个办法:一是取消"联合"之称,仅用"复句"之名;偏正复句不存在了,只名"复句"即可。一是取消"复句"之称,仅用"联合"之名;偏正复句定为偏正结构句,联合复句也可定为联合结构句。这也就是句法单位中取消"分句",用"短语(词组)"代之。两个办法,看来取后者为宜,这也符合作者的下列论点:"汉语有两种基本结构关系,即平列关系和非平列关系;平列(即"联合")关系包括等立、非让步转折、承接、进层。"(271)其二,作者说汉语指称、陈述可以"比较自由"的转化(105)。关于陈述转化为指称,结合《文通》实例,多处详为论述;可是关于指称转化为陈述,只是说"指称也可以转化为陈述,名词性成分作谓语就陈述化了"(278),没有结合《文通》实例谈述。马氏的"名字假借"(以及读、散动)说作者从陈述转化为指称评析;而马氏的"动字假借"说,作者沿用(见 9.5 标题),又按现在通行的"词类活用"说分析(181—184)。首先,这是系统的不统一,"名字假借"说为什么不沿用马氏说、按"词类活用"说分析呢?其次是主要的,"动字假借"就是"名词性成分作谓语",也就是指称转化为陈述了。从马氏"假公名、本名为动字"实例来看,指称转化为陈述有两种情况:一是名词保留,增加一个与名词本体属性有关义的动词,如"席于军门之外""鄙以待之";马氏解释说:"'席'者,布席以待也""'鄙'者,居于鄙也"(增加动词"布""居";席有被布的属性,鄙有居处的功用)。一是名词的本体属性消失,径直表达动词义,如"物物者与物无际""孰能不波";马氏解释说:"'物物'者,物成其物也,第一'物'字解如'造'字""'不波'者,不动也"("物""波"转为动词"造""动")。陈述转化为指称分自指名物化(指称化未转词类)、转指名词化(动词转为名词);那指称转化为陈述也可分自陈动作化(陈述化未转词类)、转陈动词化(名词转为动词)。其三,作者注意用当今通用语法体系术语套解《文通》的术语,此法是可取的;但是两体系的术语很难对应。如当今的句可以分别相当马氏的"句"、"读"+"句"、"句"+"句"、读作起词和止词的"句"等等;马氏的"读"也难跟当今的分句、短语简单对应。作者说马氏的"句"和"读"有"严格的对应",并对"读""句"作了解释(见前)。这种"解释"对学习《文通》是有益的,但要用当今的术语解释马氏的术语不是易事,需要详加考察。第二,关于《文通》跟中国古人语法分析的关系问题:作者多处谈到马氏对"经生家"的批评,但谈马氏对"经生家"的继承有所不足。《文通》取得旷世成就,重要原因之一,就是马氏对中国古人的语法分析能正确的扬弃;批评前人的不足外,更重视对前人的继承,汲取前人的智慧。通观《文通》全书,从"序""例言"、正文到"后序",明书的、暗引的,通篇有对前人语法分析的继承;具体请参看拙著《中国古代语法学探究》(2002;2005 增订本)及此书后附文章目录

《〈马氏文通〉对中国古代语法学的继承与发展》。除了以上两点,本书行文措词、某些分析也有可斟酌之处,就略而不论了。这些不足,不过白璧之微瑕,无损于本书的"光亮"。总之,语料新,视觉新,观点新,分析新,写法新;本书不愧是《马氏文通》研究在新世纪的新成果。

参考文献

侯精一、施关淦主编(2000)《〈马氏文通〉与汉语语法学》,商务印书馆,北京。
江苏省语言学会主编(2000)《语言学研究集刊》(第七辑),江苏教育出版社,南京。
蒋文野(1995)《〈马氏文通〉论集》,河北教育出版社,石家庄。
吕叔湘、王海棻(2000)《马氏文通读本》(1986初版),上海教育出版社,上海。
孙良明(2005)《中国古代语法学探究》(增订本)(2002初版),商务印书馆,北京。
王海棻(1991)《马氏文通与中国语法学》,安徽教育出版社,合肥。
张万起(1987)《马氏文通研究资料》,中华书局,北京。

(250014　济南,山东师范大学第三宿舍27楼321室)

ABSTRACTS

Wang Futang, Some Issues on the Phonetic Value of Initial, Final and Tone in the Phonetic Standard of Putonghua

Abstract: The sound in Beijing Mandarin is taken as the standard of Putonghua, however, modifications of some details in this standard are still needed, because there are some problems in understanding the phonetic value of initial, final and tone of Beijing Mandarin. This paper is trying to solve these problems.

Keywords: Putonghua, phonetic standard, sound of Beijing Mandarin

Wang Hongqi, On Nonreferential Expressions

Abstract: Nonreferential expressions are the ones that refer to the entities in the possible world, but non-referring expressions are the ones txat express attribute. The anaphora to be used to distinguish nonreferential expressions from referential expressions should be applied in the factive sentence. The nonreferential expressions have the semantic function to reduce the transitivity in order to make the sentence to become a background one.

Keywords: nonreferential expressions, nonreferring expressions, anaphoric reference, transitivity, background sentence

Zeng Liying, The Diagnostics of Ergative Verb in Mandarin Chinese

Abstract: This article discusses the criteria of diagnosing the ergative verbs in Mandarin Chinese. Three criteria are put forward. First, the author provides an extended study of ergative diagnostic, the alternation of 'NP$_1$ + V + NP$_2$' and 'NP$_2$ + V'. Secondly, two more ergative diagnostics, the construction of 'NP$_1$ + shi(使) + NP$_2$ + V' and the construction of 'NP$_2$ + ziji(自己) + V + le(了)', are studied in detail. Thirdly, we discuss the ordering relation between these three diagnostics. In the end, it is pointed out that the canonical ergative verbs have distinct lexical semantic characterizations of causation.

Keywords: ergative verbs, causation

Tian Yunzong, On Adverbial-Like Adjectives in Modern Chinese and Some Relevant Meaning relations and Sentence Pattern Transformation

Abstract: Semantic Orientation Analysis theory and Relation theory have made a deep study on adverbial-like adjectives in modern Chinese and some relevant syntactic and semantic matters. This paper focused on the same matters from a different point of view that based on distinguishing lexicological meaning relations from syntactic meaning relations. Besides the two relations, construction meaning relations should also be considered.

Keywords: adverbial-like adjectives, lexicological meaning relations, syntactic meaning relations, construction meaning relations

Yu Pingfang, Du Jiali, Analyzing the Correlation between Dictionary Types and Their Definition Patterns Based on Abstract Meaning Parameters

Abstract: The analytical meanings of activity sememes follow a regular pattern comprised of internalized conceptual categories which, as meta-codes, recursively participate in the meanings and are termed as abstract meaning parameters in the present research. Based on twenty one abstract meaning parameters, a comparison is made between passive dictionaries and their active counterparts in both English and Chinese with a view to investigate whether there exists a positive correlation between dictionary types and their corresponding definition patterns. The Chi-square tests show that it is the case in English dictionary-editing but not in Chinese dictionary-editing. CSL dictionaries share a lot with, or rather, are just duplicate copies of Chinese passive dictionaries. Finally it is argued that a theory-driven systemic defining process in accordance with the dictionary type is the preliminary of an optimal definition pattern of activity sememes in CSL dictionaries.

Keywords: learners' dictionary, definition; dictionary typology, abstract meaning parameters, frame

Mao Yi, Zhou Beihai, Segmented Discourse Representation Theory — A Discourse Structure Based Semantics of Natural Languages

Abstract: The Segmented Discourse Representation Theory (SDRT) is a new semantic theory of natural languages. It stems from, but goes beyond, Discourse Representation Theory. The core idea of SDRT is that a discourse can be segmented into semantic constituents, and that segmentations of a discourse are linked together by rhetorical relations. By deploying discourse structure, SDRT can account for many linguistic phenomena and solve puzzling problems like pronoun anaphora, VP ellipsis, discourse coherence, presupposition, lexical ambiguity, and implication, etc. SDRT indicates that the research of formal semantics of natural language reached a new stage.

Keywords: discourse, context, discourse segment, rhetorical relation, semantics

Lu Jianming, A Survey of "[A]+VP" Interrogative Sentence in the Dongshan Dialect

Abstract: The "[A]+VP" interrogative sentence in the Dongshan dialect of the Wu county has three varieties: (i) (NP) +[A]+ VP? (ii) (NP) +[A]+ VP +[la$^{?}_{22}$]? (iii)(NP) +[A]+ VP + [ȵie?$_{22}$]?. The function of [la$^{?}_{22}$] in the second variety is similar to the particle "[ma]" of Mandarin, which marks a sentence as a yes-or-no question. The function of [ȵie?$_{22}$] in the third variety is similar to the particle "[ne]" of Mandarin, which marks a sentence as an A-not-A question, i.e. disjunctive interrogatives. By comparing with Mandarin interrogatives, we can conclude that the "[A]+ VP" interrogative sentence in the Dongshan dialect can bears the function of both yes-or-no question and A-not-A question.

Keywords: the Dongshan dialect, interrogative sentence, yes-or-no question, A-not-A Question

Xiang Mengbing, The Classification of Chinese Dialects and the Definition of Mandarin

Abstract: After the general survey of Chinese dialects during 1956-1958, it is generally accepted to classify the Chinese dialects into seven major groups, which are Mandarin, Wu, Xiang, Gan, Hakka, Yue or Cantonese, and Min. Such classification is supposed in this paper. In connection with the distributions of linguistic features and isoglosses some issues of subgrouping Chinese dialects and the definition of Mandarin are discussed. Five phonological items in Chinese dialects are investigated in details. They are: (1) modern dialectal reflexes of MC *Wei*(微)initials; (2) reflexes of MC *Ri*(日) initials; (3) reflexes of MC *Zhuo Shang* tone; (4) reflexes of MC *Xian*(咸) *She* and *Shen*(深)*She*; (5) the pronunciation of *wu* (五). The so-called "Mandarin" should be of all the following five phonological features. They are: (1) the correspondence to MC *wei* initial is not bilabial, but zero initial or *v* initial; (2) the correspondence to MC *ri* initial is not nasal, but voiced fricative or zero initial; (3) no split of MC *Shang* tone into *yin/yang* register. MC *Cizhuo Shang* behaves like *Qing Shang*, while *Quanzhuo Shang* behaves with *Qu* or *Zhuo Qu*; (4) characters in *Xian*(咸) *She* and *Shen*(深) *She* do not have -*m* endings; (5) no nasal element in the pronunciation of *wu* (五).

Keywords: dialect geography, classification of Chinese dialects, the definition of Mandarin

Bit-Chee Kwok, Samuel H-N. Cheung, The Min and the Hakka Elements in the Place Names of Hong Kong

Abstract: This paper aims at investigating the geographical distribution of the native Min and Hakka people in Hong Kong by examining place names. It is found that most place names associated with Min are located to the northeastern shore of the New Territories. Those associated with Hakka, on the contrary, are much more widespread, stretching from Lamma Island in the south to Lo Wu in the north. It is pointed out that the Hakka dialects once had a very important impact on naming places in Hong Kong.

Keywords: Hong Kong, place names, Min, Hakka, history of immigration.

Rint Sybesma, Markers of Countability in the Nominal Domain in Mandarin and Cantonese

Abstract: This paper develops the hypothesis that in all languages, count nouns have to be marked explicitly as such so as to make the countability visible. It further proposes that in Mandarin, the suffix zi(子) is the countability marker, while in Cantonese the classifier serves this purpose.

Keywords: Cantonese, count nouns, classifiers, Mandarin, suffix zi(子)

Wang Jian, A Study on Geographic Distribution of Three Special Verb Reduplication Constructions and Some Relevant Issues

Abstract: "VVCR", "VVCD" and "VV+PP" are very common in Wu, Hui and Jianghuai dialect, but rare in other dialects. This can be attributed to the origin of verb reduplication. It is generally accepted that verb reduplication was derived from the structure "verb + verbal classifier (derived from the preceding verb)" in the end of the Tang dynasty. Therefore, in most dialects, verb reduplication can not be followed by any complementary elements. However, the recursive function of verb-complement is relatively stronger in Wu dialects than that in other dialects. Moreover, verb reduplication in Wu dialect is highly grammaticalized. For these reasons, complementary elements can be appended to the construction of verb reduplication. The "VVCR" and "VVCD" appeared not earlier than the Yuan dynasty according to the ancient literature. According to this, the split of ancient Wu dialect would be no later than the Song-Yuan period.

Keywords: verb reduplication, syntactic structure, Wu dialect, Hui dialect, Jianghuai dialect

Liu Cuixiang, The Aspect Auxiliary *er* in the Qixia Dialect and Relevant Issues

Abstract: The *er hua* of verbs in the Qixia dialect can be considered as *er* following verbs. Some of them are approximately equivalent to the aspect auxiliary le_1 in Mandarin. However, their usages are different in some aspects. This paper describes this aspect auxiliary *er*(儿) with a focus on the differences between *er* in the Qixia dialect and le_1 in Mandarin in the five '$V_1 V_2$' constructions. The reason is that the verb-result construction and the verb-tendency construction stay at different stages of change.

Keywords: the Qixia dialect, aspect, *er*(儿), serial verb, verb-result/verb-tendency construction, change of sentence patterns

Hwang-cherng Gong, Comparative Indo-European linguistics and Comparative Studies of Sino-Tibetan Languages

Abstract: This paper reviews the development of comparative Indo-European linguistics and compares it with the development of comparative studies of Sino-Tibetan languages. It attributes the lag in comparative Sino-Tibetan to the slowness in the progress of the phonological reconstruction of Old Chinese in the past. Another reason is that the monosyllabic nature of the Sino-Tibetan languages makes it difficult to identify cognates. The paper maintains that the only way to promote comparative studies of Sino-Tibetan languages is to strictly follow the methods developed in comparative Indo-European linguistics, and not to resort to methods especially designed for the study of Sino-Tibetan languages.

Keywords: Sino-Tibetan, Indo-European, comparative linguistics,

Old Chinese phonology

Wang Weihui, Discussing the Translator of the *Pratyutpanna-Buddha-Sammukhavasthita-Samadhi-Sūtra* (One-Volume Version) from a Linguistic Perspective

Abstract: There remains a controversy about the translator of the *Pratyutpanna-Buddha-Sammukhavasthita-Samadhi-Sūtra* (one-volume version and three-volume version). This paper focuses on the translator of the one-volume version. Through a linguistic comparison, it can be ascertained that *Zhi Chen*(支谶) is not the translator. Further researches are needed to reveal whether *Zhu Fahu* (竺法护) is the translator of the scripture.

Keywords: *Pratyutpanna-Buddha-Sammukhavasthita-Samadhi-Sūtra*, the translator, linguistic distinctions, Buddhist scriptures translation, Medieval Chinese

Zhao Chuanbing, The Usage of "*He*(和)-type" Words in Different Versions of *Lao Qi Da*(《老乞大》)— On the Linguistic Features of *The New Explanations of Lao Qi Da* (《老乞大新释》)

Abstract: The linguistic features of *The New Explainations of Lao Qi Da* (《老乞大新释》) has been discussed for a long time. This paper investigated "*He*(和)-type words" in four versions of *Lao Qi Da* (《老乞大》), and compared with many other works written in Ming and Qing dynasties. It was concluded that *The New Explanations of Lao Qi Da*(《老乞大新释》) has the characteristics of Southern Mandarin.

Keywords: *The New Explanations of Lao Qi Da*, "*He*(和)-type" words, Southern Mandarin

图书在版编目(CIP)数据

语言学论丛. 第 35 辑/北京大学汉语语言学研究中心《语言学论丛》编委会编. —北京:商务印书馆,2007
ISBN 978-7-100-05476-8

Ⅰ.语… Ⅱ.北… Ⅲ.语言学—丛刊 Ⅳ.H0-55

中国版本图书馆 CIP 数据核字(2007)第 057395 号

所有权利保留。
未经许可,不得以任何方式使用。

YǓYÁNXUÉ LÙNCÓNG
语 言 学 论 丛
(第三十五辑)
北京大学汉语语言学研究中心
《语言学论丛》编委会编

商 务 印 书 馆 出 版
(北京王府井大街36号 邮政编码100710)
商 务 印 书 馆 发 行
北京市白帆印务有限公司印刷
ISBN 978-7-100-05476-8

2007年7月第1版　　　开本 787×960　1/16
2007年7月北京第1次印刷　印张 22¾
印数 4 000 册
定价:33.00元